Cinéphile

Intermediate French Language and Culture through Film
Second Edition

Cinéphile

Intermediate French Language and Culture through Film
Second Edition

Kerri
Conditto

Focus Publishing
R. Pullins Company
PO Box 369
Newburyport, MA 01950
www.pullins.com

Copyright © 2011 Kerri Conditto

ISBN 10: 1-58510-394-2
ISBN 13: 978-1-58510-394-2

Publisher: Ron Pullins
Managing Editor: Tom Walker
Production Manager: Jenny Putnam
Marketing Manager: David Horvath
Business Manager: Kerri Wetherbee
Editorial and Production Assistant: Cindy Zawalich
Cover Designer: Kathy Squires

Cover Images: © iStockphoto / shutterstock images

Interior Production by GEX Publishing Services
10 9 8 7 6 5 4 3 2 1

Printed in Canada

0211TC

Table des matières

chapitre 1
Les Triplettes de Belleville - dessin animé   1

chapitre 2
Le Papillon - comédie dramatique

chapitre 3
Etre er avoir - documentaire
81

chapitre 7
Comme une image - drame

chapitre 9
Bon Voyage - aventure   357

Préface pour l'étudiant

Cinéphile: French Language and Culture through Film is a 2nd-year college-level French textbook and workbook method which fully integrates the study of 2nd-year French language and culture with the study of French feature films. The textbook has nine chapters and each chapter presents a different film. The films vary in content and genre (animated film, dramatic comedy, farce, romantic comedy, thriller, drama, adventure, etc.) and feature well known French filmmakers and actors. The goal of the method is to use the presented vocabulary and grammar structures to study and discuss films and their cultural content and to build linguistic proficiency in a meaningful context.

Cinéphile offers a solid foundation in the four language skills (listening, speaking, reading and writing). The method is designed to provide vocabulary and grammar structures necessary for writing and discussing films and their cultural content. You will also apply your knowledge of vocabulary, grammar and culture to reading authentic texts. The selected films thus mirror the progressive nature of developing linguistic proficiency and become more sophisticated in language and cultural content as you work through the textbook.

The textbook provides straight-forward explanations and exercises and you are encouraged to use the vocabulary and grammar concepts that you have mastered in your discussions and compositions about the film. The result of this progressive building of skills is greater accuracy and fluency of French. Most importantly, you will find that your language skills and cultural knowledge have meaning in a real-life context, that you have greater retention of the structures you have studied and that you enjoy the language experience!

Chapter Structure

Part 1 - Pre-viewing
Cultural notes
Credits: Profile of the director
Film summary
Cast list: Profile of an actor in the film
Vocabulary specifically related to the film
Vocabulary exercises and reading activity

Part 2 - Post-viewing
Vocabulary exercises and reading activity
Grammar points & exercises
Translation exercises
General comprehension exercises and reading activity
Photo
Open-ended exercises & activities

Part 3 - Reading - Culture - Research
Reading activity & exercises
Cultural notes & activities
Research topics
Documents (articles, short stories, etc.)

Remerciements

I would especially like to thank the following people for their invaluable contributions:

The team at Focus Publishing:
Ron Pullins
Tom Walker
Jenny Putnam
Cindy Zawalich
Véronique Hyde

The Department of Romance Languages and the Language Media Center at Tufts University
Emese Soos, Tufts University
Agnès Trichard-Arany, Tufts University
Anne-Christine Rice, Tufts University
Marie-Pierre Gillette, Tufts University

Kelly Sax, Indiana University
Sandra Tripani, University of Missouri – St. Louis
Marie-Christine Koop, University of North Texas
Michel Sirvent, University of North Texas

I would also like to thank my students at Tufts University for their help in clearly establishing what is most helpful to students acquiring a foreign language.

Most importantly, I would like to thank my husband and our families for their constant love and support.

Cartes

La France

L'Europe

Termes grammaticaux

l'accord: le rapport entre les mots (un nom – un adjectif, un sujet – un verbe, etc.).

    Exemple: Les films sont superbes ! (Les s'accorde avec films, sont s'accorde avec les films et superbes s'accorde avec les films.) *The films are super !* (Le verbe are s'accorde avec films.)

l'adjectif démonstratif: un déterminant qui qualifie le nom sur lequel on attire l'attention. Il s'accorde en genre et en nombre avec le nom qualifié.

    Exemple: Ce film est très intéressant. *This film is interesting.*

l'adjectif exclamatif: un adjectif qui qualifie un nom et qui sert à exprimer l'admiration, l'étonnement, l'indignation. Il s'accorde en genre et en nombre avec le nom qualifié.

    Exemple: Quel film intéressant ! *What an interesting film!*

l'adjectif qualificatif: un mot qui qualifie (décrit) un nom, un pronom, ou un autre adjectif. En général, il s'accorde en genre et en nombre avec le nom qualifié.

    Exemple: Le film n'est pas ennuyeux. *The film is not boring.*

l'adjectif interrogatif: un mot interrogatif qui indique que le nom qualifié est l'objet d'une question. Il s'accorde en genre et en nombre avec le nom qualifié.

    Exemple: Quel film préférez-vous ? *Which film do you prefer ?*

l'adjectif possessif: un déterminant qui indique une relation ou la possession. Il s'accorde en genre et en nombre avec le nom qualifié et en personne avec le possesseur.

    Exemple: Mon film préféré est *Les Triplettes de Belleville. My favorite film is* Les Triplettes de Belleville.

l'adverbe: un mot invariable qui qualifie un adjectif, un autre adverbe ou un verbe.

    Exemple: Les étudiants regardent toujours des films. *Students always watch films.*

l'antécédent: un mot qui est remplacé par un pronom relatif ou par un complément d'objet.

    Exemple: J'ai vu le film à la bibli – où est-ce que tu l'as vu ? (L'antécédent de l'(le) est le film.) *I saw the film at the library – where did you see it ?* (L'antécedent de it est le film.)

l'article: un déterminant qui introduit un nom (les articles définis, indéfinis et partitifs). Il s'accorde en genre et en nombre avec le nom introduit.

    Exemple: Le film parle d'une fille qui a des soucis. *The film is about a girl who has some worries.*

le conditionnel: un mode qui exprime une condition ou une hypothèse.

    Exemple: Si j'étais vous, j'irais au cinéma ce week-end. *If I were you, I would go to the movies this weekend.*

la conjonction: un mot invariable qui lie deux mots ou deux phrases.

    Exemple: J'irai au cinéma parce que je veux voir le film! *I will go to the movies because I want to see the film !*

le déterminant: un mot qui introduit un nom (un article, un nombre, un adjectif possessif, un adjectif démonstratif, un adjectif interrogatif, etc.). En général, il s'accorde en genre et en nombre avec le nom qualifié.

    Exemple: Le garçon aime ce film. *The boy likes this film.*

le genre: les noms français sont masculins ou féminins.

    Exemple: Le réalisateur parle avec une actrice. *The director is talking with an actress.*

l'indicatif: un mode qui exprime une action ou un état réel.

    Exemple: Je regarde un film. *I am watching a movie.*

invariable: un mot qui ne change pas.

    Exemple: Je regarde souvent des films français. (Souvent est un adverbe et les adverbes sont invariables.) *I often watch French films.*

le mode: la forme du verbe qui exprime la réalité, l'ordre, la condition ou la possibilité.

    Exemple: L'indicatif, l'impératif, le conditionnel et le subjonctif sont des modes de verbes. *The indicative, the imperative, the conditional and the subjunctive are moods of verbs.*

le nom: un mot qui représente les personnes, les animaux, les choses et les endroits. En général, il a un genre (masculin ou féminin) et un nombre (singulier ou pluriel).

    Exemple: Le garçon adore cet acteur ! *The boy loves this actor !*

le nombre: les noms français sont singuliers ou pluriels.

    Exemple: Le réalisateur et les acteurs s'entendent bien ! *The director and the actors get along well !*

l'objet: un mot qui reçoit l'action du verbe (directement ou indirectement).

    Exemple: Nous regardons le film avant la classe. *We are watching the movie before class.*

la préposition: un mot invariable qui montre le rapport entre deux mots.

    Exemple: Le DVD est sur la table. *The DVD is on the table.*

le pronom: un mot qui remplace un nom. En général, il s'accorde en genre, en nombre et en personne avec le nom remplacé.

    Exemple: Les garçons arrivent bientôt. --Ils arrivent bientôt ? *The boys are arriving soon. –They are arriving soon?*

le pronom complément d'objet direct: un pronom qui remplace l'objet direct d'un verbe. Il s'accorde en genre et en nombre avec le nom remplacé.

    Exemple: Tu regardes ce film ? --Oui, je le regarde. *You are watching this movie ? –Yes, I am watching it.*

le pronom complément d'objet indirect: un pronom qui remplace l'objet indirect d'un verbe. Il s'accorde en nombre avec le nom remplacé.

    Exemple: Tu parles au réalisateur ? –Oui, je lui parle. *You are talking to the director ? –Yes, I am talking to him.*

le pronom démonstratif: un pronom qui remplace le nom dont on parle et sur lequel on attire l'attention. Il s'accorde en genre et en nombre avec le nom remplacé.

    Exemple: J'aime ce livre sur le cinéma mais je prendrai celui-ci. *I like that book on cinema but I will take this one.*

le pronom interrogatif: un mot interrogatif qui remplace le mot dont on parle. Il s'accorde en genre et en nombre avec le nom remplacé.

    Exemple: Quel film voit-on ce soir ? Je ne sais pas. Lequel veux-tu voir ? *Which film are we seeing tonight ? I don't know. Which one do you want to see?*

le pronom possessif: un pronom qui remplace un nom et qui indique la possession. Il s'accorde en genre et en nombre avec le nom remplacé et en personne avec le possesseur.

    Exemple: Les filles ont leurs devoirs mais les garçons ont oublié les leurs. *The girls have their homework but the boys forgot theirs.*

le pronom réfléchi: un pronom qui introduit un verbe pronominal. En général, il s'accorde en genre, en nombre et en personne avec la personne en question.

Exemple: Je vais me coucher tard parce que je vais au cinéma. *I am going to bed late because I am going to the movies.* (Le verbe n'est pas réfléchi en anglais.)

le pronom relatif: un pronom qui lie une proposition subordonnée à une proposition principale.
Exemple: Je connais un acteur qui est très doué. *I know an actor who is very talented.*

le pronom sujet: un pronom variable qui remplace le sujet du verbe.
Exemple: Les films m'intéressent beaucoup ! Est-ce qu'ils vous intéressent aussi ? *Movies interest me a lot ! Do they interest you too?*

la proposition: une phrase simple qui consiste en un sujet, un verbe et des objets.
Exemple: Je regarde une émission à la télé. *I am watching a show on TV.*

la proposition principale: une phrase qui consiste en un sujet, un verbe et des objets et qui a une proposition subordonnée.
Exemple: J'ai vu un film qui m'a beaucoup plu. *I saw a film that I liked a lot.*

la proposition subordonnée: une phrase qui est liée à la proposition principale par un pronom relatif.
Exemple: J'ai vu un film qui m'a beaucoup plu. *I saw a film that I liked a lot.*

le subjonctif: un mode qui exprime l'opinion, l'émotion, le désir, la volonté, le doute, la nécessité, etc.
Exemple: Je veux que tu viennes au cinéma avec moi !
I want you to go to the movies with me! (Le subjonctif est rarement employé en anglais.)

le sujet: un nom ou un pronom qui fait l'action du verbe ou qui est l'objet de l'état.
Exemple: Les étudiants étudient le film. *The students are studying the movie.*

le temps: la forme du verbe qui exprime le passé, le présent et le futur des actions.
Exemple: J'étudie les temps passés des verbes à l'indicatif: le passé composé, l'imparfait et le plus-que-parfait. *I am studying the past tenses of verbs in the indicative : the past perfect, the imperfect and the pluperfect.*

le verbe: un mot qui exprime l'action ou l'état du sujet.
Exemple: Les étudiants adorent regarder des films ! *Students love watching movies !*

Vocabulaire pour parler des films

Les genres de films

une comédie	comedy
une comédie dramatique	dramatic comedy
une comédie romantique	romantic comedy
un dessin animé	animated film
un documentaire	documentary
un drame	drama
un film	movie
un film d'action	action film
un film d'aventure	adventure film
un film d'épouvante	horror movie
un film d'espionnage	spy film
un film de guerre	war film
un film historique	historical film
un film de science fiction	sci-fi film
un film policier	mystery
un thriller	thriller
un western	Western

Les gens du cinéma

un/e acteur/trice	actor/actress
un caméraman	camera operator
un/e cinéaste	filmmaker
un/e cinéphile	a movie buff
un/e critique	a critic
un/e décorateur/trice	designer
un dénouement	an ending
un/e figurant/e	extra (characters)
un héros/une héroïne	hero/heroine
une interprète	actor/actress
des interprètes	cast
un/e monteur/euse	editor
un personnage	character

un personnage principal	main character
un personnage secondaire	supporting character
un public	audience
un/e réalisateur/trice	director
un rôle	role
un/e scénariste	screenwriter
un/e spectateur/trice	viewer
une vedette	star (**m/f**)

Verbes du cinéma

diriger	to direct
interpréter	to perform, to act
jouer un rôle	to act a part
monter	to edit
produire un film	to produce un film
tourner en extérieur	to shoot on location
tourner un film	to shoot un film
tourner une scène	to shoot a scene

Pour parler des films

les accessoires (**m**)	props
la bande sonore	soundtrack
le bruitage	sound effects
le cadre	frame
la caméra	camera
la cassette vidéo	video
le costume	costume
le décor	background, set
le DVD	DVD
l'échec (**m**)	flop, failure
l'éclairage (**m**)	lighting
les effets spéciaux (**m**)	special effects

le film à succès	box office hit		
le flashback	flashback		
le générique	credits		
le gros plan	close up		
l'image (f)	frame, image		
l'intrigue (f)	plot		
le maquillage	make-up		
le montage	editing		
le panoramique	panning shot		
un retour en arrière	flashback		
le scénario	screenplay		
la scène	scene		
le son	sound		
les sous-titres (m)	subtitles		
le studio	studio		
le travelling	tracking shot		
la voix hors champ	voice over		
le zoom avant	zoom in		
le zoom arrière	zoom out		

Pour écrire

admirer	to admire
s'agir de (il s'agit de)	to be about (it's about)
aimer	to like
aller au cinéma	to go to the movies
apprécier	to appreciate, enjoy
croire que	to believe that
détester	to strongly dislike
être d'accord avec	to be in agreement with
n'être pas d'accord avec	to not be in agreement with
préférer	to prefer
penser que	to think that
regarder un film	to watch a film
ressembler à	to resemble
trouver que	to find (think) that
voir un film	to see a film

D'autres expressions

à la fin	at the end
à mon avis	in my opinion
après	after
alors	so
au contraire	on the contrary
au début	in the beginning
beaucoup	a lot
bien	well
bien entendu	of course
c'est-à-dire	that is to say
d'abord	first
donc	thus
en revanche	on the other hand
ensuite	then, next
finalement	finally
mal	poorly, badly
peu	little
puis	then
quelquefois	sometimes
souvent	often
trop	too much
toujours	always
tout à fait	entirely
vraiment	really

chapitre ① Les Triplettes de Belleville

Avant le visionnement

NOTES CULTURELLES

Le Parcours - Le 97e Tour du 3 au 25 juillet 2010

Paris

Paris est la capitale de la France. Paris et ses banlieues comptent près de 12 millions d'habitants. La ville de Paris est composée de vingt arrondissements. Dans le film, Chomet propose un vingt et unième arrondissement où Champion habite avec sa grand-mère.

Marseille

Marseille est une grande ville du sud de la France dans la région Provence-Alpes-Côte d'Azur. Marseille compte plus de 850.000 habitants. Premier port de France, la ville de Marseille est composée de seize arrondissements.

Belleville

Belleville est une grande ville fictive qui se trouve en Amérique. C'est un mélange de trois grandes villes : New York, Montréal et Québec.

Le Cyclisme

Le cyclisme (un sport à bicyclette) comprend plusieurs disciplines : le cyclisme sur route, le cyclisme sur piste, le cyclocross, le VTT (vélo tout terrain) et le cyclotourisme.

Le Tour de France

Créé en 1903 par Henri Desgrange, le Tour de France est une compétition cycliste qui consiste en une course à étapes et qui couvre plus de 3000 kilomètres. Il a lieu pendant trois semaines au mois de juillet. Le Tour de France est la course cycliste la plus connue et la plus populaire du monde.

FICHE TECHNIQUE

Réalisation :	Sylvain Chomet
Musique originale :	Benoît Charest
Année de production :	2002
Durée :	1 h 20
Genre :	Dessin animé
Date de sortie nationale :	11/06/2003

Mini-biographie

1982	Bac d'Arts plastiques
1986	1re BD publiée, Le Secret de Libellules
1990	1er court métrage d'animation, Ça va, Ça va
1998	1er moyen métrage d'animation, La Vieille dame et les pigeons

 PROFIL: Sylvain Chomet

Réalisateur

Né le 10 novembre 1963
à Maisons-Lafitte, France

Filmographie

1998	La Vieille dame et les pigeons
2003	Les Triplettes de Belleville
2005	Barbacoa
2006	Paris, je t'aime
2010	L'Illusionniste

SYNOPSIS

Paris dans les années 1940

Un garçon orphelin et mélancolique habite avec sa grand-mère. Il adore le vélo et passe ses journées à se préparer pour le Tour de France.

Marseille dans les années 1950

Le garçon participe au Tour de France. Il est kidnappé par la Mafia française pendant la course.

Belleville dans les années 1950

La grand-mère cherche son petit-fils. Elle rencontre les Triplettes de Belleville. Les quatre femmes cherchent le jeune homme. L'aventure commence… !

Note : «Les Triplettes de Belleville» est classé «PG-13» aux Etats-Unis.

PERSONNAGES

Personnages principaux

Les Triplettes de Belleville (Rose, Blanche, Violette)	le trio de chanteuses
Madame Souza	la grand-mère
Champion	le petit-fils
Bruno	le chien
Le chef mafieux	le patron mafieux
Les jumeaux mafieux	les kidnappeurs
Le mécanicien	le nain

Personnages secondaires

Jaques Anquetil	un coureur du Tour de France
Fred Astaire	un danseur américain
Joséphine Baker	une chanteuse américaine
Charlie Chaplin	un acteur américain
Glenn Gould	un pianiste canadien
Yvette Horner	une accordéoniste française
Django Reinhardt	un guitariste belge
Jacques Tati	un acteur/un réalisateur français
La foule française	des Marseillais
La foule américaine	des Bellevillois
Les coureurs du Tour de France	des cyclistes

 PROFIL: Jacques Anquetil «Maître Jacques»

cycliste

Né le 8 janvier 1934 à Mont-Saint-Aignan, France
Mort le 18 novembre 1987

Mini-biographie

1950	1re licence amateur à A.C. Sotteville
1951	1re victoire à Rouen
1953–69	Cycliste professionnel (184 victoires)
1966	Publication de son autobiographie, *En brûlant les étapes*

Vocabulaire V

Salutations

à bientôt	see you soon	Je vais bien/mal.	I am doing well/ poorly.
à demain	see you tomorrow	Comment vous appelez-vous?	What is your name? *formal*
à tout à l'heure	see you later		
au revoir	good-bye	Comment t'appelles-tu?	What is your name? *informal*
bonjour	hello		
bonsoir	good evening	Je m'appelle…	My name is…
salut	hello/good-bye *informal*	Je te présente…	I present… *informal*
Ça va?	How are you? *informal*	Je vous présente…	I present… *formal*
Ça va.	I am fine.	Enchanté/e	Pleased to meet you.
Comment vas-tu ?	How are you? *informal*		

Gens et animaux

l'accordéoniste (m/f)	accordionist	le/la guitariste	guitarist
le/la chanteur/euse	singer	le/la jumeau/elle	twin
le chef mafieux	Mafia boss	les jumeaux mafieux (m)	Mafia twins
le chien	dog	le kidnappeur	kidnapper
le/la conducteur/trice	driver	la Mafia	Mafia
le/la coureur/euse	racer	le mécanicien	mechanic
le/la cycliste	cyclist	la petite-fille	granddaughter
le frère	brother	le petit-fils	grandson
la grand-mère	grandmother	le/la pianiste	pianist
le grand-père	grandfather	la soeur	sister
la grenouille	frog	la triplette	trio, triplet

Transports

le bateau	boat	le Tour de France	Tour of France (bicycle race)
le camion	truck		
la course	race	le train	train
l'étape (f)	stage	le tricycle	tricycle
le pédalo	paddle boat	le vélo	bicycle
le pneu	tire	la voiture	car

Endroits

l'appartement (m)	apartment	la maison	house, home
le cabaret	night-club	la montagne	mountain
la grande ville	big city	le théâtre	theater
le gratte-ciel	skyscraper	la Tour Eiffel	Eiffel Tower
la maison de jeu	gambling hall	la ville	city

Vêtements

un chapeau	hat	une jupe	skirt
une casquette	cap	des lunettes de soleil (f)	sunglasses
un costume	suit	un maillot	jersey
un gilet	vest, cardigan	un pull	sweater

Noms divers

un album	album	**une coupure de presse**	newspaper clipping
un anniversaire	birthday	**un journal**	newspaper
un aspirateur	vacuum cleaner	**une photo**	photograph
un cadeau	present	**un réfrigérateur**	refrigerator
une chanson	song	**une télévision**	television

Emotions

l'amour (m)	love	**la fatigue**	fatigue
le bonheur	happiness	**l'inquiétude (f)**	worry, concern
la colère	anger	**la joie**	joy
la confusion	confusion	**la peur**	fear
la douleur	pain	**la tristesse**	sadness

Couleurs

blanc/blanche	white	**orange**	orange
bleu/e	blue	**rouge**	red
brun/e / marron	brown	**roux/rousse**	red (hair)
gris/e	gray	**vert/e**	green
jaune	yellow	**violet/violette**	purple
noir/e	black		

Adjectifs

content/e	content, happy	**musclé/e**	muscular
fidèle	faithful	**petit/e**	short
foncé/e	dark (color)	**réservé/e**	reserved
grand/e	tall	**rond/e**	round
jeune	young	**silencieux/euse**	quiet
joli/e	pretty	**solitaire**	lonely
laid/e	ugly	**sombre**	somber, dark
mélancolique	melancoly	**triste**	sad
mince	thin	**vieux/vieille**	old

Verbes

aboyer	to bark	**manger**	to eat
aider	to help	**monter**	to climb, to go up
s'aimer	to like, to love each other	**participer à**	to participate in
chanter	to sing	**regarder**	to watch
chasser	to chase	**rencontrer**	to meet
chercher	to look for	**ressembler à**	to resemble, to look like
donner	to give	**rêver**	to dream
grimper	to climb	**se préparer**	to prepare oneself
jouer	to play	**traverser**	to cross
kidnapper	to kidnap	**trouver**	to find
libérer	to free	**voyager**	to travel

EXERCICES DE VOCABULAIRE

Pianiste Glenn Gould

A Salutations. Qu'est-ce que vous dites aux gens suivants ? Utilisez *les salutations du vocabulaire du film.*

1. A votre grand-mère ?
2. A vos frères / vos sœurs ?
3. A votre conducteur d'autobus ?
4. A votre professeur ?
5. A votre chien / chat ?

B Gens. Complétez les phrases suivantes avec *les gens du vocabulaire du film.*

Familles

1. Un garçon peut avoir deux parents (un ___ et une ___) et deux grands-parents (un ___ et une ___).
2. Des grands-parents peuvent avoir des petits-enfants (un ___ et une ___).
3. Un frère peut avoir une ___ ou un autre ___.
4. Un jumeau peut avoir un frère ___ ou une sœur ___.
5. Une triplette peut avoir deux ___ triplettes.

Professions

1. Un ___ ou une ___ participe aux courses.
2. Un ___ ou une ___ adore chanter !
3. Un ___ ou une ___ a beaucoup de guitares !
4. Un ___ ou une ___ a un ou même deux pianos.
5. Un ___ ou une ___ a aussi un ou deux accordéons.

Guitariste Django Reinhardt

C Couleurs et émotions. Quelle couleur va avec l'émotion ? Choisissez ou ajoutez *les couleurs du vocabulaire du film* qui correspondent aux émotions suivantes.

1. l'amour :	le rouge	le noir	le bleu	autre
2. le bonheur :	le bleu	l'orange	le jaune	autre
3. la colère :	le vert	le marron	le rose	autre
4. la douleur :	le blanc	le gris	le rouge	autre
5. la joie :	le violet	le noir	le jaune	autre
6. la tristesse :	le blanc	le bleu	le vert	autre

D Adjectifs et gens. Comment sont les gens suivants ? Choisissez ou ajoutez *les adjectifs du vocabulaire du film* qui décrivent les gens.

1. Un garçon :	content	jeune	mélancolique	autre
2. Une grand-mère :	jolie	mince	vieille	autre
3. Une chanteuse :	jeune	silencieuse	jolie	autre
4. Un mafieux :	petit	musclé	fidèle	autre
5. Un kidnappeur :	laid	solitaire	triste	autre
6. Un cycliste :	rond	grand	musclé	autre

Danseuse, chanteuse, actrice: Josephine Baker

E **La Poésie.** Lisez le poème suivant et complétez les activités de vocabulaire.

Cueillette° à vélo
Cyril Suquet
mai 1998

En ballade à vélo,
Qu'il est bon de panser°,
Qu'il est sain de voguer°,
Vent de face, vent de dos.

Par chemins et sentiers°,
Le guidon° dans le colza°,
Les neurones dans le blé°,
On hume°, de-ci de-là.

En ballade à vélo,
Les paysages défilent°,
L'horizon se dessine,
Le soleil est plus beau.

En selle° à toute vitesse,
Les odeurs vacillent,
Les lumières scintillent°,
Le ciel nous caresse.

En ballade à vélo,
On récolte° les vers°,
Plus de méli-mélo°,
On déboule° de travers°.

A la croisée° des champs,
Pneu° et jambe crevés°,
Ne sont pas mécontents
Enfin de se poser.

© Cyril Suquet, csuquet@yahoo.com, *Les Z'ecrits de Cyril Suquet*,
www.lesecritsdecyrilsuquet.wifeo.com

harvesting	
groom	
sail	
trails	
handlebars; a type of plant used	
for oil (rape plant); wheat	
inhale	
parade by	
bicycle seat	
sparkle	
harvest; lines (poetry)	
jumble	
emerge; askew	
crossroad	
tire (bicycle); flat, exhausted	

Activité de vocabulaire

1. Trouvez les mots associés :
   a. au vélo :
      Exemple : ballade
   b. à la nature
      Exemple : vent
   c. au corps :
      Exemple : face
2. Quelles émotions sont évoquées dans le poème ?
3. Quel rapport est-ce que le poète fait entre le vélo et la poésie ?

A votre avis...

Est-ce que le poète aime faire du vélo ? Pourquoi ou pourquoi pas ? Aimez-vous faire du vélo ? Pourquoi ou pourquoi pas ? Ressentez-vous les mêmes émotions que le poète quand vous faites du vélo ? Expliquez.

Après avoir regardé

EXERCICES DE VOCABULAIRE

A **Personnages.** Donnez *des adjectifs du vocabulaire du film* qui décrivent chaque personnage.

1. Champion : *Comment est-il ?*
2. Madame Souza : *Comment est-elle ?*
3. Bruno : *Comment est-il ?*
4. Les Triplettes : *Comment sont-elles ?*
5. Les Mafieux : *Comment sont-ils ?*

B **Villes.** Donnez *des adjectifs du vocabulaire du film* qui décrivent chaque ville.

1. Paris (dans les années 1940) : *Comment est-ce ?*

2. Paris (dans les années 1950) : *Comment est-ce ?*

3. Marseille (dans les années 1950) : *Comment est-ce ?*   4. Belleville (dans les années 1950) : *Comment est-ce ?*

C **Thèmes.** Voilà quelques thèmes du film. Trouvez *les mots du vocabulaire du film* qui correspondent aux thèmes.

1. La famille et les amis
2. Les grandes villes
3. La musique
4. Le cyclisme
5. L'aventure

D **Article.** Lisez l'article suivant et complétez les activités de vocabulaire.

SPORTS

Handisport : Le vélo sans les jambes

Le vélodrome° de Bordeaux accueillera° en 2007 les championnats du monde de cyclisme handisport. Samedi, démonstration de handcycling avec le recordman du 3 000 m. Trois roues et la force° des bras pour le faire avancer : le handcycling est à la fois un engin et une discipline jeune du vélo handisport, pour athlètes privés de la force des jambes. Avec un cadre° en carbone, alu ou Kevlar le handbike peut propulser à des moyennes de 35 km/h. Christian Cuisinier est le détenteur° du record du monde du 3 000 mètres. « Quand des pistards° comme Arnaud Tournant ou Arnaud Dublé vous encouragent dans les virages° en tapant sur le plancher°, ou que le public scande votre prénom dans les derniers tours, ça fait chaud au coeur. Quand Florian Rousseau, qui faisait ses adieux l'an passé, vous félicite et dit : «Je te laisse le témoin», je peux vous dire qu'on a les larmes aux yeux. »

Douzième du challenge national, Christian Cuisinier effectuera° samedi une nouvelle tentative°, sur 2 kilomètres, avec un challenger, François Duttringer, puis une poursuite sur quatre tours.

© *Journal l'Humanite,* www.humanite.fr
Article paru dans lédition du 22 octobre 2005

cycle-racing track / will welcome

power, strength

frame

holder
track racers
bends / floor

will make
attempt

Activité de vocabulaire

1. Trouvez les mots apparentés :
   Exemple : handcycling, handbike, etc.
2. Trouvez les mots qui correspondent :
   a. aux parties du corps
      Exemple : les jambes
   b. aux vélos :
      Exemple : le vélo
   c. aux nombres ou aux chiffres
      Exemple : trois roues

3. Trouvez les noms des athlètes qui font du cyclisme handisport.

A votre avis...

Est-ce que le cyclisme handisport est un sport facile ? Y a-t-il beaucoup d'athlètes qui participent aux courses de cyclisme handisport ?

1.1 Les nombres : cardinaux, ordinaux et collectifs, La date

Les nombres cardinaux

0 zéro	15 quinze	51 cinquante et un	101 cent un
1 un, une	16 seize	52 cinquante-deux	200 deux cents
2 deux	17 dix-sept	60 soixante	201 deux cent un
3 trois	18 dix-huit	61 soixante et un	1.000 mille
4 quatre	19 dix-neuf	62 soixante-deux	1.001 mille un
5 cinq	20 vingt	70 soixante-dix	1.100 mille cent
6 six	21 vingt et un	71 soixante et onze	2.000 deux mille
7 sept	22 vingt-deux	72 soixante-douze	2.001 deux mille un
8 huit	30 trente	80 quatre-vingts	100.000 cent mille
9 neuf	31 trente et un	81 quatre-vingt-un	200.000 deux cent mille
10 dix	32 trente-deux	82 quatre-vingt-deux	1.000.000 un million
11 onze	40 quarante	90 quatre-vingt-dix	2.000.000 deux millions
12 douze	41 quarante et un	91 quatre-vingt-onze	1.000.000.000 un milliard
13 treize	42 quarante-deux	92 quatre-vingt-douze	2.000.000.000 deux milliards
14 quatorze	50 cinquante	100 cent	3.000.000.000 trois milliards

▶ **1** a une forme masculine (*un*) et une forme féminine (*une*).

▶ **80** s'écrit avec un **s** quand il n'est pas suivi d'un autre nombre : *quatre-vingts* mais *quatre-vingt-un*.

▶ **100** s'écrit avec un **s** au pluriel quand il n'est pas suivi d'un autre nombre : *cinq cents* mais *cinq cent cinquante*.

▶ **Mille** est invariable : *mille, deux mille, trois mille, etc.*

▶ **1.000.000** et **100.000.000** s'écrivent avec un **s** : *trois millions, trois milliards*.

▶ Quand **million** et **milliard** sont suivis d'un nom, **de/d'** introduit le nom : *un million de garçons*.

▶ La virgule (**,**) marque les décimaux (**50 ½ : 50,5**) et le point (**.**) ou l'espace sépare les groupes de trois chiffres (**un million : 1 000 000 ou 1.000.000**).

Les nombres ordinaux

▶ Pour former le nombre ordinal, on ajoute **ième** au nombre cardinal. Si le nombre cardinal se termine en *e*, on laisse tomber le *e* avant d'ajouter **ième**.
Exemple :   *deux*   +   **ième**   →   *deux**ième***
          quatorze   +   **ième**   →   *quatorz**ième***

▶ Le nombre cardinal **un** (**une**) correspond au nombre ordinal **premier** (**première**).
Exemple :   *C'est son **premier** Tour de France et c'est aussi sa **première** victoire.*

▶ Les nombres ordinaux sont invariables.
Exemple :   *C'est la **troisième** fois que je regarde le film.*

Les nombres collectifs

▶ Pour former le nombre collectif, on ajoute **aine** au nombre cardinal. Si le nombre cardinal se termine en **e**, on laisse tomber le **e** avant d'ajouter **aine**. Si le nombre cardinal se termine en **x**, on remplace le **x** par un **z**.

Exemple : *dix* + **aine** → *diz**aine***
cent + **aine** → *cent**aine***

▶ Les nombres collectifs sont féminins et ils sont introduits par l'article indéfini **une**. **De/d'** introduit le nom.
Exemple : ***une*** dizaine ***de*** coureurs (= à peu près dix)

▶ Notez que **mille** a une forme particulière **un millier de/d'**.
Exemple : ***un millier de*** spectateurs (= à peu près mille)
une centaine de milliers de personnes (= à peu près cent mille)

▶ Le nombre collectif **une douzaine de/d'** veut dire exactement douze.
Exemple : ***une douzaine d'***œufs (= 12 œufs)

PRATIQUEZ !

A **Quel âge ?** Lisez *les âges* possibles des personnages du film à haute voix.

1. Champion au début du film :   **9** ans
2. Champion à la fin du film :   **21** ans
3. Mme Souza au début du film :   **59** ans
4. Mme Souza à la fin du film :   **71** ans
5. Bruno au début du film :   **1** an
6. Bruno à la fin du film :   **13** ans
7. Les Triplettes au début du film :   **35** ans
8. Les Triplettes à la fin du film :   **60** ans
9. Le chef mafieux à la fin du film :   **49** ans
10. Le mécanicien à la fin du film :   **33** ans

B **Chiffres.** Lisez les chiffres suivants à haute voix.

1. La superficie des Etats-Unis :   **9.158.960 km²**
2. La population des Etats-Unis :   **307.006.550**
3. Les états aux Etats-Unis :   **50**
4. La population de New York :   **8.391.881**
5. La superficie de la France :   **551.000 km²**
6. La population de la France :   **64.667.000**
7. Les régions en France :   **22**
8. Les départements en France :   **96**
9. La population de Paris :   **11.769.433**
10. La distance entre Paris et New York :   **5.851 km**
11. La distance du Tour de France :   **≈ 3.000 km**
12. Les coureurs du Tour de France :   **≈ 200**

C **Nombres ordinaux.** Lisez le paragraphe suivant à haute voix. Faites attention *aux nombres ordinaux* !

Je regarde *Les Triplettes de Belleville* pour la **10ᵉ** fois et un de mes amis le regarde pour la **21ᵉ** fois (il adore le film) ! *Les Triplettes de Belleville* est le **1ᵉʳ** long métrage de Chomet mais ce n'est pas la **1ʳᵉ** fois qu'il réalise un dessin animé. En fait, c'est son **4ᵉ** dessin animé. C'est la **2ᵉ** fois qu'il écrit une histoire sur une vieille femme. Est-ce que Mme Souza reviendra dans son **6ᵉ** film ? J'espère ! C'est mon personnage préféré !

D **Nombres collectifs.** Lisez le paragraphe suivant à haute voix. Faites attention *aux nombres collectifs* et ajoutez les éléments nécessaires !

Les Triplettes de Belleville est un film riche en culture. Dans le film, il y a (≈**20**) références aux années 1940 et (≈**50**) références culturelles aux années 1950. Chomet inclut (≈**10**) vedettes des années 1940 et 1950 et il montre (≈**15**) modernisations de la vie entre les années 1940 et 1950. Il y a (≈**100**) références aux cultures française et américaine et on compte (≈**40**) clichés sur les Français et sur les Américains. Il montre bien la popularité du Tour de France avec (≈**10.000**) personnes à Marseille. Finalement, il développe le thème du trio avec (≈**20**) références. En fin de compte, c'est un film bien développé avec (≈**1000**) choses à dire sur la culture !

 Travaillez ensemble ! Voyage ! Madame Souza quitte Paris pour Belleville. Belleville n'est pas Paris ! Complétez le tableau avec *les chiffres* du manuel et inventez *les chiffres* pour Belleville avec votre partenaire.

Paris et la France	Belleville et les Etats-Unis
Population (la France) :	Population (les Etats-Unis) :
Superficie (la France) :	Superficie (les Etats-Unis) :
Régions en France :	Etats (les Etats-Unis) :
Départements en France :	
Population (Paris) :	Population (Belleville) :
Date de la Fête nationale :	Date de la Fête nationale :

La date

▶ En français, la date s'écrit : *jour / mois / année : 17 / 08 / 2011*

▶ Pour demander la date, on dit : *Quelle est la date ?*

▶ Pour répondre, on dit : *C'est le + # + mois + année : C'est le dix-sept août 2011.*

▶ On emploie les nombres cardinaux pour exprimer la date (à part le premier jour du mois).
Exemple : *02 / 01 / 2011 :* *le deux janvier 2011*
01 / 01 / 2011 : *le premier janvier 2011*

▶ Les mois de l'année :
janvier, février, mars, avril, mai, juin, juillet,
août, septembre, octobre, novembre, décembre

PRATIQUEZ !

A **Dates de naissance.** Lisez *les dates* de naissances suivantes à haute voix.

1. Jacques Anquetil : 08 / 01 / 1934
2. Fred Astaire: 10 / 05 / 1899
3. Joséphine Baker: 03 / 06 / 1906
4. Charlie Chaplin: 16 / 04 / 1889
5. Sylvain Chomet: 10 / 11 / 1963
6. Glenn Gould: 25 / 09 / 1932
7. Yvette Horner : 22 / 09 / 1922
8. Django Reinhardt : 23 / 01 / 1910
9. Jacques Tati : 09 / 10 / 1908
10. Charles Trénet : 18 / 05 / 1913

B **Dates historiques.** Reliez *la date* à droite avec les événements historiques à gauche.

1. La prise de la Bastille	a. 01 / 07 / 1903
2. L'indépendance des Etats-Unis	b. 14 / 07 / 1789
3. La fin de la seconde guerre mondiale en Europe	c. 19 / 03 / 1895
4. Le premier film	d. 07 / 05 / 1945
5. Le premier Tour de France	e. 04 / 07 / 1776

C **Dates importantes !** Indiquez quelles dates sont importantes pour les gens suivants.

1. Pour les Américains…   4. Pour les parents…
2. Pour les Français…   5. Pour vous…
3. Pour les enfants…

Travaillez ensemble ! Dates. Faites une liste d'événements historiques. Votre partenaire essaie de vous donner *la date* associée aux événements historiques.

Exemple : Etudiant 1 : Quelle est la date de la Révolution française ?
Etudiant 2 : C'est le 14 juillet 1789.

1.2 Les pronoms sujets, Les registres

▶ Le pronom sujet **je** devient **j'** devant une voyelle.
Exemple : ***Je** parle mais **j'**écoute aussi.*

▶ Le pronom sujet **tu** est toujours singulier et familier (la famille, les amis, etc.).
Exemple : *Salut **Maman** ! **Tu** vas bien ?*

pronoms sujets			
singulier		**pluriel**	
1re	je/j'	1re	nous
2e	tu	2e	vous
3e	il, elle, on	3e	ils, elles

Tableau 1, Les pronoms sujets.

▶ Le pronom sujet **vous** est pluriel et familier, singulier et poli ou pluriel et poli.
Exemple : *Salut **Charles et Monique** ! **Vous** allez bien ? (pluriel et familier)*
*Bonjour, **Madame** ! **Vous** allez bien ? (singulier et poli)*
*Bonjour, **Monsieur** et **Madame** ! **Vous** allez bien ? (pluriel et poli)*

▶ Le pronom sujet **il** remplace un nom (une personne ou une chose) masculin.
Exemple : ***Le garçon** aime le vélo. **Il** aime le vélo.*
***Le vélo** est bleu. **Il** est bleu.*

▶ Le pronom sujet **elle** remplace un nom (une personne ou une chose) féminin.
Exemple : ***La fille** aime la musique. **Elle** aime la musique.*
***La musique** est française. **Elle** est française.*

▶ Le pronom sujet **ils** remplace un groupe de noms masculins ou un groupe de noms masculins et féminins.
Exemple : ***Les garçons** aiment le vélo. **Ils** aiment le vélo.*
***Le garçon et la fille** aiment le vélo. **Ils** aiment le vélo.*

▶ Le pronom sujet **elles** remplace un groupe de noms féminins.
Exemple : ***Les filles** aiment les chansons. **Elles** aiment les chansons.*
***Les chansons** sont françaises. **Elles** sont françaises.*

Le pronom sujet **on** représente **les gens / tout le monde. On** peut remplacer **nous** dans le langage parlé.
Exemple : ***Tout le monde** aime le sport.*
***On** aime le sport.*
***Nous** parlons avec le conducteur.*
***On** parle avec le conducteur.*

PRATIQUEZ !

A **Tu ou vous ?** Est-ce que vous utilisez *tu* ou *vous* quand vous parlez…

1. à votre frère / sœur ?
2. à vos frères / sœurs ?
3. à votre grand-mère / grand-père ?
4. au conducteur d'autobus / de train ?
5. à votre chien / chat ?

B **Quel pronom ?** Remplacez les mots entre parenthèses par *les pronoms sujets* qui conviennent.

(Moi) ___ suis avec mon frère et mon ami, Marc. Deux jolies filles s'approchent de nous. (Marc) ___ se présente aux filles et (les filles) ___ se présentent à Marc. (Marc et les filles) ___ se parlent. (Mon frère et moi) ___ disons : « Au revoir !» parce que (mon frère et moi) ___ participons à une course. (Marc et les filles) ___ demandent : « (Ton frère et toi) ___ partez ? » (Moi) ___ réponds : « Oui ! Marc, (toi) ___ accompagnes les filles à la course ! (Les filles) ___ aiment le cyclisme ! » (Marc) ___ n'est pas sûr. (Marc) ___ hésite. Mais (les filles) ___ sont quand même sportives et (tout le monde) ___ va à la course !

C **On.** Remplacez les mots soulignés par *le pronom sujet on*. Attention aux verbes !

Tout le monde adore le sport et **les gens** aiment assister aux événements sportifs, mes amis et moi y compris. **Nous** assistons au Tour de France cet après-midi. En France, **les Français** pensent que c'est la seule course cycliste de l'année. Aux Etats-Unis, **les Américains** apprécient aussi la course, mais **ils** aiment d'autres sports aussi. Malgré tout, **tout le monde** apprécie la vigueur des cyclistes ! Et vous aussi, n'est-ce pas ?

 Travaillez ensemble ! Vous vous connaissez ? En groupe de trois ou quatre, présentez-vous à vos partenaires et présentez ensuite vos partenaires à vos camarades de classe.

Exemple : Bonjour, je m'appelle Alex.
Enchanté Alex, je m'appelle Thomas.
Et moi, je me présente. Je m'appelle Anne.
Bonjour tout le monde, je présente mes amis…

 Travaillez ensemble ! Rencontres. Madame Souza joue de la musique dans la rue. Les Triplettes arrivent et la rencontrent (39 minutes, 40 secondes). Imaginez leur conversation. Distinguez bien entre l'emploi *des pronoms tu* et *vous*. Utilisez *les pronoms sujets appropriés* et *les salutations*.

Exemple : Etudiant 1 : Bonjour, Madame. Vous allez bien ? Et votre chien, il va bien ?
Etudiant 2 : Non, je ne vais pas très bien. Je cherche mon petit-fils.

Extension – les salutations

- Quand vous dites **tu** à quelqu'un, vous le **tutoyez**. Le verbe **tutoyer** est un verbe en -er avec un changement de radical (y → i).
- Quand vous rencontrez quelqu'un que vous tutoyez, vous **vous faites la bise** ou **vous vous serrez la main**.

- Quand vous dites **vous** à quelqu'un, vous le **vouvoyez**. Le verbe **vouvoyer** est aussi un verbe en -er avec un changement de radical (y → i).
- En général, quand vous rencontrez quelqu'un que vous vouvoyez, **vous vous serrez la main**.

PRATIQUEZ !

Tutoyer ou vouvoyer ? Qui est-ce qu'on *tutoie / vouvoie* ? Est-ce qu'on fait la bise ou est-ce qu'on se serre la main ?

1. Je tutoie… mais je vouvoie…
2. Mes amis et moi tutoyons… mais nous vouvoyons…
3. Mes grands-parents tutoient… mais ils vouvoient…
4. Mon professeur tutoie… mais il/elle vouvoie…
5. Le président tutoie… mais il vouvoie…

1.3   Les verbes réguliers en -er

- Les verbes sont classés selon leur terminaison : **-er** ; **-ir** ; **-re** ; etc.
  Exemple :   *parler, finir, apprendre, etc.*

- Les verbes en **-er** suivent une conjugaison régulière. On laisse tomber la terminaison infinitive **-er** et on ajoute les terminaisons **-e, -es, -e, -ons, -ez, -ent**.
  Exemple :   ils / invit**er**   →   **invit-** + **ent**   →   ils **invitent**

terminaisons des verbes en -er			
je / j'	**-e**	nous	**-ons**
tu	**-es**	vous	**-ez**
il, elle, on	**-e**	ils, elles	**-ent**

Tableau 2, Les terminaisons des verbes en -er.

chanter			
je	**chante**	nous	**chantons**
tu	**chantes**	vous	**chantez**
il, elle, on	**chante**	ils, elles	**chantent**

Tableau 3, La conjugaison du verbe chanter.

- Les verbes en **-ger** sont conjugués avec un *e* quand le *g* est suivi d'un *a* ou d'un *o*.

voyager			
je	**voyage**	nous	**voyageons**
tu	**voyages**	vous	**voyagez**
il, elle, on	**voyage**	ils, elles	**voyagent**

Tableau 4, La conjugaison du verbe voyager.

- Les verbes en **-cer** sont conjugués avec un *ç* quand le *c* est suivi d'un *a* ou d'un *o*.

commencer			
je	**commence**	nous	**commençons**
tu	**commence**	vous	**commencez**
il, elle, on	**commence**	ils, elles	**commencent**

Tableau 5, La conjugaison du verbe commencer.

▶ Certains radicaux des verbes en **-er** ont des changements orthographiques aux 1re, 2e et 3e personnes du singulier et à la 3e personne du pluriel.

Verbes comme préférer :   é → è

préférer			
je	**préfère**	nous	**préférons**
tu	**préfères**	vous	**préférez**
il, elle, on	**préfère**	ils, elles	**préfèrent**

Tableau 6, La conjugaison du verbe préférer.

Verbes comme amener :   e → è

amener			
je/j'	**amène**	nous	**amenons**
tu	**amènes**	vous	**amenez**
il, elle, on	**amène**	ils, elles	**amènent**

Tableau 7, La conjugaison du verbe amener.

Verbes comme appeler :   l → ll

appeler			
je/j'	**appelle**	nous	**appelons**
tu	**appelles**	vous	**appelez**
il, elle, on	**appelle**	ils, elles	**appellent**

Tableau 8, La conjugaison du verbe appeler.

Verbes comme jeter :   t → tt

jeter			
je	**jette**	nous	**jetons**
tu	**jettes**	vous	**jetez**
il, elle, on	**jette**	ils, elles	**jettent**

Tableau 9, La conjugaison du verbe jeter.

Verbes en -yer* :   y → i

envoyer			
je/j'	**envoie**	nous	**envoyons**
tu	**envoies**	vous	**envoyez**
il, elle, on	**envoie**	ils, elles	**envoient**

Tableau 10, La conjugaison du verbe envoyer.

* Notez que les verbes en **ayer** ont deux formes possibles.
Exemple : *(payer) je paie* ou *je paye*

PRATIQUEZ !

A **Email.** Lisez le paragraphe suivant et conjuguez *les verbes en -er.*

*Voilà une partie d'un message que **j'envoyer** à un ami :*

[…] Nous **commencer** notre étude du film à l'école. Moi aussi, je **trouver** les sons du film très intéressants. Evidemment, il y a les voix des chanteuses qui **chanter**. Il y a également les sons des instruments : le guitariste **jouer** de la guitare, l'accordéoniste et le pianiste **jouer** aussi de leurs instruments. Est-ce que tu **apprécier** aussi la musique à la fin du film ? Mon frère et moi, nous **discuter** des autres sons. On entend les mâchonnements des personnages quand ils **manger**, les grincements du vélo quand Champion **monter** la montagne, etc.   Le chien **aboyer** quand les trains **passer** et il **grogner** quand il **rêver**. Enfin, comme il y a très peu de dialogue, les sons sont très importants et on **apprécier** chaque son. J'**appeler** maintenant un ami qui **étudier** le film. J'**espérer** qu'il me donnera d'autres idées ! Tes amis et toi ? Vous **aimer** les sons ? Quels sons **préférer**-vous ? […]

B **Sommaire.** Développez un sommaire du film avec *les verbes en -er.* Utilisez les verbes suivants pour vous aider !

Introduction : regarder, acheter, donner, se préparer, manger
Corps : participer à, grimper/monter, kidnapper, traverser/voyager, rencontrer
Conclusion : chercher, trouver, libérer

Travaillez ensemble ! **Au cinéma !** Vous et votre partenaire êtes animateurs de l'émission *Au Cinéma* sur *France 2*. Vous présentez le film *Les Triplettes de Belleville*. Ecrivez un résumé du film et discutez du film avec votre partenaire. Utilisez **les verbes en -er**. Présentez votre émission de télé à vos camarades de classe.

Exemple :   Etudiant 1 :   Bonjour et bienvenue ! Aujourd'hui, on vous présente un dessin animé, *Les Triplettes de Belleville*.

Etudiant 2 :   *Les Triplettes de Belleville* est l'histoire d'un garçon …

Extension – les verbs en -er

▶ On trouve des verbes en -er dans beaucoup d'expressions idiomatiques.

▶ Observez quelques expressions avec deux verbes en -er et notez que ces expressions sont utilisées dans des contextes familiers:

■ Expressions avec chercher :

chercher la bagarre (to be spoiling for a fight)
chercher la femme (to look for the woman – as a resolution to a mystery)
chercher la petite bête (to nitpick)
chercher le merle blanc (to dream the impossible dream)

■ Expressions avec manger :

manger comme un cochon/un oiseau (to eat like a pig/a bird)
manger goulûment (to wolf down food)
manger un morceau (to have a snack)
manger le morceau (to spill the beans)
manger un coup (to take one on the chin)

PRATIQUEZ !

Vrai ou faux ? Lisez les phrases suivantes, déterminez si elles sont vraies ou fausses et expliquez votre choix.

1. Champion mange comme un cochon et il mange toujours goulûment.
2. Un des jumeaux mafieux mange le morceau et on découvre la maison de jeu du chef mafieux.
3. Rose aime un appartement très propre mais quelquefois elle va trop loin et elle cherche la petite bête.
4. Champion et Mme Souza cherchent le merle blanc ; Champion ne va pas gagner le Tour de France !
5. La pauvre Mme Souza cherche la bagarre et elle mange un coup !
6. Pour trouver Champion, il faut chercher la femme.

1.4   Les noms – genre et nombre
Les articles – défini, indéfini et partitif

Les noms – genre et nombre

▶ Les noms français ont un genre : *masculin* ou *féminin*.
Exemple :   *le garçon et la fille*

▶ Le genre des noms représentant des personnes ou des animaux correspond souvent au sexe des personnes ou des animaux.
Exemple :   *le garçon et le chien ; la fille et la chatte*

▶ Quelquefois, le genre du nom peut être identifié selon la terminaison. *Voir les tableaux 11 - 12.*
Exemple :   *le paysage et la cascade*

terminaisons masculines/féminines		
masculin	**féminin**	
-age	-ace	-ette
-ail	-ade	-ie
-aire	-aison	-ié
-al	-ance	-ion
-asme	-ande	-oire
-eau	-anse	-son
-ent	-ée	-té
-et	-ence	-tié
-isme	-ense	-tude
-ment	-esse	-ture

Tableau 11, Les terminaisons masculines/féminines.

masculin/féminin	
masculin	féminin
-ain	-aine
-ais	-aise
-el	-elle
-er	-ère
-eur	-euse
-ier	-ière
-ien	-ienne
-ois	-oise
-on	-onne
-teur	-trice

Tableau 12,
Le masculin / le féminin.

▶ Les noms français ont aussi un nombre : *singulier ou pluriel.*
Exemple : *la fille et les garçons*

▶ Le pluriel est indiqué par un *s.* Les noms se terminant en *s*, *x* ou *z* ne changent pas au pluriel.
Exemple : *les garçons et la fille : un Anglais et trois Français*

pluriel	
s	p
-al	-aux
-au	-aux
-eau	-eaux
-eu	-eux

Tableau 13, Le pluriel
de certains noms.

exceptions	
-ail/-aux	bail, corail, travail, etc.
-al/-als	bal, carnaval, festival, etc.
-eu/-eus	pneu
-ou/-oux	bijou, caillou, chou, genou, hibou, joujou, pou
noms composés	des gratte-ciel, des grands-mères, des sous-titres, etc.

Tableau 14, Quelques exceptions au pluriel.

Les articles – définis, indéfinis et partitifs

▶ L'article défini (**le, la, l', les**) introduit :
- ■ un nom déterminé :   *Le garçon aime **la** fille.*
- ■ un nom employé dans le sens général :   ***Les** garçons aiment le sport.*
- ■ un nom employé avec un verbe de préférence :   *J'aime **la** soupe.*
- ■ un nom abstrait :   ***La** patience est nécessaire pour réussir.*
- ■ un titre :   ***Le** président Chirac aime le vélo.*
- ■ une saison :   ***L'**été est ma saison préférée.*
- ■ une langue ou une discipline :   ***Le** français est une belle langue.*
- ■ un peuple ou un nom géographique :   ***Les** Américains visitent **la** France.*
- ■ une unité de mesure ou de poids :   *La soupe coûte 0,58 € **la** boîte.*
- ■ une partie du corps quand le possesseur est évident :   *Il se lave **les** mains avant de dîner.*
- ■ une date :   *Le tour de France commence **le** 4 juillet.*
- ■ un jour de la semaine quand l'action est habituelle :   *Le lundi, il se repose.*

▶ Les articles définis **le** et **la** se contractent avec un nom qui commence par une voyelle.
Exemple : *le ami = l'ami ; la amie = l'amie*

▶ L'article indéfini (**un, une, des**) introduit un nom indéterminé. Il indique la quantité **one** ou une chose entière.
Exemple : *Le garçon aime **une (one)** photo.*
           *Il mange **une** pizza (la pizza entière).*

▶ L'article partitif (**du, de la, de l', des**) introduit un nom qu'on ne peut pas compter et indique une partie ou une quantité indéterminée.
Exemple : *Le garçon mange **de la** soupe.*

▶ Dans une phrase négative, l'article indéfini et l'article partitif se changent en **de/d'.**
Exemple : *Il regarde **une** photo. Il ne regarde pas **de** photo.*
           *Il mange **de la** soupe. Il ne mange pas **de** soupe.*

▶ Après une expression de quantité (assez, beaucoup, peu, trop, etc.) **de/d'**
introduit le nom.
Exemple : *Il passe beaucoup **de** temps à faire du vélo.*

articles					
article défini		article indéfini		article partitif	
masculin	féminin	masculin	féminin	masculin	féminin
singulier	le / l'	la / l'	un	une	du / de l'	de la / de l'
pluriel	les	les	des	des	des	des

Tableau 15, Les articles.

PRATIQUEZ !

A **Genre des noms.** Indiquez si *les noms* suivants sont masculins ou féminins.

1. aventure	5. chien	9. inquiétude
2. appartement	6. kidnappeur	10. maison de jeu
3. télévision	7. camion	11. voiture
4. chanson	8. voyage	12. bonheur

B **Féminin.** Donnez la forme féminine *des noms* suivants.

1. Monsieur	5. le chanteur	9. le coureur
2. un grand-père	6. un pianiste	10. le frère
3. le petit-fils	7. un cycliste	11. un jumeau
4. un guitariste	8. l'accordéoniste	12. un conducteur

C **Pluriel.** Donnez la forme plurielle *des noms* suivants.

1. un petit-fils	5. un vélo	9. un bateau
2. l'album	6. la course	10. un gratte-ciel
3. la photo	7. un pneu	11. un chapeau
4. un journal	8. le mafieux	12. un héros

D **Quel article ?** Complétez le paragraphe suivant avec *les articles* (*définis,
indéfinis* ou *partitifs*) ou *de/d'* selon le contexte.

____ famille visite ____ France pour ____ première fois. Elle visite Paris
parce qu'elle aime ____ grandes villes. ____ parents aiment plutôt ____
gratte-ciel, ____ appartements, ____ gens, etc. ! Ils apprécient surtout ____
architecture. ____ grands-parents sont moins enthousiastes. ____ grand-mère
n'aime pas ____ foules. ____ grand-père préfère ____ montagne où il peut
faire du vélo. ____ voyage est très intéressant pour ____ enfants. Ils
visitent ____ Tour Eiffel, ____ monuments historiques, ____ jardins, etc.
Tous ____ soirs, ____ famille dîne dans ____ restaurants français et ils
mangent beaucoup ____ choses intéressantes. Ils essaient ____ peu ____
tout… ils mangent ____ pain, ____ soupe, ____ escargots, etc. Mais ils ne
mangent pas ____ grenouilles ! Ils n'aiment pas ____ grenouilles ! En fin de
compte, c'est ____ bonne aventure !

Travaillez ensemble ! Genre et nombre. Regardez la liste de vocabulaire.
Choisissez quinze noms. Lisez les noms sans article à votre partenaire. Il vous
donne *l'article défini* et *la forme plurielle* qui correspondent aux noms.

Exemple : Etudiant 1 : tricycle
Etudiant 2 : le tricycle ; les tricycles

Travaillez ensemble ! Personnages. Qui sont les personnages du film ? Faites une liste des personnages du film et de leur profession. Votre partenaire vous donne la forme opposée de leur profession.

Exemple : Etudiant 1 : Les Triplettes : Elles sont chanteuses.

Etudiant 2 : Forme opposée : Ils sont chanteurs.

Extension — les articles définis

▶ Certains proverbes français utilisent les articles définis.

▶ Dans ces proverbes, les articles définis introduisent des noms abstraits ou des noms utilisés dans un sens général.

▶ Observez les proverbes suivants et l'emploi de l'article défini :

- **L'**appétit vient en mangeant.
- **L'**occasion fait **le** larron.
- **Les** grands esprits se rencontrent.
- **L'**union fait **la** force.

- **L'**habit ne fait pas **le** moine.
- **Le** malheur des uns fait **le** bonheur des autres.
- **Le** crime ne paie pas.
- **La** fin justifie **les** moyens.

PRATIQUEZ !

Traduction. Reliez les proverbes français à gauche avec les proverbes anglais à droite et expliquez le rapport entre le proverbe et le personnage entre parenthèses.

1. L'appétit vient en mangeant. *(le chef mafieux)*
2. L'occasion fait le larron. *(les jumeaux mafieux)*
3. Les grands esprits se rencontrent.
   (les Triplettes et Mme Souza)
4. L'union fait la force. *(les Triplettes et Mme Souza)*
5. L'habit ne fait pas le moine. *(Bruno / Mme Souza)*
6. Le malheur des uns fait le bonheur des autres.
   (les Triplettes)
7. Le crime ne paie pas. *(le chef mafieux)*
8. La fin justifie les moyens.
   (les Triplettes et Mme Souza)

A. Don't judge a book by its cover.
B. United we stand, divided we fall.
C. Crime doesn't pay.

D. Great minds think alike.
E. Opportunity makes the thief.
F. The end justifies the means.

G. The more you have, the more you want.
H. One man's trash is another man's treasure.

1.5   Les couleurs

▶ Les couleurs s'accordent en genre et en nombre avec le nom qualifié.
Exemple : *les fleurs **violettes***

▶ Les noms employés adjectivement sont invariables (***cerise, kaki, marron, orange, etc.***). Quelques exceptions à cette règle sont ***mauve, pourpre, rose, etc.***
Exemple : *les yeux **marron** et les joues **roses***

▶ Si la couleur est qualifiée par un nom ou un autre adjectif, les deux sont invariables.
Exemple : *les yeux **bleu ciel**, le vélo **bleu vert***

▶ Quelques couleurs :

blanc/che	jaune	orange*	pourpre*
bleu/e	kaki*	rose	vert/e
brun/e	marron*	rouge	violet/tte
cerise*	mauve*	roux/rousse	
gris/e	noir/e		*couleurs invariables

PRATIQUEZ !

A **Genre et nombre.** Donnez la forme féminine (si cela est possible) *des couleurs* suivantes.

1. brun	4. bleu ciel	7. marron	10. kaki
2. jaune	5. violet	8. noir	11. gris
3. vert	6. bleu vert	9. blanc	12. rose

B **Portraits.** Choisissez *les couleurs* qui conviennent. Attention à l'accord !

1. Champion a les yeux _____ (marron / vert) et les cheveux _____ (blond / brun).
2. Pendant les années 1940, Madame Souza a les yeux _____ (bleu ciel / noir) et les cheveux _____ (brun / gris). Pendant les années 1950, elle a les cheveux _____ (brun / gris).
3. Pendant les années 1930, les Triplettes ont les cheveux _____ (roux / gris), les cheveux _____ (noir / blond) et les cheveux _____ (brun / orange). Pendant les années 1950, elles ont les cheveux _____ (blanc / noir).
4. Le chef mafieux a les yeux _____ (bleu / noir), les cheveux _____ (blond / noir), une moustache _____ (noir / gris) et le nez _____ (rouge / jaune).
5. Les mafieux portent des lunettes de soleil _____ (rouge / noir) et des vêtements _____ (noir / gris).

C **Couleurs.** Choisissez *les couleurs* qui décrivent les noms suivants. Attention à l'accord !

1. vos yeux
2. vos cheveux
3. votre vélo/votre voiture
4. votre chambre
5. votre appartement/votre maison

Travaillez ensemble ! Emotion et couleur. 1) Discutez *des couleurs* associées aux émotions ci-dessous. Quelles couleurs est-ce que vous associez aux émotions ? 2) Discutez *des couleurs* du film avec votre partenaire. Quelles émotions sont évoquées par *les couleurs* utilisées dans le film ? Présentez vos résultats à vos camarades de classe.

> Emotions : l'agitation, l'amour, l'angoisse, le bonheur, la colère, la confusion, le découragement, la douleur, l'emprisonnement, la fatigue, la joie, la peur, la tristesse, etc.

Exemple: Etudiants : le rouge = l'amour ; le bleu = la tristesse, etc.
Les couleurs dans le film sont sombres ; le noir, le marron, etc. Le ton est mélancolique.

Extension – les couleurs

▶ Les adjectifs *clair* et *foncé* indiquent l'intensité d'une couleur. Quand *clair* ou *foncé* qualifient un adjectif de couleur, les deux adjectifs sont invariables. Observez :
  ■ les yeux bleus et les yeux bleu clair   ■ la voiture verte et la voiture vert foncé

PRATIQUEZ !

Clair ou foncé ? Récrivez les descriptions suivantes avec les adjectifs *clair* ou *foncé* selon le contexte.
1. Champion a les cheveux bruns et les yeux marron.
2. Les mafieux ont aussi les yeux marron.
3. On ne voit pas vraiment les yeux des Triplettes, mais j'imagine qu'elles ont les yeux bleus ou verts.

1.6   Les adjectifs et les pronoms possessifs

Les adjectifs possessifs

▶ L'adjectif possessif indique la possession. Il s'accorde en personne avec le possesseur et en genre et en nombre avec le nom possédé.
Exemple :   *Le vélo appartient à Charles. C'est **son** vélo.*

▶ Les adjectifs possessifs **mon, ton** et **son** remplacent **ma, ta** et **sa** quand un nom féminin commence par une voyelle ou un *h* muet.
Exemple :   *Ma sœur et **mon** amie adorent **mon** histoire.*

adjectifs possessifs						
	singulier		pluriel		singulier		pluriel
	masculin	féminin	masculin/féminin		masculin	féminin	masculin/féminin
je	mon	ma / mon	mes	**nous**	notre	notre	nos
tu	ton	ta / ton	tes	**vous**	votre	votre	vos
il, elle, on	son	sa / son	ses	**ils, elles**	leur	leur	leurs

Tableau 16, Les adjectifs possessifs.

Les pronoms possessifs

▶ Le pronom possessif indique la possession et il remplace un nom et son article. Il s'accorde en personne avec le possesseur et en genre et en nombre avec le nom possédé.
Exemple :   *Le vélo appartient à Charles. C'est son vélo. C'est **le sien**.*

▶ Le pronom possessif se compose de deux mots : un article défini et le pronom possessif. L'article défini se contracte avec les prépositions **à** et **de**.
Exemple :   *Nous parlons à notre père. Vous parlez **au vôtre**.*

pronoms possessifs			
	masculin singulier	féminin singulier	masculin pluriel	féminin pluriel
je	le mien	la mienne	les miens	les miennes
tu	le tien	la tienne	les tiens	les tiennes
il, elle, on	le sien	la sienne	les siens	les siennes
nous	le nôtre	la nôtre	les nôtres	les nôtres
vous	le vôtre	la vôtre	les vôtres	les vôtres
ils, elles	le leur	la leur	les leurs	les leurs

Tableau 17, Les pronoms possessifs.

PRATIQUEZ !

A **Adjectifs possessifs – 1.** Donnez *les adjectifs possessifs* qui correspondent.

Exemple :   tu   →   ___***tes***___   *vélos*

1. Champion   →   ___ *grand-mère et* ___ *parents*
2. Mme Souza   →   ___ *petit-fils et* ___ *amies*
3. les Triplettes →   ___ *chansons et* ___ *concert*
4. les jumeaux   →   ___ *camion et* ___ *victimes*
5. nous   →   ___ *films préférés et* ___ *discussion*

B **Adjectifs possessifs – 2.** Complétez le paragraphe suivant avec *les adjectifs possessifs* qui conviennent.

Nous passons ____ après-midi à regarder ____ films préférés avec ____ meilleurs amis et ____ discussion des films devient très intéressante. Charles exprime toujours ____ opinions un peu bizarres. ____ film préféré n'est pas *Les Triplettes de Belleville*, mais ____ sœur adore le film. A ____ avis, c'est un des meilleurs films de l'année. Je suis d'accord avec elle et ____ frère aime aussi le film. Mais, Charles n'est pas du tout d'accord ! Il nous quitte en marmonnant … « Vous et ____ idées idiotes ! » (Il se fâche facilement.) Je cherche Charles dans le jardin. Je lui explique : « Tu ne peux pas nous quitter comme ça ! » Il me regarde … « Ben, pourquoi pas ? » Je réponds : « C'est tout simple. C'est ___ maison ! » Il est content : « Ben, oui ! Alors, ____ frère et toi, vous rentrez chez vous alors ! » Et oui, nous rentrons chez nous…

C **Pronoms possessifs.** Utilisez *les pronoms possessifs* pour identifier les choses suivantes.

Exemple : *tricycle : Mme Souza* → *Le tricycle ? C'est le sien !*

1. Champion : bicyclette
2. les coureurs : casquettes
3. Champion & Mme Souza : maison
4. Rose, Blanche, Violette : appartement
5. nous : DVD
6. vous : films préférés
7. tu : lecteur de DVD
8. je : histoire préférée

D **Possessifs.** Complétez l'email suivant avec *les adjectifs possessifs* et *les pronoms possessifs* qui conviennent.

A : Thomas999@wanadoo.fr
De : Michel333@aol.fr
Sujet : Sur la route

Salut Thomas !

C'est vrai ! Le vélo de Lance Armstrong coûte plus cher et il est meilleur que ____ (ours), mais j'aime beaucoup ____ (mine) quand même. ____ (my) frère et moi avons de bons souvenirs de ____ (our) randonnées en bicyclette. Nous avons beaucoup de photos de ____ (our) excursions ensemble. Je donne ____ (mine) à ____ (my) frère parce que ____ (his) ne sont pas très bonnes. ____ (our) parents aiment aussi ____ (their) vélos mais ils font moins de randonnées que nous. Ce week-end ____ (my) amie et moi allons à la montagne et Nicolas y va aussi avec ____ (his) amie Nicole. ____ (our) guide va téléphoner (à) ____ (their) parents pour leur donner des renseignements sur ____ (our) voyage. Il téléphone aussi (à) ____ (ours). Il est formidable ! C'est tout pour l'instant. Dis bonjour (à) ____ (your) parents et (à) ____ (your) frère pour moi – je dirai bonjour ____ (mine) pour toi !

Bonne route ! Michel

Extension — les adjectifs possessifs

▶ Pour éviter l'ambiguïté du possesseur avec les adjectifs possessifs **son, sa** et **ses,** on ajoute **à lui** ou **à elle** après le nom possédé. Observez :
- Champion et Mme Souza regardent **son** tricycle. *Ils regardent le tricycle de Champion ou de Mme Souza ?*
- Champion et Mme Souza regardent **son tricycle à elle.** Le tricycle est à Madame Souza.
- Champion et Mme Souza regardent **son tricycle à lui.** Le tricycle est à Champion.

▶ Leur ou leurs ? Quand deux(+) possesseurs possèdent un objet, **leur** qualifie le nom singulier. Quand deux(+) possesseurs possèdent deux(+) objets, **leurs** qualifie le nom pluriel. Observez :
- Champion et Mme Souza aiment **leur** maison. *Ils ont **une** maison.*
- Les Triplettes chantent **leurs** chansons des années 1930. *Elles chantent **plusieurs** chansons.*

PRATIQUEZ !

A **A lui ou à elle ?** Ajoutez *à lui* ou *à elle* pour éviter l'ambiguïté des possesseurs.

1. Mme Souza joue du piano. Champion n'aime pas ses chansons.
2. Mme Souza regarde l'album photo de Champion. Elle aime son album.
3. Champion découpe des photos du journal. Mme Souza met les photos dans son album.
4. Mme Souza achète un tricycle pour Champion. Champion donne son tricycle à Mme Souza.
5. Mme Souza a une patience extraordinaire. Champion admire sa patience.

B **Leur ou leurs ?** Déterminez s'il faut l'adjectif possessif *leur* ou *leurs*.

1. Champion et Mme Souza aiment _____ maison et _____ vie à Paris.
2. Champion et Mme Souza regardent les Triplettes à la télé. Ils apprécient _____ chansons.
3. Les Triplettes rencontrent Mme Souza et Bruno. Elles aident _____ nouveaux amis.
4. Les Triplettes habitent à Belleville. _____ appartement n'est pas luxueux.
5. Pendant _____ concert, les Triplettes et Mme Souza découvrent les kidnappeurs des coureurs.

TRADUCTION

Français → anglais

A **Mots et expressions.** Traduisez les mots et les expressions suivantes *en anglais.*

1. trois chanteuses et leur pianiste
2. un petit-fils et sa grand-mère
3. des mafieux et le chef mafieux
4. une course et un kidnapping
5. une grande aventure

B **Phrases.** Traduisez les phrases suivantes *en anglais.*

1. La grand-mère et son petit-fils regardent la télé.
2. Ils adorent la musique !
3. La grand-mère aide son petit-fils.
4. Il participe au Tour de France.
5. Pendant leur aventure, ils rencontrent des chanteuses.

Anglais → français

A Mots et expressions. Traduisez les mots et les expressions suivantes *en français.*

1. their confusion and anger
2. a big city with skyscrapers
3. about 100 racers
4. his bicycle and his cap
5. a big trip

B Phrases. Traduisez les phrases suivantes *en français.*

1. It's nice to meet you. My name is Champion and this is my dog Bruno.
2. He loves his bicycle. Do you like yours ?
3. The twins look like their parents.
4. He is watching the cyclist with the yellow jersey.
5. Their twentieth song is a flop.

C Journal. Vous trouvez un journal déchiré avec un article sur le Tour de France. Traduisez l'article suivant *en français.*

France : The race, the racers and their families

-JOSH SMITH

Good evening. My name is Mr. Smith. What is your name? *Good evening! My name is Madame Souza. It's a pleasure to meet you.*

In your opinion, do boys love cycling? *Yes, in my opinion, boys love dogs, trains and bicycles. For example, my grandson, Champion, loves cycling and he is preparing for the Tour of France in July. He especially likes going up hills and climbing mountains. He is very muscular !*

This is his first Tour of France? *Yes, this is his first Tour of France.*

Do you watch the Tour of France on TV? *Of course! We always watch the Tour of France on TV!*

COMPRÉHENSION GÉNÉRALE

A **Vrai ou faux ?** Indiquez si les phrases suivantes sont vraies ou fausses.

1. vrai faux Le film se passe pendant les années 1960.
2. vrai faux Champion n'aime pas les cadeaux de sa grand-mère.
3. vrai faux Madame Souza aide Champion à se préparer pour le Tour de France.
4. vrai faux La Mafia française kidnappe les cyclistes pour fabriquer du vin.
5. vrai faux Madame Souza traverse l'océan Pacifique pour chercher Champion.
6. vrai faux Les Triplettes trouvent Madame Souza dans une rue de Belleville.
7. vrai faux Bruno aime la soupe aux grenouilles.
8. vrai faux Madame Souza chante et joue de la musique avec les Triplettes.
9. vrai faux Les Triplettes aident Madame Souza et Bruno à trouver Champion.
10. vrai faux Champion aime beaucoup Belleville et il ne rentre pas à Paris.

B **Personnages.** Faites une petite description de chaque personnage.

1. Champion : *Qui est-ce ? Que fait-il ?*
2. Madame Souza : *Qui est-ce ? Que fait-elle ?*
3. Bruno : *Qui est-ce ? Que fait-il ?*
4. Les Triplettes : *Qui est-ce ? Que font-elles ?*
5. Les Mafieux : *Qui est-ce ? Que font-ils ?*

C **Chronologie.** Faites une petite description des événements principaux du film.

1. Champion et Madame Souza habitent Paris (les années 1940).
2. Champion se prépare pour le Tour de France (les années 1950).
3. Champion participe au Tour de France (les années 1950).
4. Madame Souza cherche Champion (les années 1950).
5. La fin ? (les années ?).

Yvette Horner, l'égérie de la caravane, 1954

D **Sécurité routière.** Lisez le texte suivant sur la sécurité routière. Pourquoi le gouvernement français propose-t-il des conseils pour les cyclistes ? Suivez-vous les conseils ci-dessous ? Pourquoi ou pourquoi pas ?

Pratique du vélo et sécurité routière : 10 conseils pratiques pour les cyclistes

mardi 14 octobre 2008 par Franck Cascino

Dans le contexte actuel, prix du carburant, considérations environnementales, les pouvoirs publics incitent de plus en plus les usagers, à utiliser des moyens de transports non polluants. Dans cette optique, la pratique du vélo est encouragée comme c'est actuellement le cas à Paris avec le Vélibe, qui remporte un franc succès. Mais qui dit pratique, dit risques, cet artilce reprend quelques conseils de sécurité pour que cette pratique soit un plaisir et non une contrainte ou un danger.

Quelques conseils pour pratiquer en toute sécurité, certains sont déjà connus mais n'est-il pas intéressant de réactualiser ses connaissances ?

1. **Être vu**
   - Pour la circulation de nuit ou par visibilité insuffisante, équiper le véhicule d'un feu avant jaune ou blanc, et d'un feu arrière rouge.
   - Dans toutes les circonstances équiper le véhicule de catadioptres (dispositifs réfléchissants): à l'arrière (rouge), à l'avant (blanc), sur les côtés (orange) et sur les pédales (orange).
   - L'équipement du véhicule d'un « écarteur de danger » est recommandé.
   - Porter de préférence des vêtements de couleur claire ou équipés de dispositifs rétroréfléchissants.
   - Le port d'un gilet de sécurité par tout conducteur et tout passager d'un cycle, hors agglomération, de nuit ou de jour lorsque la visibilité est insuffisante, est obligatoire. Cette mesure entrera en vigueur à compter du 1er octobre 2008. Le fait de ne pas respecter cette obligation sera passible d'une contravention de la deuxième classe d'un montant de 35 euros (22 euros pour l'amende minorée).

2. **Se munir d'un bon équipement**
   - Contrôler régulièrement le bon état du véhicule : frein, éclairage, pneus et avertisseur sonore.
   - Le port du casque n'est pas obligatoire, mais il est fortement conseillé, notamment pour les enfants et dans le cadre des pratiques sportives. Même si cela peut paraître gênant, le port de gants et chaussures fermées, est conseillé pour votre sécurité.

3. **Partager la route**
   - Eviter de rouler à vive allure, même si le vélo n'est pas motorisé, notamment en agglomération. Penser respect et sécurité, pour soi et les autres usagers.
   - Se faufiler entre les automobiles à l'arrêt dans la circulation est interdit : c'est un risque pour tous, et particulièrement pour les jeunes cyclistes moins expérimentés.
   - Ne pas réagir de façon trop agressive à l'usage de l'avertisseur sonore par les autres usagers. Ceux-ci l'utilisent souvent pour signaler leur présence.

4. **Respecter le Code de la route et la signalisation**
   - Le Code de la route est destiné à assurer la sécurité et la bonne cohabitation de tous les usagers de la route, particulièrement des usagers vulnérables.
   - La signalisation aux intersections s'impose à tous les usagers, respecter les règles, c'est respecter les autres et soi.

5. **Transporter ou circuler avec un enfant en toute sécurité**
   - Un adulte accompagnant un enfant doit le faire rouler devant lui de manière à le surveiller, tout en gardant une certaine distance entre les deux (2,5 mètres environ).
   - S'assurer que le vélo de l'enfant est adapté à sa taille ; il doit pouvoir atteindre le sol avec ses pieds.
   - Apprendre aux enfants les règles essentielles du code de la route (stop, sens interdits…).
   - Pour les enfants de moins de cinq ans : se munir d'un siège doté de repose-pieds et de courroies d'attaches.
   - Ne pas transporter d'enfants autrement que sur un siège fixé au vélo.

6. **Emprunter les pistes cyclables**
   - Interdiction de circuler sur les trottoirs. Les enfants de moins de 8 ans peuvent cependant y accéder à condition de rouler au pas et de ne pas gêner les piétons.
   - En l'absence de pistes, rouler à droite, mais maintenir un espace d'au moins un mètre entre le vélo et les autres véhicules ou le trottoir, pour éviter les obstacles potentiels ou les aspérités de la chaussée.

7. **Effectuer un changement de direction**
   - Ne pas rester en dehors du champ de vision des conducteurs, s'assurer que les conducteurs ont bien perçu le vélo dans le rétroviseur avant toute manœuvre.
   - Signaler avec le bras que l'on tourne et rouler à au moins un mètre du trottoir.

8. **Être vigilant, hors agglomération**
   - Pour les groupes (deux personnes et plus) : rouler à deux de front au plus, et obligatoirement en file indienne dès la nuit ou lorsque la circulation l'exige, par exemple lors du dépassement par un véhicule.
   - Rouler sur la droite de la chaussée, tout en préservant un espace de sécurité suffisant avec l'accotement, pour ne pas gêner la circulation des autres usagers.
   - Dans les cas ou la chaussée est très étroite, ne pas hésiter à s'arrêter sur l'accotement pour laisser passer les véhicules motorisés.

9. **Être prudent en cas d'intempéries**
   - Augmenter les distances de sécurité : le vent peut entraîner des difficultés de contrôle du vélo et les chaussées glissantes augmentent la distance de freinage.
   - Être plus vigilant quand un véhicule double : une voiture peut faire perdre l'équilibre à un vélo en l'éclaboussant.
   - Eviter les flaques d'eau qui peuvent cacher un trou et déséquilibrer le vélo.

10. **Rester vigilant: anticiper**
    - En dehors des pistes cyclables, éviter les dépassements par la droite. L'angle mort étant très important pour les automobilistes.
    - Surveiller les mouvements des autres usagers de la route, pour ne pas se laisser surprendre.
    - Changer progressivement de file ou de direction pour ne pas surprendre les autres Usagers.

PHOTOS

A **Détails.** Regardez l'image et cochez les bonnes réponses.

Photo N°1

Photo N°2

	Photo N°1	Photo N°2
Epoque		
	☐ les années 1930	☐ les années 1930
	☐ les années 1940	☐ les années 1940
	☐ les années 1950	☐ les années 1950
	☐ autre _____	☐ autre _____
Lieu		
	☐ un théâtre	☐ un théâtre
	☐ la rue	☐ la rue
	☐ une maison	☐ une maison
	☐ autre _____	☐ autre _____
Personnages		
	☐ Bruno	☐ Bruno
	☐ Madame Souza	☐ Madame Souza
	☐ Champion	☐ Champion
	☐ le Mafieux	☐ le Mafieux

Age de Champion

☐ entre 5 et 10 ans	☐ entre 5 et 10 ans
☐ entre 10 et 20 ans	☐ entre 10 et 20 ans
☐ entre 20 et 30 ans	☐ entre 20 et 30 ans
☐ autre _____	☐ autre _____

B Complétez. Utilisez le vocabulaire à droite pour compléter les phrases.

1. Le garçon habite dans une maison dans ___. Le garçon est ___ de Mme Souza. Mme Souza est ___ du garçon. Il y a aussi ___, Bruno.
2. Sur la 1re photo, le garçon entre dans ___ et regarde ___ (c'est ___ de Mme Souza).
3. Sur la 2e photo, le garçon est ___. L'homme est ___.
4. Sur la 2e photo, le garçon porte ___ rouge et ___ rouge. L'homme porte des vêtements ___ et des lunettes de soleil ___.
5. Sur la 2e photo, le garçon monte dans ___. L'homme ___ le garçon.

Vocabulaire

cycliste
kidnappe
la grand-mère
la maison
le chien
le petit-fils
mafieux
noires
noirs
un cadeau
un camion
un maillot
un tricycle
une casquette
une grande ville

C En général. Répondez aux questions suivantes. Ecrivez deux ou trois phrases.

1. Faites une description de la première photo. Qu'est-ce qui se passe ?
2. Faites une petite description de la deuxième photo. Qu'est-ce qui se passe ?
3. Donnez un titre aux deux photos. Justifiez votre choix.

D Aller plus loin. Ecrivez un paragraphe pour répondre aux questions suivantes.

1. Comment est la famille (Madame Souza, Champion, Bruno) ?
2. Décrivez les émotions de Champion sur les deux photos.
3. Décrivez les changements physiques de Champion.

MISE EN PRATIQUE

A En général. Répondez aux questions suivantes. Ecrivez deux ou trois phrases.

1. Quand et où se passe le film ?
2. Décrivez Paris. Comment est-ce que la ville change au cours du film ? Quelles couleurs est-ce que Chomet utilise pour les scènes de Paris ?
3. Décrivez la maison de Champion et de Madame Souza. Quelles couleurs est-ce que Chomet utilise pour les scènes dans la maison ?
4. Au début du film, Madame Souza et Champion regardent la télé. Qu'est-ce qu'ils regardent ? Est-ce que cette scène est importante ?
5. Madame Souza donne trois cadeaux à Champion. Quels cadeaux est-ce qu'elle lui donne et pourquoi est-ce qu'elle lui donne ces cadeaux ?
6. Comment est-ce que Champion se prépare pour le Tour de France ?
7. Décrivez les relations entre Madame Souza et Champion. Est-ce qu'ils s'aiment ? Expliquez.
8. Quelle est la réaction de Madame Souza quand elle découvre que Champion est victime des kidnappeurs ?
9. Pourquoi est-ce que la Mafia française kidnappe les coureurs du Tour de France ?
10. Décrivez Belleville. Où se trouve Belleville ? Quelles couleurs est-ce que Chomet utilise pour les scènes de Belleville ?
11. Comment est-ce que Madame Souza rencontre les Triplettes de Belleville ?
12. Comment est le dîner chez les Triplettes ?
13. Décrivez la musique des Triplettes pendant les années 1950.
14. Décrivez la scène où les cyclistes, les Triplettes, Madame Souza et Bruno échappent à la Mafia française.
15. Décrivez la dernière scène du film. Comment est-ce qu'elle ressemble à la première scène du film ?

B Aller plus loin. Écrivez un paragraphe pour répondre aux questions suivantes.

1. Décrivez l'évolution de Champion au cours du film.
2. Décrivez la carrière des Triplettes au cours du film.
3. On remarque des changements chez Champion et chez les Triplettes. Est-ce que Madame Souza change ? Est-ce que Bruno change ?
4. Quel effet ont les stars dans le film ?
5. Parlez de l'intrigue du film.
6. Il y a très peu de dialogue dans le film. Comment savez-vous ce qui se passe ? Faut-il avoir un dialogue pour comprendre l'histoire ?
7. Parlez de la musique. Quel est l'effet de la musique dans le film ?
8. Décrivez le ton du film. Comment est-ce que les couleurs contribuent au ton ?
9. Décrivez l'animation du film.
10. Qui est votre personnage préféré ? Justifiez votre réponse.

 Travaillez ensemble ! Dessins animés. Que pensez-vous des dessins animés ? Complétez le sondage et présentez les résultats à vos camarades de classe.

Dessins animés				
	oui	non	peut-être	exemple
Les dessins animés sont pour les enfants.				
Les dessins animés sont pour les adultes.				
Les dessins animés sont amusants.				
Les dessins animés sont tristes.				
Les dessins animés sont intellectuels.				
Les dessins animés ont des intrigues.				
Les dessins animés ont des aventures.				
Les dessins animés ont des stars.				
Les dessins animés ont des héros.				
Les dessins animés ont des victimes.				
Les dessins animés ont de la musique.				
J'aime les dessins animés.				
Je regarde des dessins animés.				
J'ai un dessin animé préféré.				

 Travaillez ensemble ! Pour ou contre ? Est-ce que vous aimez le film ? Complétez le tableau suivant et présentez vos opinions à vos camarades de classe.

Les Triplettes de Belleville			
un film de Sylvain Chomet			
L'intrigue	très bonne	moyenne	sans intérêt particulier
Les personnages	très bons	moyens	sans intérêt particulier
Le décor	très bon	moyen	sans intérêt particulier
Les couleurs	très bonnes	moyennes	sans intérêt particulier
La musique	très bonne	moyenne	sans intérêt particulier
Le film en général	très bon	moyen	sans intérêt particulier

Lecture - Culture - Recherches

LECTURE

Le Tour de France

	Le Premier Tour de France	Le Tour de France contemporain
Le créateur :	Henri Desgrange et Georges Lefèvre	
La date :	le 1er juillet 1903	au mois de juillet
Le départ :	Villeneuve-Saint-Georges	varie
L'arrivée :	Paris	Paris
La distance :	2.428 km	entre 3.000 et 4.000 km
Les étapes :	6 étapes	20 étapes
La durée :	20 jours	3 semaines
Le nombre de coureurs :	60 coureurs	entre 150 et 200 coureurs
Le gagnant :	Maurice Garin	

Course et étapes

La distance du Tour de France est d'environ 3.500 km. La course, qui change chaque année, consiste en vingt étapes (des étapes de plaines et des étapes de montagne). Les coureurs font partie d'équipes qui bénéficient du soutien financier de certaines entreprises (US Postal, T-Mobile, Crédit Agricole, etc.). Le Tour de France dure trois semaines et se termine à Paris où une grande foule accueille les coureurs sur l'avenue des Champs-Élysées.

Difficultés

Le temps (pluie, chaleur, etc.)
La course (distance, montagnes, sprints, etc.)
La santé (physique et mentale)
La fatigue, la soif et la faim
La concurrence, les foules

Maillots

jaune :	le leader du temps total
vert :	le leader des points totaux
blanc à pois rouges :	le leader des montées (le meilleur grimpeur)
blanc :	le leader des jeunes (moins de 26 ans)

Gagnants

7 fois : Lance Armstrong (1999, 2000, 2001, 2002, 2003, 2004, 2005)
5 fois : Jacques Anquetil (1957, 1961, 1962, 1963, 1964)
        Eddie Merckx (1969, 1970, 1971, 1972, 1974)
        Bernard Hinault (1978, 1979, 1981, 1982, 1985)
        Miguel Indurain (1991, 1992, 1993, 1994, 1995)

Anecdotes

Le premier Tour de France a été une campagne de publicité créée par Georges Lefèvre et l'éditeur du journal *L'Auto,* Henri Desgrange.

Le Tour de France a été annulé en temps de guerre (1915–1918 et 1940–1945).

A **Vrai ou Faux ?** Déterminez si les phrases sont vraies ou fausses.

1. vrai   faux   Le Tour de France se passe au mois d'août.
2. vrai   faux   Le Tour de France dure trois semaines.
3. vrai   faux   Le gagnant du premier Tour de France était Jacques Anquetil.
4. vrai   faux   La course et les étapes ne changent pas.
5. vrai   faux   Les coureurs arrivent à Paris à la fin de la course.

B **Quel maillot ?** Donnez le maillot qui correspond aux descriptions suivantes.

1. Le coureur a 20 ans. C'est le leader.   le maillot ___
2. Le coureur a le meilleur temps de toutes les étapes.   le maillot ___
3. Le coureur gagne le plus de points.   le maillot ___
4. Le coureur a 33 ans et il grimpe très vite !   le maillot ___

C **En général.** Répondez aux questions suivantes. Ecrivez deux ou trois phrases.

1. Quelle est l'origine du Tour ?
2. Quelles sont les difficultés du Tour de France ?
3. Quels cyclistes ont gagné cinq Tours de France ? En quelles années ? Quel cycliste a gagné sept Tours de France ? En quelles années ?
4. Pourquoi est-ce que les années *1915 – 1918* et *1940 – 1945* sont importantes ?
5. Regardez la publicité et complétez les rubriques suivantes.
   Qui :
   Quoi :
   Quand :
   Combien :

D **Aller plus loin.** Ecrivez un paragraphe pour répondre aux questions suivantes.

1. Est-ce que vous connaissez Lance Armstrong ? Pourquoi est-ce qu'il est remarquable ?
2. Est-ce que vous pensez que les Français admirent Lance Armstrong ? Expliquez.
3. Le Tour de France est un événement sportif très important en France. Est-ce que les Américains ont la même passion pour le Tour de France ?
4. Comment est-ce que vous pouvez expliquer la réussite du Tour de France ?
5. Pourquoi est-ce qu'on voudrait participer à des « vélovacances » ?

> **A noter !**
>
> Un cliché est une idée souvent répétée qui ne représente pas toujours la vérité. Un cliché est souvent péjoratif.
>
> Chomet présente plusieors clichés dans *Les Triplettes de Belleville*. Vous verrez ces clichés dans les exercises suivants.

A **Clichés des années 1950.** Lisez les phrases suivantes et déterminez si les phrases sont : *possibles, probables, peu probables* ou *impossibles* dans les années 1950.

Profil d'un jeune français des années 1950

1. Il habite à la campagne.
2. Il conduit une Hummer.
3. Il a une mère et un père.
4. Sa mère est banquière.
5. Il mange chez MacDonald's.
6. Il écoute du rap.
7. Il aime la musique d'Elvis.
8. Il écoute de la musique des Beatles.
9. Il a un IPOD.
10. Il va rarement au cinéma.
11. Il regarde des films en 3D.
12. Son actrice préférée est Marilyn Monroe.
13. Son acteur préféré est Gérard Depardieu.
14. Il regarde souvent la télé.
15. Il regarde la télé en couleur.
16. Il admire Lance Armstrong.
17. Il regarde le Tour de France à la télé.
18. Il joue à des jeux vidéo.
19. Il parle au téléphone avec ses copains.
20. Il a un téléphone portable.

B **Sont-ils comme ça ?** Cochez les clichés présentés dans le film.

1. Clichés sur les Français :
   - ☐ Ils ont les cheveux bruns ou noirs, les yeux marron et un grand nez.
   - ☐ Ils mangent de la baguette, du fromage et des escargots.
2. Clichés sur les Américains :
   - ☐ Ils mangent des hamburgers et ils sont obèses.
   - ☐ Ils sont riches et beaux (minces, avec les yeux bleus et les cheveux blonds).
3. Clichés sur les grands-mères :
   - ☐ Elles donnent des bonbons et des cookies à leurs petits-enfants.
   - ☐ Elles sont rondes et petites et adorent leurs petits-enfants.
4. Clichés sur les garçons :
   - ☐ Ils n'aiment pas jouer avec les filles.
   - ☐ Ils aiment les chiens, les trains et les vélos.

5. Clichés sur les chiens :
   - ☐ Ils chassent les chats.
   - ☐ Ils passent leur journée à aboyer, à manger et à rêver.
6. Clichés sur les cyclistes :
   - ☐ Ils sont minces parce qu'ils passent leur journée à faire du vélo.
   - ☐ Ils mangent uniquement des spaghettis.
7. Clichés sur les chanteuses :
   - ☐ Elles ne sont pas musiciennes parce qu'elles ne jouent pas d'instrument.
   - ☐ Elles sont belles avec de beaux cheveux, de grandes dents blanches et de beaux vêtements.
8. Clichés sur les chefs mafieux :
   - ☐ Les gens se plient en deux pour eux.
   - ☐ Ils cassent les jambes des autres.
9. Clichés sur les soldats mafieux :
   - ☐ Ils portent un costume et des lunettes de soleil noires et ils fument beaucoup.
   - ☐ Ils sont grands et forts mais stupides.
10. Clichés sur les grandes villes :
   - ☐ Les gens sont impolis et violents.
   - ☐ Il y a beaucoup de monde, de bâtiments, de voitures, de pollution et de bruit.

C   Clichés. Lisez les phrases suivantes et déterminez si les phrases sont: *quelque fois, souvent toujours* ou *jamais vraies*.

1. On aime les clichés.
2. Les clichés sont méchants.
3. Les clichés sont basés sur la réalité.
4. Les clichés sont basés sur l'ignorance.
5. Les clichés sont fondés sur les différences.
6. Les clichés sont fondés sur la peur.
7. Les clichés provoquent des problèmes.
8. Les clichés blessent les autres.
9. Les clichés influencent nos opinions des autres.
10. Les clichés aident à comprendre les autres.

D   En général. Répondez aux questions suivantes. Ecrivez deux ou trois phrases.

1. Faites une liste de clichés sur les Français.
2. Faites une liste de clichés sur les Américains.
3. Est-ce que les clichés du film sont méchants ? Justifiez votre réponse.
4. Faites une liste de clichés sur une autre culture que vous connaissez bien.
5. Est-ce que les clichés sur votre liste sont méchants ? Expliquez.
6. Qu'est-ce que vous pensez des clichés ?

A noter !

Vous connaissez des clichés sur les cultures étrangerères ainsie que sur votre culture. Le texte *La Culture et Les Loisirs des Français* présente des faits. Le texte vous aidera à comprendre l'origine de certains clichés sur les Français.

E   Culture et loisirs. Etudiez le texte sur la culture et les loisirs des Français (pages 36–37) et expliquez le rapport entre les clichés que vous avez donnés dans l'exercice D et le texte.

Modèle :   Cliché :   Les Français sont très cultivés.
              Rapport :   La France a une culture riche et il y a beaucoup de musées, des concerts de musique et de danse, etc. Tous les Français ne bénéficient pas de cette richesse culturelle puisqu'on voit que la télévision joue quand même un rôle important dans la vie quotidienne des Français.

Culture et loisirs

En 2007, le ministère de la Culture dispose d'un budget de 3,2 milliards d'euros. Le financement de la culture s'élève à quelque 12,6 milliars d'euros, assuré à 49,7% par l'État et 50,3% par les collectivités locales. Les ménages français dépensent en moyenne 1 385 euros par an pour la culture, les loisirs, le sport et les jeux.

Livres

En 2006, 65 298 titres de livres ont été édités, dont 33 460 nouveaux titres et 31 738 réimpressions, totalisant 512 millions d'exemplaires. 396 millions de livres ont été vendus par 277 maisons d'édition. Chiffre d'affaires (2006) : 2,9 milliards d'euros. Journaux

Journaux

27 % des Français lisent un quotidien tous les jours parmi 10 titres nationaux et 109 titres régionaux. Tirage global annuel : 4,7 milliards d'exemplaires.

Périodiques

Parmi les cent premiers, huit ont un tirage supérieur à 1 million d'exemplaires et dix tirent à plus de 500 000 exemplaires. Avec 460 exemplaires vendus pour 1 000 habitants, les Français sont les premiers lecteurs de magazines dans le monde.

Télévision

La télévision reste le premier loisir des Français, la durée moyenne d'écoute est de l'ordre de 3 heures 24 par jour et par personne.

Le paysage audiovisuel français compte plusieures centaines de chaînes de télévision : 5 chaînes publiques nationales : France 2, France 3, France 4, France 5 (chaîne à vocation éducative)et France ô (première chaîne multiculturelle française). Arte (chaîne culturelle franco-allemande). France 24 chaîne française d'information internationale en continu ; diffusée en français, anglais et arabe. 3 chaînes privées nationales : TF1, M6 et Canal Plus (chaîne à péage qui compte 5,14 millions d'abonnés sur le marché français et 6,8 millions d'abonnés sur le marché international). Plusieurs dizaines de chaînes disponibles sur les réseaux du câble, ADSL et TNT (télévision numérique terrestre). Le nombre de foyers raccordés à la TNT fin 2006 était de 6 millions contre environ 5 millions pour le câble et l'ADSL, un bouquet innombrable de chaînes captables par satellite (Canal Satellite, TPS...). TV5 et Canal France International (CFI) sont les deux opérateurs de l'action audiovisuelle extérieure de la France.

Radio

La société Radio France regroupe les chaînes radiophoniques du service public : France Inter, France Info (chaîne d'information en continu), France Culture, France Musique, France Bleu, FIP et le Mouv' (à destination des jeunes).

Le secteur privé est représenté par RTL (la radio la plus écoutée de France), Europe 1 et Radio Monte Carlo, chaînes généralistes et une kyrielle de radios musicales, thématiques, associatives et régionales émettant en modulation de fréquence. Radio France Internationale (RFI) (44 millions d'auditeurs dans le monde), Monte-Carlo doualiya émettant en direction du Proche et du Moyen-Orient, et Medi 1 vers les pays du Maghreb, constituent le dispositif de l'action radiophonique extérieure de la France.

Informatique et multimédia

Si l'ordinateur est considéré avant tout comme un outil professionnel utilisé par 80 % des Français, il investit de plus en plus les foyers : 55 % en sont équipés et

46% connectés à Internet (dont 80% en haut débit). Nouvelle forme d'accès au savoir », l'internet a rapidement conquis les Français qui sont plus de 20 millions à l'utiliser à l'école, au travail ou à leur domicile. Le développement d'internet en France a connu en quelques années une croissance rapide et remarquée : chaque institution, quotidien, administration ou entreprise dispose de son site, couvrant une large palette thématique (sport, éducation, services, cinéma...). Les portails des fournisseurs d'accès (tel Orange du groupe France Telecom) et les sites de services sont les plus fréquentés.

Cinéma

La France, qui a inventé le cinématographe en 1895, reste très dynamique dans ce secteur. 203 films y ont été produits en 2006 (deuxième rang mondial pour les investissements cinématographiques). 62,5 % des Français vont au cinéma au moins une fois dans l'année et 33 % au moins une fois par mois. Equipée de 5366 salles de cinéma - dont 140 multiplexes - la France est un des pays qui dispose du réseau de salles le plus dense.

Musique et danse

La France compte 28 841 artistes dramatiques et danseurs, 30 415 artistes de la musique et du chant et 285 festivals de musique, d'art lyrique et de danse, 7 078 artistes de variétés. Par ailleurs, les amateurs sont de plus en plus nombreux en raison du récent et important développement de l'enseignement de ces deux disciplines (5 108 établissements spécialisés pour le seul domaine musical).

Théâtre

Quelques 33 300 représentations par an (théâtres nationaux, centres dramatiques nationaux, scènes nationales et théâtres privés) attirent 7,5 millions de spectateurs réguliers. En marge des grandes scènes de Paris, de sa banlieue, des villes de province et des festivals renommés tel celui d'Avignon, on a vu se développer plus d'un millier de compagnies théâtrales indépendantes.16% des français de plus de 15 ans vont au thêatre au moins une fois par an.

Musées et monuments

Quelques 1 200 musées attirent plus de 41 millions de visiteurs par an. Le Louvre, le château de Versailles et le musée d'Orsay accueillent à eux seuls près de 16 millions de personnes chaque année. La plupart des villes de province possèdent également un ou plusieurs musées. Par ailleurs, plus de 2 400 monuments sont ouverts au public (7 millions de visiteurs par an), la tour Eiffel étant le plus visité d'entre eux avec 6,7 millions de visiteurs par an. Enfin, quelque 42 300 bâtiments sont protégés par le ministère de la Culture au titre des monuments historiques. Pour en savoir plus : www.culture.gouv.fr

Sports

La pratique du sport s'est considérablement développée au cours des dernières années. On compte près de 16 millions de licenciés dans les fédérations sportives : le football et le tennis sont les deux sports regroupant le plus de licenciés. Le judo, la pétanque, l'équitation, le badminton et le golf connaissent, ces dernières années, un succès remarqué. Tout comme les sports de découverte ou d'aventure tels le cyclisme tout terrain, la randonnée, l'escalade, le parapente, le canoë-kayak, etc. qui comptent de plus en plus d'adeptes.

La culture en fête

Fête de l'internet, Journées du patrimoine, Fête de la musique, Lire en fête, Fête de la science, sont autant de manifestations culturelles et récréatives que les Français aiment partager. Leur succès est chaque année renouvelé.

les *Journées du patrimoine* ouvrent à la visite des monuments historiques (ministères, ambassades, entreprises, banques) qui sont d'ordinaire fermés au public.

La *Fête de la science* a pour objectif d'informer de l'évolution de la science et de ses implications pour la société.

Événement axé sur le thème du livre et de la lecture, *Lire en fête* organise des rencontres avec des écrivains, des ateliers d'écriture, des concours de nouvelles et fait découvrir les métiers du livre.

La *Fête de l'internet* sensibilise le public aux enjeux de la société de l'information.

La *Semaine du goût* permet de découvrir le patrimoine culinaire français tout en valorisant les comportements alimentaires équilibrés.

F **Aller plus loin.** Ecrivez un paragraphe pour répondre aux questions suivantes.

1. Quelle est l'origine des clichés ? Est-ce qu'on peut éliminer les clichés ?
2. Comment est-ce que la société change après la Seconde Guerre mondiale ?
3. Parlez de la technologie pendant les années 1950.

RECHERCHES

Faites des recherches sur les sujets suivants.

A **Tour de France !** Etudiez le Tour de France et préparez une fiche selon les rubriques ci-dessous. Présentez-la à vos camarades de classe.

▶ Date du premier Tour de France
▶ Créateur du Tour de France & raison de la création du Tour de France
▶ Ville de départ/ville d'arrivée, courses & étapes
▶ Maillots & classements
▶ Equipes & coureurs célèbres
▶ Spectateurs & diffusion du Tour de France
▶ Anecdotes & scandales

B **Les années 1940 et 1950.** Le film a lieu juste après la Seconde Guerre mondiale. Etudiez la France de cette époque et préparez un résumé de vos recherches. Etudiez les sujets suivants :

▶ Technologie : radio, télévision, cinéma
▶ Vie : loisirs, travail
▶ Famille : couple, enfants
▶ Grands faits historiques

C **Stars d'autrefois.** Choisissez deux stars du film et préparez leur biographie. Utilisez les rubriques ci-dessous comme point de départ.

Jacques Anquetil	Joséphine Baker	Glenn Gould	Django Reinhardt
Fred Astaire	Charlie Chaplin	Yvette Horner	Jacques Tati

▶ Nom, Prénom
▶ Date de naissance (jj/mm/aa)
▶ Nationalité
▶ Lieu de naissance
▶ Lieu de résidence
▶ Situation de famille
▶ Carrière

D Dessins animés. Etudiez l'histoire des dessins animés. Préparez un exposé de 3–5 minutes selon les rubriques suivantes. Présentez votre exposé à vos camarades de classe.

▶ Origine
▶ Premiers dessins animés
▶ Evolution des dessins animés
▶ Stars d'autrefois et stars d'aujourd'hui
▶ Artistes des premiers dessins animés
▶ Artistes contemporains des dessins animés
▶ Publics

E Sylvain Chomet. Préparez une fiche d'identité sur Sylvain Chomet et sur ses dessins animés. Présentez votre fiche à vos camarades de classe.

▶ Biographie
▶ Filmographie
▶ Présentation de films récents de Chomet

Fiche d'identité

Biographie

Nom :
Prénom :
Nationalité :
Date de naissance :
Lieu de naissance :
Situation de famille :
Lieu de résidence :
Loisirs

Filmographie

César

Présentation des films

«Un cauchemar pour le cyclisme»

Samedi 5 août 2006

Le cyclisme «a une tradition de dopage et est clairement incapable de faire le ménage» a déclaré samedi le président de l'Agence mondiale antidopage (AMA), Dick Pound, suite à la confirmation du contrôle positif de Floyd Landis, vainqueur du Tour de France 2006. «C'est un cauchemar pour le cyclisme quand vous pensez que les 2e, 3e, 4e, 5e et 6e du Tour de France 2005 ont été attrapés lors d'une enquête en Espagne et que le vainqueur de cette année a été contrôlé positif».

Pour Jean-François Lamour, l'annonce du contrôle positif subi par le vainqueur du Tour de France cycliste, l'Américain Floyd Landis, doit encourager les gouvernements à «optimiser le traitement pénal des affaires de dopage». «Ces athlètes bénéficient de conseils, de matériel sophistiqué qui vient bien de quelque part, ils ont des complicités, des fournisseurs, et c'est maintenant aux gouvernements d'agir», explique le ministre. Le ministre des Sports voit dans le cas Landis la preuve que, malgré le «coup de tonnerre de l'affaire Puerto avant le Tour», «il y a des coureurs qui continuent de consacrer de gros moyens financiers pour violer l'éthique, qui disent quelque sorte qu'ils sont au-dessus des lois». L'Espagnol Oscar Pereiro a déclaré samedi qu'il «se sentait le gagnant» du Tour de France 2006, où il est arrivé 2e, après la confirmation du contrôle antidopage positif du vainqueur américain Floyd Landis.

© Agence France-Presse

Dans la nouvelle, *Le rêve de sa vie*, l'auteur contemporain, Jean Vilain, raconte l'histoire d'un vieil homme qui « réalise » son rêve de participer au Tour de France. Ayant réalisé ce rêve, il peut mourir tranquillement.

Le rêve de sa vie

Jean Vilain

Il est seul ...Seul en tête dans une étape du Tour de France...Il se sent bien...Ses jambes tournent comme des bielles bien réglées. Tout en souplesse, avec une belle régularité....Il se retourne. Rien à l'horizon...Ça fait une dizaine de kilomètres qu'il s'est échappé...Un beau démarrage, en force, juste après une attaque avortée, dans les règles de l'art.... Il a pris 10 mètres, puis 20 et le trou s'est creusé régulièrement....Ça montait ferme à ce moment là et la grimpette c'est son truc....Maintenant il est dans la descente....Après il y aura quelques kilomètres de plat puis la côte qui mène à l'arrivée, pas très longue mais qui grimpe sec....S'il ne se fait pas reprendre avant, il est presque sûr de pouvoir franchir la ligne en tête....Le bonheur !....En attendant, y'a qu'une chose à faire. Foncer, foncer et encore foncer....Holà ! Bien failli se planter .... Putain de gravillons...La roue arrière a chassé...Il a pu rattraper à temps mais il s'est fait une belle frayeur....Relancer, il faut relancer... Allez, mec !...Debout sur les pédales il appuie comme un sourd pour reprendre le rythme....Il doit bien frôler le 90...S'agit pas de faire une erreur à cette vitesse....Merde, une épingle ! Roue libre, coup de frein ...ça passe !....Il se remet en danseuse....Dur, il aurait dû changer de braquet....Quel con ! C'est pas le moment...Allez fonce Bonhomme !....Depuis le temps qu'il rêve de gagner une étape dans le Tour, ce n'est pas le moment de flancher...Déjà quand il a débuté, il en rêvait....Il se souvient, il avait 14 ans, il était en cadet....Il a gagné la course de côte du «premier pas Dunlop»...Premier...Il n'en revenait pas....Quand il a franchi la ligne d'arrivée, il a bien cru que son coeur allait exploser....Il avait les jambes qui tremblaient...Il a eu du mal à marcher quand il a mis pied à terre.....Mais quelle joie !....Encore 2 lacets et c'est le plat....C'est là que tout va se jouer....Voilà, ça y est....Profiter de l'élan pour enrouler le grand braquet le plus longtemps possible....Pas de vent... Une chance...Parce que tout seul comme ça, s'il avait le vent contraire, il ne ferait pas long feu...Il appuie à fond, le coccyx sur le bec de selle...Pas très élégant comme position mais il en a rien à faire....Il met le nez dans le guidon, le regard posé juste quelques mètres devant sa roue avant...Pas de risque c'est tout droit...Il est à fond...Mal aux cuisses, aux mollets. La sueur coule sur son front puis le long de son nez en un mince ruisseau...Il se retourne un bref instant, le temps de juger de son avance sur ses poursuivants.... Ils débouchent tout juste sur la ligne droite...Il doit avoir deux bonnes minutes d'avance....Pourvu que ça suffise ! ... Il emmène le grand développement à grands coups de pédales hargneux... De plus en plus mal aux jambes...Pourvu qu'il n'aie pas de crampes.... Une fois, ça lui est arrivé...Il s'en rappelle encore... Il était échappé, comme aujourd'hui....Il est resté en équilibre pendant que les autres le dépassaient à toute allure...Il en avait pleuré de douleur et de rage.... Tout en roulant le plus vite qu'il peut, il fouille dans la poche arrière de son maillot pour en extraire une petite fiole.....Dopage ?....Si on veut, mais à l'ancienne. Un mélange de Porto et de jaunes d'oeufs....Antonin Magne faisait déjà ça à sa grande époque...Ça te donne un coup de fouet pas possible... Et il en a bien besoin....La dernière côte...Encore quelques minutes à souffrir et....Il se retourne encore une fois....Ils se sont drôlement rapprochés....Il hésite un moment avant de choisir un développement approprié au profil de la route....Les spectateurs ne lui laissent qu'un étroit passage...Ils hurlent des encouragements mais il les entend à peine....Les battements de son coeur résonnent jusque dans sa tête...Il faut tenir ...Tenir....Il est en eaux.....Trempé de la tête aux pieds par sa propre sueur......C'est tout juste s'il sent encore ses jambes....Chaque coup de pédales lui arrache une grimace de douleur....Il tire sur le guidon de toute la force de ses bras...Ça vaut bien la musculation, le vélo ...Debout sur les pédales,

il se déhanche tel une danseuse des Folies Bergère.... Mais en moins érotique.....Cette pensée le fait sourire....Coup d'oeil en arrière...Les autres ne sont qu'à quelques dizaines de mètres...L'arrivée aussi....Il donne tout ce qu'il a dans le ventre...Ce qui lui reste de force....Il va gagner...Il veut gagner...Il faut qu'il gagne....Quitte à en crever.....Ses tempes battent...L'air siffle dans ses poumons brûlants....Il est à 2 doigts de l'étouffement....Ils sont sur ses talons. Il le sent. Il le sait.....Un écart pour éviter un spectateur qui reste bêtement sur sa trajectoire....Connard !...Mais aucun son ne sort de sa bouche desséchée par sa respiration haletante....Hin, Hin, Hin...Chaque «Hin» ponctue un coup de pédale....Dents serrées à s'en éclater la mâchoire....Son regard se brouille...La ligne...Elle est là la ligne...Un dernier coup de reins....Il la franchit quelques instants avant les autres....Un sourire éclaire sa face......Dans quelques instants, il répondra aux questions des journalistes.

- Oui, ça a toujours été mon rêve......Quand on a réalisé son rêve on peut mourir tranquille...

Une grande douleur dans la poitrine...Un voile rouge devant les yeux...Puis, plus rien

*****

- Papa.....Papa...

- N'insiste pas, tu vois bien qu'il est mort..... Un belle mort d'ailleurs...Dans son sommeil....A 83 ans, après une vie tranquille, une vie de comptable …On ne pouvait pas souhaiter mieux....C'est ce qu'il voulait d'ailleurs...Il a réalisé son rêve.

La Reine bicyclette

Deuxieme partie : Esthetique
Pierre Giffard

Est-ce chic ? N'est-ce pas chic ?

Suite des objections et des préjugés : la bicyclette n'est pas chic.

Erreur absolue. La bicyclette est chic.

D'abord pouvez-vous me dire pourquoi elle ne serait pas chic ? Parce que les membres du Jockey-club ou du Royal-Gommeux n'arrivent pas encore à leur cercle en vélocipède ? Ce n'est pas une raison. La bicyclette est chic, parce qu'après avoir en effet été l'apanage, à ses débuts, de quelques casse-cou mal éduqués, elle est entrée dans les mœurs de la bourgeoisie et de la noblesse (saluez, fils de saint Louis !). Je connais de jeunes princes qui en font leur sport favori. Nombre d'héritiers des plus grands noms de France grandissent aujourd'hui dans l'admiration de la bicyclette. Ce sont ceux-là peut-être qui arriveront à leur club sur leur machine, les uns avec leur femme et les autres tout seuls.

Tant vaut l'homme, tant vaut la chose. Du moment que les hommes les plus graves et les plus nobles se sont mis au vélocipède, le vélocipède est chic. Il est select. Il est vlan. Il est tout ce qu'on voudra. Allez en Angleterre, et vous y verrez M. Prudhomme – celui de Londres, monté sur deux roues. C'est là que les Anglais nous dament le pion, dans ce mépris hautain des mille préjugés bêtes que nous secouons si lentement en France.

En Angleterre, le prince de Galles s'en irait fort bien en vélocipède avec ses enfants sans qu'on songe à autre chose qu'à l'applaudir. En France, supposez que M. Carnot fasse un voyage présidentiel en vélocipède, avec le général Brugère et le colonel Lichtenstein… Quel scandale !

Un jeune diplomate, marié et père de charmants enfants, fait avec passion de la bicyclette et du tricycle à ses moments perdus. Il en trouve même pour se secouer le sang en exécutant de jolis parcours de vingt-cinq à trente kilomètres entre ses repas. Sa belle-mère lui en faisait des reproches, sans amertume, mais avec dignité :

– À votre âge, Ernest, et dans votre situation ! Un homme marié ! Un père de famille ! Aller ainsi sur ces machines comme un collégien !

– Belle-maman, répondit sagement le jeune diplomate, que diriez-vous si vous me rencontriez au théâtre ou dans les Champs-Élysées avec des drôlesses ?

– Je vous reprendrais ma fille !

– Bien. Que diriez-vous, belle-maman, si je rentrais chez ma femme chaque matin au lever du jour avec des culottes prises au baccara et variant entre cinq et dix mille, pour ne pas taper dans les grands naufrages ?

– Je vous tuerais !

– Alors, laissez-moi donc faire tranquillement du vélocipède. Ça ne vous gêne pas. Ça n'a pas d'odeur. Ça ne prend rien à ma femme. Ça ne coûte rien et je me porte à ravir. Franchement, belle-maman…

– N'achevez pas, s'écrie la belle-mère, femme d'esprit avant d'être française et imbue de préjugés ridicules, n'achevez pas, et embrassez-moi, mon gendre !

La bicyclette est donc chic, puisqu'elle met la paix dans les ménages !

Enfin, tricycle ou bicyclette, le vélocipède est aujourd'hui dans le mouvement. On ne se cache plus pour en faire comme il y a dix ans. Dans dix autres années, il n'y aura que les infirmes qui n'en feront pas.

La Reine bicyclette, Pierre Giffard.
Firmin-Didot, Paris 1891

Avant le visionnement

NOTES CULTURELLES

Paris

Paris

Paris, la capitale de la France, et ses banlieues comptent près de 12 millions d'habitants. Paris est le centre politique, économique et culturel de la France ainsi qu'une destination touristique. Chaque année des millions de touristes du monde entier viennent à Paris pour profiter des milliers d'hôtels, de cafés, de brasseries et de restaurants, des 1.500 monuments, des 1.200 musées, des 28 grands parcs et jardins, des 250 festivals de musique, de théâtre, de danse, des 50.000 spectacles artistiques, etc. Il y a toujours quelque chose à faire à Paris. Il est aussi très facile de se déplacer à Paris avec plus de 75 lignes de bus, 2 lignes de tramway, 16 lignes de métro, 5 lignes de RER, les taxis, les vélos, etc. C'est la destination idéale pour tout le monde !

Le Vercors

Le Vercors

Situé au sud-est de la France dans les Alpes du nord, le Vercors compte 35.000 habitants sur 186.000 hectares. Le Vercors est un territoire rural où les habitants et les visiteurs profitent des paysages divers : falaises verticales, aiguilles, grands espaces, galeries souterraines, gorges, canyons, etc. Au contraire de Paris, il n'est pas facile de s'y déplacer puisque les transports en commun sont rares. C'est la destination idéale pour ceux qui aiment les sports en pleine nature (la randonnée ; le ski de fond ; l'alpinisme ; le parapente ; etc.) !

FICHE TECHNIQUE

Réalisation : Philippe Muyl
Musique originale : Nicolas Errèra
Année de production : 2002
Durée : 1 h 25
Genre : Comédie dramatique
Date de sortie nationale : 18/12/2002

 PROFIL: Philippe Muyl

Réalisateur

Né le 30 mai 1953 à Lille, France

Mini-biographie

Muyl a fait des études d'Arts appliqués en Belgique et il a obtenu un diplôme à l'Ecole Supérieure de Publicité à Paris. Il a commencé sa carrière dans la publicité et il a réalisé de nombreux spots publicitaires et films industriels avant de se lancer dans la fiction en 1981.

Filmographie

1985 L'Arbre sous la mer
1992 Cuisine et dépendances
1997 Tout doit disparaître
2000 La Vache et le Président
2002 Le Papillon
2008 Magique

SYNOPSIS

Qui	Elsa : une petite fille de huit ans ; négligée et triste
	Isabelle : une jeune mère de vingt-cinq ans ; égoïste et inconsciente
	Julien : un vieil homme veuf ; retraité et solitaire
	Isabelle : un papillon rare et difficile à trouver
Quoi	Un voyage inattendu
Quand	Le printemps
Où	Paris et le Vercors
Pourquoi	Pour chercher le papillon Isabelle

Note : *Le Papillon* n'est pas classé aux Etats-Unis. Le film est tous publics.

PERSONNAGES

Personnages principaux

Julien	Michel Serrault
Elsa	Claire Bouanich
Isabelle	Nade Dieu
La serveuse du café	Françoise Michaud
La concierge Marguerite	Hélène Hily

Personnages secondaires

Sébastien	Jerry Lucas
Le père de Sébastien	Jacques Bouanich
La mère de Sébastien	Catherine Cyler
La grand-mère de Sébastien	Dominique Marcas
Le policier	Jacky Nercessian
Le policier du commissariat	Pierre Poirot
L'entomologiste (le collectionneur de papillons)	Idwig Stephane
Le géomètre	Francis Frappat

PROFIL: Michel Serrault

acteur

Né le 24 janvier 1928 à Brunoy, France
Mort le 29 juillet 2007 à Honfleur, France

Mini-biographie

En 1946, Michel Serrault a signé son premier contrat pour une tournée en Allemagne lançant sa carrière dans le théâtre. En 1952, il a rencontré Jean-Marie Poiré qui est devenu un très bon ami et un compère dans le théâtre et dans le cinéma. Le film de Jean Loubignac, *Ah ! Les Belles bacchantes,* a marqué son début au cinéma en 1954. Entre 1954 et 2007, Serrault a joué dans plus d'une centaine de films.

Quelques films

1955	Les Diaboliques	2001	Une Hirondelle a fait le printemps
1957	Assassins et voleurs	2002	Le Papillon
1966	Le Roi de cœur	2005	Joyeux Noël
1978	La Cage aux folles*	2006	Les enfants du pays
1981	Garde à vue*	2007	Antonio Vivaldi, un prince à Venise
1995	Nelly et Monsieur Arnaud*		

Michel Serrault a reçu un César pour son interprétation dans ces films.

Vocabulaire

Animaux

le chat	cat
la chenille	caterpillar
la chrysalide	chrysalis
l'insecte (m)	insect
le papillon	butterfly
l'oiseau (m)	bird
la vache	cow

Gens

le / la concierge	concierge/caretaker
le copain / la copine	friend, buddy
l'entomologiste (m/f)	entomologist
la famille monoparentale	single-parent family
la fille unique	only child - female
le fils unique	only child - male
le géomètre	surveyor
le grand-père	grandfather
l'horloger/ère	clock-maker, watch-maker
la mère	mother
papi	grandpa
le père	father
le policier	police officer
le / la serveur/euse	waiter/waitress
le / la veuf/ve	widower, widow

Vêtements

des baskets (m)	sneakers
une casquette	cap
un chapeau	hat
un maillot	jersey
un sac à dos	backpack
un tee-shirt	T-shirt

Endroits

l'appartement (m)	apartment
le commissariat	police station
l'école (f)	school
la forêt	forest
la grande ville	big city
la maison	house
la montagne	mountain
le refuge	refuge, shelter
la tente	tent
le village	village

Noms divers

l'allocation (f)	benefit, allowance
l'arbre (m)	tree
le bonheur	happiness
le ciel	sky
le coup de téléphone	telephone call
l'étoile (f)	star
le Game Boy	Game Boy
le journal	newspaper
le malheur	unhappiness
la montre	watch
la pendule	clock
le portable	cell phone
la recherche	search, quest
le ruisseau	stream
le trou	hole
la peur	fear
la tristesse	sadness

Adjectifs

âgé/e	old	mauvais/e	bad
agréable	agreeable, pleasant	mélancolique	melancoly
bavard/e	talkative	patient/e	patient
célibataire	single	précoce	precocious
charmant/e	charming	réservé/e	reserved
content/e	content, happy	solitaire	lonely, solitary
débrouillard/e	resourceful	stable	stable
inconscient/e	unaware, oblivious	tolérant/e	tolerant
insouciant/e	thoughtless, careless	triste	sad
intelligent/e	intelligent	veuf/ve	widowed
marié/e	married		

Verbes

Verbes en -er

aménager	to move (into)
arrêter	to arrest, to stop
(se) cacher	to hide (oneself)
chercher	to look for
libérer	to free
trouver	to find
voyager	to travel

Verbes en -ir

applaudir	to applaud
choisir	to chose
courir	to run
découvrir	to discover
désobéir	to disobey
dormir	to sleep
finir	to finish
mentir	to lie
mourir	to die
obéir	to obey
ouvrir	to open
partir	to leave
punir	to punish
réfléchir (à)	to think about, to consider
savoir	to know
sentir	to smell
sortir	to go out

Verbes en -re

apprendre (à)	to learn to do…, to teach to
attendre	to wait (for)
comprendre	to understand
conduire	to drive
connaître	to know
descendre	to descend, to go down
entendre	to hear
perdre	to lose
prendre	to take
suivre	to follow
répondre (à)	to respond (to)
vendre	to sell

EXERCICES DE VOCABULAIRE

A **Membres de la famille.** Comment sont les membres d'une famille typique ? Quels adjectifs *du vocabulaire du film* décrivent :

1. un père typique ? Quels adjectifs décrivent votre père ?
2. une mère typique ? Quels adjectifs décrivent votre mère ?
3. les enfants ? Avez-vous des frères ou des sœurs ? Comment sont-ils/elles ?
4. un fils/une fille unique ? Etes-vous fils/fille unique ?
5. les grands-parents ? Quels adjectifs décrivent votre grand-père/votre grand-mère ?

B **Loisirs.** Comment les gens suivants passent-ils leur temps libre ? Utilisez *le vocabulaire du film* pour décrire les activités des gens suivants.

1. **Un enfant.** Qu'est-ce qu'il fait ? Où va-t-il ? Que fait-il après l'école ?
2. **Une mère.** Qu'est-ce qu'elle fait ? Travaille-t-elle ? Que fait-elle après le travail ?
3. **Un père.** Qu'est-ce qu'il fait ? Travaille-t-il ? Que fait-il après le travail ?
4. **Une grand-mère.** Qu'est-ce qu'elle fait ? Pourquoi ?
5. **Un retraité.** Comment passe-t-il son temps ? A-t-il des loisirs ? Lesquels ?
6. **Vous.** Qu'est-ce que vous faites ? Où allez-vous ? Que faites-vous après les cours ? Travaillez-vous ? Que faites-vous après le travail ? Avez-vous des loisirs ? Lesquels ?

C **Familles.** Répondez aux questions suivantes. Utilisez *le vocabulaire du film*.

1. **Une famille typique.**
Où la famille habite-t-elle ? Combien de parents y a-t-il ? Combien d'enfants y a-t-il ? La famille typique a-t-elle des animaux domestiques ? Lesquels ? Quelles difficultés la famille typique rencontre-t-elle ?

2. **Une famille monoparentale.**
Où la famille monoparentale habite-t-elle ? Combien de parents y a-t-il ? Pourquoi ? Combien d'enfants y a-t-il ? La famille monoparentale a-t-elle des animaux domestiques ? Lesquels ? Quelles difficultés la famille monoparentale rencontre-t-elle ? La famille monoparentale a-t-elle les mêmes difficultés que la famille typique ? A-t-elle plus de difficultés qu'une famille typique ? Expliquez.

3. **Une famille recomposée.**
Où la famille recomposée habite-t-elle ? Combien de parents y a-t-il ? Pourquoi ? Combien d'enfants y a-t-il ? Pourquoi ? La famille recomposée a-t-elle des animaux domestiques ? Lesquels ? Quelles difficultés la famille recomposée rencontre-t-elle ? La famille recomposée a-t-elle les mêmes difficultés que la famille typique / monoparentale ?
A-t-elle plus ou moins de difficultés qu'une famille typique ? A-t-elle plus ou moins de difficultés qu'une famille monoparentale ? Expliquez.

4. **Votre famille.**
Avez-vous une famille typique ? Expliquez. Où habitez-vous ? Avez-vous des frères où des soeurs ? Avez-vous des animaux domestiques ? Lesquels ? Quelles difficultés rencontrez-vous ? Expliquez.

Liens !

Pensez à la famille de Champion dans *Les Triplettes de Belleville*. Où habite sa famille ? Combien de parents a-t-il ? Pourquoi ? A-t-il des animaux domestiques ? Lesquels ? Quelles difficultés sa famille rencontre-t-elle ? Pourquoi ?

D **La Poésie.** Lisez le poème suivant et complétez les activités de vocabulaire.

Le Papillon
Nouvelles méditations poétiques (1823)
Alphonse de Lamartine (1790–1869)

Naître avec le printemps, mourir avec les roses,	
Sur l'aile° du zéphyr° nager dans un ciel pur,	wing / gentle breeze
Balancé sur le sein° des fleurs à peine° écloses,°	bosom / hardly, scarcely / blossomed
S'enivrer° de parfums, de lumière et d'azur,	intoxicated
Secouant°, jeune encor, la poudre de ses ailes,	shaking
S'envoler° comme un souffle° aux voûtes° éternelles,	to fly off / a breath / arches
Voilà du papillon le destin° enchanté!	destiny, fate
Il ressemble au désir, qui jamais ne se pose,	
Et sans se satisfaire, effleurant° toute chose,	grazing
Retourne enfin au ciel chercher la volupté!°	pleasure

Activité de vocabulaire

1. Trouvez les mots associés :
   a. au papillon :   c. au ciel :
      Exemple : l'aile   *Exemple : le zéphyr*
   b. aux fleurs :   d. à la vie :
      Exemple : les roses   *Exemple : naître…*
2. Trouvez les mots qui font référence à la saison. Quelle saison est-ce ?
      Exemple : naître

3. Quelles expressions parlent du destin du papillon ?
      Exemple : enchanté

A votre avis...

Est-ce que le papillon vit longtemps ? Qu'est-ce que le papillon cherche ?
Est-ce que le poète est optimiste ou pessimiste ? Expliquez.

Le papillon *Isabelle*

Après avoir regardé

EXERCICES DE VOCABULAIRE

A **Routine.** Imaginez la routine quotidienne des personnages suivants. Utilisez *le vocabulaire du film* pour répondre aux questions suivantes.

1. **Elsa :** Que fait-elle pendant la journée ? Que fait-elle après l'école ? Comment s'amuse-t-elle ?
2. **Isabelle :** Où travaille-t-elle ? Que fait-elle après le travail ? Pourquoi ?
3. **Julien :** Comment passe-t-il ses journées ? Comment s'amuse-t-il ?
4. **Sébastien :** Que fait-il pendant la journée ? Que fait-il après l'école ? Comment s'amuse-t-il ?
5. **Isabelle (le papillon) :** Que fait-elle pendant la journée ? Quand sort-elle ? Pourquoi ?

B **Familles.** Utilisez *le vocabulaire du film* pour répondre aux questions suivantes.

1. **Elsa :** Quel genre de famille a-t-elle ? Quelles difficultés Isabelle et Elsa rencontrent-elles ? Pourquoi ?
2. **Julien :** Quel genre de famille a-t-il ? Pourquoi ? Comment était sa famille auparavant ? Quelles difficultés rencontre-t-il ?
3. **Sébastien :** Quel genre de famille a-t-il ? Pourquoi ? Quelles difficultés sa famille rencontre-t-elle ?

C **Modèles familiaux.** Lisez le texte sur les modèles familiaux et complétez les activités de vocabulaire.

Les modèles familiaux se sont diversifiés

Le modèle traditionnel de la famille comportant° un couple marié et des enfants issus de° ce mariage coexiste de plus en plus avec des modèles nouveaux : cohabitation (union libre) ; couples non cohabitants ; familles monoparentales ; familles éclatées° ou recomposées. On compte ainsi aujourd'hui environ 700.000 familles dans lesquelles près de 1,5 million d'enfants vivent avec un beau-père, une belle-mère, un ou plusieurs demi-frères et demi-soeurs. Il faut y ajouter les cas de cohabitation de personnes du même sexe (homosexuels), d'amis ou de communautés. Enfin, le nombre de monoménages (ménages° d'une seule personne) s'est accru° sous l'effet de l'allongement° de la durée de vie (et du veuvage) ainsi que de la proportion de célibataires ; il représente aujourd'hui un tiers° des ménages français. Toutes ces situations autrefois marginales se sont multipliées au cours des vingt dernières années. Elles sont à l'origine de nouveaux modes de vie familiaux.

La loi s'efforce° depuis quelques années de prendre en compte° ces évolutions. L'instauration du pacs traduit la reconnaissance de l'homosexualité. Les demandes de divorce ont été simplifiées afin de rendre les séparations moins douloureuses° pour les couples et les enfants concernés. Le congé paternel de naissance ou la transmission possible du nom par les femmes favorisent l'égalité entre les parents. L'accélération des procédures d'adoption et la législation favorisant le conjoint survivant° dans la répartition° de l'héritage sont d'autres ajustements de la loi par rapport à la réalité sociale. Mais tous les modèles "alternatifs" ne sont pas précisément définis, notamment en ce qui concerne la responsabilité et l'autorité parentale (dans le cas par exemple de la pluriparentalité).

G. Mermet, *Francoscopie* 2005, © Larousse 2004

consisting of

from

broken families

households
increased / lengthened
a third

strives / to take into account

painful

surviving spouse / division

Activité de vocabulaire

1. Quel est le modèle traditionnel de la famille ?
2. Quels sont les nouveaux modèles familiaux ?
3. Qu'est-ce qu'un « monoménage » ?
4. Comment la loi prend-elle en compte les évolutions de la vie familiale ?

A votre avis...

Pourquoi est-ce que la famille française évolue ? Est-ce que vous remarquez des évolutions de la famille chez vous ?

GRAMMAIRE

2.1   L'adjectif qualificatif (révision)

▶ Les adjectifs qualificatifs s'accordent en genre et en nombre avec le nom qualifié.
Exemple :   *un homme* **intelligent** *; une femme* **intelligente** *;*
         des enfants **intelligents**

▶ Le féminin de l'adjectif qualificatif se forme généralement en ajoutant un *e* à la forme masculine.
Exemple :   *intelligent*   +   *e*   →   *intelligente*

▶ Les adjectifs qualificatifs qui se terminent en *e* ne changent pas au féminin.
Exemple :   *calme*   +   *Ø*   →   *calme*

▶ Les adjectifs qualificatifs qui se terminent en *é* prennent un *e* au féminin.
Exemple :   *réservé*   +   *e*   →   *réservée*

▶ Le pluriel des adjectifs qualificatifs se forme généralement en ajoutant un *s* à la forme singulière.
Exemple :   *fatigué*   +   *s*   →   *fatigués*
         fatiguée   +   *s*   →   *fatiguées*

▶ Les adjectifs qualificatifs suivent généralement le nom qualifié.
Exemple :   *La fille regarde des films* **intéressants***.*

PRATIQUEZ !

A   Descriptions. Complétez les phrases suivantes avec *les adjectifs qualificatifs* qui décrivent les personnages du film.

1. Elsa est une _____ fille. Elle est _____, _____ et _____.
2. Isabelle est sa mère. Elle est _____. Elle est _____, _____ et _____, mais elle ne réussit pas à montrer qu'elle aime sa fille.
3. Julien est _____ (il n'a plus de femme). Il est _____, _____ et _____.

▶ On laisse tomber la terminaison infinitive **-ir** et on ajoute les terminaisons
-is, -is, -it, -issons, -issez, -issent.

Exemple : ils / fin**ir** → **fin-** + **-issent** → ils **finissent**

terminaisons des verbes en -ir			
je/j'	**-is**	nous	**-issons**
tu	**-is**	vous	**-issez**
il, elle, on	**-it**	ils, elles	**-issent**

Tableau 1, Les terminaisons des verbes en -ir.

choisir			
je	**choisis**	nous	**choisissons**
tu	**choisis**	vous	**choisissez**
il, elle, on	**choisit**	ils, elles	**choisissent**

Tableau 2, La conjugaison du verbe choisir.

▶ Les verbes comme **sortir** suivent une conjugaison différente.

Exemple : *dormir, mentir, partir, sentir, servir, sortir,* etc.

dormir			
je	**dors**	nous	**dormons**
tu	**dors**	vous	**dormez**
il, elle, on	**dort**	ils, elles	**dorment**

Tableau 3, La conjugaison du verbe dormir.

partir			
je	**pars**	nous	**partons**
tu	**pars**	vous	**partez**
il, elle, on	**part**	ils, elles	**partent**

Tableau 4, La conjugaison du verbe partir.

▶ Observez d'autres verbes en **-ir**.

venir			
je	**viens**	nous	**venons**
tu	**viens**	vous	**venez**
il, elle, on	**vient**	ils, elles	**viennent**

Tableau 5, La conjugaison du verbe venir (devenir, revenir, tenir, etc.).

ouvrir			
je/j'	**ouvre**	nous	**ouvrons**
tu	**ouvres**	vous	**ouvrez**
il, elle, on	**ouvre**	ils, elles	**ouvrent**

Tableau 6, La conjugaison du verbe ouvrir (couvrir, découvrir, etc.).

courir			
je	**cours**	nous	**courons**
tu	**cours**	vous	**courez**
il, elle, on	**court**	ils, elles	**courent**

Tableau 7, La conjugaison du verbe courir (accourir, concourir, etc.).

mourir			
je	**meurs**	nous	**mourons**
tu	**meurs**	vous	**mourez**
il, elle, on	**meurt**	ils, elles	**meurent**

Tableau 8, La conjugaison du verbe mourir.

savoir			
je	**sais**	nous	**savons**
tu	**sais**	vous	**savez**
il, elle, on	**sait**	ils, elles	**savent**

Tableau 9, La conjugaison du verbe savoir.

Notez bien !

▶ **Sortir** veut dire *to go out of (to leave)* en anglais et la préposition **de** introduit l'objet.
Exemple : *Il sort de l'appartement. (He is leaving the apartment.)*

▶ **Sortir** peut être employé sans objet et veut dire *to go out* en anglais.
Exemple : *Elle sort toujours le samedi soir. (She always goes out on Saturday nights.)*

▶ **Partir** veut dire *to leave from/for* en anglais et les prépositions **de / pour** introduisent l'objet.
Exemple : *Il part de Paris ; il part pour les Alpes.*
         (He is leaving from Paris ; he is leaving for the Alps.)

▶ **Partir** peut être employé sans objet et il veut dire *to leave* en anglais.
Exemple : *Elle part déjà ? Il est seulement dix heures !*
         (She is leaving already ? It is only ten o'clock !)

Les verbes en -re

▶ La plupart des verbes en **-re** suivent une conjugaison régulière.
Exemple : *attend**re**, descend**re**, répond**re**, perd**re**,* etc.

▶ On laisse tomber la terminaison infinitive **-re** et on ajoute les terminaisons
-s, -s, -Ø, -ons, -ez, -ent.
Exemple : nous / attend**re** → attend- + -ons → nous **attendons**

terminaisons de verbes en -re			
je/j'	**-s**	nous	**-ons**
tu	**-s**	vous	**-ez**
il, elle, on	**Ø**	ils, elles	**-ent**

Tableau 10, Les terminaisons des verbes en -re.

perdre			
je	**perds**	nous	**perdons**
tu	**perds**	vous	**perdez**
il, elle, on	**perd**	ils, elles	**perdent**

Tableau 11, La conjugaison du verbe perdre.

▶ Le verbe **prendre** et ses dérivés suivent une conjugaison différente.
Exemple : *apprendre, comprendre, prendre,* etc.

prendre			
je	**prends**	nous	**prenons**
tu	**prends**	vous	**prenez**
il, elle, on	**prend**	ils, elles	**prennent**

Tableau 12, La conjugaison du verbe prendre.

▶ Observez d'autres verbes en **-re.**

suivre			
je	**suis**	nous	**suivons**
tu	**suis**	vous	**suivez**
il, elle, on	**suit**	ils, elles	**suivent**

Tableau 13, La conjugaison du verbe suivre (poursuivre, survivre, vivre, etc.).

rire			
je	**ris**	nous	**rions**
tu	**ris**	vous	**riez**
il, elle, on	**rit**	ils, elles	**rient**

Tableau 14, La conjugaison du verbe rire (sourire).

conduire			
je	**conduis**	nous	**conduisons**
tu	**conduis**	vous	**conduisez**
il, elle, on	**conduit**	ils, elles	**conduisent**

Tableau 15, La conjugaison du verbe conduire (construire, détruire, introduire, séduire, etc.).

connaître			
je	**connais**	nous	**connaissons**
tu	**connais**	vous	**connaissez**
il, elle, on	**connaît**	ils, elles	**connaissent**

Tableau 16, La conjugaison du verbe connaître (apparaître, disparaître, paraître, etc.).

Notez bien !

▶ En général, le verbe **connaître** est employé avec les personnes *(le professeur, les étudiants, etc.)*, les endroits *(Paris, les Alpes, la France, etc.)*, les œuvres artistiques *(les chansons, les tableaux, les romans, etc.)*, les objets concrets *(les insectes, les animaux, les magasins, etc.)*, les idées abstraites *(le bonheur, le malheur, etc.)*, etc. Il introduit « les choses qu'on vit ». Il n'est jamais employé avec une proposition subordonnée.
Exemple : *Je connais bien les films de Michel Serrault.*

▶ En général, le verbe **savoir** est employé avec les choses qu'on étudie ou qu'on mémorise *(les langues, la leçon, les sciences, etc.)*, avec une proposition subordonnée introduite par un adverbe interrogatif *(comment, où, pourquoi, quand, etc.)*, avec une proposition subordonnée introduite par que ou avec un infinitif *(faire, parler, etc.)*. Il n'est jamais employé avec *des personnes, des animaux, des endroits ou des objets concrets.*
Exemple : *Je sais qu'il a joué dans une centaine de films.*

PRATIQUEZ !

A **Mensonges.** Complétez le passage suivant avec les formes appropriées *des verbes* entre parenthèses.

Mon copain et moi _____ (finir) notre dîner au restaurant et nous _____ (entendre) une conversation entre un homme et sa petite-fille. Nous _____ (apprendre) que la fille _____ (désobéir) à son grand-père et elle _____ (mentir) aussi ! Le grand-père lui pose des questions mais la fille ne _____ (répondre) pas:

GP : Pourquoi _____ (sortir) -tu sans permission ?
PF : _____ (prendre) -tu du dessert ?
GP : Tu _____ (réfléchir) à ma question ou tu l'ignores ?
PF : (La petite-fille _____ (rire) .) Qu'est-ce que je _____ (choisir) ... de la glace ?
GP : J' _____ (attendre) une réponse ! Tu sais : les enfants _____ (obéir) toujours aux adultes ! Tu _____ (répondre) à ma question !

Malheureusement, la serveuse arrive et le grand-père et la fille _____ (partir). Je ne _____ (comprendre) pas pourquoi le grand-père _____ (perdre) son temps avec sa petite-fille et pourquoi il ne _____ (punir) pas la fille ! Oh la la !

B **Critiques.** Complétez la critique du film avec *les formes appropriées des verbes* entre parenthèses.

le 18 décembre 2002

Critique du film – *Le Papillon*
Mathieu Wagram

Nous _____ (choisir) ce film à critiquer parce qu'on _____ (apprendre) beaucoup de choses sur la vie pendant le déroulement de l'intrigue.

Le Papillon est l'histoire d'une fille qui_____ (vivre) dans le même bâtiment qu'un vieil homme solitaire. L'homme _____ (partir) en voyage et la fille se cache dans la voiture de l'homme. L'homme _____ (découvrir) la fille le premier soir de son voyage. Il ne _____ pas (punir) la fille et ils vont dans le Vercors ensemble.

La fille pose beaucoup de questions. L'homme _____ (comprendre) que la fille est triste, il _____ (savoir) qu'elle cherche son amitié et il _____ (répondre) gentiment à ses questions.

Le voyage _____ (servir) à ouvrir les esprits des deux voyageurs, des autres personnages et des spectateurs parce que les deux voyageurs _____ (réfléchir) à la vie et à la mort et ils _____ (savoir) que la vie n'est pas facile.

On _____ (applaudir) l'innocence et la simplicité de ce film qui traite des sujets profonds. Je recommande ce film sans hésitation.

C **Rapports.** Observez quelques mots clés du film et cherchez le rapport entre les personnages du film et les mots clés. Ecrivez une phrase pour montrer ce rapport. Utilisez *les verbes en* **-ir** et *en* **-re**.

> Modèle : sortir / partir : Isabelle / Elsa
> ***Isabelle sort souvent. Elle promet à Elsa de sortir avec elle, mais elle oublie et elle sort avec ses copains. Elsa part donc pour le Vercors avec Julien.***

1. savoir : Isabelle / Elsa
2. connaître : Julien / Elsa
3. ouvrir : Elsa
4. suivre : Julien / Elsa
5. courir : Julien / Elsa
6. réfléchir : Julien / Elsa
7. perdre : Julien
8. réussir : Julien / Elsa
9. découvrir : Julien / Elsa / Isabelle
10. devenir : Julien / Elsa / Isabelle

Travaillez ensemble ! Au ciné. Votre partenaire et vous faites un résumé du film pour le site Web *www.allocine.fr*. Utilisez *les verbes en -ir* et *en -re* du vocabulaire du film pour développer votre résumé. Comparez votre résumé avec ceux de vos camarades de classe.

Verbes : apprendre, choisir, comprendre, connaître, découvrir, désobéir, devenir, entendre, mentir, ouvrir, partir, perdre, punir, réfléchir, répondre, savoir, venir, etc.

Exemple : Etudiants : *Le Papillon* est l'histoire d'une fille et d'un homme qui découvrent une amitié inattendue….

Extension — les verbes en -ir et en -re

OBSERVEZ QUELQUES EXPRESSIONS AVEC LES VERBES EN -IR ET EN -RE :

▶ Le verbe **courir**
le bruit court que : *rumor has it*
faire courir un risque : *to put smn at risk*
courir après quelqu'un : *to run after smn*
partir en courant : *to run off*
courir sa chance : *to try one's luck*

▶ Le verbe **mourir**
Il me fait mourir de rire ! : *He cracks me up !*
mourir de soif : *to be parched*
mourir de faim : *to be starving*
mourir de peur : *to be scared to death*

▶ Le verbe **perdre**
perdre espoir : *to lose hope*
perdre qqn/qqch de vue : *to lose sight of smn/sthg*
perdre patience : *to run out of patience*
perdre la trace de qqn : *to lose track of smn*
perdre son temps à faire qqch: *to waste one's time doing sthg*

▶ Le verbe **suivre**
A suivre… : *To be continued…*
suivre la piste de quelqu'un : *to follow smn's trail*
suivre un cours : *to take a class*
Suivez-moi bien. : *Listen to me carefully. Pay attention.*
suivre un chemin : *to follow a path*
Je ne vous suis pas. : *I don't understand.*
suivre un régime : *to be on a diet*
Son exemple n'est pas à suivre. : *He's not a good example.*

▶ Le verbe **rire**
rire aux éclats: *to howl with laughter*
J'ai dit ça pour rire. : *I was joking.*
sans rire : *joking aside*
Ça ne me fait pas rire. : *That's not funny.*
Rira bien qui rira le dernier. : *He who laughs last laughs best.*

PRATIQUEZ !

Expressions. Complétez les phrases suivantes avec les expressions qui correspondent au contexte.

Expressions avec courir...
1. Julien ne veut pas qu'Elsa l'accompagne dans le Vercors parce qu'il ne veut pas _____ à Elsa.
2. Elsa fait tomber le drap et Julien se fâche contre elle. Elle _____.
3. Julien s'inquiète ! Il _____ Elsa.

Expressions avec mourir...
1. Le voyage dans le Vercors n'est pas facile. Elsa a très faim et elle _____ !
2. Quand on essaie de libérer Elsa du trou, sa mère s'inquiète et elle _____.

Expressions avec perdre...
1. Au début du voyage, Julien n'aime pas beaucoup Elsa. Elle parle sans cesse et il _____.
2. Julien appelle Elsa. Il ne la voit plus. Il _____ Elsa _____.
3. Isabelle pense qu'Elsa a été kidnappée. Elle s'inquiète et elle _____.

Expressions avec suivre...
1. La mère d'Elsa n'est pas une bonne mère : _____.
2. Elsa ne comprend pas bien Julien. Elle dit : _____.
3. Julien veut qu'Elsa l'écoute. Il dit : _____.

Expressions avec rire...
1. Elsa raconte une histoire amusante à Julien. Il ne s'amuse pas et il répond : _____ !
2. Elsa ne veut pas être méchante. Elle explique : _____.

2.4 Le conditionnel présent

▶ Le conditionnel est un mode.

▶ Pour former le conditionnel, on ajoute les terminaisons **-ais, -ais, -ait, -ions, -iez, -aient** (les terminaisons de l'imparfait) à l'infinitif. Si l'infinitif se termine en **e**, on laisse tomber le **e** avant d'ajouter la terminaison.

terminaisons du conditionnel			
je/j'	**-ais**	nous	**-ions**
tu	**-ais**	vous	**-iez**
il, elle, on	**-ait**	ils, elles	**-aient**

Tableau 17, Les terminaisons du conditionnel.

verbes réguliers au conditionnel			
	parler	**finir**	**répondre**
je	parlerais	finirais	répondrais
tu	parlerais	finirais	répondrais
il, elle, on	parlerait	finirait	répondrait
nous	parlerions	finirions	répondrions
vous	parleriez	finiriez	répondriez
ils, elles	parleraient	finiraient	répondraient

Tableau 18, Des verbes réguliers au conditionnel.

► Pour les verbes en -er avec un changement orthographique, on garde le changement orthographique dans toutes les personnes au conditionnel. Notez qu'il n'y a pas de changement avec un **é**.

	verbes avec changement orthographique			
	acheter	**essayer**	**appeler**	**répéter**
je/j'	achèterais	essaierais	appellerais	répéterais
tu	achèterais	essaierais	appellerais	répéterais
il, elle, on	achèterait	essaierait	appellerait	répéterait
nous	achèterions	essaierions	appellerions	répéterions
vous	achèteriez	essaieriez	appelleriez	répéteriez
ils, elles	achèteraient	essaieraient	appelleraient	répéteraient

Tableau 19, Des verbes avec changement orthographique.

► Observez des radicaux irréguliers.

radicaux irréguliers au conditionnel							
aller	**ir-**	envoyer	**enverr-**	pleuvoir	**pleuvr-**	valoir	**vaudr-**
(s')asseoir	**(s')assiér-**	être	**ser-**	pouvoir	**pourr-**	venir	**viendr-**
avoir	**aur-**	faire	**fer-**	recevoir	**recevr-**	voir	**verr-**
courir	**courr-**	falloir	**faudr-**	savoir	**saur-**	vouloir	**voudr-**
devoir	**devr-**	mourir	**mourr-**	tenir	**tiendr-**		

Tableau 20, Des verbes avec radicaux irréguliers.

► L'emploi du conditionnel dépend d'une condition (explicite ou implicite). Il exprime un désir ou un souhait, une suggestion ou un conseil, une hypothèse (une possibilité ou une éventualité). Il correspond à *should/would* en anglais.

► Observez les emplois du conditionnel des verbes suivants :
  ■ **Aimer** : Le conditionnel du verbe **aimer** exprime un désir ou une volonté (même si le désir n'est pas possible).
    Exemple : *Elsa aimerait avoir un père.*
  ■ **Devoir** : Le conditionnel du verbe **devoir** veut dire « should » en anglais.
    Exemple : *Isabelle devrait tenir ses promesses à Elsa.*
  ■ **Pouvoir** : Le conditionnel du verbe **pouvoir** veut dire « could » en anglais. Il est employé pour rendre une expression plus polie et pour exprimer une possibilité.
    Exemple : *Isabelle pourrait rentrer après le travail.*
  ■ **Vouloir** : Le conditionnel du verbe **vouloir** exprime une volonté et il rend une expression plus polie.
    Exemple : *Elsa voudrait passer du temps avec sa mère.*

► Le conditionnel est employé dans des phrases hypothétiques.
  Structure : *Si + sujet + verbe (à l'imparfait) + sujet + verbe (au conditionnel).*
  Exemple : *Si j'étais Isabelle, je passerais plus de temps avec ma fille.*

► La structure « **Je voudrais + infinitif** » veut dire « **I wish I could + infinitive** » en anglais.
  Exemple : *Je voudrais parler à ma mère.   I wish I could talk to my mother.*

PRATIQUEZ !

A **Une journée idéale.** Elsa imagine une journée idéale. Complétez le paragraphe suivant avec **le conditionnel** des verbes entre parenthèses.

Ma journée idéale...

Je _____ (se lever) à 9 heures, je _____ (faire) ma toilette et je _____ (prendre) le petit déjeuner avec ma mère. Nous _____ (aller) au jardin où tous mes amis m' _____ (attendre). Nous _____ (jouer) et _____ (courir) beaucoup. Après, il _____ (falloir) déjeuner ! Nous _____ (s'asseoir) à la terrasse d'un café chic et je _____ (manger) une omelette superbe et je _____ (boire) un Orangina. Ensuite, je/j' _____ (aller) au cinéma où je _____ (voir) un bon film ! Ma mère _____ (vouloir) rentrer à la maison pour préparer le dîner. Julien _____ (venir) dîner avec nous. Je/j' _____ (avoir) beaucoup de choses à lui dire et il _____ (être) très content de parler avec moi. Je _____ (devoir) me coucher assez tôt après cette journée parfaite parce je _____ (être) très fatiguée !

B **Si seulement !** Complétez les phrases suivantes avec *le conditionnel*.

1. Si Elsa avait un père, *elle...*
2. Si Isabelle attendait Elsa après l'école, *elles...*
3. Si Elsa et Isabelle habitaient à la campagne, *elles...*
4. Si le fils de Julien était toujours vivant, *il...*
5. Si la femme de Julien était toujours vivante, *ils...*

C **Recommandations.** Faites des recommandations aux personnages du film. Utilisez *le conditionnel*.

1. Julien, vous êtes trop solitaire ! Si j'étais vous, *je... et vous pourriez...*
2. Julien, vous ne souriez pas beaucoup ! Si j'étais vous, *je...*
3. Julien, vous êtes trop sévère avec Elsa ! Si j'étais vous, *je...*
4. Isabelle, vous ne montrez pas que vous aimez Elsa ! Si j'étais vous, *je... et vous devriez...*
5. Isabelle, vous passez trop de temps avec vos copains ! Si j'étais vous, *je...*
6. Elsa, tu n'obéis pas à ta mère ! Si j'étais toi, *je...*
7. Elsa, tu es trop indépendante ! Si j'étais toi, *je...*

D **Un monde parfait.** Comment votre vie serait-elle si le monde était parfait ? Utilisez *le conditionnel* pour décrire les éléments suivants :

1. Votre journée typique
2. Votre situation domestique
3. Vos études (l'université, les professeurs, vos camarades de classe, etc.)
4. Votre travail (le salaire, le patron, les conditions de travail, etc.)
5. Votre temps libre et vos vacances

 Travaillez ensemble ! A sa place. Pensez aux scènes suivantes et discutez de ce que vous feriez à la place des personnages du film. Utilisez *le conditionnel*.

Scènes
Elsa attend sa mère après l'école. Sa mère ne vient pas.
Julien découvre Elsa à l'hôtel.
Isabelle rentre chez elle. Elsa n'est pas à la maison.
Le géomètre regarde la télé et il reconnaît Elsa.
Julien essaie de libérer Elsa du trou mais il a besoin d'aide.

Exemple :   Etudiant 1 :   Si j'étais Elsa, j'appellerais Marguerite pour me donner la clé.

Etudiant 2 :   Si j'étais Elsa, j'attendrais au restaurant où je pourrais prendre un goûter !

2.5   L'interrogation : les questions à réponse oui/non, les questions d'information, les pronoms interrogatifs invariables

Les questions à réponse oui ou non

▶ Il y a quatre façons de poser une question à réponse affirmative ou négative. **L'intonation** et **est-ce que** sont souvent utilisés dans la langue parlée. **N'est-ce pas** est utilisé moins souvent et **l'inversion** est surtout utilisée dans la langue écrite.

Intonation :   L'intonation est employée dans la langue parlée. On utilise un ton interrogatif à la fin de la phrase pour poser la question.
Exemple :   Tu attends ta mère.   →   Tu attends ta mère ?

Est-ce que :   On place *est-ce que* devant la phrase sans changer l'ordre des mots.
Exemple :   Tu attends ta mère.   →   *Est-ce que* tu attends ta mère ?

N'est-ce pas :   On place *n'est-ce pas* à la fin de la phrase sans changer l'ordre des mots.
Exemple :   Tu attends ta mère.   →   Tu attends ta mère, *n'est-ce pas* ?

L'inversion :   On place le verbe devant un pronom sujet.
Exemple :   Tu attends ta mère.   →   *Attends-tu* ta mère ?
Avec un nom :   Alex attend sa mère.   →   *Alex attend-il* sa mère ?
Avec 2 voyelles :   Elle arrive bientôt.   →   *Arrive-t-elle* bientôt ?

Les questions d'information

▶ On utilise les adverbes interrogatifs pour poser des questions d'information.
Exemple :   *combien, comment, où, pourquoi, quand*

▶ Il y a deux façons de poser une question d'information.

Avec est-ce que :   mot interrogatif   +   est-ce que   +   sujet   +   verbe ?
Exemple :   Quand   est-ce que   Paul   arrive ?

Avec l'inversion :   mot interrogatif   +   (nom) verbe   +   -(t)-   +   pronom sujet ?
Exemple :   Quand   Paul   arrive   - t -   il ?

adverbes interrogatifs	
mot interrogatif	**réponse possible**
combien	un adverbe *(beaucoup, cher, etc.)*
combien de + nom	une quantité *(1, 2, 3 ; assez, trop, etc.)*
comment	un adverbe *(bien, mal, etc.)*, une description *(content, joli, etc.)*, une explication *(en voiture, en train, etc.)*
où	un endroit *(un monument, une ville, un pays, etc.)*
pourquoi	parce que + sujet + verbe ; pour + infinitif *(pour apprendre, pour comprendre, etc.)*
quand	une date *(un jour, un mois, un an, etc.)*

Tableau 21, Les adverbes interrogatifs.

Les pronoms interrogatifs invariables

▶ Les pronoms interrogatifs invariables sont employés pour poser des questions sur les personnes et sur les choses. Observez les formes :

pronoms interrogatifs invariables			
personnes	**sujet du verbe**	**objet du verbe**	**objet d'une préposition**
forme longue	qui est-ce qui	qui est-ce que	préposition + qui + est-ce que
forme courte	qui	qui + l'inversion	préposition + qui + l'inversion
choses	**sujet du verbe**	**objet du verbe**	**objet d'une préposition**
forme longue	qu'est-ce qui	qu'est-ce que	préposition + quoi + est-ce que
forme courte	ø	que + l'inversion	préposition + quoi + l'inversion

Tableau 22, Les mots interrogatifs.

▶ **Questions sur les personnes**

- **Sujet du verbe :** Qui est-ce qui + verbe ?   ou   Qui + verbe ?
  Exemple :   *Qui est-ce qui regarde la télé ?*   *ou*   *Qui regarde la télé ?*

- **Objet direct :** Qui est-ce que + sujet + verbe ?   ou   Qui + inversion ?
  Exemple :   *Qui est-ce que tu regardes ?*   *ou*   *Qui regardes-tu ?*

- **Objet d'une préposition :** Prép. + qui est-ce que + sujet + verbe ? ou Prép. + qui + inversion ?
  Exemple :   *A qui est-ce que tu parles ?*   *ou*   *A qui parles-tu ?*

▶ **Questions sur les choses**

- **Sujet du verbe :** Qu'est-ce qui + verbe ?
  Exemple :   *Qu'est-ce qui coûte cher ?*
  (Notez qu'il n'y a pas de forme courte qui correspond à cette structure.)

- **Objet direct :** Qu'est-ce que + sujet + verbe ?   ou   Que + inversion ?
  Exemple :   *Qu'est-ce que tu regardes ?*   *ou*   *Que regardes-tu ?*

- **Objet d'une préposition :** Prép. + quoi est-ce que + sujet + verbe ? ou Prép. + quoi + inversion ?
  Exemple :   *De quoi est-ce que tu parles ?*   *ou*   *De quoi parles-tu ?*
  *(Notez que le pronom interrogatif **quoi** est employé après les prépositions.)*

- **Pour demander une définition :**
  Qu'est-ce que c'est ?   *Qu'est-ce que c'est ?*   *Réponse : Un papillon !*
  Qu'est-ce que + article + nom ?   *Qu'est-ce qu'un papillon ?*   *Réponse : C'est un insecte !*
  Qu'est-ce que c'est que + article + nom ? *Qu'est-ce que c'est qu'un papillon ?* *Réponse : C'est un insecte !*

PRATIQUEZ !

A **Oui ou non ?** Donnez *les questions à réponse oui ou non* qui correspondent aux réponses suivantes. Utilisez *est-ce que, n'est-ce pas* ou *l'inversion* pour poser vos questions.

1. Oui, j'attends la prof.
2. Oui, elle finit son travail à l'école.
3. Oui, elle rend visite à un copain à 18h.
4. Oui, la prof et son copain sortent souvent.
5. Oui, ils partent en voyage.

B **Enfants.** Les enfants posent toujours beaucoup de questions. Utilisez les éléments donnés pour créer *des questions à réponse oui ou non.*

Exemples : *Est-ce que vous aimez les papillons ? / Aimez-vous les papillons ?*
Est-ce qu'elle aime le basket ? / Aime-t-elle le basket ?

Vocabulaire

Elle aime	Elle rend visite	Nous choisissons	Nous partons	On sent	Vous cherchez
Elle attend	Elle ouvre	Nous voyageons	On dort	Vous aimez	Vous entendez
à un copain	*dans un appartement*	*des fleurs*	*en voiture*	*les papillons*	*sous une tente*
au restaurant	*demain*	*des oiseaux*	*le basket*	*les randonnées*	*un bon endroit*

Travaillez ensemble ! Qui est-ce ? Choisissez un personnage du film et faites son portrait. Votre partenaire vous pose *des questions à réponse oui ou non* pour deviner le nom du personnage du film.

Personnages : Elsa, Julien, Isabelle – mère, Isabelle – papillon, Sébastien, le père de Sébastien, la mère de Sébastien, la grand-mère de Sébastien, Marguerite, le policier, le géomètre, l'entomologiste, etc.

Exemple : *Personnage choisi : Sébastien*
Etudiant 2 : Est-ce que le personnage est jeune ? Le personnage est-il jeune ?
Etudiant 1 : Oui.

C **Mots interrogatifs.** Choisissez *les mots interrogatifs* qui correspondent au contexte des questions suivantes.

1. _____ sont les personnages principaux ?
   a. Qui
   b. Pourquoi
2. _____ s'appellent les acteurs du film ?
   a. Quand
   b. Comment
3. _____ se passe le film ?
   a. Où
   b. Quoi
4. _____ est-ce que l'homme part ?
   a. Pourquoi
   b. Qui
5. _____ est-ce qu'il voyage ?
   a. Avec qui
   b. Avec qu'
6. _____ agace Julien ?
   a. Qu'est-ce qui
   b. Qu'est-ce que
7. _____ l'homme trouve ?
   a. Quoi
   b. Qu'est-ce que
8. _____ Julien aime maintenant ?
   a. Qui est-ce que
   b. Qu'est-ce qui

D **A la police.** Elsa a disparu ! Isabelle va au commissariat et le policier lui pose des questions pour l'aider à trouver Elsa. Complétez les questions suivantes (*avec est-ce que et avec l'inversion*) !

Exemples : *Comment vous appelez-vous ? Où habitez-vous ? Qui est-ce que vous cherchez ?*

1. A qui...
2. Avec qui...
3. Chez qui...
4. Comment...
5. Où...
6. Pourquoi...
7. Qu'est-ce que...
8. Qu'est-ce qui...
9. Quand...
10. Qui est-ce que...
11. Qui est-ce qui...
12. Avec quoi...

C **Ses intérêts.** Julien essaie de connaître Elsa. Il lui pose des questions sur ses intérêts. Suivez le modèle et utilisez *l'adjectif interrogatif quel* et *le pronom interrogatif lequel* pour créer les questions de Julien.

Modèle : *Quels sports aimes-tu ? Auxquels joues-tu ?*

Suggestions

activités	cuisine	jeux électroniques	sports
bandes dessinées	films	romans	etc.

Travaillez ensemble ! Interviewe. Votre interview avec Philipe Muyl continue. Il parle de ses scènes préférées du film. Vous lui posez des questions sur les scènes, sur les acteurs/les actrices, etc. Utilisez *l'adjectif interrogatif quel* et *le pronom interrogatif lequel*.

Exemple : Etudiant 1 : Quelles scènes est-ce que vous aimez beaucoup ? Laquelle est votre préférée ?
Etudiant 2 : J'aime toutes les scènes du film mais j'aime surtout la scène où Elsa et Julien regardent la naissance du papillon.

TRADUCTION

Français → anglais

Conseils
- Cherchez les mots apparentés et les faux amis.
- Notez que certains verbes sont suivis d'une préposition en français alors que ces mêmes verbes n'ont pas de préposition en anglais (ou le contraire) !
- Observez bien le mode des verbes (l'indicatif ou le conditionnel).
- Respectez bien l'ordre des mots dans la phrase.
- Utilisez le vocabulaire et la grammaire pour vous aider !

A **Mots et expressions.** Traduisez les mots et les expressions suivantes *en anglais.*

1. une famille monoparentale
2. un homme solitaire
3. désobéir à sa mère
4. courir après Elsa
5. réussir à trouver

B **Phrases.** Traduisez les phrases suivantes *en anglais.*

1. Pourquoi Elsa part-elle avec Julien ?
2. Qu'est-ce que Julien cherche ?
3. Qui est-ce que Julien trouve à l'hôtel ?
4. Est-ce que Julien devrait appeler Isabelle ?
5. Qu'est-ce qui agace Julien ?

Anglais → français

A **Mots et expressions.** Traduisez les mots et les expressions suivantes *en français*.

1. to wait for her mother
2. to obey her mother
3. to hide in his car
4. to look for a butterfly
5. to think about life

B **Phrases.** Traduisez les phrases suivantes *en français*.

1. Do you like the film ?
2. Which character do you prefer ?
3. Which scene do you prefer ?
4. Why is Julien looking for a butterfly ?
5. Would you recommend the film to your friends ?

C **Journal.** Vous trouvez un journal déchiré avec un article sur un kidnapping. Traduisez l'article suivant *en français*.

8 yr. old girl lost !!
-Paris

We are looking for Elsa, an 8 year old girl from Paris. She is an intelligent and charming girl. She is wearing an NBA jersey and jeans. She loves basketball, she plays video games and she talks to everyone. Please help!! We would like to have information about the disappearance of Elsa. You should call the police or you could go to the police station…

COMPRÉHENSION GÉNÉRALE

A **Vrai ou faux ?** Indiquez si les phrases suivantes sont vraies ou fausses.

1. vrai faux Elsa est une fille difficile qui provoque des problèmes.
2. vrai faux Elle libère les papillons de Julien pour être méchante.
3. vrai faux Julien est un homme solitaire qui n'a pas de famille.
4. vrai faux Julien invite Elsa à partir en voyage avec lui.
5. vrai faux Julien perd son portable et il ne peut pas téléphoner à Isabelle.
6. vrai faux Pendant le voyage, Julien apprend beaucoup de choses à Elsa.
7. vrai faux Pendant le voyage, Elsa apprend aussi des choses à Julien.
8. vrai faux Julien et Elsa réussissent à trouver le papillon.
9. vrai faux La police arrête Julien parce que Julien est kidnappeur.
10. vrai faux A la fin du film, Elsa est contente parce qu'elle a une vraie famille.

B **Personnages.** Identifiez les personnages principaux du film.

1. **Elsa.** Qui est-ce ? Est-elle comme d'autres filles de son âge ? Pourquoi ou pourquoi pas ?
2. **Isabelle.** Qui est-ce ? Est-elle comme d'autres mères ? Pourquoi ou pourquoi pas ?
3. **Julien.** Qui est-ce ? Est-il comme d'autres retraités ? Pourquoi ou pourquoi pas ?

Liens !

Dans *Les Triplettes de Belleville*, Chomet présente une famille intéressante. Est-ce que Madame Souza est comme d'autres grand-mères ? Est-ce qu'elle est comme d'autres retraités ? Est-ce que Champion est comme d'autres garçons de son âge ? Expliquez.

C **Chronologie.** Faites une petite description des événements principaux du film.

1. Elsa et Isabelle rencontrent Julien.
2. Elsa attend sa mère après l'école.
3. Elsa accompagne Julien dans le Vercors.
4. Elsa et Julien trouvent le papillon *Isabelle*.
5. Elsa et Isabelle rentrent à Paris.

D **Le Vercors.** Lisez le texte suivant et décidez si Julien et Elsa participent à la protection de la Réserve Naturelle du Vercors, pendant leur voyage dans le Vercors.

Participons ensemble à la protection de ce territoire...

Vous êtes près de 70 000 visiteurs l'été, à pénétrer dans la Réserve Naturelle des Hauts-Plateaux du Vercors. Le comportement de chacun est important. La randonnée se pratique dans le respect du milieu naturel.

Suivez les itinéraires balisés (en blanc et rouge pour les GR ; en jaune et rouge pour les sentiers de pays).

N'abandonnez pas vos déchets : les emballages vides sont toujours moins lourds que les pleins. Et imaginez l'impact laissé sur le milieu naturel si chaque randonneur jette ne serait-ce qu'un mouchoir en papier ou une épluchure d'orange !

La faune sauvage craint le dérangement : les chiens, mêmes tenus en laisse sont interdits. Il font fuir les ongulés, les marmottes et autres animaux sauvages qui réduisent ainsi leur temps d'alimentation. De même, ils dérangent les troupeaux. Ne troublez pas la tranquillité des lieux en criant sans réelle nécessité.

La cueillette des végétaux n'est pas permise dans la Réserve (pensez que durant le trajet jusqu'à votre véhicule, la fleur se fanera).

Les feux sont interdits à l'extérieur des refuges. La prolifération des foyers n'est pas compatible avec un site qui doit rester naturel.

Le bivouac avec ou sans tente est possible le long des itinéraires balisés (après 19 heures et jusqu'à 8 heures). Une tente ne peut pas être laissée montée en cours de journée.

Le Parc naturel régional a réhabilité quelques abris utilisables par les randonneurs. Ces cabanes sont ouvertes toute l'année. Laissez les lieux propres : remportez tous vos déchets (même les bouteilles "bougeoirs"), fermez soigneusement portes et fenêtres (une porte laissée ouverte est un piège à brebis et source de dégradations du fait de la neige ou de la pluie), en l'absence de toilettes, éloignez-vous du bâtiment.

Les activités pastorales doivent être respectées : évitez les bergeries qui sont des bâtiments privés, contournez les troupeaux et n'approchez pas des chiens de protection, respectez la propreté des sources et "bachats" (n'utilisez pas de produits de lavage). Le milieu naturel impose ses contraintes. En milieu karstique, le manque d'eau de surface, le débit et la potabilité incertaine des sources obligent à prévoir des réserves d'eau : 1,5 l d'eau minimum par personne et par jour.

L'égarement dans l'immensité des hauts-plateaux guette chacun : ne construisez pas de "cairn", ils induisent en erreur ; n'oubliez pas la carte et la boussole.

Merci pour votre aide et bonne randonnée !

"La Réserve naturelle", © Centre Permanent d'initiatives pour l'environment, Parc Naturel Régional du Vercors

PHOTOS

A Détails. Regardez l'image et cochez les bonnes réponses.

1. Où se passe cette scène ?
    a. dans un appartement à Paris
    b. dans un jardin à Grenoble
    c. dans une maison dans le Vercors
2. Quand cette scène se passe-t-elle ?
    a. C'est la première scène du film.
    b. C'est une scène du milieu du film.
    c. C'est une scène vers la fin du film.
3. Qui est le personnage sur la photo ?
    a. Elsa
    b. Isabelle (le papillon)
    c. Marguerite
4. Qu'est-ce que le personnage sur la photo regarde ?
    a. Elle regarde la télé.
    b. Elle regarde la naissance d'un papillon.
    c. Elle regarde un jeu électronique.
5. Qu'est-ce qui se passe après cette scène ?
    a. C'est le début du film et l'histoire commence.
    b. Julien et Elsa libèrent le papillon.
    c. Julien et Elsa rentrent à Paris.

B Symbolisme. Les personnages et les objets sur cette photo sont très symboliques. Décrivez ce qu'ils symbolisent. Utilisez le vocabulaire à gauche et ajoutez des mots *du vocabulaire du film*.

Personnage/objet	Symbole (s)
Elsa	_____
Isabelle (le papillon)	_____
Le tee-shirt d'Elsa	_____
La couleur bleue du tee-shirt	_____
La couleur jaune de la fleur	_____
La couleur verte des feuilles	_____

Vocabulaire

le bonheur
l'innocence
la jeunesse
la joie
la liberté
la maturité
la métamorphose
la nature
la paix
la sécurité
la transformation

C En général. Répondez aux questions suivantes. Ecrivez deux ou trois phrases.

1. Donnez un titre à la photo. Justifiez votre réponse.
2. Quelle est l'importance de cette scène ?

D Aller plus loin. Ecrivez un paragraphe pour répondre aux questions suivantes.

1. Expliquez la transformation d'Elsa jusqu'à cette scène.
2. Quelle est la signification du tee-shirt d'Elsa ?

Liens !

Dans *Les Triplettes de Belleville*, Champion change aussi. Réfléchissez à son enfance dans les années 1940 et à sa vie pendant les années 1950. Comparez sa transformation à celle d'Elsa.

plutôt que je vous narre l'origine des sons et cris distinctifs de chacun de ces peuples.

Au début, bien avant que les poissons n'habitent les aquariums et que les chiens ne dorment dans des paniers ou que les chats ne jouent avec les souris, régnait sur notre planète un vacarme incroyable !

En effet comme aucune espèce vivante ne possédait de cri particulier, chacune s'exprimait comme elle l'entendait et aucune ne se comprenait. Ainsi il n'était pas rare d'entendre beugler un oiseau, braire une cigale ou japper une grenouille. On raconte d'ailleurs la triste histoire de ce banc de poissons buvant la tasse en tentant de rugir, ou bien encore celle de ce lion qui rencontrait les plus grandes difficultés à asseoir son autorité naturelle de roi des animaux en cancanant comme un canard.

Mais le pire brouhaha était bien celui des hommes qui déjà ne partageaient aucun cri, son ou langage distinctif avec leurs infortunés congénères. Dans la plus grande confusion et l'incompréhension la plus complète, petits, grands, noirs ou blancs se livraient bataille en s'insultant copieusement et sans aucun sens !

Ainsi, bien avant le cri de guerre qu'on leur connaît, les indiens discouraient dans un japonais approximatif et teinté d'un fort accent méditerranéen. Nous mêmes français nous exprimions le plus souvent en Inuit et parfois en Ougandais, quand aux femmes ougandaises elles, elles pilaient le millet en entonnant des chants folkloriques d'outre Rhin !!!!

Bref cette situation ne pouvait durer plus longtemps !

Le Maître des sons et cris distinctifs décida alors de réunir autour d'une même table un représentant de chaque espèce vivante, afin d'attribuer à chacune d'elle un son ou cri distinctif.

Il fallut plusieurs mois pour rédiger en autant de sons ou cris connus une convocation compréhensible par tous, puis autant de mois pour l'aller placarder sur les arbres où vivaient les oiseaux, dans les grottes où s'abritaient les hommes et sur les roses des vents qui embaumaient de leur parfum les déserts les plus arides… bref partout dans le monde un représentant désigné vint siéger autour de l'immense table des attributions.

A l'échelle de l'Humanité cette réunion dura longtemps, très longtemps et l'on vit souvent le soleil se lever sous les roucoulements d'un coq et la nuit coucher à son horizon la lune ronde et lumineuse, et qui accueillait en son cercle l'ombre d'un loup hennissant péniblement vers les étoiles.

Fort heureusement la sagesse animale vint à bout des réticences de chacun. Et c'est à l'unanimité ou presque que furent attribué les sons ou cris distinctifs de chaque espèce bestiale en ces termes sentencieux et prononcés par le maître des lieux.

- Nous Maître des sons et cris distinctifs attribuons ce jour au lion, le RUGISSEMENT !

- Nous Maître des sons et cris distinctifs attribuons ce jour à la baleine, le CHANT !

- Nous Maître des sons et cris distinctifs attribuons ce jour au cochon, le GROGNEMENT !

- etc.…

Chaque nouvelle élection était accueillie par le vacarme du son ou cri produit par l'espèce toute entière. Maintenant c'est une vague d'apaisement qui inondait la planète et l'on pouvait enfin découvrir le bruit du silence ou du vent qui s'engouffrait dans les vallées.

Ne restaient plus autour de la table que les hommes.

Petits ou grands, blancs, noirs, rouges ou jaunes et pleins de leurs mots qu'ils projetaient en l'air comme des armes destinées à vaincre le verbe assassin d'un voisin d'une autre race.

Toujours sur l'échelle de l'Humanité ce tapage devait durer longtemps, très longtemps, et fort heureusement la délivrance vint encore cette fois de là où on l'attendait le moins.

Barbouillé par toutes ces élucubrations, un petit homme malingre et mal installé en bout de table ne put s'empêcher de lâcher un pet, mais un énorme pet qui tonna si fort que tous s'interrompirent interloqués par une telle liberté d'expression.

Terriblement gêné de s'être ainsi fait entendre, l'homme s'excusa d'un sourire crispé cependant qu'un long silence pesant s'installait.

Puis les regards complices se croisèrent et l'assemblée toute entière éclata d'un rire aux milles éclats. En un instant les bouches à canons des hommes devinrent autant de moues plissées libérant tout à trac les prouts et les pfuiiiits les plus incongrus qu'aucun ne pouvait produire d'une autre manière.

Alors le Maître des lieux se leva et de la façon la plus solennelle qui soit prononça ces mots :

- Nous Maître des sons et cris distinctifs attribuons ce jour à l'Homme ……… le ……

….. le RIRE !

Car il convenait d'admettre en ce jour de félicité que le seul son ou cri distinctif et «prononçable» commun à tous les hommes était bien le rire.

Alors riez, riez et riez encore de tout ……… mais pas avec n'importe qui !!!!!!

© Didier Benini, www.1000nouvelles.com
Reproduction autorisée par l'auteur.

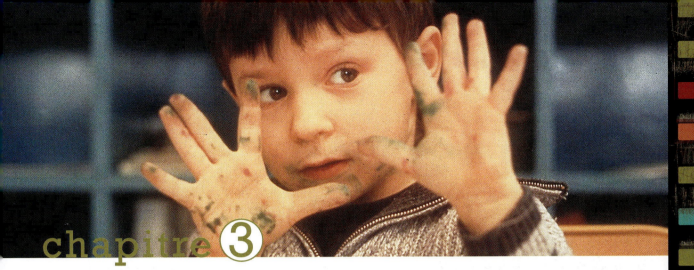

chapitre ③

Etre et avoir

Avant le visionnement

NOTES CULTURELLES

Clermont-Ferrand vu depuis le Puy-de-Dôme

Les Salers, vaches originaires du Massif central

L'Auvergne

L'Auvergne, région montagneuse et faiblement peuplée, est située au centre de la France. La plus grande ville est Clermont-Ferrand qui compte un tiers de la population de la région. L'économie auvergnate est basée sur l'industrie (*Michelin* à Clermont-Ferrand et *Dunlop* à Montluçon) et sur l'agriculture (l'élevage orienté vers la production laitière). La région produit un quart de la production nationale de fromages. L'Auvergne est connue pour ses sources et ses sels minéraux. 10.000 touristes visitent les stations thermales de la Bourboule et de Vichy chaque année. Les touristes viennent aussi en Auvergne pour visiter le parc de loisirs Vulcania et le Parc naturel régional des volcans d'Auvergne.

Le film *Etre et avoir* a lieu à Saint-Etienne-sur-Usson, une commune du Puy-de-Dôme. Cette commune compte 250 habitants sur 1558 hectares. Comme la plupart des gens de cette commune, les familles du film sont des agriculteurs qui font de l'élevage. L'isolement, le climat et le travail sont les préoccupations principales des gens de cette commune.

FICHE TECHNIQUE

Réalisation :	Nicolas Philibert
Montage :	Nicolas Philibert
Musique originale :	Philippe Hersant
Année de production :	décembre 2000 – juin 2001
Durée :	1 h 45
Genre :	Documentaire
Date de sortie nationale :	28/08/2002

Cumul entrées France : 1,8 million de spectateurs (sur 62 millions d'habitants en France). Ce chiffre représente un énorme succès public !

PROFIL: Nicolas Philibert

réalisateur

Né le 10 janvier 1951 à Nancy, France

Mini-biographie

A l'âge de 27 ans, Philibert a débuté au cinéma comme assistant-réalisateur du film *La Voix de son maître (1978)*. Depuis 1989, il a réalisé six documentaires, notamment *Etre et avoir,* qui a été un grand succès. Dans ses documentaires, Philibert cherche à montrer un nouvel aspect de la vie contemporaine.

Filmographie

1990	La Ville Louvre
1992	Le Pays des sourds
1994	Un Animal, des animaux
1996	La Moindre des choses
1998	Qui sait ?
2002	Etre et avoir
2006	Retour en Normandie
2010	Nénette

SYNOPSIS

Etre et avoir est un documentaire qui a lieu dans une école à classe unique à Saint-Etienne-sur-Usson, un petit village d'Auvergne. Un seul instituteur, Georges Lopez, s'occupe de l'éducation de treize élèves de 3 à 11 ans. L'instituteur et les élèves invitent les spectateurs à observer leur vie quotidienne pendant six mois.

Note : *«Etre et avoir»* est classé «G» aux Etats-Unis.

PERSONNAGES

Les petits

Alizé	3 ans
Johann	4 ans
Jessie	4 ans
Létitia	4 ans
Marie	4 ans
Jojo	4 ans

Les moyens

Axel	6 ans
Laura	7 ans

Les grands

Guillaume	9 ans
Jonathan	10 ans
Julien	10 ans
Olivier	10 ans
Nathalie	11 ans

L'instituteur

Georges Lopez

 PROFIL: Georges Lopez

retraité

Mini-biographie

Georges Lopez, instituteur pendant plus de 30 ans, est devenu très connu après la sortie du film *Etre et avoir* en 2002. L'enseignement a plu à Lopez qui a toujours eu envie d'être instituteur, même pendant son enfance. Son père, ouvrier agricole d'origine espagnole, espérait que son fils ne serait pas agriculteur. On voit quand même des ressemblances entre l'agriculture et l'enseignement. L'un cultive la terre et l'autre cultive les esprits. Lopez a quitté l'enseignement un an après le tournage du film mais il continue à travailler. Son livre, *Les Petits cailloux (Librairies Privat, 2005)*, est sorti en 2005 et Lopez donne actuellement des conférences sur ce livre et sur son approche de l'enseignement.

VOCABULAIRE

Saisons

l'automne (m)	fall	en automne (m)	in the fall
l'hiver (m)	winter	en hiver (m)	in the winter
le printemps	spring	au printemps	in the spring
l'été (m)	summer	en été (m)	in the summer

Passage du temps

aujourd'hui	today	le soir	evening
demain	tomorrow	l'année prochaine (f)	next year
hier	yesterday	l'année dernière (f)	last year
le matin	morning	l'heure (f)	time
l'après-midi (m)	afternoon		

Temps

Il fait...	It's...	Il y a...	It's...
beau	beautiful	des nuages (m)	cloudy
bon	nice	des orages (m)	stormy
chaud	hot	du soleil	sunny
du soleil	sunny	du vent	windy
frais	cool	Il neige.	It's snowing.
froid	cold	Il pleut.	It's raining.
mauvais	bad (weather)	la météo	the forecast
# degrés	# degrees	le temps	the weather

Le paysage et les endroits

l'arbre (m)	tree	la maison	house, home
la campagne	country, countryside	la montagne	mountain
le champ	field	le village	small town
la forêt	forest	la ville	city

A l'école

les écoles (f)	schools	l'instituteur / trice	elementary school teacher
l'école à classe unique	single room school	les salles (f)	rooms
l'école primaire	elementary school	la cour de récréation	courtyard/playground
les gens (m)	people	la salle de classe	classroom
le cancre	dunce	l'année scolaire (f)	school year
le/la chouchou / te	teacher's pet	la rentrée	back-to-school
l'élève (m/f)	student	les vacances (f)	vacation

Dans la salle de classe

le bureau	desk	les devoirs (m)	homework
les ciseaux (m)	scissors	le feutre	marker
le coloriage	coloring	la gomme	eraser

Matières

l'anglais (m)	English	l'informatique (f)	Computer Science
l'art (m)	art	la matière	subject
l'éducation civique (f)	civic education	les mathématiques (f)	Math
l'éducation physique (f)	physical education	la récréation	recess
le français	French	les sciences (f)	Science
l'histoire (f)	History		

Vêtements

un anorak	parka	des gants (m)	gloves
un bleu (m)	coveralls	un foulard	scarf
des bottes (f)	boots	des pantoufles (f)	slippers
un chapeau	hat	un pull (polaire)	sweater (fleece)

Emotions

l'angoisse (f)	anxiety	l'inquiétude (f)	worry, concern
la colère	anger	la peur	fear
l'ennui (m)	boredom	le remords	remorse
l'incertitude (f)	uncertainty	la tristesse	sadness

Adjectifs

amical/e	friendly	ludique	light, amusing
autoritaire	authoritative	malin/maligne	mischievous
chaleureux/euse	warm, hospitable	méchant/e	mean
comique	comical, funny	mignon/nne	cute
content/e	content, happy	moqueur/euse	mocking
émouvant/e	moving	rude	difficult
ennuyeux/euse	boring	sage	well behaved, wise
gentil/lle	nice	tendu/e	tense
indulgent/e	indulgent, lenient	troublé/e	troubled
lourd/e	heavy		

Verbes

avoir	to have	être	to be
# ans	to be # years old	de bonne humeur	to be in a good mood
du mal à + inf.	to have difficulty in doing…	de mauvaise humeur	to be in a bad mood
		en train de + infinitif	to be in the process of …
l'air + adjectif	to look, seem + adjective	sur le point de + inf	to be on the verge of …
l'habitude de + inf.	to be in the habit of doing…	faire	to do, to make
		de la luge	to sled
le temps de + inf.	to have the time to do…	les devoirs (m)	to do homework
raison	to be right	prendre sa retraite	to retire
tort	to be wrong	se bagarrer	to have a fight

EXERCICES DE VOCABULAIRE

A **Ecoles.** Reliez les âges des élèves avec l'école.

_____ 1. l'école maternelle	A. 6 – 11 ans
_____ 2. le lycée	B. 15 – 18 ans
_____ 3. le collège	C. 3 – 6 ans
_____ 4. l'école primaire	D. 11 – 15 ans
_____ 5. l'université	E. 18 + ans

B **Ecoliers.** Imaginez que vous êtes écolier / écolière. Vos parents vous aident à répondre aux questions du sondage sur les écoles. Que pensez-vous de votre école ? Complétez le sondage suivant.

Votre école - Sondage
Demandez à vos parents de vous aider à remplir ce sondage sur votre école.
Travaillons ensemble pour améliorer votre éducation !

Des renseignements généraux…
A quelle heure arrivez-vous à l'école ?
A quelle heure quittez-vous l'école ?
Comment allez-vous à l'école ?
Quelles matières préférez-vous ?
Quelles matières détestez-vous ?

Pendant combien de temps… (heures par semaine)
êtes-vous en cours ?
faites-vous vos devoirs ?
allez-vous à la bibliothèque /à l'infothèque ?
jouez-vous avec des amis ?

Dans votre école, il y a combien de/d'…
… salles de classe ?
… élèves ?
… instituteurs ?
… assistants ?

Etes-vous *pas d'accord, d'accord ou tout à fait d'accord* **avec les phrases suivantes ?**
J'aime l'instituteur, je peux parler avec l'instituteur et j'aime parler avec l'instituteur.
J'aime mes camarades de classe et j'aime aller à l'école.
J'aime faire mes devoirs, j'aime passer des examens et je réussis aux examens.
Je fais tout mon possible pour réussir.

En général, êtes-vous *pas du tout satisfait, satisfait ou tout à fait satisfait* **de votre/vos…**
…instituteur ?
…école ?
…activités ? sports ?
…locaux (bâtiments, salles, …) ?

C A la campagne. Complétez les phrases suivantes avec une réponse logique et, aprés écrivez un paragraphe pour décrire la vie à la campagne.

Réponses possibles

assez	beaucoup	peu
ne/n'… pas assez	beaucoup trop	trop

1. A la campagne, il y a _____ de voitures.
2. A la campagne, il y a _____ d'arbres.
3. A la campagne, il y a _____ de bâtiments.
4. A la campagne, il y a _____ de pollution.
5. A la campagne, il y a _____ de bruit.
6. A la campagne, il y a _____ de fermes.
7. En général, les gens qui habitent à la campagne ont _____ d'argent.
8. En général, les gens qui habitent à la campagne ont _____ de temps libre.
9. En général, les gens qui habitent à la campagne ont _____ de soucis.
10. En général, les gens qui habitent à la campagne sont _____ éduqués.

Liens !

Dans *Le Papillon,* Julien va dans le Vercors pour chercher le papillon *Isabelle.* Rappelez-vous les scènes qui ont lieu dans le Vercors et celle où Julien et Elsa rencontrent Sébastien et sa famille. Imaginez leur vie dans le Vercors : Qu'est-ce que la famille fait pour passer le temps ? Qu'est-ce que le père fait comme travail à votre avis ? Comment est l'école de Sébastien ? Est-ce qu'il a beaucoup d'instituteurs et beaucoup de camarades de classe ? Expliquez.

Chaînes des Puys, (Département du Puy-de-Dôme, Auvergne)

D La Poésie. Lisez le poème suivant et complétez les activités de vocabulaire.

> **Le temps perdu**
> **Recueil : Les vaines tendresses**
> René-François Sully Prudhomme (1839–1907)
>
> Si peu d'oeuvres° pour tant de fatigue et d'ennui° !   works / trouble
> De stériles soucis° notre journée est pleine° :   worries / full
> Leur meute° sans pitié nous chasse à perdre haleine°,   their pack / out of breath
> Nous pousse, nous dévore, et l'heure utile a fui°...   has flown by
>
> «Demain ! J'irai demain voir ce pauvre chez lui,
> «Demain je reprendrai ce livre ouvert à peine,
> «Demain je te dirai, mon âme°, où je te mène°,   my soul / I lead you
> «Demain je serai juste et fort... pas aujourd'hui.»
>
> Aujourd'hui, que de soins°, de pas et de visites !   care
> Oh ! L'implacable essaim° des devoirs parasites   swarm
> Qui pullulent° autour de nos tasses de thé !   which swarm
>
> Ainsi chôment° le coeur, la pensée et le livre,   lie idle
> Et, pendant qu'on se tue à différer° de vivre,   to postpone, to defer
> Le vrai devoir dans l'ombre attend la volonté.

Activité de vocabulaire

1. Trouvez les mots associés :
   a. au passage du temps :
      Exemple : notre journée
   b. au travail du poète :
      Exemple : oeuvres
   c. aux émotions du poète :
      Exemple : fatigué
2. Trouvez les mots qui indiquent que le poète perd du temps.
   Exemple : l'heure utile a fui
3. Quels verbes est-ce que le poète utilise pour montrer que le temps utile passe trop vite ?
   Exemple : pousser
4. Quel est le vrai devoir ?
5. Est-ce que le poète est optimiste ? Expliquez.

A votre avis...

Le poète parle du fait que le temps utile passe vite. Est-ce que le temps passe vite pour les enfants ? Est-ce que le temps passe vite quand on va à l'école ? Est-ce que le temps passait vite quand vous étiez petit ?

Liens !

Dans *Le Papillon*, comment est-ce que Julien passe son temps ? Est-ce que le temps passe vite pour lui ? Pourquoi ou pourquoi pas ? Est-ce que le temps passe vite pour Elsa ? Pourquoi ou pourquoi pas ?

Après avoir regardé

EXERCICES DE VOCABULAIRE

A **Routine !** Parlez de la routine quotidienne des personnes suivantes.
Utilisez *le vocabulaire du film* pour répondre aux questions suivantes.

1. **Monsieur Lopez :** Que fait-il pendant la journée ? Que fait-il après l'école et le week-end ? Comment s'amuse-t-il ?
2. **Les élèves en général :** Que font-ils pendant la journée ? Que font-ils après l'école et le week-end ? Ont-ils beaucoup de temps libre ? Pourquoi ou pourquoi pas ?
3. **Julien :** Que fait-il pendant la journée ? Que fait-il après l'école ? Pourquoi ? Comment s'amuse-t-il ?
4. **Les parents (en général) :** Que font-ils pendant la journée ? Ont-ils beaucoup de temps libre ? Expliquez. Comment s'amusent-ils ?
5. **La mère de Nathalie :** Que fait-elle pendant la journée ? A-t-elle du temps libre ? Comment s'amuse-t-elle ?

B **Climat.** Répondez aux questions suivantes.

1. Quel temps fait-il au cours du film ?
2. Etudiez le climat dans le Puy-de-Dôme avec le graphique ci-dessous. Décrivez les températures et les précipitations normales du Puy-de-Dôme. Quel genre de climat est-ce ?
3. Est-ce que le climat dans le film (décembre 2000 – juin 2001) est typique du climat dans le Puy-de-Dôme ?
4. Est-ce que le climat dans le Puy-de-Dôme est plus doux ou plus rude que le climat chez vous ?
5. Pourquoi est-ce que le climat est important pour les gens dans le film ? Est-ce que le climat est important pour vous ? Pourquoi ?

Le Climat Dans le Puy-de-Dôme

Normales de températures et de précipitations à Clermont-Ferrand

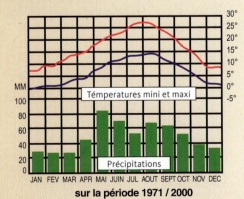

sur la période 1971 / 2000

Quelques records depuis 1923 à Clermont-Ferrand

Température la plus basse	-29.0 ªC
Jour le plus froid	14/02/1929
Année la plus froide	1956
Température la plus élevée	40.7 ªC
Jour le plus chaud	31/07/1983
Année la plus chaude	1994
Hauteur maximale de pluie en 24h	76,8 mm
Jour le plus pluvieux	24/08/1939
Année la plus sèche	1991
Année la lus pluvieuse	1927

© METEOFRANCE 2003

Celsius → Fahrenheit

#°C x 9   7°C x 9 = 63
#' ÷ 5   63 ÷ 5 = 12.6
#, + 32 = #° F   12.6 + 32 = 44.6° F

Fahrenheit → Celsius

#°F - 32   44.6° F - 32 = 12.6
÷ 9   12.6 ÷ 9 = 1,4
x 5 = #°C   1,4 x 5 = 7°C

C **Automne.** Lisez les deux poèmes suivant et complétez les activités de vocabulaire.

Automne
Recueil : Alcools

Guillaume Apollinaire (1880–1918)

Dans le brouillard° s'en vont un paysan cagneux°   fog / knock-kneed
Et son bœuf lentement dans le brouillard d'automne
Qui cache les hameaux° pauvres et vergogneux°   hamlets / shameful

En s'en allant là-bas le paysan chantonne°   hum
Une chanson d'amour et d'infidélité
Qui parle d'une bague et d'un cœur que l'on brise°   break

Oh ! l'automne l'automne a fait mourir l'été
Dans le brouillard s'en vont deux silhouettes grises

La Chanson d'automne
Recueil : Poèmes saturniens

Paul Verlaine (1844–1896)

Les sanglots longs
Des violons
De l'automne

Blessent° mon coeur   wound
D'une langueur °   languor
Monotone

Tout suffocant
Et blême°, quand   pale
Sonne l'heure

Je me souviens
Des jours anciens
Et je pleure ;

Et je m'en vais
Au vent mauvais
Qui m 'emporte °   takes me away

De-ci, de-là,
Pareil° à la   like
Feuille morte.

Activité de vocabulaire

1. Quels mots sont employés pour décrire l'automne dans les deux poèmes ?
   Exemple : chanson
2. Observez les sons des deux poèmes. Quels sons est-ce que les poètes privilégient ? Trouvez les mots associés à ces sons.
   Exemple : «on», une chanson
3. Quel est le ton des deux poèmes ? Comment est-ce que les poètes évoquent leurs émotions ?

A votre avis...

Comment est-ce que l'automne annonce l'arrivée de l'hiver ? Comment est l'hiver ? La première scène du film a lieu en hiver. Comment est cette scène ? Qu'est-ce qu'on voit ? Qu'est-ce qu'on entend ? Comment est-ce que cette scène établit le ton du film ?

D   Printemps.   Lisez les deux poèmes suivant et complétez les activités de vocabulaire.

Printemps
Recueil : Toute la lyre
Victor Hugo (1802–1885)

Voici donc les longs jours, lumière, amour, délire° !	madness
Voici le printemps ! mars, avril au doux sourire,	
Mai fleuri°, juin brûlant°, tous les beaux mois amis !	flowered / burning
Les peupliers°, au bord des° fleuves endormis°,	poplar trees / on the banks of / drowsy
Se courbent° mollement° comme de grandes palmes ;	bend / softly
L'oiseau palpite au fond des bois tièdes et calmes ;	
Il semble que tout rit, et que les arbres verts	
Sont joyeux d'être ensemble et se disent des vers°.	lines (of poetry)
Le jour naît couronné d'une aube° fraîche et tendre ;	a dawn
Le soir est plein d'amour ; la nuit, on croit entendre,	
A travers l'ombre immense et sous le ciel béni°,	blessed
Quelque chose d'heureux chanter dans l'infini.	

Avril
Recueil : Sagesse
Paul Verlaine (1844–1896)

Déjà les beaux jours, - la poussière°,	dust
Un ciel d'azur et de lumière,	
Les murs enflammés °, les longs soirs ; -	burning
Et rien de vert : - à peine encore	
Un reflet rougeâtre° décore	reddish
Les grands arbres aux rameaux° noirs !	branches
Ce beau temps me pèse° et m'ennuie.	weighs upon me
- Ce n'est qu'après des jours de pluie	
Que doit surgir°, en un tableau,	arise
Le printemps verdissant et rose,	
Comme une nymphe fraîche éclose	
Qui, souriante, sort de l'eau.	

Activité de vocabulaire

1. Trouvez les mots que les deux poètes utilisent pour décrire :
   a. Les jours du printemps :
      Exemple : beaux jours
   b. Le bonheur de la saison :
      Exemple : délire
   c. La renaissance de la saison :
      Exemple : Le jour naît…
2. Quels mots sont employés pour décrire le printemps dans les deux poèmes ?
   Exemple : lumière
3. Quel est le ton des deux poèmes ? Comment est-ce que les poètes évoquent leurs émotions ?

A votre avis…

Après un long hiver en Auvergne, les enfants sont prêts pour le printemps. Comment Philibert montre-t-il que le printemps arrive en Auvergne ? Comment les enfants s'habillent-ils ? Comment se comportent-ils ? Quelles activités font-ils au printemps ? Comparez les poèmes sur l'automne aux poèmes sur le printemps. Quelles différences remarquez-vous ? Comparez les scènes du film qui se passent en hiver aux celles qui se passent au printemps. Quelles différences remarquez-vous ?

GRAMMAIRE

3.1 Les adjectifs et les pronoms démonstratifs

Les adjectifs démonstratifs

adjectifs démonstratifs		
	masculin	**féminin**
singulier	ce, cet	cette
pluriel	ces	ces

Tableau 1, Les adjectifs démonstratifs.

▶ L'adjectif démonstratif qualifie un nom et il s'accorde en genre et en nombre avec le nom qualifié. Il veut dire *this/these* ou *that/those* en anglais.
Exemple : *J'aime beaucoup ce film !*

▶ Pour distinguer entre deux noms, on ajoute **-ci** (*this/these*) et **-là** (*that/those*) après le nom.
Exemple : *Tu cherches ce livre-ci ou ce livre-là ?*

Les pronoms démonstratifs

pronoms démonstratifs		
	masculin	**féminin**
singulier	celui	celle
pluriel	ceux	celles

Tableau 2, Les pronoms démonstratifs.

▶ Le pronom démonstratif remplace un nom et il s'accorde en genre et en nombre avec le nom remplacé. Il veut dire *this one/these ones* ou *that one /those ones* en anglais. Il est employé avec :

▶ -ci ou là
Exemple : *J'aime beaucoup le livre ! Lequel aimes-tu - celui-ci ou celui-là ?*

▶ la préposition de
Exemple : *Ma voiture est laide mais celle de Monsieur Lopez est belle !*

▶ un pronom relatif (qui, que, dont, où, etc.)
Exemple : *Les profs aiment les élèves sages et ils n'aiment pas ceux qui sont méchants !*

PRATIQUEZ !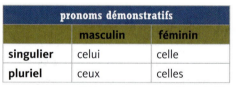

A **Dans la salle de classe.** L'assistante aide les enfants à ranger leurs affaires. Utilisez *les adjectifs* et *les pronoms démonstratifs* pour compléter les phrases.

1. _____ gomme est à Marie ? *Non, _____ est à elle et _____ est à Alizé.*
2. _____ cahier est à Julien ? *Non, _____ est à lui et _____ est à Olivier.*
3. _____ crayons sont à Jojo ? *Non, _____ sont à lui et _____ sont à Jessie.*

4. _____ affiche est à Guillaume ? *Non, _____ est à lui et _____ est à Jonathan.*
5. _____ stylo est à Axel ? *Non, _____ est à lui et _____ est à Laura.*
6. _____ feuilles sont à Johann ? *Oui, _____ sont à lui et _____sont à Létitia.*
7. _____ ciseaux sont à Alizé ? *Oui, _____ sont à elle et _____ sont à Marie.*
8. _____ livre est à Nathalie ? *Oui, _____ est à elle et _____ est à Guillaume.*
9. _____ feutres sont à Laura ? *Oui, _____ sont à elle et _____sont à Axel.*
10. _____ coloriage est à Jessie ? *Oui _____ est à elle et _____ est à Johann.*

B **Il fait froid !** La mère de Jojo l'aide à s'habiller. Complétez le dialogue avec *les adjectifs* et *les pronoms démonstratifs* qui conviennent.

Mère : Jojo, mets _____ pantalon, il fait froid aujourd'hui !
Jojo : Je n'aime pas _____-ci, je préfère _____ de papa.
Mère : Mais non ! _____ de papa est trop grand. Tiens, mets _____ anorak.
Jojo : _____-ci ou _____-là ?
Mère : Mets _____ qui est le plus chaud et mets _____ bottes parce qu'il va neiger.
Jojo : Je mets _____ que je porte toujours quand il neige ?
Mère : Ben oui ! Et n'oublie pas _____ gants.
Jojo : Mais _____-là sont tous mouillés !
Mère : Prends _____-ci alors. Dépêche-toi ! Tu vas être en retard !

Travaillez ensemble ! A qui est-ce ? C'est la fin de l'année scolaire et M. Lopez range la salle de classe. Il demande aux enfants à qui appartiennent divers objets. Jouez le rôle de M. Lopez et des élèves avec vos partenaires. Utilisez *les adjectifs* et *les pronoms démonstratifs* et *le vocabulaire du film.*

Exemple : M. Lopez : A qui est ce cahier ?
Elève : Celui-ci ? Il appartient à Maxime.

3.2 Les verbes être et avoir, Introduction aux pronoms compléments

Le verbe être

▶ Le verbe **être** est un verbe irrégulier.

▶ Il est employé:
  ■ avec des adjectifs pour décrire des choses et des personnes. L'adjectif peut être remplacé par le pronom complément d'objet direct *le* pour éviter la répétition. Le pronom est placé devant le verbe dont il est l'objet.
  Exemple : *Les enfants sont adorables ! Je suis d'accord ! Ils le sont.*

être			
je	**suis**	nous	**sommes**
tu	**es**	vous	**êtes**
il, elle, on	**est**	ils, elles	**sont**

Tableau 3, La conjugaison du verbe être.

  ■ avec des prépositions pour situer des choses et des personnes.
  Exemple : *Le livre est sur la table.*

  ■ avec la préposition *á + un nom/un pronom disjoint* pour indiquer la possession.
  Exemple : *Le livre est à Julien ; il n'est pas à moi.*

pronoms disjoints	
moi	nous
toi	vous
lui, elle, soi	eux, elles

Tableau 4, Les pronoms disjoints.

  ■ dans certaines expressions idiomatiques : *être d'accord/ pas d'accord ; être en train de + infinitif ; être sur le point de + infinitif ; etc.*
  Exemple : *Je suis en train de faire mes devoirs. Je ne vais pas jouer dehors.*

  ■ pour exprimer l'heure : il + est + # + heures + #.
  Exemple : *Il est 4 heures 30. Les enfants rentrent chez eux.*

Le verbe avoir

▶ Le verbe *avoir* est un verbe irrégulier.

avoir			
je/j'	**ai**	nous	**avons**
tu	**as**	vous	**avez**
il, elle, on	**a**	ils, elles	**ont**

Tableau 5, La conjugaison du verbe avoir.

pronoms compléments d'objet direct	
me	nous
te	vous
le, la, l'	les

Tableau 6, Les pronoms compléments d'objet direct.

▶ Il est employé :

- ■ dans la structure ***il y a / il n'y a pas*** pour indiquer la présence ou l'absence des choses ou des personnes.
  Exemple : *Il y a trois élèves dans la salle mais il n'y a pas d'instituteur.*

- ■ avec des noms pour indiquer l'existence ou la possession.
  Exemple : *J'ai un crayon et deux stylos.*

- ■ dans certaines expressions idiomatiques : *avoir # ans ; avoir choud/froid ; avoir l'air + adjectif ; avoir l'air de + infinitif ; avoir le temps de + infinitif ; avoir raison/tort ; etc.*
  Exemple : *J'ai raison ! Tu as 10 ans.*

▶ Quand le verbe avoir est suivi d'un objet direct, on peut remplacer l'article et le nom par un pronom complément d'objet direct (le, la, l', les). Le pronom est placé devant le verbe dont il est l'objet.
Exemple : *Tu as **le crayon** ? Oui ! Je l'ai.*

▶ Quand le verbe avoir est suivi d'un article indéfini, d'un partitif ou d'une autre expression de quantité, on peut remplacer l'article/l'expression de quantité et le nom par le pronom ***en.*** Le pronom est placé devant le verbe dont il est l'objet et on garde l'expression de quantité.
Exemple : *Tu as **un crayon** ? Oui, j'**en** ai un.*

Etre et avoir

▶ Observez les emplois des verbes **être** et **avoir :**

ÊTRE ET AVOIR	
être	**avoir**
adjectifs	**noms**
Tu es patient. Tu l'es.	Tu as beaucoup de patience. Tu en as beaucoup.
prépositions	**présence ou absence**
Les enfants sont dans la salle. L'instituteur n'est pas dans la salle.	Il y a des enfants dans la salle. Il n'y a pas d'instituteur dans la salle.
possession	**possession**
Le livre est à Paul. Le livre est à lui.	Paul a un livre. Paul en a un.
expressions idiomatiques	**expressions idiomatiques**
être de bonne/mauvaise humeur ; d'accord/pas d'accord ; en retard/à l'heure ; en train de ; prêt/e à ; etc.	avoir chaud/froid ; du mal à ; avoir l'air ; peur ; raison/tort ; le temps de ; etc.
l'heure	**le temps**
Quelle heure est-il ? Il est 7 heures.	Vous avez le temps de regarder un film ? Non, je n'ai pas le temps ce soir.

Tableau 7, Les emplois des verbes être et avoir.

PRATIQUEZ !

A Expressions avec être et avoir. Reliez les expressions suivantes avec les traductions qui conviennent.

_____ 1. avoir # ans	A.	to be about to
_____ 2. avoir du mal à + infinitif	B.	to be accustomed to
_____ 3. avoir l'habitude de + infinitif	C.	to be # years old
_____ 4. avoir le temps de + infinitif	D.	to be in a good mood
_____ 5. avoir raison	E.	to be in agreement
_____ 6. être à l'heure	F.	to have difficulty in
_____ 7. être d'accord	G.	to be in the process of
_____ 8. être de bonne humeur	H.	to be on time
_____ 9. être sur le point de	I.	to be right
_____ 10. être en train de	J.	to have the time to

B Etre et avoir. L'instituteur écrit un email à une remplaçante. Complétez ses phrases avec la forme appropriée *des verbes être* ou *avoir* selon le contexte.

> à : mmedubois@wanadoo.fr
> de : mdelacampagne@wanadoo.fr
> sujet : L'école à classe unique
>
> Chère Madame,
> Il y _____ 15 élèves dans notre école. Les petits _____ entre 4 et 8 ans et le plus grand _____ 11 ans. En général, tous les élèves _____ de bonne humeur. Vous allez penser que Joseph _____ toujours l'air fatigué et vous _____ raison ! Il travaille à la ferme après l'école. Il n'_____ jamais le temps de faire ses devoirs. Il _____ un petit frère qui _____ toujours en retard. Mais à part ça, vous n'allez pas _____ de problèmes. Les enfants _____ adorables ! Bon courage et n'hésitez pas à me contacter si vous _____ des questions.
>
> M. Delacampagne

C Inventaire. Indiquez ce que chaque personne a et à qui sont les objets. Utilisez 1) *le verbe avoir* et *un article indéfini*, 2) *le verbe être* et *un pronom disjoint* et 3) *le verbe avoir* et *le pronom en.*

Exemple : *Michel* ✏ ***Michel a un crayon. Le crayon est à lui. Il en a un.***

1. Je	📖		4. Tu	🚲
2. Les garçons	📼		5. L'instituteur	📚
3. Vous	💻		6. Nous	✂

D Soucis d'Olivier. Complétez le dialogue entre M. Lopez et Olivier avec *les pronoms (le, la, l', les ou en)* qui conviennent et la forme appropriée *des verbes être* et *avoir.*

M. Lopez : Olivier, tu _____ une question ?
Olivier : Oui, je _____. Vous avez beaucoup de patience.
M. Lopez : Oui, je _____.
Olivier : Et vous _____ très sympa.
M. Lopez : En général, je _____.
Olivier : _____-vous aussi des soucis ?
M. Lopez : Bien sûr ! Je _____ quelques-uns. Et toi ? Tu _____ inquiet ?
Olivier : Oui, je _____ parce que mon père _____ très malade.
M. Lopez : Je sais qu'il _____. Tu _____ peur ? C'est tout à fait normal.

E **Comment sont-ils ?** Complétez les phrases suivantes avec les descriptions des personnages du film. Utilisez *les verbes être* et *avoir*.

1. L'instituteur / être
2. L'instituteur / avoir
3. Les parents de Julien / être
4. Les parents de Julien / avoir
5. Olivier / être
6. Olivier / avoir
7. Jojo / être
8. Jojo / avoir

Travaillez ensemble ! Portraits. Choisissez un personnage du film. Faites son portrait physique et moral. Lisez votre description à votre classe. Vos camarades de classe devinent le nom du personnage. Utilisez *les verbes être* et *avoir*.

Exemple : Etudiant : Il a quatre ans et il est très petit et adorable. Il est amusant et même comique. C'est le chouchou de tout le monde !

La classe : C'est Jojo !

3.3 Le verbe faire, Le pronom en ; Extension : le faire causatif

▶ Le verbe faire est un verbe irrégulier.

▶ Il est employé avec **de** et **un article défini** pour parler des études, des activités et des sports.
Structure : sujet + **faire** + **de** + **article défini** + **matière/activité/sport**
Exemple : *Nous* ***faisons du (= contraction de de + le) français.***

▶ Dans une phrase négative, la matière, l'activité, ou le sport est introduit par **de/d'**.
Structure : sujet + **ne faire pas** + **de/d'** + **matière/activité/sport**
Exemple : *Ils* ***ne font pas de français.***

▶ La contraction **de + l'article défini** et **le nom** peuvent être remplacés par le pronom **en.** Le pronom **en** est placé devant le verbe dont il est l'objet.
Exemple : *Je fais **du sport** mais ma soeur ne fait pas **de sport.***
*J'**en** fais mais ma soeur n'**en** fait pas.*

▶ Le verbe faire est aussi employé pour parler du temps.
Exemple : *Quel temps fait-il en été ? -- Il fait chaud en été.*

faire			
je	**fais**	nous	**faisons**
tu	**fais**	vous	**faites**
il, elle, on	**fait**	ils, elles	**font**

Tableau 8, La conjugaison du verbe faire.

de + article défini			au négatif
de + le	➡	du	de
de + la	➡	de la	de
de + l'	➡	de l'	d'
de + les	➡	des	de

Tableau 9, La contraction de la préposition de et l'article défini.

La Météo

○   soleil, belles éclaircies

☼   soleil voilé; variable ou nuageux

☁   très nuageux; couvert

🌦   courtes éclaircies ; variable avec averses; orages isolés

🌧   couvert; bruines ou pluies; couvert, pluies modérées ou fortes

⛈   orages

🌪   tornade

🌨   couvert; neige faible; variable; averses de neige; neige modérée ou forte

🌬   vent

PRATIQUEZ !

A **Le temps.** Choisissez la bonne réponse.

1. Le film commence au mois de décembre, _____.
   a. il fait beau.   b. il fait frais.   c. il neige.
2. Les hivers sont durs en Auvergne, _____.
   a. il fait doux.   b. il fait froid.   c. il fait chaud.
3. Les enfants font de la luge, _____.
   a. il neige.   b. il pleut.   c. il grêle.
4. Pendant les scènes de récréation du début du film _____.
   a. il fait frais.   b. il fait froid.   c. il fait chaud.
5. Julien travaille à la ferme, _____.
   a. il fait mauvais.   b. il y a du vent.   c. il fait beau.
6. Au début de la fête d'anniversaire de Nathalie, _____. Mais, un peu plus
   tard, _____.
   a. il pleut.   b. il fait du soleil.   c. il fait froid.
7. Les élèves sortent de l'école. M. Lopez les accompagne avec des parapluies
   parce qu'_____.
   a. il grêle.   b. il neige.   c. il pleut.
8. Les élèves ont cours dehors parce qu'_____.
   a. il fait beau.   b. il fait froid.   c. il fait mauvais.
9. Les élèves font un pique-nique, _____.
   a. il y a un orage.   b. il fait mauvais.   c. il fait doux.
10. A la fin du film, _____ parce que c'est l'été.
    a. il fait gris.   b. il fait beau.   c. il y a du vent.

B **Saisons !** Quel temps fait-il en Auvergne ? Que font les enfants ? Indiquez le temps qu'il fait, la saison et une activité des enfants. Utilisez *les expressions avec faire*.

	la saison	le temps	l'activité
☁️			
⛈️			
🌧️	C'est le printemps.	Il fait doux, mais il pleut !	Ils font du vélo.
🌤️			
☀️			
🌨️			

C **A l'école.** Julien n'aime pas trop l'école ! Complétez son dialogue avec Monsieur Lopez. Utilisez *le verbe faire, la contraction avec de et l'article défini* et *le pronom en*.

Julien :	Monsieur ? Pourquoi _____-nous _____ devoirs ?
M. Lopez :	Vous _____ pour apprendre des choses !
Julien :	Et les dictées ? Pourquoi _____-nous _____ dictées ?
M. Lopez :	Vous _____ pour apprendre à épeler !
Julien :	Est-ce que je dois vraiment _____ maths ?
M. Lopez :	Ben oui ! Tu dois vraiment _____ !
Julien :	Mais je veux être agriculteur !
M. Lopez :	Les maths sont très importantes pour les agriculteurs ! Il faut aussi _____ français !
Julien :	Pourquoi faut-il _____ ?
M. Lopez :	Oh la la…Julien ! Au travail !

Travaillez ensemble ! Météo. La météo est très importante pour les gens du village. Faites les prévisions météo pour chaque saison en Auvergne et suggérez des activités et des vêtements qui correspondent au temps qu'il fait. Présentez vos prévisions et vos suggestions à vos camarades. Utilisez *le verbe faire*.

Exemple : Présentateur : (L'hiver) Bonjour ! Aujourd'hui, il fait très froid. Il y a beaucoup de nuages et il va neiger cet après-midi. Portez des bottes, un foulard et des gants !

Travaillez ensemble ! Emploi du temps. Votre partenaire et vous créez l'emploi du temps rêvé de Julien. Qu'est-ce qu'il fait pendant la journée ? Utilisez *les verbes aller, venir et faire* et *les expressions avec faire*.

Exemple : Etudiants : Il va à l'école. Il fait du français, des maths, etc. Après l'école, il travaille avec sa famille et prépare le dîner. Il fait ses devoirs et il va au lit.

Extension – le faire causatif

▶ La structure *faire + infinitif* est employée pour indiquer que le sujet cause une action.

▶ Quand il y a un sujet de l'infinitif, il est placé après l'infinitif. Ce sujet devient l'objet direct.
   Exemple :   M. Lopez fait lire les enfants. (Les enfants lisent. *Les enfants* est l'objet direct.)

▶ Quand il y a un objet direct de l'infinitif, il est placé après l'infinitif. Cet objet direct reste l'objet direct.
   Exemple :   M. Lopez fait lire le livre. (Le livre est lu. *Le livre* est l'objet direct.)

▶ Quand il y a un sujet et un objet direct de l'infinitif, ils sont placés après l'infinitif. Le sujet de l'infinitif devient l'objet indirect et l'objet direct reste l'objet direct.
   Exemple :   M. Lopez fait lire le livre aux enfants. (Les enfants lisent le livre. *Les enfants* est l'objet indirect et *le livre* et l'objet direct.)

▶ Voilà quelques expressions souvent employées avec le faire causatif :

faire cuire :	to cook	faire savoir :	to let know, to inform
faire rire :	to make laugh	faire tomber :	to drop
faire penser à :	to make think about	faire venir :	to send for
faire pleurer :	to make cry	faire voir :	to show

PRATIQUEZ !

Traduction. Traduisez les phrases suivantes. Utilisez *le faire causatif*.
1. In the middle of the film, M. Lopez has the students cook crepes. The students drop the crepes. That makes the students laugh !
2. At the end of the film, M. Lopez sends for the new little students. Their mothers leave. That makes the little students cry !
3. I am going to show the film to my friend because it makes me think about life and the passing of time.

3.4   Les verbes aller et venir, Le futur proche et le passé récent

Le verbe aller

▶ Le verbe **aller** est un verbe irrégulier.

▶ Il est employé pour parler de la santé.
   Exemple :   *--Comment allez-vous ? --Moi ? Je vais bien, merci !*

▶ Il est employé avec la préposition *à* et indique une destination.
   Exemple :   *--Où allez-vous ? --Nous allons à l'école.*

▶ La préposition *à* se contracte avec **l'article défini**.
   Exemple :   *--Où vont-ils ? --Ils vont au collège.*

aller			
je	**vais**	nous	**allons**
tu	**vas**	vous	**allez**
il, elle, on	**va**	ils, elles	**vont**

Tableau 10, La conjugaison du verbe aller.

les contractions : à + l'article défini		
à + le	➡	au
à + la	➡	à la
à + l'	➡	à l'
à + les	➡	aux

Tableau 11, La contraction de la préposition à et l'article défini.

Le verbe venir

▶ Le verbe **venir** est un verbe irrégulier.

▶ Il est employé avec la préposition **de** pour indiquer une origine, et avec la préposition à pour indiquer une destination.
Exemple : *Les enfants viennent au collège. D'où viennent-ils ? Ils viennent de l'école.*

▶ La préposition **de** se contracte avec **l'article défini**.
Exemple : *D'où vient l'instituteur ? Il vient du bureau.*

▶ Il y a d'autres verbes conjugués comme le verbe *venir* : convenir, devenir, revenir, etc.
Exemple : *L'instituteur revient de son bureau.*

venir			
je	**viens**	nous	**venons**
tu	**viens**	vous	**venez**
il, elle, on	**vient**	ils, elles	**viennent**

Tableau 12, La conjugaison du verbe venir.

les contractions : de + l'article défini		
de + le	➡	du
de + la	➡	de la
de + l'	➡	de l'
de + les	➡	des

Tableau 13, La contraction de la préposition de et l'article défini.

Le passé récent et le futur proche

▶ Le passé récent indique une action ou un événement du passé immédiat *(to just have done)*.
Structure : sujet + **venir** + **de** + **infinitif**
Exemple : *Nous* ***venons de faire*** *nos devoirs !*
▶ Le futur proche indique une action ou un événement futur *(to be going to do)*.
Structure : sujet + **aller** + **infinitif**
Exemple : *Je* ***vais faire*** *mes devoirs après l'école.*

le passé récent et le futur proche			
l'heure	17h30	18h30	19h
le temps	passé récent	présent	futur proche
exemple	Je viens de rentrer.	Je prépare le dîner.	Je vais dîner.

Tableau 14, Le passé récent et le futur proche.

PRATIQUEZ !

A **Origines et destinations.** Utilisez *les verbes venir et aller* et *les contractions des prépositions de/à et l'article défini* pour indiquer les origines et les destinations des gens suivants.

1. M. Lopez : le premier étage ➡ le rez-de-chaussée pour enseigner
2. Les enfants : la maison ➡ l'école
3. M. Lopez : une famille d'ouvriers ➡ l'université pour devenir instituteur
4. Le père de M. Lopez : Espagne ➡ en France
5. Les parents : la maison ➡ l'école pour parler avec M. Lopez

B Chronologie. Complétez les phrases suivantes avec *le passé récent ou le futur proche* selon le contexte.

1. La camionnette _____ prendre les enfants. Ils sont dans la camionnette. Ils _____ aller à l'école.
2. Les enfants _____ arriver à l'école. Ils cherchent leurs places. Ils _____ travailler.
3. Jonathan, Julien, Nathalie et Olivier _____ aller au collège à la rentrée prochaine.
   Ils _____ réussir aux examens. Ils sont contents !
4. Jojo _____ se laver les mains. Elles sont toujours sales. Il _____ se relaver les mains.
5. Julien et Olivier _____ se disputer. M. Lopez parle avec eux. Ils _____ essayer d'être amis.
6. Julien _____ rentrer à la maison. Il travaille à la ferme. Après son travail, il _____ faire ses devoirs.
7. Julien _____ demander de l'aide pour ses devoirs. Sa famille arrive. Ils _____ essayer de résoudre le problème.
8. Les petits disent qu'ils _____ être instituteurs comme M. Lopez quand ils seront grands.
9. M. Lopez _____ prendre sa retraite dans un an.
10. Les enfants sont très contents ! Ils _____ terminer l'année scolaire.

Travaillez ensemble ! Destinations. Votre famille planifie un voyage pendant les vacances de printemps. Vos parents proposent des destinations mais vous n'êtes pas d'accord avec leurs choix. Jouez la scène entre vous et vos parents avec vos partenaires. Utilisez *les verbes aller* et *venir*.

Exemple : Votre père : Nous allons à la mer et tu viens avec nous !
 Vous : Moi, je ne vais pas à la mer ! Je n'aime pas la mer !
 Votre mère : Si, tu viens avec nous ! Tu aimes bien faire de la natation !

Travaillez ensemble ! Bagarre. Julien et Olivier viennent de se disputer. L'instituteur va intervenir. Préparez votre dialogue et jouez les rôles de l'instituteur, de Julien et d'Olivier avec vos partenaires. Utilisez *le passé récent* et *le futur proche*.

Exemple : Julien: Olivier vient de se disputer avec les petits.
 Olivier : Oui, c'est vrai, je viens de me disputer avec eux.
 Instituteur : Tu vas t'excuser. Il ne faut pas se disputer. Il faut donner l'exemple.

3.5   Le futur simple

▶ Le futur simple est un temps simple. Il se compose d'un mot.

▶ Pour former le futur simple, on ajoute les terminaisons **-ai, -as, -a, -ons, -ez, -ont** à l'infinitif. Si l'infinitif se termine en *e*, on laisse tomber le *e* avant d'ajouter la terminaison.

terminaisons du futur simple			
je/j'	**-ai**	nous	**-ons**
tu	**-as**	vous	**-ez**
il, elle, on	**-a**	ils, elles	**-ont**

Tableau 15, Les terminaisons du futur simple.

verbes réguliers au futur simple			
	parler	**finir**	**répondre**
je	parlerai	finirai	répondrai
tu	parleras	finiras	répondras
il, elle, on	parlera	finira	répondra
nous	parlerons	finirons	répondrons
vous	parlerez	finirez	répondrez
ils, elles	parleront	finiront	répondront

Tableau 16, Des verbes réguliers au futur simple.

▶ Pour les verbes en **–er** avec un changement orthographique, on garde le changement orthographique dans toutes les personnes au futur simple. Notez qu'il n'y a pas de changement avec un **é**.

verbes avec changement orthographique			
	acheter	**essayer**	**appeler**	**répéter**
je/j'	achèterai	essaierai	appellerai	répéterai
tu	achèteras	essaieras	appelleras	répéteras
il, elle, on	achètera	essaiera	appellera	répétera
nous	achèterons	essaierons	appellerons	répéterons
vous	achèterez	essaierez	appellerez	répéterez
ils, elles	achèteront	essaieront	appelleront	répéteront

Tableau 17, Des verbes avec changement orthographique.

▶ Observez des radicaux irréguliers.

radicaux irréguliers au futur simple							
aller	**ir-**	envoyer	**enverr-**	pleuvoir	**pleuvr-**	valoir	**vaudr-**
(s')asseoir	**(s')assiér-**	être	**ser-**	pouvoir	**pourr-**	venir	**viendr-**
avoir	**aur-**	faire	**fer-**	recevoir	**recevr-**	voir	**verr-**
courir	**courr-**	falloir	**faudr-**	savoir	**saur-**	vouloir	**voudr-**
devoir	**devr-**	mourir	**mourr-**	tenir	**tiendr-**		

Tableau 18, Des verbes avec radicaux irréguliers.

▶ Le futur simple est employé pour indiquer une action, un état ou un fait futur par rapport au présent.
Exemple :   *Il **aura** 8 ans en décembre.*

▶ Le futur simple peut être employé pour donner des ordres d'une façon plus polie.
Exemple :   *Ce soir, vous **ferez** vos devoirs !*

▶ Le futur simple est employé dans les phrases conditionnelles. Observez la structure :
Structure : Si + sujet + verbe au présent, sujet + verbe au futur
Exemple : *Si tu révises pour l'examen, tu* **auras** *une bonne note !*

▶ Pour exprimer une action, un état ou un fait futur, on peut utiliser les conjonctions : *aussitôt que / dès que ; lorsque / quand ; pendant que / tandis que ; tant que.* Le verbe de la proposition principale est au futur ou à l'impératif.
Structure :
Conjonction + sujet + verbe au futur, (sujet +) verbe au futur ou à l'impératif
Exemple :
Quand *tu* **finiras** *tes devoirs,* *joue avec tes amis !*
Dès que *l'instituteur* **arrivera**, *nous lui* **poserons** *nos questions !*

PRATIQUEZ !

A **Devoirs.** C'est la fin de la journée et M. Lopez explique aux élèves ce qu'il faut faire comme devoirs. Mettez les verbes soulignés *au futur simple*.

M. Lopez : Ce soir… vous **faire** vos devoirs : vous **écrire** une composition, vous **relire** votre composition et vous **réviser** pour l'interrogation. Si vous révisez bien, vous **avoir** une bonne note ! Il **falloir** bien vous préparer parce que l'interrogation ne **être** pas facile ! Quand j'**arriver** demain matin, vous **pouvoir** me poser des questions.

Elève : **Devoir**-nous mémoriser tous les verbes irréguliers ?

M. Lopez : Sans aucun doute ! Si vous les mémorisez, vous **recevoir** une bonne note.

Elève : Et si nous avons une bonne note, on **aller** à Issoire !

M. Lopez : On **voir** !

B **L'année prochaine.** Décrivez ce que les gens suivants feront l'année prochaine. Utilisez *le futur* des verbes entre parenthèses et *les conjonctions* (aussitôt que, dès que, quand, lorsque, pendant que, tandis que, etc.).

1. Nathalie (aller, devoir, recevoir)
2. Olivier et Julien (aller, avoir, essayer, venir)
3. Jojo (aller, apprendre, faire)
4. les nouveaux «petits» (aller, être, pleurer)
5. le nouvel instituteur (pouvoir, venir, vouloir)

C **Et vous?** Qu'est-ce que vous ferez l'année prochaine ? Utilisez une variété de verbes et d'expressions pour décrire votre avenir selon les rubriques ci-dessous.

▶ vos études (cours et devoirs)
▶ vos loisirs (sports et activités)
▶ vos vacances (avec votre famille, vos amis, seul/e)
▶ votre travail
▶ d'autres projets

Travaillez ensemble ! Instituteur. Un élève vient de rendre un devoir incomplet. Vous jouez le rôle de l'instituteur et expliquez à l'élève qu'il finira le devoir avant de jouer. Votre partenaire joue le rôle de l'enfant. Utilisez *le futur* et *les expressions négatives.*

Exemple : Instituteur : Tu viens de rendre un devoir incomplet. Tu ne joueras pas avec tes amis. Tu finiras ton travail.

Enfant : Je finirai mon travail après la récréation !

3.6 La négation : adverbes, adjectifs, pronoms et conjonctions négatifs

▶ En général, on utilise l'adverbe négatif **ne … pas** pour écrire une phrase négative.

Structure : sujet   +   **ne**   +   verbe   +   **pas**

Exemple : Je   **ne**   vais   **pas**   à l'école le mercredi.

▶ Dans une construction infinitive, le **ne … pas** est placé autour du verbe conjugué.

Structure : sujet   +   **ne** + verbe + **pas** + infinitif

Exemple : Je   **ne**   vais   **pas**   jouer avec mes amis.

▶ Les articles indéfinis (un, une, des), les articles partitifs (du, de la, de l', des) et les expressions de quantité sont remplacés par **de/d'** dans une phrase négative.

Exemple : *J'ai un frère.*   *Je n'ai pas de frère.*

▶ On peut classifier les autres expressions négatives selon leur fonction dans la phrase.

expressions négatives		
adverbes négatifs		
ne… pas	no, not any	Tu aimes aller à l'école ? Non, je **n'**aime **pas** aller à l'école.
ne… pas du tout	not at all	Je te dérange ? Non, tu **ne** me déranges **pas du tout**.
ne… pas encore	not yet	Tu as déjà fait tes devoirs ? Non, je **n'**ai **pas encore** fait mes devoirs.
ne … jamais	never	Il va souvent au parc ? Non, il **ne** va **jamais** au parc.
ne … plus	no longer, no more	Il est toujours instituteur ? Non, il **n'**est **plus** instituteur.
ne…guère	hardly, scarcely	Il réussit à ses examens ? Il **ne** réussit **guère** à ses examens
ne…nulle part	nowhere, not anywhere	Où va-t-il après l'école ? Il **ne** va **nulle part** après l'école.
adjectifs négatifs		
ne… aucun(e) + nom objet du verbe	no, not any, not a single	Y a-t-il un problème ? Non, il **n'**y a **aucun** problème.
aucun(e) + nom…ne sujet du verbe	no, not any, not a single	Tu veux lire un livre ? Oui, mais **aucun** livre **ne** m'intéresse.
pronoms négatifs		
n'en… aucun(e) objet du verbe	no, not any, not a single	Tu as un problème ? Non, je **n'**en ai **aucun**.
aucun(e)…ne sujet du verbe	no, not any, not a single	Tu veux lire un livre ? Oui, mais **aucun ne** m'intéresse.
ne … personne objet du verbe	no one, not anyone	Qui est-ce que tu regardes ? Je **ne** regarde **personne**.
ne … personne de + adj. objet du verbe	no one, not anyone + adjective	Y a-t-il quelqu'un d'intéressant à la soirée ? Non, il **n'**y a **personne d'**intéressant à la soirée.

pronoms négatifs (continué)		
personne...ne sujet du verbe	no one, not anyone	Qui est-ce qui te gêne ? **Personne ne** me gêne.
ne...rien objet du verbe	nothing	Qu'est-ce que tu regardes ? Je **ne** regarde **rien**.
ne...rien de + adj. objet du verbe	nothing + adjective	Fais-tu quelque chose d'amusant ce soir ? Non, je **ne** fais **rien d'**amusant ce soir !
rien...ne sujet du verbe	nothing	Qu'est-ce qui te gêne ? **Rien ne** me gêne.
conjonctions négatives		
ne...ni...ni objet du verbe	neither...nor	Qu'est-ce que tu portes ? Ton jean ou ta jupe ? Je **ne** porte **ni** mon jean **ni** ma jupe. Je porte mon short.
ni...ni...ne sujet du verbe	neither...nor	Alex et Marie viennent chez nous ? Non, **ni** Alex **ni** Marie **ne** viennent chez nous.
expression restrictive		
ne...que	only	Combien de sœurs as-tu ? Je **n'**ai **qu'**une sœur.* *Une ne devient pas de parce que la négation n'est pas complète.

Tableau 19, Expressions négatives.

PRATIQUEZ !

A **Dispute !** Deux enfants se disputent. L'un crie une phrase à l'affirmatif et l'autre dit le contraire. Complétez l'exercice avec *les expressions négatives*.

Exemple : Affirmatif : Tu m'aimes *beaucoup* !
           Négatif :   Je **ne** t'aime **pas du tout** !

1. Tu fais *toujours* tes devoirs !
2. Tu as *déjà* fini l'exercice !
3. Tu es *toujours* méchant !
4. Tu réussis *bien* tes examens !
5. Tu as *encore* des feuilles à faire !
6. Tu vas *quelque part* ce week-end !
7. Tu as *des problèmes !*
8. *Tous les devoirs* t'ennuient !
9. Tu regardes *les autres enfants.*
10. *Les autres enfants* te regardent !
11. Tu fais *quelque chose d'*amusant !
12. *Quelque chose* te gêne !
13. Tu aimes les garçons *et* les filles !
14. Les garçons *et* les filles t'aiment !
15. Tu as *tant de* sœurs !

B **Contraires.** Maxime écrit une composition. Il est de mauvaise humeur et décide de mettre sa composition au négatif. Mettez ses phrases au négatif. Utilisez *les expressions négatives.* Attention aux articles !

Maxime Moreau

L'école et moi

En général, j'<u>aime</u> l'école. <u>Pourquoi</u> ? D'abord, j'<u>aime toujours</u> apprendre des choses <u>et</u> faire mes devoirs ! Ce soir, nous <u>avons des</u> devoirs intéressants. Deuxièmement, j'<u>aime</u> le maître. En fait, j'<u>aime tout le monde</u> à l'école et j'<u>ai beaucoup d'amis</u> ! Troisièmement, pendant la récréation, nous <u>jouons toujours</u> à des jeux intéressants. Après l'école, je <u>vais chez des amis</u> et je <u>regarde souvent</u> la télé parce qu'il y <u>a toujours quelque chose</u> d'amusant à regarder. J'<u>ai toujours des choses</u> à dire mais je n'ai plus de place. En conclusion, je <u>suis</u> très content et j'<u>ai vraiment envie</u> d'aller à l'école demain !

C **Absence v. présence.** Un thème du film est ce que les gens du film sont / ne sont pas et ce qu'ils ont / n'ont pas. Corrigez les phrases suivantes en écrivant *le contraire* des expressions en italique.

Exemple : Les enfants *ne* sont *pas du tout* aimés.
Les enfants sont *très* aimés.

1. L'instituteur est *très* méchant.
2. Il *n'*est *jamais* heureux !
3. Il est *déjà* retraité.
4. Il *n'*est *ni* intelligent *ni* bien éduqué.
5. Les parents sont *extrêmement* désagréables.
6. *Ni* les enfants *ni* les parents *ne* sont contents.
7. Les enfants *n'*ont *personne* qui les aide à apprendre.
8. Les parents ont *beaucoup d'*argent.
9. L'instituteur a *plusieurs* difficultés à communiquer avec ses élèves.
10. Il *n'*a *aucune* patience pour les enfants.

D Instit. Vous venez de finir vos études. Vous serez l'instituteur/ l'institutrice idéal/e ! Complétez le tableau et écrivez un paragraphe pour faire votre portrait. Utilisez *le futur* et *les expressions négatives*.

	affirmative	négative
être	Je serai calme…,	Je ne serai jamais méchant…,
avoir		
aller		
venir		
faire		

Modèle : *Je veux être l'instituteur/l'institutrice idéal/e.*

Travaillez ensemble ! Richesse. Réfléchissez à la phrase suivante : *Les enfants du film sont très riches.* Vous êtes d'accord avec la phrase mais votre partenaire n'est pas d'accord. Développez vos arguments. Utilisez *les expressions négatives*.

Exemple : Votre partenaire : Les enfants et leurs familles n'ont pas beaucoup d'argent !

Vous : Ils ont l'amour de l'instituteur et de leurs familles !
– Ça a beaucoup de valeur !

Travaillez ensemble ! Débat. On voudrait fermer l'école de Saint-Etienne-Sur-Usson. Les parents ne sont pas contents ! Est-ce qu'une grande école sera meilleure pour les élèves ? Organisez-vous en deux groupes : pour et contre l'école à classe unique. Développez vos arguments. Utilisez *les expressions négatives*.

Exemple : Pour : Il n'y aura pas beaucoup d'élèves et l'instituteur aura du temps pour chaque élève.

Contre : L'école sera très petite, il n'y aura pas de diversité et l'instituteur n'aura jamais assez de temps pour ses élèves.

TRADUCTION

Français → anglais

Conseils

▶ Cherchez les mots apparentés et les faux amis.
▶ Observez bien le temps des verbes (le passé récent, le présent, le futur proche, le futur simple).
▶ Respectez bien l'ordre des mots dans la phrase.
▶ N'oubliez pas de ne pas traduire mot à mot !
▶ Utilisez le vocabulaire et la grammaire pour vous aider !

A **Mots et expressions.** Traduisez les mots et les expressions suivantes *en anglais.*

1. la rentrée scolaire
2. l'école primaire
3. l'école à classe unique
4. l'instituteur, l'institutrice, l'assistant/e
5. le cancre, le chouchou

B **Phrases.** Traduisez les phrases suivantes *en anglais.*

1. C'est bientôt la rentrée scolaire !
2. Cette année, je vais au collège.
3. Ma sœur va toujours à l'école primaire.
4. Elle aura un nouvel instituteur.
5. Il y aura sans aucun doute un chouchou de la classe !

Anglais → français

A **Mots et expressions.** Traduisez les mots et les expressions suivantes *en français.*

1. the passing of time
2. in the past, now, in the future
3. yesterday, today, tomorrow
4. last year, this year, next year
5. in the winter, in the spring, in the summer

B **Phrases.** Traduisez les phrases suivantes *en français.*

1. I like spending time with my family in the summer.
2. This year we will go to the country.
3. That will be fun because there is never anything fun to do in my village.
4. During our vacation, I will meet someone interesting !
5. When I go back to school, I will have something interesting to tell my classmates.

C **Lettre.** Une jeune institutrice vient de trouver un poste en Auvergne. Elle écrit une lettre à un ancien professeur pour lui donner de ses nouvelles. Traduisez sa lettre *en français.*

Dear Mme Dujardin,

Next year, I will be leaving for Auvergne where I will be the new teacher in a single room school. I know that the climate will be difficult, that the village will be small and that there will not be anything interesting to do in town. But I will want to explore the countryside and spend time with the children and their families. I think that this experience will change my life and I hope that it will change the children's lives as well. I will write you again when I have something interesting to tell you!

Sincerely, Anne-So

COMPRÉHENSION GÉNÉRALE

A **Vrai ou faux ?** Indiquez si les phrases suivantes sont vraies ou fausses.

1. vrai   faux   Le film a lieu dans une grande ville.
2. vrai   faux   Le film présente l'histoire d'un instituteur qui a beaucoup de problèmes.
3. vrai   faux   Le film est l'histoire d'un instituteur qui enseigne à des enfants de 3 à 11 ans.
4. vrai   faux   Le film commence par la rentrée scolaire.
5. vrai   faux   Les enfants adorent l'instituteur. Les parents l'aiment aussi !
6. vrai   faux   Les grands aident les petits à faire leurs devoirs.
7. vrai   faux   L'instituteur aide les élèves à résoudre les conflits entre eux.
8. vrai   faux   Malheureusement, l'instituteur n'a pas le temps de parler avec chaque élève.
9. vrai   faux   Les élèves sont très tristes à la fin de l'année scolaire.
10. vrai   faux   Le film se termine avec la fin de l'année scolaire.

B **Personnages.** Comment sont les relations entre les personnages suivants ? Choisissez les adjectifs qui décrivent les relations entre les personnages suivants. Justifiez vos réponses avec des exemples du film.

Relations

excellentes	bonnes	moyennes	mauvaises
détendues	tendres	délicates	tendues
intimes	amicales	ouvertes	distantes
émouvantes	difficiles	troublées	autre

1. Instituteur : enfants
2. Instituteur : parents
3. Parents : enfants
4. Enfants : enfants
5. Réalisateur : instituteur
6. Réalisateur : parents
7. Réalisateur : enfants

Monsieur Lopez et Jojo

C **Chronologie.** Faites une petite description des événements du film.

1. C'est l'hiver. Le film commence.
2. C'est le printemps. Les élèves font un pique-nique et ils visitent le collège.
3. C'est l'été. On se dit au revoir.

L'école à Saint-Etienne-sur-Usson en hiver

D **Ecoles !** Savez-vous qui a inventé l'école ? Lisez le paragraphe suivant pour le découvrir !

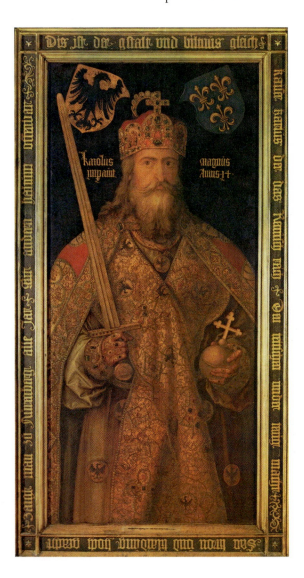

Qui a inventé l'école ? Sacré Charlemagne !

La chanson *Sacré Charlemagne* (France Gall, 1964) apprend aux enfants que c'est grâce à Charlemagne (roi des Francs 768 – 814) qu'ils vont à l'école. Charlemagne (Charles 1ᵉʳ, fils de Pépin le Bref et de Berthe au Grand Pied) est né en 724 et est mort en 814. A cette époque il n'y avait pas de système d'éducation organisé et, comme la plupart des Francs, Charlemagne était illettré. Ayant toujours eu envie de savoir lire, Charlemagne s'est mis à apprendre à lire le francique (la langue des Francs) ainsi que le latin et le grec. Comme il était déjà adulte, le processus d'apprentissage a été difficile, mais Charlemagne a quand même embrassé la culture et l'éducation. Il voulait que son peuple soit aussi éduqué et cultivé. Il a donc développé un système d'éducation gratuit. Les écoles de son règne étaient associées à la religion catholique et les garçons allaient au monastère ou à la cathédrale pour apprendre le latin. Même si l'on était loin de l'éducation laïque pour tous, le système éducatif de Charlemagne marque le début du système contemporain.

PHOTOS

Photo N°1

A **Détails.** Regardez la photo et cochez les bonnes réponses.

1. Lieu :   ☐ l'école   ☐ une maison   ☐ autre
               ☐ l'extérieur ☐ l'intérieur   ☐ autre

2. Personnages : ☐ un parent ☐ l'instituteur ☐ Marie
                  ☐ Jojo   ☐ Julien   ☐ Nathalie

3. Emotions : ☐ la colère   ☐ l'incertitude   ☐ la joie
               ☐ la tristesse ☐ l'impatience   ☐ la peur
               ☐ la patience   ☐ l'ennui

B **Vrai ou Faux ?** Déterminez si les phrases sont vraies ou fausses.

1. vrai   faux   Les deux personnages s'amusent beaucoup !
2. vrai   faux   Le monsieur raconte une histoire à l'enfant.
3. vrai   faux   Le monsieur n'est pas content du comportement de l'enfant.
4. vrai   faux   Le monsieur va punir l'enfant.
5. vrai   faux   L'enfant est très fâché. Il va désobéir au monsieur.

C **En général.** Répondez aux questions suivantes. Ecrivez deux ou trois phrases.

1. Qu'est-ce qui se passe ? Faites une petite description de la photo.
2. Où est-ce que la scène se passe ? Faites un inventaire de ce que vous voyez.
3. Est-ce qu'il fait froid ou chaud ? Justifiez votre réponse.
4. Donnez un titre à la photo. Justifiez votre choix.

D **Aller plus loin.** Ecrivez un paragraphe pour répondre aux questions suivantes.

1. Imaginez ce qui se passe avant, pendant et après cette scène.
2. Expliquez le comportement de M. Lopez. Est-ce qu'il est méchant ?
3. Expliquez le comportement de Jojo. Est-ce qu'il est triste ?
4. Est-ce que cette scène est typique du comportement de M. Lopez et de Jojo ? Justifiez votre réponse avec des exemples précis du film.
5. Est-ce que cette scène est typique d'autres scènes du film ? Justifiez votre réponse avec des exemples précis du film.

A **Vrai ou Faux ?** Déterminez si les phrases sont vraies ou fausses.

1. vrai   faux   L'école publique française est gratuite.
2. vrai   faux   L'église influence l'éducation nationale.
3. vrai   faux   Il faut avoir 5 ans pour aller à l'école.
4. vrai   faux   L'école n'est plus obligatoire à partir de l'âge de 16 ans.
5. vrai   faux   Les élèves vont à l'école le lundi, le mardi, le mercredi et le jeudi.

B **En quel mois ?** Donnez le mois ou les mois qui correspondent aux descriptions suivantes.

1. _____ la rentrée scolaire
2. _____ les vacances d'été
3. _____ la fin de l'année scolaire
4. _____ les vacances d'hiver
5. _____ les vacances de printemps

C **Ecole primaire.** Donnez les âges qui correspondent à chaque école et à chaque classe.

Ecoles	Ecole maternelle :	_____	ans
	Ecole primaire :	_____	ans
Classes	CP :	_____	ans
	CE1 :	_____	ans
	CE2 :	_____	ans
	CM1 :	_____	ans
	CM2 :	_____	ans

D **En général.** Répondez aux questions suivantes. Ecrivez deux ou trois phrases.

1. Quels sont les deux grands examens que les élèves passent ?
2. Que veut dire laïque ?
3. Qu'est-ce qu'un jour férié ? Donnez quelques exemples.
4. Est-ce que les enfants vont à l'école à l'âge de trois ans aux Etats-Unis ? Expliquez.
5. Est-ce que les enfants peuvent quitter l'école à l'âge de seize ans aux Etats-Unis ? Expliquez.

E **Aller plus loin.** Ecrivez un paragraphe pour répondre aux questions suivantes.

1. Pourquoi est-ce que les enfants ne vont pas à l'école le mercredi ? Est-ce une bonne idée ?
2. Est-ce que les enfants américains ont autant de vacances que les enfants français ? Expliquez.
3. Quelles fêtes est-ce qu'on fête en France et aux Etats-Unis ?
4. Pourquoi est-ce qu'on dit que l'éducation est nationale en France ?
5. Est-ce que le système éducatif français ressemble au système américain ? Expliquez.

Liens !

Dans *Le Papillon*, Elsa habite Paris. A quelle école irait-elle ? Dans quelle classe serait-elle ? Comment serait son école à votre avis ? Est-ce que vous pensez que l'école à Saint-Etienne-sur-Usson ressemblerait à l'école d'Elsa ou à celle de Sébastien ? Pourquoi ?

CULTURE

A Le cinéma français. Choisissez la réponse qui ne va pas.

1. Genres de films français :
   - ☐ les drames
   - ☐ les comédies
   - ☐ les bandes dessinées
   - ☐ les documentaires
   - ☐ les films de cape et d'épée
   - ☐ les films d'aventure

2. Films français :
   - ☐ *Les Visiteurs*
   - ☐ *Le Dernier métro*
   - ☐ *L'Auberge espagnole*
   - ☐ *La Bamba*
   - ☐ *La Haine*
   - ☐ *Le Fabuleux destin d'Amélie Poulain*

3. Acteurs français :
   - ☐ Vincent Cassel
   - ☐ Mathieu Kassovitz
   - ☐ Jean Reno
   - ☐ Daniel Auteuil
   - ☐ Antonio Banderas
   - ☐ Christian Clavier

4. Actrices françaises :
   - ☐ Catherine Deneuve
   - ☐ Juliette Binoche
   - ☐ Vanessa Paradis
   - ☐ Isabelle Huppert
   - ☐ Audrey Tautou
   - ☐ Angelina Jolie

5. Cinéastes français :
   - ☐ Mathieu Kassovitz
   - ☐ Francis Ford Coppola
   - ☐ Jean-Luc Godard
   - ☐ Francis Veber
   - ☐ Louis Malle
   - ☐ François Truffaut

B Genres de films. Reliez les genres de films avec les définitions qui correspondent.

Genres de films

les comédies	les documentaires	les films d'aventures	les thrillers
les dessins animés	les drames	les films de cape et d'épée	les westerns

1. La plupart de ces films ont été produit pendant les années 1930 et 1960. En général, l'action a lieu en Amérique du Nord pendant la conquête de l'Ouest.
2. Le but de ces films est principalement de faire rire à partir de la dénonciation des défauts et des vices de la société.
3. Ces films se caractérisent par des événements tragiques.
4. Le but de ces films est de présenter une réalité, sans intervenir sur son déroulement.

Journal l'Humanité Rubrique Cultures

Cinéma

En avoir ou pas

Georges Lopez, l'instituteur du film de Nicolas Philibert Être et Avoir estime qu'il aurait dû être rémunéré.

Il y a dans la vie des choses qui font symboles. Le film de Nicolas Philibert en fut une il n'y a pas si longtemps. Un documentaire autre qu'animalier et qui ne touchait pas à une des zones brûlantes de l'histoire (comme les films de Marcel Ophüls) obtenait enfin les faveurs d'un très large public. Bien sûr, il avait eu Raymond Depardon nous captivant avec le fonctionnement de la justice ordinaire et les aliénés de San Clemente, ou Jean Eustache filmant sa grand-mère, la mise à mort du cochon et l'élection de la rosière de Pessac. D'autres encore, y compris Nicolas Philibert pour ses travaux précédents, qui nous avaient permis, par exemple, de découvrir le Louvre comme on ne l'avait jamais vu. Mais Être et Avoir, c'était autre chose, la revanche au tiroir-caisse de David sur Goliath, du documentaire sur la fiction. Plus d'un million et demi de spectateurs s'étaient pressés pour découvrir la vie quotidienne de Georges Lopez, instituteur en classe unique à Saint-Étienne-sur-Usson, dans le Puy-de-Dôme. Philibert est un réalisateur minutieux. Il lui avait fallu six mois de visites successives, débouchant sur soixante heures de pellicule imprimée, pour parvenir au résultat lui convenant. Bien entendu, l'académie avait donné son accord, ainsi que toutes les familles pour leurs enfants. C'était d'ailleurs leur maître qui s'était occupé de collecter les autorisations. Georges Lopez et Saint-Étienne-sur-Usson, c'était désormais dans l'imaginaire populaire comme - toutes choses égales d'ailleurs - François le facteur et Sainte-Sévère-sur-Indre dans Jour de fête, de Tati, l'union indissoluble d'un homme et d'un lieu réunis dans une osmose fervente fleurant bon sa France profonde.

Patatras. Voici qu'on apprend, à la lecture du numéro 2 804 de Télérama, daté du 8 octobre, que Georges Lopez assigne à tout-va depuis huit mois. Il avait été ravi de l'aventure («ma plus belle inspection», disait-il), il avait pu monter les marches du palais à Cannes avec toute sa petite classe sur son trente et un, participer à des débats, rendre familier son doux visage ibérique, quelque part entre Sergi Lopez et Joao Cesar Monteiro, mais bon, il y a des moments dans la vie où on préfère l'argent du beurre au beurre. Depuis le début de l'année, les citations pleuvaient. Sont visés d'abord le réalisateur, le compositeur de la musique originale, les coproducteurs et les distributeurs, soit les ayants droit du film et ceux qui ont propagé son image en salles. Une deuxième salve atteint France Télévisions Distribution, France 2, Canal Plus et Télérama, ce dernier dévoilant aujourd'hui l'affaire, pour avoir, à un titre ou un autre, diffusé le film sur le petit écran, en cassettes et en DVD. Pour rester en justice, il fait valoir son droit à l'image, déniant qu'il ait expressément consenti à son abandon. Rien de surprenant juridiquement jusque-là. On sait depuis divers procès récents, principalement dans le domaine de la photographie, que nul n'est à l'abri de semblable requête, surtout bien sûr dans le cas où la création de référence a atteint le stade de la notoriété et s'il peut donc y avoir des pépettes à la clé. De façon plus étonnante et inédite à ce jour, Georges Lopez fait aussi valoir que les leçons qu'il dispensait relevaient de ce que la loi définit comme des «œuvres de l'esprit», et que Être et Avoir est ainsi une co-création, une «œuvre composite» au sens où la définit le Code de propriété intellectuelle, invoquant donc le délit de contrefaçon, pratique réprimable qui fait tomber sous le coup de la loi toute personne qui s'approprie la création d'autrui. Il affirme enfin, cela est en revanche banal, qu'il a participé pendant plusieurs mois à la promotion du film, enchaînant entretiens de presse et rencontres avec les spectateurs, et que cela eût mérité contrat, en foi de quoi il attaque Les films du losange, société distributrice du film. En attendant que les tribunaux se prononcent sur la valeur définitive du préjudice supposé, il demande une provision de 250 000 euros.

Comme il se doit, les parties adverses ne l'entendent pas ainsi. Leur argumentaire, c'est de bonne guerre, fait feu de tout bois, soulevant questions de détails autant que questions de fond. Les premières ne peuvent guère captiver que les intéressés ou ceux qui pourraient un jour se retrouver en semblable situation. Passons donc rapidement sur les émoluments liés à la promotion, ce n'est qu'un conflit du travail parmi d'autres. La distribution fait savoir qu'il aurait reçu 30 000 euros majorés de 7 500 euros de défraiements, soit un an et demi du salaire d'un instituteur en fin de carrière, et que, de toute façon, il n'est pas d'usage de salarier une promotion, à laquelle au demeurant nul n'est obligé de se prêter. Passons aussi vite sur le renoncement non stipulé au droit à l'image. Entre l'accord stipulé, l'accord tacite et l'accord de l'employeur, invoqué par les producteurs pour expliquer qu'ils n'ont pas fait signer de décharge individuelle dans la mesure où il y avait autorisation officielle de l'administration, la justice ne manquera pas de trancher. La chose est d'autant plus ténue que Nicolas Philibert s'est déjà trouvé traîné devant les tribunaux au moment de la Voix de son maître par François Dalle, patron de L'Oréal, alors que celui-ci lui avait signé une décharge. Oublions enfin la défense quand elle affirme que - les cours du maître seraient-ils une œuvre de l'esprit ? -, les droits en reviendraient à l'éducation nationale et que, Georges Lopez ayant été approché, il aurait refusé toute conciliation.

On s'en voudrait d'être méprisant par rapport aux intérêts financiers en jeu mais, en fait, ce qu'il y a de passionnant dans cette polémique c'est les points fondamentaux qu'elle soulève. Ils semblent être au nombre de trois. Qu'est-ce qu'une œuvre de l'esprit ? Où s'arrête le droit à l'image ? Des gens simplement filmés dans le cadre de leur activité professionnelle pour les besoins d'un documentaire peuvent-ils prétendre, tels des comédiens, au partage de la recette ? Bien entendu, le premier point relève de la question de cours pour fac de droit mais force est de constater qu'autant le cas est clair pour un Clouzot tournant le Mystère Picasso, jamais un enseignant n'avait à ce jour tenté de prétendre à semblable statut. Le deuxième aussi a longuement été débattu entre juristes. Même le profane constatera aisément que s'opposent là deux libertés. Le troisième, lui, est franchement nouveau. D'un côté, l'intéressement de celui sans lequel le film n'aurait pas existé dans la forme qu'on lui connaît ne semble qu'être normal mais, de l'autre, serait-il fait droit à la requête de l'instituteur qu'on voit mal comment un flic ou un médecin des urgences, saisi dans le cadre du journal télévisé, ne voudrait aussitôt demander son dû. Ce serait, à coup sûr, la mort économique de tout un pan du cinéma documentaire. Le procès qui s'annonce et qui est appelé à faire jurisprudence mérite décidément la plus haute attention.

© Jean Roy, *Journal l'Humanite,* www.humanite.fr
Article paru dans lédition du 13 octobre 2003

Alphonse Daudet, 1840 – 1897, était un romancier, un dramaturge, un poète et un conteur prolifique et admiré de ses contemporains. Son roman *Contes du lundi* a lieu en Alsace pendant la guerre franco prussienne quand la France a dû abandonner l'Alsace et la Lorraine aux Prussiens. Dans l'extrait, *La Dernière classe,* le maître explique aux élèves que l'allemand sera la langue de l'enseignement dans les écoles de ces deux régions.

La Dernière classe

— **Récit d'un petit alsacien** —

Alphonse Daudet
Contes du lundi, Paris: G. Charpentier, 1888.

Ce matin-là, j'étais très-en retard pour aller à l'école, et j'avais grand'peur d'être grondé, d'autant que M. Hamel nous avait dit qu'il nous interrogerait sur les participes, et je n'en savais pas le premier mot. Un moment, l'idée me vint de manquer la classe et de prendre ma course à travers champs.

Le temps était si chaud, si clair !

On entendait les merles siffler à la lisière du bois, et dans le pré Rippert, derrière la scierie, les Prussiens qui faisaient l'exercice. Tout cela me tentait bien plus que la règle des participes; mais j'eus la force de résister, et je courus bien vite vers l'école.

En passant devant la mairie, je vis qu'il y avait du monde arrêté près du petit grillage aux affiches. Depuis deux ans, c'est de là que nous sont venues toutes les mauvaises nouvelles, les batailles perdues, les réquisitions, les ordres de la commandature; et je pensai sans m'arrêter :

«Qu'est-ce qu'il y a encore ?»

Alors comme je traversais la place en courant, le forgeron Wachter, qui était là avec son apprenti en train de lire l'affiche, me cria :

— «Ne te dépêche pas tant, petit; tu y arriveras toujours assez tôt à ton école !»

Je crus qu'il se moquait de moi, et j'entrai tout essoufflé dans la petite cour de M. Hamel.

D'ordinaire, au commencement de la classe, il se faisait un grand tapage qu'on entendait jusque dans la rue, les pupitres ouverts, fermés, les leçons qu'on répétait très haut tous ensemble en se bouchant les oreilles pour mieux apprendre, et la grosse règle du maître qui tapait sur les tables :

«Un peu de silence !»

Je comptais sur tout ce train pour gagner mon banc sans être vu; mais justement, ce jour-là tout était tranquille, comme un matin de dimanche. Par la fenêtre ouverte, je voyais mes camarades déjà rangés à leurs places, et M. Hamel, qui passait et repassait avec la terrible règle en fer sous le bras. Il fallut ouvrir la porte et entrer au milieu de ce grand calme. Vous pensez, si j'étais rouge et si j'avais peur !

Eh bien, non. M. Hamel me regarda sans colère et me dit très doucement :

«Va vite à ta place, mon petit Franz; nous allions commencer sans toi.»

J'enjambai le banc et je m'assis tout de suite à mon pupitre. Alors seulement, un peu remis de ma frayeur, je remarquai que notre maître avait sa belle redingote verte, son jabot plissé fin et la calotte de soie noire brodée qu'il ne mettait que les jours d'inspection ou de distribution de prix. Du reste, toute la classe avait quelque chose d'extraordinaire et de solennel. Mais ce qui me surprit le plus, ce fut de voir au fond de la salle, sur les bancs qui restaient vides d'habitude, des gens du village assis et silencieux comme nous, le vieux Hauser avec son tricorne, l'ancien maire, l'ancien facteur, et puis d'autres personnes encore. Tout ce monde-là paraissait triste; et Hauser avait apporté un vieil abécédaire mangé aux bords qu'il tenait grand ouvert sur ses genoux, avec ses grosses lunettes posées en travers des pages.

Pendant que je m'étonnais de tout cela, M. Hamel était monté dans sa chaire, et de la même voix douce et grave dont il m'avait reçu, il nous dit :

«Mes enfants, c'est la dernière fois que je vous fais la classe. L'ordre est venu de Berlin de ne plus enseigner que l'allemand dans les écoles de l'Alsace et de la Lorraine... Le nouveau maître arrive demain. Aujourd'hui, c'est votre dernière leçon de français. Je vous prie d'être bien attentifs.»

Ces quelques paroles me bouleversèrent. Ah ! les misérables, voilà ce qu'ils avaient affiché à la mairie.

Ma dernière leçon de français!...

Et moi qui savais à peine écrire ! Je n'apprendrais donc jamais ! Il faudrait donc en rester là!... Comme je m'en voulais maintenant du temps perdu, des classes manquées à courir les nids ou à faire des glissades sur la Saar ! Mes livres que tout à l'heure encore je trouvais si ennuyeux, si lourds à porter, ma grammaire, mon histoire sainte me semblaient à présent de vieux amis qui me feraient beaucoup de peine à quitter. C'est comme M. Hamel. L'idée qu'il allait partir, que je ne le verrais plus, me faisait oublier les punitions, les coups de règle.

Pauvre homme !

C'est en l'honneur de cette dernière classe qu'il avait mis ses beaux habits de dimanche, et maintenant je comprenais pourquoi ces vieux du village étaient venus s'asseoir au bout de la salle. Cela semblait dire qu'ils regrettaient de ne pas y être venus plus souvent, à cette école. C'était aussi comme une façon de remercier notre maître de ses quarante ans de bons services, et de rendre leurs devoirs à la patrie qui s'en allait...

J'en étais là de mes réflexions, quand j'entendis appeler mon nom. C'était mon tour de réciter. Que n'aurais-je pas donné pour pouvoir dire tout au long cette fameuse règle des participes, bien haut, bien clair, sans une faute; mais je m'embrouillai aux premiers mots, et je restai debout à me balancer dans mon banc, le coeur gros, sans oser lever la tête. J'entendais M. Hamel me parler :

«Je ne te gronderai pas, mon petit Franz, tu dois être assez puni... voilà ce que c'est. Tous les jours on se dit : Bah ! j'ai bien le temps. J'apprendrai demain. Et puis tu vois ce qui arrive... Ah ! ç'a été le grand malheur de notre Alsace de toujours remettre son instruction à demain. Maintenant ces gens-là sont en droit de nous dire : Comment ! Vous prétendiez être Français, et vous ne savez ni parler ni écrire votre langue!... Dans tout ça, mon pauvre Franz, ce n'est pas encore toi le plus coupable. Nous avons tous notre bonne part de reproches à nous faire.

«Vos parents n'ont pas assez tenu à vous voir instruits. Ils aimaient mieux vous envoyer travailler à la terre ou aux filatures pour avoir quelques sous de plus. Moi-même n'ai-je rien à me reprocher ? Est-ce que je ne vous ai pas souvent fait arroser mon jardin au lieu de travailler ? Et quand je voulais aller pêcher des truites, est-ce que je me gênais pour vous donner congé?..»

Alors d'une chose à l'autre, M. Hamel se mit à nous parler de la langue française, disant que c'était la plus belle langue du monde, la plus claire, la plus solide : qu'il fallait la garder entre nous et ne jamais l'oublier, parce que, quand un peuple tombe esclave, tant qu'il tient bien sa langue, c'est comme s'il tenait la clef de sa prison... Puis il prit une grammaire et nous lut notre leçon. J'étais étonné de voir comme je comprenais. Tout ce qu'il disait me semblait facile, facile. Je crois aussi que je n'avais jamais si bien écouté, et que lui non plus n'avait jamais mis autant de patience à ses explications. On aurait dit qu'avant de s'en aller le pauvre homme voulait nous donner tout son savoir, nous le faire entrer dans la tête d'un seul coup.

La leçon finie, on passa à l'écriture. Pour ce jour-là, M. Hamel nous avait préparé des exemples tout neufs, sur lesquels était écrit en belle ronde : *France, Alsace, France, Alsace.* Cela faisait comme des petits drapeaux qui flottaient tout autour de la classe pendus à la tringle de nos pupitres. Il fallait voir comme chacun s'appliquait, et quel silence ! On n'entendait rien que le grincement des plumes sur le papier. Un moment des hannetons entrèrent; mais personne n'y fit attention, pas même les tout petits qui s'appliquaient à tracer leurs *bâtons*, avec un cœur, une conscience, comme si cela encore était du français... Sur la toiture de l'école, des pigeons roucoulaient tout bas, et je me disais en les écoutant :

«Est-ce qu'on ne va pas les obliger à chanter en allemand, eux aussi?»

De temps en temps, quand je levais les yeux de dessus ma page, je voyais M. Hamel immobile dans sa chaire et fixant les objets autour de lui, comme s'il avait voulu emporter dans son regard toute sa petite maison d'école... Pensez ! depuis quarante ans, il était là à la même place, avec sa cour en face de lui et sa classe toute pareille. Seulement les bancs, les pupitres s'étaient polis, frottés par l'usage; les noyers de la cour avaient grandi, et le houblon qu'il avait planté lui-même enguirlandait maintenant les fenêtres jusqu'au toit. Quel crève-cœur ça devait être pour ce pauvre homme de quitter toutes ces choses, et d'entendre sa sœur qui allait, venait, dans la chambre au-dessus, en train de fermer leurs malles ! car ils devaient partir le lendemain, s'en aller du pays pour toujours.

Tout de même il eut le courage de nous faire la classe jusqu'au bout. Après l'écriture, nous eûmes la leçon d'histoire; ensuite les petits chantèrent tous ensemble le BA BE BI BO BU. Là-bas au fond de la salle, le vieux Hauser avait mis ses lunettes, et, tenant son abécédaire à deux mains, il épelait les lettres avec eux. On voyait qu'il s'appliquait lui aussi; sa voix tremblait d'émotion, et c'était si drôle de l'entendre, que nous avions envie de rire et de pleurer. Ah ! je m'en souviendrai de cette dernière classe...

Tout à coup l'horloge de l'église sonna midi, puis l'Angelus. Au même moment, les trompettes des Prussiens qui revenaient de l'exercice éclatèrent sous nos fenêtres... M. Hamel se leva, tout pâle, dans sa chaire. Jamais il ne m'avait paru si grand.

«Mes amis, dit-il, mes amis, je... je...»

Mais quelque chose l'étouffait. Il ne pouvait pas achever sa phrase.

Alors il se tourna vers le tableau, prit un morceau de craie, et, en appuyant de toutes ses forces, il écrivit aussi gros qu'il put :

«VIVE LA FRANCE !»

Puis il resta là, la tête appuyée au mur, et, sans parler, avec sa main il nous faisait signe :

«C'est fini... allez-vous-en.»

chapitre ④

L'Auberge espagnole

Avant le visionnement
NOTES CULTURELLES

Carte de l'Union européenne

Le Parlement Européen à Strasbourg

L'Union Européenne

En 1957, six pays (la Belgique, la RFA (l'Allemagne de l'ouest), la France, l'Italie, le Luxembourg et les Pays-Bas) ont signé *le Traité de Rome* qui a instauré la Communauté Economique Européenne et qui a donné naissance à l'Union européenne. Actuellement, l'Union européenne compte 27 pays membres et les discussions sur les pays membres futurs, sur la politique, sur l'économie et sur l'identité européenne continuent.

Dans *L'Auberge espagnole*, Klapisch présente une «micro-Europe» où les personnages rencontrent ces mêmes difficultés.

PROFIL: Cédric Klapisch

réalisateur

Né le 4 septembre 1961 à Paris

Mini-biographie

Après avoir fait une licence et une maîtrise en France, Klapisch a poursuivi un Master of Fine Arts à New York University. Pendant son séjour aux Etats-Unis, il a réalisé plusieurs courts métrages. En 1989, Klapisch est retourné en France où il a réalisé d'autres courts métrages et où il a commencé à réaliser des longs métrages. En 1995, il a fait son premier film avec Romain Duris qui est devenu un de ses acteurs préférés et avec qui il continue à travailler.

Filmographie

1992	Riens du tout
1995	Le Péril jeune
1996	Chacun cherche son chat
1996	Un Air de famille
1999	Peut-être
2002	L'Auberge espagnole
2003	Ni pour ni contre bien au contraire
2005	Les Poupées russes
2008	Paris
2009	L'espace d'un instant
2010	Ma part du gâteau

FICHE TECHNIQUE

Réalisation :	Cédric Klapisch
Musique originale :	Cyril Moisson
Autre musique :	Ardag (*Cambia la vida*) ; Frédéric Chopin (*Valse Op.64 No.2*) ; Ry Cooder et Ali Farka Touré (*Ail Du*) ; Loïc Dury (*Urquinaona* et *Le rêve de l'hippocampe*) ; Colin Greenwood, Jonny Greenwood, Ed O'Brien, Phil Selway et Thom Yorke (*No Surprises*) ; Jean-Baptiste Lully (*Te Deum*)
Année de production :	2002
Durée :	2 h 02
Genre :	Comédie dramatique / romantique
Date de sortie nationale :	18/12/2002

SYNOPSIS

Xavier, un étudiant français de 25 ans, espère obtenir un poste au Ministère des finances mais il faut d'abord qu'il étudie l'économie espagnole et qu'il maîtrise l'espagnol. Il décide donc de faire sa dernière année d'études supérieures à Barcelone. Il quitte la France, sa famille et sa petite amie avec laquelle il sort depuis 4 ans. Son séjour commence mal mais grâce à six étrangers et à l'auberge espagnole, il arrive à se débrouiller. Voilà son histoire…

Note : *L'Auberge espagnole* est classé «R» aux Etats-Unis.

PERSONNAGES

Personnages principaux

Xavier	Romain Duris
Alessandro	Federico D'Anna
Isabelle	Cécile de France
Lars	Christian Pagh
Soledad	Cristina Brondo
Tobias	Barnaby Metschurat
Wendy	Kelly Reilly
William	Kevin Bishop

Personnages secondaires

la mère de Xavier	Martine Demaret
Martine	Audrey Tautou
Anne-Sophie	Judith Godrèche
Jean-Michel	Xavier De Guillebon
Jean-Charles Perrin	Wladimir Yordanoff
Alistair	Iddo Goldberg
Neus	Irene Montalà
Juan	Javier Coromina
M. Cucurull (le propriétaire)	Père Abello
le professeur	Père Sagrista

 PROFIL: Romain Duris

acteur

Né le 28 mai 1974 à Paris

Mini-biographie

Après son bac, Duris a suivi des cours de dessin à l'école Duperré. Il a été remarqué par un directeur de casting et il a débuté dans le film Mademoiselle Personne (un film qui n'est jamais sorti en salle). Après ce film, il a fait Le Péril jeune de Cédric Klapisch (son premier vrai film). Depuis son début avec Klapisch, Duris a fait quatre films avec le réalisateur. Il est aujourd'hui l'un des acteurs les plus populaires de sa génération.

Ses films avec Klapisch

1995	Le Péril jeune	2002	L'Auberge espagnole
1996	Chacun cherche son chat	2005	Les Poupées russes
1999	Peut-être	2008	Paris

VOCABULAIRE

Les gens

l'amant/e	lover	le/la fonctionnaire	civil servant, state employee
le/la colocataire	roommate, co-tenant	le/la neurologue	neurologist
l'écrivain/e	writer, author	le/la petit/e ami/e	boyfriend/girlfriend
l'étudiant/e	student	le/la propriétaire	owner

Les nationalités

allemand/e	German	danois/e	Danish
anglais/e	English	espagnol/e	Spanish
belge	Belgian	européen/ne	European
castillan/e	Castilian	français/e	French
catalan/e	Catalan	italien/ne	Italian

Les endroits

l'aéroport (m)	airport	la Belgique	Belgium
l'appartement (m)	apartment	la Catalogne	Catalonia
l'auberge (f)	inn	le Danemark	Denmark
le bureau	office	l'Espagne (f)	Spain
la fac (la faculté)	university	l'Europe (f)	Europe
l'Allemagne (f)	Germany	la France	France
l'Angleterre (f)	England	l'Italie (f)	Italy
Barcelone	Barcelona	l'Union européenne (f)	European Union

A la fac et au travail

le baccalauréat	high school diploma	les études supérieures (f)	higher education
le boulot (familier)	work	le formulaire	form
la bureaucratie	bureaucracy	les petites annonces (f)	classifieds
le dossier	dossier, file	le poste	job, position
l'économie (f)	Economics	le travail	job, work

Noms divers

l'arrivée (f)	arrival	le séjour	stay
l'aventure (f)	adventure, love affair	le téléphone	telephone
le coup de téléphone	telephone call	la traduction	translation
le départ	departure	l'union (f)	union
le loyer	rent		

Adjectifs

borné/e	narrow-minded	**indépendant/e**	independent
coincé/e (familier)	repressed, hung-up	**intolérant/e**	intolerant
confiant/e	confident	**organisé/e**	organized
décontracté/e	easy-going, relaxed	**pénible**	difficult
démonstratif/ive	demonstrative	**renfermé/e**	withdrawn
désordonné/e	disorderly, untidy, sloppy	**sensible**	sensitive
dominateur/trice	dominating	**sympathique**	nice, pleasant
farfelu/e	eccentric	**tendu/e**	tense, uptight

Verbes

agacer	to annoy	**partager**	to share
apprendre (à)	to learn (to)	**rendre visite à qqn.**	to visit a person
(se) comprendre	to understand (each other)	**résoudre**	to resolve
craindre	to fear, to dread	**rire**	to laugh
se débrouiller	to get by, to manage	**savoir**	to know
décoller	to take off (plane)	**suivre**	to follow
découvrir	to discover	**se taire**	to be quiet
draguer (familier)	to hit on	**traîner**	to drag
s'entendre avec	to get along with	**tromper**	to cheat (on someone)
gêner	to bother	**visiter**	to visit a place
se mettre à	to start to	**vivre**	to live
nager	to swim	**voir**	to see

Expressions diverses

assister à un cours	to attend a class	**passer un examen**	to take a test
avoir rendez-vous	to have a meeting	**poser sa candidature**	to apply
échouer à un examen	to fail a test	**réussir à un examen**	to pass a test
s'inscrire à un cours	to register for a class	**suivre un cours**	to take a class

EXERCICES DE VOCABULAIRE

A **Familles de mots.** Complétez les rubriques suivantes avec *le vocabulaire* du film.

Université	
1. un diplôme	4.
2.	5.
3.	6.

Etudiant	
1. des études	4.
2.	5.
3.	6.

Travail	
1. un métier	4.
2.	5.
3.	6.

Logement	
1. un appartement	4.
2.	5.
3.	6.

Amis	
1. un camarade	4.
2.	5.
3.	6.

Europe	
1. un pays	4.
2.	5.
3.	6.

B **Définitions.** Reliez *le vocabulaire* ci-dessous avec les définitions qui correspondent.

Les gens	Les choses	Les endroits
a. un ami	f. une amitié	i. un appartement
b. un colocataire	g. une aventure	j. un bureau
c. un écrivain	h. une union	k. une faculté
d. un étudiant		
e. un fonctionnaire		

_____ 1. une personne qui fait des études supérieures
_____ 2. un établissement d'enseignement supérieur
_____ 3. un sentiment d'affection qu'une personne a pour une autre personne
_____ 4. une association ou une combinaison de différentes choses ou personnes
_____ 5. un ensemble de pièces destiné à l'habitation
_____ 6. une personne qui loue un appartement avec d'autres personnes
_____ 7. une personne pour laquelle on a de l'affection
_____ 8. une personne qui est employée par l'Etat ou qui exerce une fonction publique
_____ 9. une personne qui écrit des romans, des poèmes, etc.
_____ 10. le lieu de travail des employés d'une administration ou d'une entreprise

Paris I - La Sorbonne

Interview. Lisez l'interview suivante et complétez les activités de vocabulaire.

Cédric Klapisch
sur L'Auberge espagnole

Inspiration

Qu'est-ce qui a inspiré Klapisch pour écrire l'histoire de sept étudiants de nationalités différentes qui réussissent à vivre ensemble malgré leurs différences de culture et de langue ? Dans l'interview réalisée par Jean-Luc Brunet, Klapisch explique qu'il y a deux inspirations : «D'une part°, je suis allé voir ma soeur qui a fait *ERASMUS* il y a une dizaine d'années. Elle était à Barcelone où elle partageait un appartement avec 5 personnes. Suite à° un séjour d'une semaine là-bas, je me suis dit que ce serait vraiment un sujet de film super drôle [..]. »[1] Klapisch a aussi passé deux ans à New York. «J'y ai vécu° le fait d'être un étranger aux Etats-Unis. J'ai habité en colocation° et j'ai vécu un certain nombre de choses qui, dans le film, sont totalement autobiographiques. »[2]

on the one hand

following

experienced / living with roommates

Casting

Même avant d'écrire le scénario, Klapisch a fait le casting pour trouver les acteurs qui représenteraient les pays de son *auberge.* «Lorsque j'ai fait le casting à travers l'Europe, j'ai fait un peu comme Xavier en fait : je suis allé à Copenhague, à Rome, à Londres, à Barcelone. La rencontre avec une trentaine d'acteurs dans chaque pays m'a donné un panorama de qui sont les jeunes aujourd'hui et de ce qu'ils cherchent, même si ceux-là étaient avant tout des acteurs. »[3] Cette diversité a permis à Klapisch de jouer avec les clichés, surtout à partir de William, un jeune homme anglais. Klapisch explique : «C'est sûr que c'était pratique avec ce personnage de dire ce que tout le monde a en tête°, *«Les Allemands sont très ordonnés, les Italiens sont bordéliques* », et de voir à quel point il se trompe. […] Evidemment il y a des types nationaux mais en même temps on ne peut pas catégoriser et caricaturer les gens comme ça. Le monde est heureusement plus complexe. »[4]

is thinking

Direction

Comment Klapisch a-t-il réussi à diriger les acteurs de nationalités différentes ? Dans l'interview réalisé par Hervé, il raconte : «Tous les comédiens parlaient anglais. Et quelques-uns parlaient français dont le danois, l'allemand, l'espagnole. Déjà que la direction d'acteur est un exercice difficile en soi, imaginez dans une langue étrangère ! Le film était devenu une sorte de Tour de Babel où je parlais une sorte de «Gloubi Boulga» international. »[5]

Tournage

Le tournage a donc ressemblé à l'histoire du film. «C'était un bordel° organisé parce que pour fabriquer du faux désordre il faut être assez ordonné. Pour arriver à fabriquer cette espèce de squat bordélique avec plein de gens de nationalités et de langues différentes, on a intérêt à dire des choses précises à chacun. C'était compliqué mais assez joyeux ! »[6] Evidemment, les problèmes de langue se sont présentés. «Dés qu'on ne se comprenait pas, dés qu'il y avait un problème, un conflit, on en riait. Tout le monde était dans cet état parce qu'il y avait quelque chose d'absurde dans la situation de départ, et du coup je n'ai jamais eu autant de plaisir à tourner un film, il n'y a jamais eu de trac°, de pression. On tournait vite, on était très actifs, mais tout ça dans le bonheur. »[7]

(familier) a mess

nervousness

1 Brunet, Jean-Luc. «Cédric Klapisch, réalisateur de l'Auberge espagnole ». juin, 2000. Monsieur Cinéma. 27 jan 2007. http://cinema.aliceadsl.fr/ficheart.aspx?keys=AR015057&file=http&type=art.

2 Brunet, Jean-Luc. monsieurcinema.com, juin, 2000.

3 Ibid.

4 Ibid.

5 Hervé. «Cédric Klapisch ». juin, 2000. *Ecran noir.* 27 jan 2007. http://www.ecrannoir.fr/entrevues/entrevue.php?e=59.

6 Brunet, Jean-Luc. «Cédric Klapisch, réalisateur de l'Auberge espagnole». juin, 2000. Monsieur Cinéma. 27 jan 2007. http://cinema.aliceadsl.fr/ficheart.aspx?keys=AR015057&file=http&type=art.

7 Ibid.

Activité de vocabulaire

1. Trouvez les mots associés :
   a. au cinéma
      Exemple : le scénario
   b. aux villes et aux pays étrangers
      Exemple : Barcelone
   c. aux clichés
      Exemple : catégoriser
   d. au désordre et à l'organisation
      Exemple : organiser
2. Quelles situations ont inspiré Klapisch pour écrire *L'Auberge espagnole* ? Expliquez.
3. Qu'est-ce que Klapisch a découvert quand il faisait le casting du film ? Expliquez.

A votre avis...

Klapisch décrit le tournage du film. A quoi est-ce que le tournage a ressemblé selon Klapisch ? Pourquoi est-ce que le tournage a été compliqué ? A votre avis, comment est-ce qu'un réalisateur peut travailler avec des acteurs de nationalités différentes ? Quels problèmes est-ce qu'il confronte ? Pourquoi ? Est-ce qu'il est aussi difficile pour les acteurs de travailler ensemble ? Pourquoi ?

Après avoir regardé

EXERCICES DE VOCABULAIRE

Vocabulaire

à la fac
au Ministère
d'un bureau
espagnol
formulaires
frustré
la bureaucratie
rendez-vous
s'inscrire
ses études
son DEA
son dossier
un CV
une lettre

A **ERASMUS !** Complétez le paragraphe suivant avec *le vocabulaire* qui convient.

Xavier a _____ avec Jean-Charles Perrin. Jean-Charles travaille _____ des finances. Il explique à Xavier qu'il y aura un poste après _____. Il faut pourtant que Xavier sache parler _____. Xavier décide donc de faire _____ à Barcelone. Il va _____ pour se renseigner sur le programme ERASMUS. Il passe beaucoup de temps à aller _____ à un autre mais il arrive à trouver la personne avec qui il faut parler. La femme explique à Xavier que _____ n'est pas complet. Xavier est _____ ! La femme continue à lui expliquer qu'il faut : _____, _____ de motivation et beaucoup d'autres _____ ! Malgré toute _____, Xavier arrive à _____ au programme ERASMUS !

B **Description.** Pensez aux différentes étapes de la vie de Xavier et décrivez-les avec *le vocabulaire* qui convient.

1. Xavier – futur employé
2. Xavier – candidat au programme ERASMUS
3. Xavier – enfant de sa mère
4. Xavier – enfant de son père
4. Xavier – petit ami de Martine
5. Xavier – étudiant qui arrive à Barcelone
6. Xavier – colocataire de l'auberge espagnole
7. Xavier – ami / amant d'Anne-Sophie
8. Xavier – nouvel employé
9. Xavier – écrivain

Liens !

Dans le film *Etre et avoir,* M. Lopez est instituteur. Réfléchissez à ses études. Quelles études a-t-il faites à votre avis ? A-t-il toujours voulu être instituteur ou a-t-il changé d'avis après avoir fait des études (comme Xavier) ? Expliquez.

136 **Chapitre 4** L'Auberge espagnole

C **Université.** L'université n'est pas facile ! Donnez des renseignements sur la vie étudiante de Xavier. Utilisez *le vocabulaire* du film.

1. Choisir un programme
2. Se renseigner sur le programme
3. Remplir des formulaires et envoyer le dossier
4. Trouver un logement
5. Aller aux cours, passer des examens, etc.

D **Formulaire.** Lisez le formulaire de candidature suivant et complétez les activités de vocabulaire.

Dans un amphithéâtre de la Sorbonne

ERASMUS – SOCRATES «DEPART»
Formulaire de candidature
Année académique 20_____ - 20_____ - Domaine d'études : _____.

UNIVERSITE D'ORIGINE
Nom et adresse complète : _____
Coordinateur(trice) de département / faculté - nom, téléphone, fax et Email :
_____
Coordinateur(trice) d'établissement - nom, téléphone, fax et Email :

                                                                    Photographie

COORDONNEES DE L'ETUDIANT (E)
Nº de matricule : _____
Nom : _____   Prénom(s) : _____
Date de naissance : _____   Lieu de naissance : _____
Sexe : _____   Nationalité : _____
Adresse actuelle : _____   Adresse permanente *(si différente)* :
_____   _____
_____   _____
_____   _____
Adresse actuelle valable jusqu'au : _____
Tél : _____   Tél : _____
Email : _____   Email : _____

LISTE DES ÉTABLISSEMENTS QUI RECEVRONT LA PRÉSENTE DEMANDE *(dans l'ordre de préférence)*

Établissement	Pays	Période d'études Du Au	Durée du séjour *(en mois)*	Nombre de crédits ECTS prévus
1.				
2.				
3.				

Expliquez brièvement pourquoi vous désirez étudier à l'étranger.
_____

COMPÉTENCES LINGUISTIQUES
Langue maternelle _____   Langue d'enseignement dans l'établissement d'origine *(si différente)* : _____

Autres langues	J'étudie actuellement cette langue.	Je la connais suffisamment pour suivre les cours.	Une préparation supplémentaire me donnera les connaissances suffisantes pour suivre les cours.
	OUI NON	OUI NON	OUI NON

_____
_____

ÉTUDES ANTÉRIEURES ET ACTUELLES
Diplôme que vous préparez actuellement : _____
Nombre d'années d'études supérieures antérieures au départ à l'étranger : _____
Avez-vous déjà étudié à l'étranger ?   Oui   Non
Si oui, quand et dans quel établissement ? _____

Travaillez ensemble ! Sondages. Vous êtes stagiaire à *Ce qui me meut Motion Pictures*. On vous demande de faire un sondage pour apprendre ce que les étudiants pensent du film *L'Auberge espagnole*. Vous allez au Quartier latin pour sonder les étudiants de la Sorbonne. Qu'en pensent-ils ? Jouez le sketch pour vos camarades de classe. Utilisez le vocabulaire suivant pour vous aider.

L'Auberge espagnole
Sondage

Vocabulaire

les points forts
les points faibles
les acteurs / les actrices
l'intrigue / l'histoire
les scènes
le décor
la musique
les effets spéciaux

Modèle : Etudiant 1 : Excusez-moi de vous déranger. Avez-vous vu le film *L'Auberge espagnole* ? Que pensez-vous de l'intrigue ?

Etudiant 2 : Oui ! J'ai vu le film. J'ai trouvé l'histoire très amusante !

Lecture - Culture - Recherches

LECTURE

L'Union européenne

L'Union européenne est l'union de plusieurs pays instituée en 1992 par le Traité de Maastricht et entré en vigueur le 1er novembre 1993.

SOLIDARITÉ, DIGNITÉ, ÉGALITÉ, JUSTICE

60 ans de construction

1946	Proposition° de création des Etats-Unis d'Europe par Winston Churchill.	proposal
1950	Proposition de création de la Communauté Européenne du Charbon et de l'Acier (CECA) par Schumann.	
1951	Traité de Paris : création de la CECA.	
1957	Traité de Rome : création de la Communauté Economique Européenne (CEE) et de l'Europe des six (la Belgique, la RFA (Allemagne de l'ouest), la France, l'Italie, le Luxembourg et les Pays-Bas).	
1968	Création de l'union douanière° (suppression des droits° de douane entre les pays de la CEE).	customs / duties, taxes
1973	Entrée du Danemark, de l'Irlande et du Royaume-Uni dans la CEE.	
1974	Création du Conseil Européen.	
1981	Entrée de la Grèce dans la CEE.	
1986	Entrée de l'Espagne et du Portugal dans la CEE (l'Europe des douze).	
	Acte Unique Européen : création d'un marché° intérieur créant la libre° circulation des biens°, des capitaux° et des services° des pays de la CEE.	market / free goods / assets / services
1987	Création d'ERASMUS.	
1990	Unification des deux Allemagnes (RFA et RDA) : entrée de la RDA (République Démocratique Allemande) dans l'Europe des douze.	
1991	Monnaie° unique européenne : l'euro.	currency
1993	Traité de Maastricht : création de l'Union européenne (UE) qui remplace la CEE.	
1995	Entrée de l'Autriche, de la Suède et de la Finlande dans l'Union européenne (l'Europe des quinze).	
1997	Traité d'Amsterdam : l'ouverture° des frontières° des 15 pays européens et le renforcement° des pouvoirs° du Parlement Européen. Création de la Banque centrale européenne (BCE).	opening / borders strengthening / powers
1998	Négociations sur «la première vague° » des pays candidats à l'élargissement° de l'Union européenne (Chypre, Estonie, Hongrie, Pologne, République tchèque et Slovénie).	wave / expansion
1999	L'euro est adopté comme monnaie unique par 11 pays (Allemagne, Autriche, Belgique, Espagne, France, Finlande, Irlande, Pays-Bas, Italie, Luxembourg et Portugal).	

2000	Les négociations sur «la deuxième vague » des pays candidats à l'entrée dans l'Union (la Bulgarie, la Lettonie, la Lituanie, la Roumanie, la Slovaquie et Malte).
2001	La Grèce adopte l'euro comme monnaie unique (12 pays ont l'euro comme monnaie unique).
2002	La France met en circulation des billets° et des pièces° en euros (les francs circulent légalement jusqu'au 17 février 2002).
2003	Conférence intergouvernementale (CIG) : préparation du projet de la Constitution Européenne.
2004	Signature à Dublin de l'acte d'élargissement de l'Union européenne : entrée de Chypre, de l'Estonie, de la Hongrie, de la Lettonie, de la Lituanie, de Malte, de la Pologne, de la République tchèque, de la Slovaquie et de la Slovénie (l'Europe des vingt-cinq).
	Elections européennes dans les 25 pays de l'Union européenne et création de la Constitution européenne.
	Début des négociations avec la Turquie pour son entrée dans l'Union européenne.
2007	La Roumanie et la Bulgarie rejoignent l'Union européenne.
	La Slovénie adopte l'euro comme monnaie nationale.
	Les négociations avec la Turquie, la Croatie et l'ancienne République yougoslave de Macédonie pour leur entrée dans l'Union européenne continuent.
	Les 27 Etats membres de l'Union européenne signent le traité de Lisbonne.
2008	Chypre et Malte adoptent l'euro comme monnaie nationale.
2009	La Slovaquie adopte l'euro comme monnaie nationale.
	L'Islande et la Serbie présentent leur demande d'adhésion à l'Union européenne.
	Le traité de Lisbonne entre en vigueur.
2010	Les seize pays de la zone euro approuvent un plan d'aide destiné à aider la Grèce à réduire son déficit budgétaire.
	Les dirigeants de l'Union européenne adoptent une stratégie sur dix ans en faveur d'une croissance intelligente, durable et inclusive : Europe 2020.
	Ouverture des négociations d'adhésion avec l'Islande.

bills / coins

Devise :	Unie dans la diversité
Hymne européen :	L'Hymne à la joie
Jour de l'Europe :	le 9 mai
Monnaie :	L'euro

Valeurs

★ La paix et la stabilité en Europe
★ La prospérité des citoyens
★ Le rôle international de l'Europe
★ La diversité culturelle des pays de l'Europe.

A noter !

Le Traité de Lisbonne modifie les traités précédents. Il a été développé :

1. pour renforcer la démocratie, l'efficacité et la transparence de l'Union européenne.
2. pour augmenter sa capacité à relever les problèmes mondiaux (le changement climatique, la sécurité et le développement durable).

Pays membres de l'Union européenne Capitales : Luxembourg, Bruxelles, Strasbourg			
A	Autriche	I	Italie
B	Belgique	LT	Lituanie
BG	Bulgarie	L	Luxembourg
CY	Chypre	LV	Lettonie
CZ	République tchèque	MT	Malte
D	Allemagne	NL	Pays-Bas
DK	Danemark	PL	Pologne
EE	Estonie	P	Portugal
E	Espagne	RO	Roumanie
FIN	Finlande	S	Suède
F	France	SI	Slovénie
EL	Grèce	SK	Slovaquie
HU	Hongrie	UK	Royaume-Uni
IRL	Irlande		

Langues officielles de l'Union européenne			
BG	bulgare	IT	italien
CS	tchèque	LT	lituanien
DA	danois	LV	letton
DE	allemand	MT	maltais
EL	grec	NL	néerlandais
EN	anglais	PL	polonais
ES	espagnol	PT	portugais
ET	estonien	RO	roumain
FI	finnois	SK	slovaque
FR	français	SL	slovène
GA	gaélique	SV	suédois
HU	hongrois		

L'Union européenne, 2004 vue d'un satellite NASA

Robert Schuman, Ministre des Affaires étrangères (1948 – 1952). Dans sa déclaration du 9 mai 1950, il a proposé la création de la Communauté Européenne du Charbon et de l'Acier (CECA) ce qui est l'origine de l'Union européenne. Le 9 mai 1951, le Traité de Paris a établi la CECA.

L'Auberge espagnole **159**

Buts du marché européen

- la libre circulation des biens
  - La suppression des contrôles aux frontières intérieures
  - Le rapprochement des différents taux de Taxes à Valeur Ajoutée
  - L'harmonisation des règles européennes
- la libre circulation des personnes
  - La liberté de déplacement en Europe
  - La liberté de choisir son domicile en Europe
  - L'harmonisation des diplômes
  - La liberté de choisir sa profession
- la libre circulation des capitaux
  - La possibilité d'ouvrir un compte bancaire dans 17 pays européens
  - La liberté de choix pour investir de l'argent dans 17 pays européens
- la création de l'euro
  - La monnaie unique européenne de 17 pays européens

LA ZONE EURO

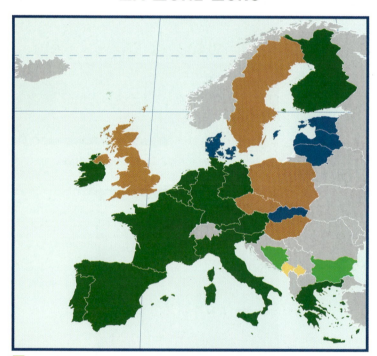

Siège de la Banque Centrale Européenne à Francfort

■ Pays de la zone euro

■ Pays membres du MCE II (mécanisme de taux de change européen pour les pays membres qui ne sont pas pays de la zone euro)

■ Pays membres de l'UE, non utilisateurs de l'euro

■ Pays non-membres de l'UE dont la devise officielle est l'euro

■ Pays non-membres de l'UE dont la devise est basée sur le cours de l'euro

A **Abréviations.** Trouvez les mots qui correspondent *aux abréviations* suivantes.

1. BCE
2. CECA
3. CEE
4. CIG
5. RDA
6. RFA
7. UE

B **60 ans de construction.** Complétez le tableau suivant pour décrire l'élargissement de l'Union européenne.

Année	# de pays	Noms des pays
1957	6	
1973	9	
1981	10	
1986	12	
1990	12	
1995	15	
2004	25	
2007	27	

C **Euro.** Pour chaque année, donnez l'événement qui correspond à l'évolution/ au développement de l'euro.

Année	Description
1991	
1997	
1999	
2001	
2002	
2007	
2008	
2009	
2010	

D **Création.** Déterminez si les phrases suivantes sont vraies ou fausses.

1. vrai   faux   L'Union européenne se compose de tous les pays de l'Europe.
2. vrai   faux   L'Union européenne a été créée en un seul jour.
3. vrai   faux   Le Traité de Rome a établi une «Europe des six ».
4. vrai   faux   L'Union européenne continue à s'élargir.
5. vrai   faux   Tous les pays membres de l'Union européenne ont adopté l'euro.

E **En général.** Répondez aux questions suivantes. Ecrivez deux ou trois phrases.

1. Quelles sont les valeurs des citoyens de l'Union européenne ?
2. Quels sont les buts du marché unique en Europe ?
3. Que veut dire l'expression «*solidarité, dignité, égalité, justice* » ?

F **Aller plus loin.** Ecrivez un paragraphe pour répondre aux questions suivantes.

1. Quelles sont les difficultés d'une Europe unie ?
2. Quelles sont les difficultés des colocataires de l'auberge espagnole ?
3. Quels sont les avantages d'une Europe unie ?
4. Quels sont les avantages du groupe de colocataires unis ?
5. Pourquoi est-ce que certains pays membres de l'Union européenne ne sont pas favorables à l'adhésion de nouveaux pays ? Est-ce que les colocataires acceptent facilement de nouveaux colocataires ?

CULTURE

Les enseignements supérieurs

Le paysage universitaire français est de plus en plus caractérisé par l'affirmation croissante d'universités à la fois mieux gouvernées et plus innovantes, revendiquant leur autonomie. Un corps enseignant plus soucieux de pédagogie et une gestion plus efficace des universités ont favorisé l'évolution des enseignements. L'offre de formation se diversifie, des parcours professionnalisants se multiplient, les contenus des enseignements sont rénovés, et des audaces pédagogiques se manifestent. L'harmonisation des diplômes en Europe est l'étape la plus récente de cette modernisation avec le passage à une organisation des cursus universitaires sur le modèle licence/master/doctorat.

La coopération transnationale entre les universités est encouragée afin de renforcer notamment la dimension européenne de l'enseignement supérieur avec par exemple des programmes comme ERASMUS. Les conditions complexes de la mise en œuvre de la réforme brouillent la lisibilité des enjeux de la construction de l'espace européen de l'éducation et entretiennent les craintes de certains personnels quant à la pérennité d'un service public national de l'enseignement supérieur.

Pour accéder à l'enseignement supérieur il faut être titulaire du baccalauréat ou d'un titre équivalent.

Quatre types de formation

- Les formations universitaires (licence générale, licence professionnelle, master, doctorat, Diplôme universitaire de technologie» D.U.T., I.U.F.M., médecine, odontologie, pharmacie)
- Les classes préparatoires aux grandes écoles (C.P.G.E.)

- Les écoles spécialisées ou grandes écoles (écoles d'ingénieur, de commerce et de gestion)
- Les sections de techniciens supérieurs (S.T.S.).

Plus de passerelles entre les classes prépas et les universités

Tous les étudiants de classe préparatoire peuvent poursuivre leurs études en troisième année de licence. Une attestation descriptive de son parcours de formation, mentionnant ses crédits (E.C.T.S.) est délivrée à chaque étudiant. Cette attestation est valable pour les universités en France et pour les universités étrangères.

En savoir plus : cliquez dans le schéma, partie C.P.G.E.

Conditions d'accès

Une préinscription est obligatoire afin que les futurs étudiants bénéficient d'une démarche de conseil et d'accompagnement dans le choix d'une filière d'enseignement supérieur.

- Pas de sélection à l'entrée mais une démarche d'orientation active pour l'entrée à l'université (à l'exception des instituts universitaires de

technologie). Accessible directement avec le baccalauréat ou un titre équivalent.
- Sélection à l'entrée : l'accès dans les classes préparatoires aux grandes écoles (C.P.G.E.), les sections de techniciens supérieurs (qui préparent au BTS), les instituts universitaires de technologie (qui préparent au D.U.T.) et

les écoles spécialisées est fait sur la base d'un dossier d'admission.
- Sélection après la licence : les formations en I.U.F.M.
- Recrutement par concours après deux années de classe préparatoire (C.P.G.E.) : les grandes écoles.

Ouverture sociale des classes préparatoires aux grandes écoles
Afin de favoriser l'accès des élèves boursiers aux C.P.G.E., des mesures ont été mises en place en direction des lycéens des quartiers les moins représentés dans ces classes: meilleure information sur l'offre de formation, mobilisation des places vacantes, accompagnement. L'objectif est de porter le taux de boursiers en C.P.G.E. de 23% à 30 % en 3 ans.
En savoir plus : cliquez dans le schéma, partie C.P.G.E.

Formation Générale

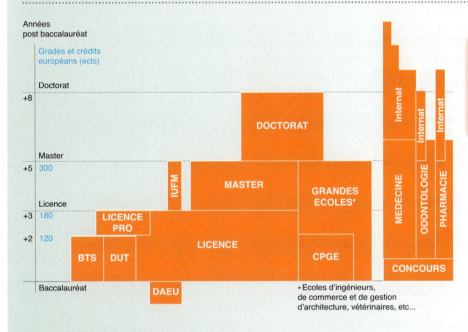

A noter !
Pour accéder à l'enseignement supérieur il faut être titulaire du baccalauréat ou d'un titre équivalent.

*Ecoles d'ingénieurs, de commerce et de gestion d'architecture, vétérinaires, etc...

Les crédits européens (E.C.T.S.)

Cumuler des crédits pour obtenir un diplôme

Chaque semestre d'études validé est affecté de 30 crédits. La Licence, qui dure 6 semestres, correspond à un total de 180 crédits. Le Master, qui s'étend sur 4 semestres supplémentaires, correspond à un total de 300 crédits.

Des diplômes européens

Les crédits sont fixés dans le cadre d'un système de crédits européens (European Credit System Transfert). Ce système facilite la reconnaissance des diplômes dans les différents pays européens.

Il permet également d'acquérir des crédits dans des établissements d'enseignement supérieur à l'étranger.

Chiffres Clés
2,21 millions d'étudiants
dont **1,27 millions** à l'université
147 000 personnels
dont 62 000 enseignants-chercheurs
3 500 établissements publics ou privés
83 universités et établissements assimilés
224 écoles d'ingénieurs
220 écoles de commerce, de gestion et de comptabilité
3 000 autres établissements, en particulier des lycées comportant des S.T.S. ou des C.P.G.E.
2 500 diplômes habilités
1 350 masters (au niveau mention)
1 458 licences (au niveau mention)
1 620 licences professionnelles
450 diplômes d'ingénieurs dans 210 spécialités
295 écoles doctorales

A **Abréviations.** Reliez les abréviations à gauche avec la formation générale à droite.

1. BTS   a. Diplôme d'accès aux études universitaires
2. DUT   b. Classe préparatoire aux grandes école
3. CPGE   c. Diplôme universitaire de technologie
4. DAEU   d. Brevet de technicien supérieur

B **Quel diplôme ?** Lisez les phrases suivantes et déterminez *quels diplômes* conviennent aux besoins des étudiants.

1. L'étudiant veut terminer ses études universitaires en cinq ans.
2. L'étudiant veut faire un maximum de deux années d'études supérieures.
3. L'étudiant veut obtenir le diplôme universitaire le plus élevé.
4. L'étudiant veut passer trois années à l'université.
5. L'étudiant a fini ses CPGE et il va continuer ses études aux grandes écoles.

C **Soucis-1.** Avant d'aller à l'université, un étudiant a toujours beaucoup de questions. Lisez *les questions* et mettez-les en ordre d'importance.

_____ Comment se soigner ?
_____ Comment se déplacer ?
_____ Où pratiquer sa religion ?
_____ Où se loger ?
_____ Comment se distraire ?
_____ Où se nourrir ?
_____ Comment gagner de l'argent ?

D **Soucis-2.** Ecrivez *la question* de l'exercice A qui correspond aux groupes des mots ci-dessous.

_____ les restaurants universitaires, les fast-food, les supermarchés…
_____ le métro, l'autobus, les trains, les taxis, les voitures, les vélos…
_____ le travail à mi-temps, les cours particuliers, le baby-sitting…
_____ la cité universitaire, les chambres de bonne, la colocation…

_____ la pharmacie, l'hôpital, les urgences, le SAMU…
_____ les églises, les temples, les mosquées, les synagogues…
_____ les musées, les cinémas, les sports, les sorties…

Liens !

Les parents dans *Etre et avoir* sont-ils allés à l'université à votre avis ? Les enfants iront-ils à l'université ? Pourquoi ? Isabelle *(Le Papillon)* est-elle allée à l'université ? Expliquez. Elsa ira-t-elle à l'université ? Pourquoi ?

A noter!

Le programme ERASMUS (European Region Action Scheme for the Mobility of University Students) a été lancé en 1987. Le programme est une grande réussite. Lisez le texte sur Erasmus et pensez aux programmes à l'étranger que vous connaissez.

ERASMUS DOCUMENT

Etudier à l'étranger

Un programme d'échange performant

Erasmus est un programme européen d'échanges d'étudiants qui vous permet d'étudier en Europe. Le réseau de contacts assure un bon accueil et un accompagnement quotidien dans vos études à l'étranger.

La reconnaissance des diplômes

La reconnaissance des diplômes dans l'Union européenne est désormais une réalité.

Des mesures d'harmonisation des diplômes Licence, Master, Doctorat (L.M.D.) favorisent votre mobilité.

Les diplômes obtenus hors de l'Europe nécessitent une attestation de niveau d'études délivrée par l'ENIC-NARIC .

Étudier dans les pays du Conseil de l'Europe

Les étudiants français ou originaires de l'Union Européenne, désireux de suivre des études supérieures dans un pays membre du Conseil de l'Europe, peuvent percevoir une bourse sur critères sociaux dans les mêmes conditions qu'en France.

Ils doivent, pour cela, être inscrits dans un établissement d'enseignement supérieur officiellement reconnu par ce pays et suivre, à temps plein, durant une année universitaire ou deux semestres (selon les États membres), des études supérieures menant à un diplôme national.

Les aides à la mobilité internationale

Les étudiants boursiers sur critères sociaux, ou bénéficiaires d'une aide d'urgence annuelle, préparant un diplôme national dans certains établissements publics à caractère scientifique, culturel et professionnel (E.P.C.S.C.P.) peuvent recevoir une aide à la mobilité internationale. La mensualité s'élève à **400 euros**.

Elle est attribuée pour un séjour d'études à l'étranger dans un établissement d'enseignement supérieur ou un stage international. Sa durée ne peut être inférieure à deux mois ni supérieure à neuf mois.

Tout étudiant bénéficiant de l'aide de 400 euros continue à percevoir le montant de sa bourse accordée sur critères sociaux, pendant son séjour à l'étranger.

Avec ERASMUS, les étudiants peuvent effectuer une partie de leurs études dans un autre établissement européen, pendant 3 mois au minimum ou 1 an au maximum.

Erasmus: promouvoir et renforcer la qualité et la dimension européenne de l'enseignement supérieur

Les études effectuées hors de France, sans que des droits d'inscription supplémentaires soient exigés par l'université partenaire, sont reconnues et prises en compte pour l'obtention du diplôme en France, par l'université d'origine, notamment grâce au système de crédits E.C.T.S. et au contrat d'études qu'un étudiant Erasmus signe avant son départ avec les deux universités concernées.

Objectifs:
- Encourager la
  > coopération multilatérale entre établissements d'enseignement supérieur européens reconnus éligibles.
- Soutenir la mobilité européenne des étudiants et des enseignants de l'enseignement supérieur par
  > la transparence et la reconnaissance académique des études supérieures et des qualifications dans l'Union européenne.
- Stimuler
  > la recherche pédagogique entre universités, associations universitaires ou scientifiques et organisations professionnelles sur des thèmes liés à une ou plusieurs disciplines ou des questions d'intérêt commun.

Qui peut participer ?
- Les établissements d'enseignement supérieur reconnus éligibles (délivrant un diplôme national de l'enseignement supérieur, un diplôme d'état ou un titre) et les établissements privés agréés par l'Etat.
- Les étudiants qui ont achevé leur première année d'études universitaires et qui sont citoyens de l'un des pays éligibles (soit à ce jour, les 25 Etats membres de l'U.E., les 3 de l'A.E.L.E., mais aussi la Bulgarie, la Roumanie et la Turquie) ou qui ont le statut de résident permanent, d'apatride ou de réfugié politique.
- Les enseignants de l'enseignement supérieur et, uniquement dans le cadre des réseaux thématiques (volet 3 d'Erasmus), les organismes privés et publics qui coopèrent avec les établissements d'enseignement supérieur (centres et organismes de recherche, associations, collectivités locales, entreprises, partenaires sociaux, O.N.G.).

Quelles aides financières ?
- La bourse communautaire ERASMUS est une aide incitative réservée aux étudiants ERASMUS. L'attribution n'est pas automatique et dépend de l'équilibre à assurer entre les pays et les différentes filières d'études, ainsi que de l'enveloppe financière attribuée à la France. La demande de cette bourse doit être effectuée auprès de votre établissement.
- Un complément Erasmus et/ou, une «bourse de mobilité» réservée aux étudiants boursiers peut être demandé à votre université. Ces 2 aides sont financées par le ministère de l'Éducation nationale, de l'Enseignement supérieur et de la Recherche.
- Des aides existent aussi au niveau des collectivités territoriales, en particulier votre Conseil régional et même votre Conseil général.

Dans tous les cas, un étudiant français qui poursuit ses études dans un des pays du Conseil de l'Europe conserve le bénéfice de la bourse d'enseignement supérieur qui lui est attribuée en France, sur le fondement de critères sociaux.

Où se renseigner ?
Adessez-vous au responsable des relations internationales de votre établissement. Un séjour d'études Erasmus s'inscrit obligatoirement dans le cadre d'échanges entre établissements, et votre université devra vous sélectionner.

Le délégué académique aux relations européennes et internationales (Dareic) vous renseignera également sur les programmes de coopération bilatérale existant dans l'académie.

Vous trouverez également des conseils utiles sur le site de la Commission européenne.

E ERASMUS. Qu'est-ce qu'ERASMUS ? Barrez la phrase qui n'est pas logique.

Le programme
1. Le programme ERASMUS a été créé en 1987.
2. 4.000 d'établissements dans 32 pays participent à ERASMUS.
3. A peu près 15.000 enseignants participent à ERASMUS.
4. 2,2 millions d'étudiants ont fait une période d'études à l'étranger depuis 1987.
5. 10 étudiants participent à ERASMUS chaque année.

Etudier
1. L'étudiant/e doit être citoyen/ne d'un pays éligible.
2. L'étudiant/e doit être en train de faire des études universitaires.
3. L'étudiant/e doit avoir fini la première année d'études universitaires.
4. L'étudiant/e doit avoir 35 ans pour participer à ERASMUS.
5. L'étudiant/e doit passer un minimum de trois mois dans une université étrangère.

Pour les étudiants
1. C'est l'occasion d'étudier à l'étranger.
2. C'est l'occasion de perfectionner une langue étrangère.
3. C'est l'occasion de poursuivre des études élémentaires.
4. C'est l'occasion de rencontrer des étudiants d'autres pays.
5. C'est l'occasion de contribuer au développement d'une Europe unie.

Pour les enseignants
1. C'est l'occasion de prendre des vacances.
2. C'est l'occasion d'enseigner à l'étranger.
3. C'est l'occasion de perfectionner une langue étrangère.
4. C'est l'occasion de rencontrer des enseignants d'autres pays.
5. C'est l'occasion de contribuer au développement d'une Europe unie.

Desiderius Eramus, Hans Holbein le jeune, 1523

Buts
1. Créer un espace européen d'enseignement supérieur.
2. Promouvoir la mobilité des étudiants en Europe.
3. Promouvoir la mobilité des enseignants en Europe.
4. Développer l'élitisme de l'enseignement supérieur en Europe.
5. Développer des capacités d'adaptation (au niveau personnel, académique et social).

F En général. Ecrivez deux ou trois phrases pour répondre aux questions suivantes.

1. Quels sont les avantages du système d'enseignement supérieur français ?
2. Parlez de l'éducation de Xavier. Qu'est-ce qu'il a fait comme études et qu'est-ce qu'il va faire à Barcelone ?
3. Quels sont les avantages de participer au programme ERASMUS ?

G Aller plus loin. Ecrivez un paragraphe pour répondre aux questions suivantes.

1. Est-ce que le programme ERASMUS est une réussite ? Pourquoi ou pourquoi pas ?
2. Est-ce que Xavier bénéficie du programme ERASMUS ? Pourquoi ou pourquoi pas ?
3. Est-ce que les autres colocataires bénéficient du programme ERASMUS ? Pourquoi ou pourquoi pas ?
4. Est-ce que vous aimeriez étudier à l'étranger ? Pourquoi ou pourquoi pas ?
5. Est-ce que vous avez déjà participé à un programme à l'étranger ?

RECHERCHES

Faites des recherches sur les sujets suivants.

A **Union !** Vous avez fait des études en sciences politiques et vous êtes stagiaire à la Commission Européenne. Vous êtes chargé/e de créer un dépliant pour promouvoir les valeurs de l'Union européenne. Utilisez les rubriques suivantes comme point de départ.

▶ La paix et la stabilité sur le territoire européen
▶ L'accroissement de la prospérité des citoyens européens
▶ L'accentuation du rôle international de l'Europe
▶ La richesse de la diversité culturelle des pays européens

B **Euro.** La mise en circulation de l'euro est un événement important. Ecrivez un paragraphe pour présenter la mise en circulation de l'euro en France et son histoire. Utilisez les rubriques suivantes comme point de départ.

▶ La création de l'euro
▶ L'adoption de l'euro en France
▶ La mise en circulation de l'euro
▶ La transition des francs français à l'euro

C **A la fac !** Un/e de vos amis veut aller en France pour faire ses études. Il /elle sait que le système universitaire français n'est pas comme le système universitaire américain et il/elle vous demande de lui expliquer les différences entre les deux systèmes. Vous préparez une fiche pour parler :

▶ Des diplômes et des formations
▶ Des formulaires et du dossier d'inscription
▶ Des frais d'inscription, des bourses, des aides financières, etc.
▶ Du coût de la vie et du logement
▶ Des cours et des examens
▶ Des vacances et de la vie sociale

D **ERASMUS.** Vous êtes un/e étudiant/e européen/ne et vous venez de participer à un programme ERASMUS. Vous étiez si impressionné/e que vous décidez de créer un Blog sur le programme. Vous y mettez les rubriques suivantes :

▶ Vous voulez étudier à l'étranger : Le processus pour préparer le dossier
▶ Vous choisissez un pays et une université : Le pays et l'université d'accueil
▶ Vous vous préparez à partir : Les aides financières et les bourses
▶ Vous cherchez un logement : Les résidences universitaires / les appartements
▶ Vous y êtes ! Vous vous amusez : Les sorties, les excursions et les activités sociales
▶ Ça y est ! Vous rentrez chez vous. Que faire maintenant ?

E **Audrey Tautou.** Vous êtes écrivain/e et vous écrivez un livre sur les actrices françaises importantes. Vous décidez d'écrire un chapitre sur Audrey Tautou. Etudiez sa biographie et sa filmographie et décrivez la diversité de ses rôles. Présentez votre chapitre selon les rubriques suivantes.

▶ Biographie
  ■ Date de naissance
  ■ Lieu de naissance
  ■ Lieu de résidence
  ■ Famille

▶ Filmographie
  ■ Les années 1990
  ■ Les films récents

▶ Prix
▶ Critiques
▶ Photos
▶ Adresse

Dans *L'Auberge espagnole,* Xavier veut savoir qui est ERASMUS. D'autres étudiants se posent la même question ! Cet article, écrit par un étudiant ERASMUS, explique l'origine du mot ERASMUS.

L'origine du mot ERASMUS

Par Etudiant ERASMUS

L'origine du mot ERASMUS : Erasme de Rotterdam. Quel étudiant n'a jamais entendu le mot «ERASMUS» ? Très peu, j'en suis certaine. Avant d'être mondialement connu comme le programme de mobilité pour les étudiants, l'humaniste du même nom avait également essayé ces séjours à l'étranger.

Le mot ERASMUS vient du théologien et humaniste Desiderius ERASMUS Roterodamus, plus connu sous le nom d'Erasme de Rotterdam. Ce Hollandais de Rotterdam était l'un des précurseurs du mouvement de la Renaissance, connu pour sa conviction en une Europe unie et éclairée au-delà des frontières et de tout dogmatisme.

«Paix, piété et belles lettres»

Erasme débute sa formation dans différentes institutions religieuses. Dans l'institution des chanoines de Steyn (Pays-Bas), Erasme se plonge dans la lecture de grands auteurs et y découvre entre autres des auteurs païens, la poésie ainsi que la libre pensée. Par la suite, il prêche une connaissance plus approfondie des textes et […] en 1488, […] il prononce ses voeux.

Ensuite en 1500, il décrit la culture antique par des citations replacées dans l'histoire de la pensée et de la langue dans son ouvrage publié 'Les Adages'. Il réalisera différents travaux comme l'écriture de manuels scolaires, la traduction d'auteurs grecs en latin, etc. Son autre ouvrage intitulé 'L'Eloge de la folie' écrit en 1511, le rendra célèbre à travers l'Europe entière. Par ces textes, il fait la synthèse de ses propres principes qui sont la paix, la piété et les belles lettres.

Faire de l'Europe une terre d'études

Le XVIᵉ siècle marque la fin d'une période de guerre. Les métiers des lettres et des arts profitent de cette paix en Europe pour se développer considérablement, aidés également par l'invention de l'imprimerie. Erasme est passionné par l'Europe. Il a vécu et travaillé dans plusieurs pays d'Europe tels que l'Italie, la France, la Suisse, l'Allemagne pour n'en citer que quelques uns. A travers ses voyages, il rencontre de nombreux penseurs qui l'aident à enrichir ses connaissances.

Ainsi, ces différentes expériences lui permettent de rédiger ses écrits à raison de 40 lettres par jour. Aujourd'hui, ses lettres, au nombre de 3000 conservées, représentent des témoignages précieux de l'évolution de sa pensée et de son statut de libre penseur.

Le 1ᵉʳ citoyen européen ?

Passionné par l'Europe, Erasme prône une vision globale d'une Europe des cultures qui se connaissent et se respectent. Vers 1517, il dirige un collège où l'enseignement est dispensé en 3 langues (latin, grec, hébreu) à Louvain (Belgique). Aussi, il a une grande influence sur les rois et les acteurs politiques (Charles Quint, Marguerite d'Autriche, François 1er, roi d'Angleterre Henri VIII…), tout en restant indépendant. Il n'accepte pas la protection qu'on lui propose et préfère voyager.

Cependant, avec l'arrivée de Luther et du mouvement de la Réforme, des difficultés apparaissent. Erasme, prônant la paix et la réconciliation, voit naître les désaccords. Il ne prend pas parti, mais est attaqué, autant par l'Eglise car il ne critique pas Luther, que par Luther avec qui il échange des essais virulents. Finalement, Erasme est dépassé, ne cédant pas sur son idéalisme. Il meurt délaissé à Bâle en 1536. Dans l'histoire européenne, Erasme restera comme un humaniste chrétien, un vrai défenseur des libertés et le premier citoyen européen.

Et le programme ERASMUS ?

Le programme de mobilité universitaire ne pouvait avoir un meilleur nom… Plus de 1.2 millions d'étudiants sont déjà partis étudier dans un autre pays d'Europe grâce au programme ERASMUS. Ce programme, créé en 1987, concerne plus de 31 pays. Quelle meilleure expérience pour découvrir de nouveaux pays, de nouvelles cultures et rencontrer de nouvelles personnes. N'hésitez pas une minute de plus : adressez-vous à votre université, et saisissez toute opportunité pour partir étudier en Europe !!

© Cao Céline, *Journal by Backpackers*, 05/07/06. http://www.jbyb.net

Les étudiants qui participent au programme ERASMUS bénéficient de toutes sortes de conseils pour les aider à préparer leur année à l'étranger. Parmi les principaux soucis des étudiants est celui de la maîtrise de la langue étrangère. Le Conseil de l'Europe a préparé cette brochure pour aider les étudiants à apprendre une langue étrangère.

Comment apprendre les langues

Ce guide vous donne des conseils sur la manière de réussir votre apprentissage.

Apprendre de nouvelles langues demande du temps et des efforts. Mais tout le monde est capable de le faire, et cela en vaut la peine.

Même si vous ne connaissez que quelques mots, vous serez mieux accueilli lors de vos voyages de loisirs ou d'affaires.

> *J'aime mettre nos hôtes à l'aise en leur disant quelques mots dans leur langue.*

Et si vous persévérez, vous verrez que de nouvelles voies s'ouvriront à chaque instant. Vous rencontrerez d'autres personnes et d'autres façons de penser, peut-être même améliorerez-vous vos perspectives de carrière. Et vous aurez vraiment l'impression de vous épanouir.

> *C'était quelqu'un de fantastique – je voulais lui écrire en portugais. C'est pourquoi j'ai commencé un cours.*

Qui plus est, pour apprendre des langues, l'Europe est un endroit privilégié, où se côtoient de nombreuses communautés linguistiques et de nombreuses cultures.

> *«Je ne sais pas par où commencer». Lisez ce guide, il est là pour vous donner de bons conseils !*

«Je n'ai jamais EU la possibilité d'apprendre les langues et maintenant je suis trop vieux»

On n'est jamais trop âgé pour apprendre. Les gens disent souvent que seuls les enfants peuvent apprendre les langues rapidement. Ce n'est pas vrai, les adultes aussi aiment apprendre et réussissent très bien.

«Il faudrait des années pour apprendre tout le vocabulaire et la grammaire»

Vous n'avez pas besoin de tout apprendre, vous pouvez commencer à communiquer dans une langue même si vous la connaissez peu, en apprenant un peu à la fois.

«Je n'étais pas doué en langues à l'école»

Beaucoup pour qui ça ne marchait pas bien à l'école ont appris des langues plus tard. Les méthodes modernes sont conviviales et vous aident à communiquer et à utiliser la langue de façon amusante.

«Je suis gêné si je fais beaucoup de fautes»

Il ne faut pas. Faire des fautes fait partie de l'apprentissage d'une langue et les gens le savent, ne vous inquiétez donc pas. Lancez-vous !

«De nos jours, il suffit de connaître l'anglais»

L'anglais peut être utile, mais ce n'est pas assez. Vous comprendrez bien mieux les gens et ce qui se passe autour de vous si vous connaissez un peu leur langue.

Des millions de gens comme vous et moi parlent des langues étrangères. Mais beaucoup de personnes pensent ne pas pouvoir y arriver seules.

> *N'oubliez pas qu'apprendre une nouvelle langue signifie également apprendre à comprendre d'autres manières de penser et de faire.*

Avant de commencer

Réfléchissez à ce que vous voulez pouvoir faire

▶ Apprendre pour votre plaisir personnel
▶ Comprendre une autre culture
▶ Communiquer au travail (au téléphone, en réunion, pour accueillir des visiteurs)
▶ Trouver un meilleur emploi
▶ Parler avec des amis ou de la famille
▶ Vous débrouiller lors d'un court voyage à l'étranger
▶ Lire des journaux
▶ Utiliser Internet

> *J'aime surfer sur Internet – et maintenant que je lis l'espagnol et l'anglais, j'ai accès à beaucoup plus d'informations.*

Planifiez votre apprentissage linguistique d'une manière qui vous convienne et qui soit compatible avec votre emploi du temps quotidien. Ainsi, vous aurez de meilleurs résultats.

Demandez-vous :
▶ Combien de temps vous pouvez consacrer chaque semaine à cet apprentissage
▶ si vous pouvez organiser un emploi du temps d'études régulier
▶ de quelles ressources vous disposez (magnéto-phone à cassettes, ordinateur, vidéo, etc.)

▶ où vous pouvez vous procurer le matériel d'apprentissage - bibliothèques, librairies, kiosques qui vendent des revues et des journaux étrangers, sites Internet, télévision par satellite …

Comment et où voulez-vous apprendre ?

▶ Rapidement et de manière intensive **OU** sur une plus longue durée
▶ Avec des amis/en groupe **OU** tout seul
▶ Par auto-apprentissage/télé-enseignement **OU** avec un enseignant
▶ Au travail **OU** à la maison
▶ Dans votre pays de résidence **OU** à l'étranger

Si vous avez déjà une expérience de l'apprentissage d'une langue, réfléchissez aux activités les plus adaptées à votre cas. Cela vous aidera à choisir un cours ou un manuel répondant à vos besoins.

Quel type de méthodes et de matériels vous conviendrait ? Par exemple :

▶ Suivre des cours de conversation avec un locuteur natif
▶ Écouter des cassettes pendant vos déplacements
▶ Utiliser un manuel
▶ Lire des journaux et des revues
▶ Utiliser Internet
▶ Utiliser des CD ROM
▶ Regarder des vidéos
▶ Vous concentrer sur la conversation
▶ Vous concentrer sur la grammaire

Choisissez votre approche de l'apprentissage

Apprendre dans votre pays de résidence

En groupe

Les approches de l'apprentissage sont nombreuses. Chaque méthode présente ses avantages et ses inconvénients et peut vous convenir à des moments différents.

Des classes une ou deux fois par semaine à proximité de son domicile ou de son lieu de travail conviennent à beaucoup (mais évidemment pas à tous) :

▶ Il peut être amusant d'apprendre au sein d'un groupe
▶ Avec un bon enseignant, les occasions de pratiquer la langue seront nombreuses
▶ On peut trouver des partenaires avec qui étudier en dehors des cours
▶ En général, l'horaire des cours est fixe (mais on peut souvent choisir le moment : étudier entre midi et deux, le soir, le week-end, etc.)

On peut également trouver des cours intensifs et spécialisés, s'il le faut.

Seul

Nous avons suivi un cours de grec ce printemps. Ça a fait une grande différence au moment des vacances.

A l'aide de cours d'auto- apprentissage ou d'émissions radio et télévisées :

▶ Les contenus et le rythme sont adaptés à vos besoins et à vos objectifs
▶ Il n'y a pas d'horaire fixe, vous étudiez comme vous pouvez et quand vous pouvez
▶ Vous êtes seul et devez vous motiver vous-même

Certains cours d'auto-apprentissage proposent également l'assistance de tuteurs, soit en tête-à-tête, soit à distance.

Apprendre à l'étranger

Si vous suivez un cours de langue à l'étranger :

▶ Il s'agit généralement d'un cours intensif, vous pouvez donc apprendre beaucoup en peu de temps
▶ Vous êtes plongé dans l'environnement linguistique et culturel du pays
▶ Vous avez des contacts avec les habitants et vous partagez leur mode de vie
▶ Cette solution peut être onéreuse
▶ Il peut être difficile de trouver le temps de suivre ce genre de cours.

Vous pouvez également apprendre à l'étranger pendant vos vacances - si vous faites un effort - ou en travaillant à l'étranger

Apprentissage virtuel des langues

Aujourd'hui, les possibilités sont de plus en plus nombreuses d'utiliser Internet pour entrer en contact avec des gens du monde entier.

Trouver des cours

La Slovénie est juste de l'autre côté de la frontière et nous y allons beaucoup plus souvent maintenant que nous comprenons un peu la langue.

L'annuaire téléphonique donne généralement des informations qui permettent d'entrer en contact avec des écoles privées de langues.

Mais il existe beaucoup d'autres possibilités, parfois moins chères. Dans la plupart des villes, on trouve des établissements d'éducation pour adultes qui offrent des cours de langues. Certaines écoles et universités proposent aux habitants des cours de quelques heures par semaine. Les autorités locales - renseignez-vous à la mairie - et les chambres de commerce organisent souvent elles-mêmes des cours ou savent qui s'en occupe. On peut parfois trouver des informations dans les bibliothèques publiques. Les ministères de l'éducation, au niveau national ou régional, sont peut-être en mesure de vous aider ou de vous donner des détails d'organisations professionnelles susceptibles de vous conseiller.

Vous pouvez également tenter une recherche Internet à l'aide de mots clés tels que «cours de langues» suivis du nom de l'endroit où vous habitez. L'accès Internet est souvent disponible pour un prix avantageux dans des «cafés Internet».

Pour ceux qui ne vivent pas à proximité d'une bonne école de langues ou qui préfèrent travailler seul, les possibilités du télé-enseignement sont souvent disponibles soit à partir d'une université ou d'un établissement régional d'enseignement pour adultes, soit (dans certains pays) à partir d'un fournisseur national.

Les enfants viennent de commencer le français à l'école. Nous aussi nous suivons des cours pour pouvoir les aider à faire leurs devoirs.

La plupart des grandes librairies proposent toute une gamme de cours d'auto-apprentissage.

Choisir un bon cours

Voici quelques conseils pour vous aider à choisir :

▶ Demandez toujours à visiter l'école ou, si elle se trouve à l'étranger, demandez le plus de renseignements possible, par exemple en matière de logement et d'activités sociales

Notre société a décroché un très gros contrat; notre réceptionniste parle russe, ce qui a beaucoup facilité les premiers contacts.

▶ L'école vous donne-t-elle des renseignements précis sur ses programmes, la taille des groupes, le niveau que vous intégrerez ?
▶ Le personnel possède-t-il des qualifications appropriées ?
▶ L'école dispose-t-elle de bonnes ressources et de bons équipements ?
▶ L'école est-elle régulièrement inspectée, par exemple par le ministère de l'éducation ou par une association externe ?
▶ L'école peut-elle vous fournir des références d'élèves satisfaits ?
▶ L'école vous prépare-t-elle à des examens si vous souhaitez en passer ?

Lorsque vous avez commencé

Il est agréable d'apprendre une langue, mais si vous voulez réussir, vous devez être motivé. Plus vous serez actif, mieux vous réussirez.

Si vous êtes découragé ou frustré - la plupart des gens le sont parfois - n'abandonnez pas. Mieux vaut en parler à un enseignant ou à quelqu'un qui étudie avec vous et vous accorder une pause - cela vous aidera à recommencer avec une énergie nouvelle.

Conseils pratiques

▶ N'essayez pas de tout apprendre à la fois. Fixez-vous des objectifs clairs et réalistes et progressez à votre rythme.
▶ Soyez ouvert à de nouvelles manières d'apprendre - de nouvelles méthodes et une technologie nouvelle peuvent vous aider.
▶ Saisissez toutes les occasions pour communiquer dans la langue que vous étudiez.
▶ N'ayez pas peur de vous tromper. Avec le temps, vous ferez moins d'erreurs. Ce qui compte, c'est que vous vous fassiez comprendre.
▶ Revoyez ce que vous avez appris et faites régulièrement le point sur vos progrès.

Lire et écouter

▶ Il est très important de beaucoup lire et écouter. Plus vous écoutez, mieux vous parlerez. Lire vous aide à mieux écrire.
▶ Lisez et écoutez des textes dans lesquels la langue est utilisée de manière naturelle (journaux, TV, radio).
▶ Rappelez-vous que vous n'avez pas besoin de comprendre chaque mot pour comprendre l'essentiel.
▶ Vérifiez vos progrès. Revenez sur des points que vous avez déjà étudiés. Vous semblent-ils plus faciles ?

Écrire

▶ Essayez de trouver des occasions de communiquer par écrit - courrier électronique, cartes postales, lettres, etc.

Les enseignants enseignent, mais seuls les apprenants peuvent apprendre. En fin de compte, vous êtes responsable de vos progrès.

▶ Relisez ce que vous avez écrit : lorsqu'on écrit, on a davantage de temps pour vérifier et corriger les erreurs.

Parler

▶ Pratiquez la langue parlée aussi souvent que possible (parlez aux autres élèves, aux étrangers que vous rencontrez, parlez même tout seul !)
▶ Si vous allez dans un pays où l'on parle la langue que vous étudiez et si les gens vous parlent dans votre propre langue ou en anglais, expliquez-leur que vous préféreriez qu'ils vous parlent dans leur langue.
▶ Mémorisez ce que vous devez dire le plus souvent - quand vous rencontrez quelqu'un, quand vous faites les courses, quand vous achetez quelque chose, etc.

- La plupart des gens n'auront jamais un accent parfait dans une autre langue. Cela n'a aucune importance pour autant que les autres comprennent.

Vocabulaire

- Apprendre un vocabulaire nouveau est plus facile si l'on regroupe les mots selon leur sens.

© Division des Politiques linguistiques de Conseil de l'Europe, Strasbourg, France. www.coe.int/lang/jel

. . . .

Et après ? Il n'est pas toujours facile de rentrer après avoir fait des études ERASMUS. Dans cet article, un étudiant ERASMUS parle des difficultés présentées une fois rentré.

Dépendance ERASMUS

Par Etudiant ERASMUS

Ce guide vous donne des conseils sur la manière de réussir votre apprentissage.

Y a-t-il des étudiants ERASMUS qui n'ont pas été perturbés une fois rentrés de leur semestre ? Voici un phénomène dont on parle peu mais qui est pourtant récurrent.

Chaque année vous partez nombreux vers de nouveaux horizons, des terres inconnues où vous aurez tout à construire et où vos proches ne pourront guère vous aider.

Des débuts difficiles aux coups de blues ; vous trouverez le réconfort, combiné à la main, dans la voix de vos parents.

Une fois les débuts oubliés, ce sont eux, les étudiants étrangers de pays différents, qui vous écouteront. Ils deviendront rapidement votre famille et combleront le vide des amis français. Puis un climat de fête et de joie sera votre quotidien.

Mais lorsque vous rentrerez en France, attendez-vous à vivre une période de transition. Une fois à l'aéroport le jour de votre retour, vous prendrez conscience que, ça y est, cette expérience unique à l'étranger est arrivée à sa fin. Vous verrez vos derniers mois défiler sous vos yeux et vous vous direz que tout est allé si vite...

Céline revient sur son retour de Cambridge à la fin de son année ERASMUS. «Une fois à l'aéroport, les larmes aux yeux, je me suis dit « c'est déjà terminé ». J'ai pris conscience que c'était le retour au train-train quotidien. En arrivant en France j'étais perdue, je ne savais pas quoi faire. »

Les premiers jours sont déboussolants, vous tournez en rond et cherchez vos repères. Ceci mêlé à la nostalgie des fêtes ERASMUS, des bons souvenirs entre copains de semestre. Autant dire que le retour à la réalité est difficile. Chacun vit ce clash à sa façon mais est-ce le cas pour tous ?

Rassurez-vous, après quelques jours les occupations du quotidien auront repris le dessus et vos souvenirs ERASMUS seront sagement rangés dans un coin de votre tête (ce qui ne les empêchera pas de ressortir fréquemment !). A quand le prochain départ ?

© Journal by Backpackers, 14/09/06, http://www.jbyb.net

EXERCICES DE VOCABULAIRE

La Tapisserie de Bayeux - (La tapisserie est une broderie qui montre des batailles du 11ᵉ siècle notamment la bataille de Hastings. Cette première «bande dessinée» ne montre pas seulement des scènes de guerre, mais aussi les habits, les châteaux, les conditions de vie, etc. du Moyen Age.)

A Métiers. Ecrivez les métiers qui correspondent aux descriptions suivantes.

1. Il travaille avec l'argent et il est très riche.
2. Il est employé des postes et il distribue le courrier.
3. Il travaille dans une cathédrale et il fait la messe.
4. Il travaille avec les dents.
5. Il fait la guerre.
6. Il fait du cinéma.
7. Il est membre de la police.
8. Elle pratique la sorcellerie.
9. Il s'occupe des malades.
10. Elle travaille à la maison.

B Expressions. Reliez les expressions suivantes avec les traductions qui conviennent.

_____ 1. C'est une catastrophe !   A. Calm down !
_____ 2. Allons-y!   B. You are really hurting me !
_____ 3. Au dodo!   C. It's ok !
_____ 4. Maîtrise-toi !   D. They weren't born yesterday !
_____ 5. Vous me faites hyper mal !   E. It's crazy !
_____ 6. C'est dingue !   F. Help !
_____ 7. Calmez-vous !   G. Let's go !
_____ 8. Ils ne sont pas nés d'hier ! H. It's a catastrophe !
_____ 9. C'est okay !   I. Control yourself !
_____ 10. Au secours !   J. Bedtime !

C La Poésie. Lisez le poème suivant et complétez les activités de vocabulaire.

Sonnet Moyen-Age
Recueil : Les caresses
Jean Richepin (1849–1926)

Dans le décor de la tapisserie ancienne
La châtelaine° est roide° et son corsage° est long.   *lady / stiff / her blouse*
Un grand voile de lin° pend° jusqu'à son talon°   *linen veil / hangs / heel*
Du bout de son bonnet pointu de magicienne.

Aux accords d'un rebec° la belle musicienne   *musical instrument*
Chante son chevalier, le fier preux° au poil blond   *valiant knight*
Qui combat sans merci le Sarrazin félon°.   *deceitful*
Elle garde sa foi comme il garde la sienne.

Il reviendra quand il aura bien mérité
De cueillir le lis blanc de sa virginité.
Peut-être il restera dix ans, vingt ans loin d'elle.

Et s'il ne revient pas, s'il périt aux lieux saints,
Elle mourra dans son serment, chaste et fidèle,
Et nul n'aura fondu la neige de ses seins.

Activité de vocabulaire

1. Trouvez les mots associés :
   a. aux vêtements de la châtelaine :
      Exemple : voile
   b. à la musique :
      Exemple : accords
   c. aux qualités du chevalier :
      Exemple : fier
   d. à la fidélité :
      Exemple : chaste
   e. à la religion :
      Exemple : saints

2. Parlez des vêtements de la châtelaine. Comment s'habille-t-elle ? Pourquoi ?
3. Parlez de la musique. Quel est le rôle de la musique à cette époque ?

A votre avis...

Comment est la vie de la châtelaine ? du chevalier ? Quels sont leurs devoirs respectifs ?

La tapisserie, La dame à la licorne. (Cette tapisserie fait partie d'une série de six tapisseries qui datent du XVe siècle et qui se trouvent aujourd'hui dans le Musée national du Moyen Age – L'Hôtel de Cluny à Paris. Chaque tapisserie de la série représente un sens. Celle-ci représente «la vue».)

Après avoir regardé

EXERCICES DE VOCABULAIRE

A **Détails.** Complétez les phrases suivantes avec *le vocabulaire* qui convient.

1. Godefroy et Jacquouille se sèchent avec _____.
2. Quand *les visiteurs* laissent couler l'eau dans le _____, il y a une inondation. Alors, Jacquouille utilise son _____ pour sécher le sol.
3. Jacquouille fait mal à l'oreille du président Bernay avec _____.
4. *Les visiteurs* mangent énormément parce qu'ils ont _____.
5. _____ de Godefroy explose et fait exploser _____ de Jacquart.
6. Jacquouille se débrouille bien au 20e siècle avec l'aide de Ginette. Ils s'amusent aussi ! Par exemple, ils vont _____ !
7. Godefroy s'habille bien pour le dîner au château. Il porte _____. Jacquouille s'habille bien aussi ! Il porte _____ très à la mode !
8. Jacquouille découvre que _____ est un produit d'hygiène merveilleux.
9. Godefroy apprend que _____ (le livre des magiciens) est complètement détruit.
10. Jacquouille emprisonne Jacquart dans _____ du château parce qu'il ne veut pas retourner au 12e siècle avec Godefroy.

La ville de Montmirail au 20ᵉ siècle

B **Description.** Pensez aux éléments suivants et citez des exemples pour comparer le 12ᵉ et le 20ᵉ siècles. Suivez les modèles et utilisez *le vocabulaire* du film.

	12ᵉ siècle	**20ᵉ siècle**
1. Métiers :	*Au 12ᵉ siècle, on est peut-être chevalier.*	*Au 20ᵉ siècle, on est peut-être dentiste.*
2. Loisirs :		
3. Repas :		
4. Vêtements :		
5. Transports :		

C **Codes.** Lisez le texte suivant et complétez les activités de vocabulaire.

Introduction
Les US & Coutumes
Le passé ne se conquiert pas. On devient riche mais on naît BCBG ! Que la vie aurait été agréable au XVIIᵉ siècle pour un BCBG !

Les Usages
Le passé est représenté par les vieilles familles, les vieilles maisons, les vieux meubles, les vieux serviteurs, les vieilles fortunes et les vieilles traditions familiales.

Le présent reflète la culture et les atavismes de ces grandes familles qui ont su perpétuer, au fil des siècles, leurs traditions et les usages indispensables qui les représentent, tout en sachant les faire évoluer.

Ce qui est BCBG aujourd'hui

- faire le baisemain
- vouvoyer ses parents
- l'understatement
- le loden vert
- le foulard Hermès
- le stylo Mont-Blanc
- le carnet Hermès
- avoir une voiture française
- le carnet du jour du Figaro
- les rallyes
- le bridge
- écrire des lettres et répondre à celles que l'on reçoit
- dire «à la maison» même si l'on demeure dans un château ou en appartement
- parler anglais avec l'accent d'Oxbridge
- aller à la chasse
- jouer au golf, au tennis
- ne jamais parler de ses origines
- dire les «la Motte»
- avoir un prêtre dans sa famille ou parmi ses amis
- recevoir ses amis en toute simplicité avec suffisamment de grandeur
- parler à tous simplement
- ne jamais montrer ses sentiments en public
- préférer le bon goût au confort

Ce qui n'est pas BCBG

- Etre vu sur les Champs-Elysées pendant le week-end
- aller au coiffeur, au docteur; préférer chez le coiffeur, ...
- dire la robe à Maman; préférer la robe de Maman
- parler l'américain mais parler américain
- rouler en Ford, bleu pâle, neuve
- aller à la chasse et dire que c'est en Sologne
- en mettre plein la vue à ses amis
- arriver à l'heure à une réception
- passer ses vacances dans un club ou en caravane
- jouer au tiercé
- regarder la télévision le samedi soir
- parler d'argent, de ses problèmes personnels
- habiter dans un pavillon banlieue nord
- être anticlérical et antimilitariste

© Maud Chezalviel, www.asc-qualite.com
Reproduit avec autorisation.

1. Quels sports et quelles activités est-ce que le BCBG fait ?
   Exemple : jouer au golf naître
2. Comment parle-t-il ?
   Exemple : Il vouvoie ses parents.
3. Comment se comporte-t-il ?
   Exemple : Il fait le baisemain.
4. Qui fait partie de sa famille ou de ses amis ?
   Exemple : Il a un prêtre dans safamille ou parmi ses amis.
5. Quels sports et quelles activités est-ce que le BCBG ne fait pas ?
   Exemple : Il ne va pas aux Champs-Élysées pendant le week-end.
6. Comment ne parle-t-il pas ?
   Exemple : Il ne dit pas aller au coiffeur.
7. Comment ne se comporte-t-il pas ?
   Exemple : Il ne conduit pas une Ford.

Comment est le BCBG ? Où habite-t-il ? Comment s'habille-t-il ? Que fait-il comme travail ? Que fait-il pour s'amuser ? Faites son portrait. N'oubliez pas de citer des choses qu'il ne fait pas !
Décrivez les activités de Béatrice et Jean-Pierre. Suivent-ils «les règles» BCBG ? Expliquez. Etes-vous BCBG ? Connaissez-vous des gens BCBG ?

GRAMMAIRE

5.1 L'adjectif qualificatif : formes et place

▶ Les adjectifs qualificatifs s'accordent en genre et en nombre avec le nom qualifié. Le féminin de l'adjectif qualificatif se forme généralement en ajoutant un **e** à la forme masculine. Le pluriel de l'adjectif qualificatif se forme généralement en ajoutant un **s** à la forme singulière. Il suit généralement le nom qualifié.
Exemple : *Les visiteurs portent des vêtements sales !*

▶ L'adjectif qualificatif est **invariable** quand :
  un adjectif qualifie une couleur : *des cheveux châtain foncé.*
  ■ la couleur est aussi un nom : *orange, citron, crème, marron.*
  ■ *demi* précède le nom qualifié : *une demi-heure.*

▶ Les adjectifs qualificatifs **snob** et **chic** s'accordent en nombre (pas en genre) avec le nom qualifié.
Exemple : *la famille snob, les parents snobs*

▶ Certains adjectifs communs sont placés devant le nom qualifié. On utilise souvent l'acronyme BANGS (Beauty, Age, Number, Goodness, Size) pour se rappeler les adjectifs qui précèdent le nom. L'article indéfini pluriel (des) devient **de/d'** quand il introduit un adjectif qui précède le nom.
Exemple : *joli, jeune, premier, gentil, grand, etc.*
          C'est une jolie femme ! Ce sont de jolies femmes !

terminaisons		exemple	
masculin	féminin	masculin	féminin
consonne	-e	génial	géniale
voyelle (≠ e)	-e	tendu	tendue
-c	-che	franc	franche
-c	-que	public	publique
-e	ø	propre	propre
-é	-e	réservé	réservée
-f	-ve	agressif	agressive
-g	-gue	long	longue
-l	-lle	superficiel	superficielle
-x	-se	courageux	courageuse
-en	-enne	moyen	moyenne
-on	-onne	bon	bonne
-er	-ère	financier	financière
-et	-ète	secret	secrète
-et	-ette	muet	muette
-eur	-euse	moqueur	moqueuse
-eur	-eure	antérieur	antérieure
-teur	-trice	dominateur	dominatrice

Tableau 1, Le masculin et le féminin des adjectifs qualificatifs.

adjectifs avec une forme masculine irrégulière				
MS + C	MS + V	FS	MP	FPL
beau	bel	belle	beaux	belles
fou	fol	folle	fous	folles
nouveau	nouvel	nouvelle	nouveaux	nouvelles
vieux	vieil	vieille	vieux	vieilles

Tableau 2, Les adjectifs avec une forme masculine irrégulière.

adjectifs qualificatifs irréguliers			
masculin	féminin	masculin	féminin
doux	douce	long	longue
faux	fausse	malin	maligne
favori	favorite	roux	rousse
frais	fraîche	sec	sèche
grec	grecque		

Tableau 3, Des adjectifs qualificatifs irréguliers.

terminaisons		exemple	
singulier	pluriel	singulier	pluriel
consonne	-s	agressif	agressifs
voyelle	-s	propre	propres
-s	ø	français	français
-x	ø	courageux	courageux
-al	-aux	génial	géniaux
-eau	-eaux	beau	beaux

quelques exceptions	
fatal	fatals
final	finals (ou finaux)
glacial	glacials
natal	natals
naval	navals

Tableau 4, Le singulier et le pluriel des adjectifs qualificatifs.

▶ Certains adjectifs ont un changement de sens selon leur position. Les adjectifs placés devant le nom ont le sens figuré et les adjectifs placés après le nom ont le sens propre.

adjectifs avec un changement de sens			
devant le nom	exemple	après le nom	exemple
ancien = former	mon ancien prof	ancien = old	une maison ancienne
brave = kind, good, simple	un brave homme	brave = brave, courageous	un guerrier brave
certain = a kind of	un certain regard	certain = sure	une victoire certaine
cher = dear	un cher ami	cher = expensive	une bague chère
dernier = last in a series	le dernier film	dernier = preceding	le semestre dernier
différent = various, some	de différents personnages	différent = different (from)	un problème différent
drôle (de) = strange	une drôle de femme	drôle = funny	un film drôle
grand = great	un grand homme	grand = tall	un garçon grand
même = same	en même temps	même = very	le problème même
pauvre = unfortunate, poor	la pauvre femme	pauvre = poor, penniless	le vieil homme pauvre
prochain = next in a series	la prochaine fois	prochain = next after this one	la semaine prochaine
propre = own	ma propre chambre	propre = clean	une chambre propre
sale = bad	un sale garçon	sale = dirty	des vêtements sales
seul = only	la seule chose	seul = lonely	une vieille femme seule

Tableau 5, Les adjectifs avec un changement de sens.

Il est ou c'est ?

▶ On utilise **il est** (elle est, ils sont, elles sont) :
- avec **un adjectif qualificatif.**   Exemple : *Il est gentil.*
- avec **un nom de profession** employé comme adjectif.   Exemple : *Il est dentiste.*
- avec **un nom de nationalité** employé comme adjectif.   Exemple : *Il est français.*

▶ On utilise **c'est** (ce sont) :
- avec **un nom propre.**   Exemple : *C'est Frénégonde.*
- avec **un nom** introduit par un déterminant (article, adjectif possessif, adjectif démonstratif, etc.).   Exemple : *C'est mon arrière-arrière-grand-mère.*
- avec **un pronom disjoint.**   Exemple : *Oh ! C'est elle !*

PRATIQUEZ !

A **Amis.** Complétez le paragraphe suivant avec la bonne forme de *l'adjectif qualificatif* entre parenthèses.

Je connais un _____ (beau) homme _____ (français) qui s'est marié
avec une _____ (joli) femme _____ (courageux) mais _____ (réservé).
Ils ont quatre enfants : deux _____ (beau) garçons _____ (agressif)
et _____ (dominateur) et deux _____ (gentil) filles _____ (franc)
et _____ (moqueur). Ils habitent une _____ (nouveau) maison à côté d'une
(long) rivière dans une _____ (vieux) ville. L'année _____ (dernier), je leur
ai rendu visite. J'ai passé une _____ (beau) semaine avec toute la famille et
ils m'ont aidé à préparer pour mes examens _____ (final) dans mes cours de
français. L'année _____ (prochain), ils viendront me rendre visite et j'espère
que ce sera une semaine _____ (génial) !

B **Portraits.** Utilisez le tableau pour vous aider à décrire les personnages du film. Utilisez *des adjectifs qualificatifs.*

	physiquement	moralement	profession	vêtements
Godefroy				
Jacquouille				
Jacquart				
Béatrice				
Jean-Pierre				
Ginette				

C **Traduction.** Traduisez le paragraphe suivant. Utilisez *les adjectifs qualificatifs*. Attention à la place des adjectifs et à l'emploi de *c'est* et *il est*.

My Favorite Character

My favorite character is Godefroy. He is a brave warrior who travels to the 20th century and meets some strange people. For example, he meets Béatrice (she is his great-great-granddaughter). He thinks that Béatrice is a poor woman because she doesn't have any servants and he discovers that his former castle is a hotel run by a simple man (the descendant of Jacquouille!). Jacquart is a strange man who finds that Godefroy is a rude and filthy man! The poor warrior tries to repair the damage of the past! He is courageous!

▶ Quelques expressions sont employées avec le verbe devoir.
- **traiter qqn avec le respect qu'on lui doit** : *treat somebody with due respect*
- **Je vous dois bien cela.** : *That's the least I can do for you.*
- **Je ne demande que ce qui m'est dû.** : *I am only asking for what is owed to me.*

Les expressions avec pouvoir

▶ Le verbe pouvoir est un verbe irrégulier qui exprime la capacité. Il est souvent suivi d'un infinitif.
Exemple : *Béatrice peut aider Godefroy.*

pouvoir			
je	**peux**	nous	**pouvons**
tu	**peux**	vous	**pouvez**
il, elle, on	**peut**	ils, elles	**peuvent**

Tableau 11, La conjugaison du verbe pouvoir.

▶ Quelques expressions sont employées avec le verbe pouvoir.
- **Qu'y puis-je ?** : *What can I do about it ?*
- **Vous seul y pouvez quelque chose.** : *You alone can do something about it.*
- **On n'y peut rien.** : *Nothing can be done about it.*
- **J'ai fait tout ce que j'ai pu.** : *I did all that I could.*
- **Je n'en peux plus.** : *I can't take it anymore. I am exhausted.*
- **Ça se peut.** : *That may be.*

Les expressions avec vouloir

▶ Le verbe vouloir est un verbe irrégulier qui exprime la volonté. Il est souvent suivi d'un infinitif.
Exemple : *Béatrice veut aider Godefroy.*

vouloir			
je	**veux**	nous	**voulons**
tu	**veux**	vous	**voulez**
il, elle, on	**veut**	ils, elles	**veulent**

Tableau 12, La conjugaison du verbe vouloir.

▶ Quelques expressions sont employées avec le verbe vouloir.
- **vouloir bien** : *to be willing to, happy to, kind enough to*
- **en vouloir à quelqu'un** : *to be angry with someone*
- **vouloir dire** : *to mean*
- **vouloir faire** : *to want/try to do*
- **si l'on veut** : *if you like*
- **la chance a voulu que…** : *as luck would have it…*
- **ça veut tout dire** : *that says it all*
- **ça veut bien dire ce que ça veut dire** : *it's clear enough/it's plain enough*

PRATIQUEZ !

A **Expressions avec avoir.** Complétez les phrases suivantes avec *les expressions avec avoir* qui conviennent.

Expressions

avoir # ans	avoir besoin de	avoir faim	avoir honte
avoir l'habitude de	avoir l'intention de	avoir mal aux dents	avoir mal au cœur
avoir peur	avoir raison	avoir soif	avoir tort

1. Godefroy _____, alors il boit de l'eau de sa gourde.
2. Godefroy _____ trouver la formule magique pour revenir dans le passé.
3. Au 20ᵉ siècle, *les visiteurs* sont vieux ! Ils _____ !
4. Au début, Béatrice pense que Godefroy est son cousin ; elle _____.
   Puis, elle apprend que c'est son arrière-arrière-arrière-arrière-grand-père ; elle _____.

5. Jacquouille ne/n'_____ pas _____ voyager en voiture ; il _____.
6. Godefroy et Jacquouille _____ même après le dîner chez Béatrice !
7. Le président Bernay va chez Jean-Pierre parce qu'il _____.
8. Le pauvre Jacquart _____ son nom. Alors, il change de nom.
9. Les enfants se couchent et Godefroy et Jacquouille leur disent bonne nuit. Les pauvres ! Ils _____.
10. Jacquouille ne veut pas retourner avec Godefroy parce qu'il _____ rester au 20e siècle.

B **Expressions verbales.** Complétez les phrases suivantes avec une expression avec *avoir, devoir, vouloir* ou *pouvoir*.

1. Le président ne se sent pas bien parce qu'il _____. Il _____ que Jean-Pierre l'aide tout de suite et _____ Jean-Pierre l'aide tout de suite!
2. Béatrice _____ ! Elle est épuisée et elle n'a plus de patience !
3. Godefroy se fâche contre Jacquouille – il _____ toujours à Jacquouille quand il fait des bêtises.
4. Béatrice est obligée d'aider son arrière arrière grand-père… elle _____ l'aider ! Elle est toujours respectueuse et elle _____ Godefroy _____.
5. C'est inévitable… Godefroy et Jacquouille _____ rentrer au 12e siècle. Malheureusement, Jacquouille ne/n'_____ pas _____ rentrer !

C **Obligations.** Répondez aux questions suivantes. Utilisez *les verbes vouloir, pouvoir* et *devoir,* et *les expressions avec avoir.*

1. Béatrice arrive à l'église et elle rencontre Godefroy. Que veut-elle faire ? Pourquoi ?
2. Est-ce que Béatrice veut vraiment aider Godefroy ? Que peut-elle faire pour l'aider ?
3. Béatrice se sent obligée d'aider Godefroy. Doit-elle aider Godefroy ? Pourquoi ?
3. Qu'est-ce que Godefroy doit faire pour retourner au 12e siècle ?
4. Qu'est-ce que Jacquouille et Ginette veulent faire au 20e siècle ?

Travaillez ensemble ! Recommandations. Vous êtes le prêtre et vous conseillez Béatrice. Qu'est-ce qu'elle peut et doit faire pour aider Godefroy ? Veut-elle vraiment l'aider ? Jouez les rôles du prêtre et de Béatrice avec votre partenaire. Utilisez *les expressions verbales.*

Exemple : Prêtre : Godefroy a besoin d'aide mais vous ne pouvez pas l'aider !
Béatrice : Si ! Je veux l'aider et je dois l'aider !

5.6 Le présent du subjonctif

La formation du subjonctif

▶ Le subjonctif est un mode qui exprime un sentiment, une volonté, un jugement, un doute ou une possibilité. L'attitude de la personne qui parle est subjective. On emploie souvent le subjonctif dans une proposition subordonnée introduite par **que** quand le sujet de cette proposition est différent de celui de la proposition principale.
Exemple : ***Je** veux que **vous** soyez sages.*

▶ Pour former le subjonctif :
   ■ Conjuguez le verbe en question à la 3e personne du pluriel (ils).
   ■ Laissez tombez la terminaison **-ent**.
   ■ Ajoutez les terminaisons du subjonctif : **-e, -es, -e, -ions, -iez, -ent**.

terminaisons du subjonctif			
je/j'	**-e**	nous	**-ions**
tu	**-es**	vous	**-iez**
il, elle, on	**-e**	ils, elles	**-ent**

Tableau 13, Les terminaisons du subjonctif.

verbes réguliers au subjonctif			
que/qu'...	**parler**	**finir**	**répondre**
je	parle	finisse	réponde
tu	parles	finisses	répondes
il, elle, on	parle	finisse	réponde
nous	parlions	finissions	répondions
vous	parliez	finissiez	répondiez
ils, elles	parlent	finissent	répondent

Tableau 14, Des verbes réguliers au subjonctif.

verbes avec changement orthographique					
que/qu'...	**appeler**	**préférer**	**lever**	**essayer**	**nettoyer**
je/j'	appelle	préfère	lève	essaie	nettoie
tu	appelles	préfères	lèves	essaies	nettoies
il, elle, on	appelle	préfère	lève	essaie	nettoie
nous	appelions	préférions	levions	essayions	nettoyions
vous	appeliez	préfériez	leviez	essayiez	nettoyiez
ils, elles	appellent	préfèrent	lèvent	essaient	nettoient

Tableau 15, Des verbes avec changement orthographique.

verbes avec deux radicaux			
boire	que je	boive	que nous	buvions
croire	que je	croie	que nous	croyions
devoir	que je	doive	que nous	devions
envoyer	que j'	envoie	que nous	envoyions
mourir	que je	meure	que nous	mourions
prendre	que je	prenne	que nous	prenions
recevoir	que je	reçoive	que nous	recevions
venir	que je	vienne	que nous	venions
voir	que je	voie	que nous	voyions

Tableau 16, Des verbes avec deux radicaux au subjonctif.

verbes irréguliers au subjonctif									
quel/qu'	**aller**	**faire**	**pouvoir**	**savoir**	**valoir**	**vouloir**	**avoir**	**être**	**falloir**	**pleuvoir**
je/j'	aille	fasse	puisse	sache	vaille	veuille	aie	sois		
tu	ailles	fasses	puisses	saches	vailles	veuilles	aies	sois		
il, elle, on	aille	fasse	puisse	sache	vaille	veuille	ait	soit	il faille	il pleuve
nous	allions	fassions	puissions	sachions	valions	voulions	ayons	soyons		
vous	alliez	fassiez	puissiez	sachiez	valiez	vouliez	ayez	soyez		
ils, elles	aillent	fassent	puissent	sachent	vaillent	veuillent	aient	soient		

Tableau 17, Des verbes irréguliers au subjonctif.

Les emplois du subjonctif

▶ Rappelez-vous qu'on emploie souvent le subjonctif dans une proposition subordonnée introduite par que quand le sujet de cette proposition est différent de celui de la proposition principale.
Exemple : *Je veux que vous soyez sages.*

▶ Le subjonctif est employé après:
■ des verbes ou des expressions d'émotions ou de sentiments (être content, désolé, fâché, heureux, ravi, triste, etc.).
Exemple : *Je suis content que vous vouliez m'aider !*

■ des verbes ou des expressions de préférence, de désir ou de volonté (aimer, demander, désirer, exiger, préférer, souhaiter, vouloir, etc.). Le verbe espérer est une exception ; il n'est pas suivi du subjonctif et il est souvent suivi du futur.
Exemple : *Je veux que vous soyez sages. J'espère que vous serez sages.*

■ des verbes ou des expressions de doute ou d'improbabilité (douter / il est douteux, il semble, il est peu probable, il est improbable, etc.).
Exemple : *Je doute qu'il puisse trouver un moyen de retourner au 12e siècle.*

■ des expressions impersonnelles :
• de nécessité (il faut, il est nécessaire / obligatoire / essentiel, etc.)
Exemple : *Il faut que vous soyez à l'heure.*
• de possibilité (il est possible, il est impossible, il se peut, etc.)
Exemple : *Il est possible qu'elle ne sache pas où se trouve le livre.*
• de jugement (il vaut mieux, il est bon / bizarre / honteux / important, etc.)
Exemple : *Il vaut mieux que nous arrivions tôt.*

▶ Les verbes **croire, espérer, penser** et **trouver** sont des verbes qui indiquent un degré de certitude et ils peuvent prendre l'indicatif ou le subjonctif. Observez :

■ à la forme affirmative → l'indicatif
Exemple : *Tu crois qu'il vient.*

■ au négatif → le subjonctif
Exemple : *Tu ne crois pas qu'il vienne.*

■ à l'interrogatif avec l'inversion → le subjonctif
Exemple : *Crois-tu qu'il vienne ?*

■ à l'interrogatif négatif → l'indicatif
Exemple : *Ne crois-tu pas qu'il vient ?*

▶ On peut utiliser un infinitif pour éviter le subjonctif :

■ après un verbe de préférence, de désir ou de volonté quand le sujet de la proposition principale est le même sujet que celui de la proposition subordonnée.
Exemple : *Je veux aller au château.*

■ après une expression d'émotion (sujet + être + adjectif + de + infinitif).
Exemple : *Je suis content de vous accompagner.*

■ après une expression impersonnelle (il faut, il vaut mieux, il est + adjectif + de + infinitif, etc.).
Exemple : *Il faut arriver avant minuit. Il est essentiel d'arriver avant minuit.*

■ après le verbe devoir pour remplacer les expressions de nécessité.
Exemple : *Il faut que je parte bientôt. Je dois partir bientôt.*

Anglais → français

A **Mots et expressions.** Traduisez les mots et les expressions suivantes *en français*.

1. good, better, best
2. bad, worse, worst
3. as much as
4. the best actor
5. the most handsome actor

B **Phrases.** Traduisez les phrases suivantes *en français*.

1. He likes to watch movies.
2. He thinks that movies are more interesting than homework.
3. He has to do his homework.
4. He always has more homework than we do !
5. But he always finishes his work more quickly than we do ! Hmmm.

C **Courriel.** Un étudiant écrit un email à sa copine. Traduisez son email *en français*.

Hi Jeanne!

Thank you for your advice. I think that the *Visitors* is the funniest film! I love Jean Reno – he is the greatest actor in France! Christian Clavier is funnier than Reno but I prefer watching Reno. I must watch the *Visitors in America*. Do you think it is as good as the first film? I doubt that it is better than the *Visitors*! I have to study now – I have a test in History on the Middle Ages. Call me tonight!! Don't forget that I have to go to bed early because my test is at 8AM!

Kisses, Max

COMPRÉHENSION GÉNÉRALE

A **Vrai ou faux ?** Indiquez si les phrases suivantes sont vraies ou fausses.

1. vrai   faux   *Les visiteurs* viennent de Paris.
2. vrai   faux   Les gens du village pensent que *les visiteurs* sont fous.
3. vrai   faux   Béatrice n'a pas peur *des visiteurs*, mais elle ne veut pas les aider.
4. vrai   faux   Béatrice et Jean-Pierre habitent au château de Montmirail.
5. vrai   faux   Jacquart travaille à l'hôtel comme serveur. Il est très pauvre.
6. vrai   faux   Le banquier a mal à l'oreille.
7. vrai   faux   Godrefroy cherche une bague au château de Montmirail.
8. vrai   faux   L'encyclopédie *Larousse* n'a pas d'articles sur la vie de Godefroy.
9. vrai   faux   Jacquouille ne veut pas retourner au 12ᵉ siècle.
10. vrai   faux   Godefroy réussit à réparer son erreur. Il va se marier avec Frénégonde.

B **Personnages.** Donnez les noms des personnages du film qui correspondent aux descriptions suivantes.

1. Elle porte un short bleu et un polo rose. Elle est très gentille.
2. Il porte des costumes vifs. Il est hyper tendu.
3. Il porte des costumes sombres. Il est nerveux.
4. Il découvre l'amour et la liberté au 20ᵉ siècle.
5. Il est à l'hôtel pour un séminaire. Il est très riche.
6. Il a peur de Godefroy. Il appelle Béatrice pour qu'elle l'aide.
7. Elle est un peu folle et pense que *les visiteurs* sont acteurs.
8. Ils ont très peur *des visiteurs* quand ils se couchent.
9. Il donne des pilules roses à Godefroy pour le calmer.
10. Elle travaille pour le président. Elle est un peu tendue.

C **Scènes.** Déterminez quelles descriptions correspondent à des scènes du film. Faites une petite description des scènes qui font partie du film.

_____ Godefroy fête ses victoires aux batailles avec un grand dîner.
_____ Jacquouille vole les bijoux du cadavre.
_____ La sorcière transforme une jeune fille en vieille dame.
_____ Godefroy et Jacquouille attaquent un camion de la poste.
_____ Godefroy attaque le prêtre.
_____ Jacquouille fait cuire le gigot d'agneau dans la cheminée.
_____ Godefroy et Jacquouille prient dans le salon chez Béatrice.
_____ Béatrice suit Godefroy dans les oubliettes.
_____ Béatrice trouve le trésor de Montmirail dans les oubliettes.
_____ Béatrice tombe dans les oubliettes. Elle se fait hyper mal et va à l'hôpital.
_____ Jacquouille attrape un chien dans un sac en plastique.
_____ Jacquouille et Ginette annoncent leur futur mariage.

Un banquet de noces au Moyen Age

D **Fiches d'identité.** Complétez les fiches d'identité des personnages suivants.

Fiche d'Identité		Fiche d'Identité	Fiche d'Identité
Nom :	de Papincourt	Nom :	Nom :
Prénom :	Godefroy	Prénom :	Prénom :
AKA :	Le comte de Montmirail	AKA :	AKA :
Age :	35 ans - 45 ans / 1000 ans	Age :	Age :
Domicile :	le château de Montmirail	Domicile :	Domicile :
Situation familiale:	fiancé de Frénégonde	Situation familiale :	Situation familiale :
Enfant/s :	oui, à la fin	Enfant/s :	Enfant/s :
Profession :	chevalier, guerrier	Profession :	Profession :
Points forts :	courageux	Points forts :	Points forts :
Points faibles :	agressif	Points faibles :	Points faibles :
Autre :	Il aime sa famille.	Autre :	Autre :

Fiche d'Identité	Fiche d'Identité	Fiche d'Identité
Nom :	Nom :	Nom :
Prénom :	Prénom :	Prénom :
AKA :	AKA :	AKA :
Age :	Age :	Age :
Domicile :	Domicile :	Domicile :
Situation familiale :	Situation familiale :	Situation familiale :
Enfant/s :	Enfant/s :	Enfant/s :
Profession :	Profession :	Profession :
Points forts :	Points forts :	Points forts :
Points faibles :	Points faibles :	Points faibles :
Autre :	Autre :	Autre :

E **Chanson de geste.** Les chansons de geste sont des épopées composées à la fin du XIe et au XIIe siècles, écrites en langue romane. Lisez *La Chanson de Roland* en langue romane. Quels mots reconnaissez-vous ? Puis lisez la traduction française. Observez les ressemblances entre les deux langues. De quoi la chanson parle-t-elle ?

Roland à la Bataille de Roncevaux en 778

La Chanson de Roland

anonyme, 1ʳᵉ laisse

Carles li reis, nostre emperere magnes,
Set anz tuz pleins ad estet en Espaigne.
Tresqu'en la mer cunquist la tere altaigne,
N'i ad castel ki devant lui remaigne
Mur ne citet n'i est remés a fraindre,
Fors Sarraguce, ki est en une muntaingne.
Li reis Marsilie la tient, ki Deu nen aimet,
Mahumet sert e Apollin recleimet:
Nes poet quarder que mals ne l'i ateignet.

La Chanson de Roland

anonyme, 1ʳᵉ laisse

Le roi Charles, notre empereur, le Grand,
sept années toutes pleines est resté en Espagne:
jusqu'à la mer il a conquis la terre orgueilleuse.
Plus un château qui devant lui résiste,
plus une muraille à forcer, plus une cité,
hormis Saragosse, qui est sur une montagne.
Le roi Marsile la tient, qui n'aime pas Dieu.
Il sert Mahomet et prie Apollon:
il ne peut empêcher que le Malheur ne l'atteigne.

PHOTO

A **Détails.** Regardez la photo et cochez les bonnes réponses.

1. Situation dans le film : ☐ début ☐ milieu ☐ fin ☐ autre
2. Epoque : ☐ 12ᵉ siècle ☐ 20ᵉ siècle ☐ autre
3. Lieu : ☐ la campagne ☐ la ville ☐ autre
   ☐ le château ☐ la maison ☐ autre (la route)
4. Musique : ☐ de la musique ☐ du rock ☐ du jazz ☐ autre
   classique
5. Personnages :
6. Titre :

B **En général.** Répondez aux questions suivantes. Ecrivez deux ou trois phrases.

1. Qu'est-ce qui se passe ? Faites une petite description de la photo.
2. Le personnage à gauche a l'air _____ parce qu'il…
3. Le personnage à droite a l'air _____ parce qu'il…
4. Le camion de la Poste est démoli parce que les deux personnages sur la photo…
5. Comment est le paysage ?

C **Aller plus loin.** Ecrivez un paragraphe pour répondre aux questions suivantes.

1. *Scènes.* Qu'est-ce qui se passe avant la scène ? Pendant la scène ? Après la scène ?
2. *Malentendus.* Quel est le malentendu ? Est-ce que ce malentendu est représentatif d'autres malentendus du film ? Expliquez.
3. *Sentiments.* Comment est-ce que les personnages se sentent ? Expliquez.
4. *Vêtements.* Pourquoi est-ce que les deux personnages sont habillés comme ça ?
5. *Scènes.* Est-ce que cette scène est une scène importante du film ? Expliquez.

MISE EN PRATIQUE

A **En général.** Répondez aux questions suivantes. Ecrivez deux ou trois phrases.

1. Pourquoi est-ce que Jacquouille a peur de traverser la forêt au début du film ?
2. Qu'est-ce que le magicien oublie quand il prépare la potion magique ? Quel est le résultat ?
3. Godefroy va à l'église. Pourquoi est-ce que le prêtre téléphone à Béatrice ? Pourquoi est-ce que Béatrice veut aider Godefroy ?

4. Pourquoi est-ce que le mari de Béatrice n'aime pas Godefroy ?
5. Est-ce que le château de Montmirail appartient aux descendants de Godefroy ? Expliquez.
6. Pourquoi est-ce que Godefroy critique la maison de Béatrice ?
7. Pourquoi est-ce que Godefroy pense qu'on va continuer à manger pendant le dîner chez Béatrice ?
8. Pourquoi est-ce que Jacquart change de nom ?
9. Pourquoi est-ce que Godefroy va à l'hôtel ? Qu'est-ce qu'il cherche ?
10. Qu'est-ce qui se passe pendant que Godefroy, Jacquouille et Béatrice vont au château ?
11. Qui est-ce que Jacquouille aime ? Pourquoi ?
12. Est-ce que Godefroy réussit à la fin du film ? Expliquez.

B **Aller plus loin.** Écrivez un paragraphe pour répondre aux questions suivantes.

1. Expliquez l'expression «*Ils ne sont pas nés d'hier*».
2. Qu'est-ce que *les visiteurs* pensent du 20e siècle ? Expliquez.
3. Qui s'adapte mieux au 20e siècle, Godefroy ou Jacquouille ? Pourquoi ?
4. Décrivez le comportement des gens suivants : Godefroy, Jacquouille, Jacquart, Béatrice, Jean-Pierre, Ginette.
5. Est-ce que vous trouvez le comportement de Godefroy et de Jacquouille impoli ? Expliquez.
6. Imaginez la famille de Béatrice transportée en 1123. Comment est-ce que *les visiteurs* trouvent le comportement de leurs «*visiteurs*» ?
7. Pensez à la hiérarchie des classes sociales au Moyen Age et expliquez pourquoi Jacquouille ne se met pas à table pendant le dîner chez Béatrice.
8. Pourquoi est-ce que Godefroy n'est pas content quand il lit l'encyclopédie *Larousse* avec Béatrice ? Qu'est-ce qu'il n'aime pas en particulier ?
9. Pensez aux rôles et aux droits des domestiques au Moyen Age et expliquez pourquoi Jacquouille ne veut pas retourner avec Godefroy.
10. Jacquart retourne en 1123 avec le comte. Qu'est-ce qui va se passer ? Est-ce que le 12e siècle provoque des problèmes pour lui ? Expliquez.
11. Est-ce que vous pensez que le titre est un bon titre pour le film ? Pourquoi ou pourquoi pas ?
12. Qui est votre personnage préféré ? Pourquoi ?
13. Vous êtes le réalisateur et vous pensez qu'il faut éliminer une scène. Quelle scène est-ce que vous éliminez ? Pourquoi ?
14. Vous êtes le réalisateur et vous pensez qu'il faut ajouter une scène. Décrivez la scène. Où est-ce que vous ajoutez la scène ? Pourquoi ?
15. Est-ce que vous êtes content/e de la conclusion du film ? Expliquez pourquoi ou pourquoi pas.

Travaillez ensemble ! Pour ou contre ? Est-ce que vous aimez le film ?
Complétez le tableau suivant et présentez vos opinions à vos camarades de classe.

Les Visiteurs		
un film de Jean-Marie Poiré		
L'intrigue	très bien	moyen	sans intérêt particulier
Les personnages	très bien	moyen	sans intérêt particulier
Les costumes	très bien	moyen	sans intérêt particulier
Le décor	très bien	moyen	sans intérêt particulier
Les effets spéciaux	très bien	moyen	sans intérêt particulier
La musique	très bien	moyen	sans intérêt particulier
Le montage	très bien	moyen	sans intérêt particulier
Le film en général	très bien	moyen	sans intérêt particulier

Lecture - Culture - Recherches

LECTURE

Jean-Baptiste Bourgeois critique le film *Les Visiteurs*. Lisez sa critique et répondez aux questions qui suivent.

Les Visiteurs

une critique de J.B. Bourgeois

Je viens de voir le film, *Les Visiteurs*. Les Français sont fous de ce film et ils disent que c'est le meilleur film français de 1993. Moi, je ne suis pas du tout d'accord : «Quelle catastrophe !»

Par où commencer ? D'abord, le scénario n'est ni créatif ni original. A mon avis, le scénario ressemble trop aux films de Monty Python. Mais il n'est pas aussi bon !

Je me demande s'il y a une intrigue. Le film commence en 1123. Empoisonné par une sorcière, un comte tue le père de sa fiancée. Pour réparer son erreur, il va chez le magicien. Le magicien se trompe de formule et le comte et son domestique sont projetés au 20e siècle. *Les visiteurs* ne s'adaptent pas facilement au 20e siècle ce qui provoque des problèmes et des malentendus. Malgré des situations comiques, les scènes restent très banales. Le scénariste développe seulement les différences d'hygiène et de nourriture. Il ignore d'autres situations plus comiques. L'intrigue n'est qu'une série de mini-scènes humoristiques plutôt idiotes.

Est-ce qu'il y a des effets spéciaux dans le film ? Je ne pense pas. Ou peut-être que je dormais pendant ces scènes ! Parlons des personnages : je trouve que les personnages ne sont pas bien développés. Ce sont des clichés. Le scénariste se moque des pauvres, des riches, des médecins, des policiers, ... bref, de tout le monde ! Je pense que ces caricatures sont exagérées et méchantes ! En plus, elles sont de mauvais goût.

Quant aux acteurs, c'est aussi une catastrophe ! Je suis fan de Jean Reno. Je vois tous ses films et tout le monde sait que c'est un acteur doué ! Mais pourquoi est-ce qu'il a choisi ce rôle ? C'est un rôle débile ! Et Clavier ? Il joue (mal) le clown et c'est un échec. Finalement, il y a Valérie Lemercier. Avant de voir le film, j'avais beaucoup de respect pour Lemercier. Mais, maintenant, je ne peux pas la supporter. Elle m'agace !

En somme, je ne comprends pas pourquoi tout le monde adore ce film. Bien sûr, nous sommes une société de consommation. Il faut gagner autant d'argent que possible. Qu'est-ce qui se vend bien ? Ce qui ne nous demande pas d'effort comme ce film. C'est vrai que nous sommes contents de passer deux heures dans une salle de cinéma sans penser, sans réfléchir. C'est dommage. Il va y avoir un deuxième film avec nos fameux *visiteurs*, et je me demande : est-ce que l'on peut faire quelque chose de plus bête encore ?

A Vrai ou Faux ? Déterminez si les phrases sont vraies ou fausses.

1. vrai   faux   Jean-Baptiste aime beaucoup le film *Les Visiteurs*.
2. vrai   faux   Il trouve que les caricatures sont très méchantes.
3. vrai   faux   Il aime beaucoup les scènes comiques du film.
4. vrai   faux   Il fait référence aux films de Monty Python.
5. vrai   faux   Il pense que les acteurs du film ont du talent.

B En général. Répondez aux questions suivantes. Ecrivez deux ou trois phrases.

1. Qu'est-ce que Jean-Baptiste pense du scénario ? Pourquoi ?
2. Pourquoi est-ce qu'il n'aime pas les personnages du film ?
3. Est-ce qu'il a toujours du respect pour ses acteurs préférés ? Expliquez.
4. Comment est-ce qu'il explique la réussite du film ?
5. Est-ce qu'il va voir *Les Visiteurs 2* ? Pourquoi ou pourquoi pas ?

C   Aller plus loin. Ecrivez un paragraphe pour répondre aux questions suivantes.

1. Quel est le rôle des critiques ? Est-ce que les critiques des films influencent vos opinions ? Est-ce que vous aimez les critiques ? Expliquez.
2. Faites une liste de points forts et de points faibles du film. Est-ce que vous avez plus de points forts ou plus de points faibles ? Comment est-ce que vous expliquez vos résultats ?
3. Dialogue. Développez des arguments pour et contre le film. Puis écrivez un dialogue entre les gens qui adorent le film et les gens qui détestent le film. Qui gagne ?
4. Faites votre propre critique du film. Est-ce que vous aimez ou détestez le film ? Pourquoi ?
5. Vous êtes chargé/e de créer la publicité pour *Les Visiteurs*. Qu'est-ce que vous choisissez pour attirer votre public ? (les acteurs, l'intrigue, les scènes comiques, quelque chose d'autre ?) Ecrivez (dessinez !) votre pub !

CULTURE

A noter !

Comme toutes les langues, la langue française est toujours en train d'évoluer. La Délégation générale à la langue française et aux langues de France (DGLFLF) est chargée de maintenir la langue française. Etudiez les textes ci-dessous et réfléchissez aux questions suivantes :

▶ Quelle influence est-ce que la culture contemporaine (la musique, la télévision, le cinéma, l'art, etc.) a sur la langue ?
▶ Est-ce que *Les Visiteurs* a eu une influence sur la langue ? Expliquez.
▶ Est-ce que la technologie a une influence sur la langue ? Expliquez.
▶ Est-ce qu'il y a d'autres choses qui influencent la langue ? Expliquez.
▶ Pourquoi faut-il penser à maintenir la langue française ? Quelles langues influencent l'évolution de la langue française ?
▶ Que pensez-vous d'une politique pour maintenir une langue ?
▶ Comment est-ce que certains groupes de gens parlent ? Est-ce que certains groupes sociaux parlent plus correctement que d'autres groupes sociaux ? Expliquez.

l'emploi de la langue française :
le cadre légal

Un cadre juridique basé sur la loi du 4 août 1994

La loi du 4 août 1994 relative à l'emploi de la langue française s'est substituée à la loi du 31 décembre 1975, dont elle élargit le champ d'application et renforce les dispositions.

Ce texte dotant la France d'une véritable législation linguistique a inspiré de nombreux États, notamment en Europe. Il n'a pas vocation à préserver la pureté du français en faisant la chasse aux mots étrangers : il porte sur la présence du français et non sur son contenu. Il marque la volonté de maintenir le français comme élément de cohésion sociale et moyen de communication internationale, dans une France qui se veut ouverte sur l'extérieur et partie prenante de la mondialisation.

La loi de 1994 pose le principe que la langue française est la langue de l'enseignement, du travail, des échanges et des services publics, et « le lien privilégié des États constituant la communauté de la francophonie ».

Elle vise à garantir à nos concitoyens un « droit au français », en leur permettant notamment de disposer dans leur vie quotidienne, au travail, pour l'accès au savoir et à la culture, d'une information en langue française de nature à assurer notamment leur sécurité et leur santé.

La délégation générale à la langue française et aux langues de France

Depuis l'Édit de Villers-Cotterêts (1539), la langue française est un élément constitutif de l'identité nationale. Aujourd'hui, l'usage du français, langue de la République, est garanti sur notre territoire, en vertu de la Constitution (article 2), dans une perspective d'ouverture aux autres langues. Les pouvoirs publics disposent d'un service chargé d'animer, au plan interministériel, la politique linguistique de l'État : la délégation générale à la langue française et aux langues de France (DGLFLF). Rattachée au ministère de la Culture et de la Communication, elle joue un rôle de réflexion, d'impulsion et de coordination, assure le suivi des dispositifs législatifs et réglementaires (loi du 4 août 1994 relative à l'emploi de la langue française) et s'appuie sur un réseau d'organismes partenaires (Conseil supérieur de la langue française, Commission générale de terminologie et de néologie).

A **Devinez !** Etudiez la liste des termes publiés au *Journal officiel* par la Commission générale de terminologie et de néologie dans la publication du 27.12.2009 dans le domaine Informatique. Pouvez-vous deviner la traduction de ces termes ? Visitez le site *franceterme.culture.fr* pour vous aider et discuter le résultats avec vos camarades de classe !

FranceTerme
Tous les termes publiés au *Journal officiel* par la Commission générale de terminologie et de néologie

Publication du 27/12/2009 dans le domaine Informatique

Termes publiés

- bannière
- cercle de confiance
- démon
- démon de messagerie
- dévoiement
- directeur des systèmes d'information
- directeur des techniques

- informatiques
- domaine de premier niveau
- encre en poudre
- espace de confiance
- gestionnaire d'évènement
- indexation personnelle
- office d'enregistrement
- offre groupée

- option d'adhésion (à)
- option de retrait (à)
- parcours sur la toile
- registraire
- service de la toile
- terminal de poche
- toile sémantique

B **Langage.** Reliez les phrases suivantes avec les équivalents en langage familier.

_____ 1. Est-ce que tu as un polaroid ?
_____ 2. C'est drôle !
_____ 3. C'est étrange !
_____ 4. J'ai très peur !
_____ 5. Il n'y a pas de problème.
_____ 6. Tu es un peu hystérique.
_____ 7. Ça fait très mal !
_____ 8. Ça sent mauvais.
_____ 9. Le propriétaire adore sa voiture.
_____ 10. Couchez-vous !

A. C'est okay !
B. Ça puire !
C. Ça fait hyper mal !
D. C'est dingue !
E. Au dodo !
F. J'ai la trouille !
G. Le proprio adore sa bagnole.
H. C'est bizarre !
I. T'es un peu hystéro !
J. T'as un pola ?

C **Culture populaire.** Cochez les noms qui correspondent aux éléments culturels du film.

_____ la musique	_____ l'éducation	_____ la politique
_____ la religion	_____ les transports	_____ la technologie
_____ le langage	_____ la nourriture	_____ le confort moderne
_____ les loisirs	_____ les sports	_____ la télévision
_____ le cinéma	_____ les voyages	_____ la mode
_____ le comportement	_____ les classes sociales	_____ les métiers
_____ la famille	_____ l'environnement	

Liens !

Est-ce que les autres films que vous avez vus parlent de culture populaire ? Réfléchissez aux éléments culturels dans *Les Triplettes de Belleville*, dans *Le Papillon*, dans *Etre et avoir* et dans *l'Auberge espagnole*. Est-ce que Poiré présente la culture populaire comme les autres réalisateurs la présentent ? Expliquez.

Liens !

Est-ce qu'on peut dire que *Les Triplettes de Belleville* représente bien la langue, les modes et la musique des années 1940 et 1950 ? Est-ce que les personnages sont trop clichés ? Expliquez.

Est-ce que *Le Papillon, Etre et avoir* et *l'Auberge espagnole* représentent bien la culture contemporaine française ? Comment ? Citez des exemples précis des deux films !

D **D'accord ou pas d'accord ?** Indiquez si vous êtes d'accord ou si vous n'êtes pas d'accord avec les phrases suivantes. Expliquez votre choix.

1. *Les Visiteurs* est un film qui représente bien la culture française contemporaine.
2. Le film représente bien la culture française du Moyen Age.
3. Le film est fidèle à l'histoire de France.
4. Les personnages représentent bien certaines classes sociales françaises.
5. Les personnages sont trop stéréotypés.
6. Le film utilise un langage contemporain et à la mode.
7. Les modes des années 90 et du Moyen Age sont mal représentées dans le film.

E **En général.** Répondez aux questions suivantes. Ecrivez deux ou trois phrases.

1. Quelles classes sociales sont représentées dans le film ? Citez un personnage qui correspond à chaque classe sociale.
2. Est-ce qu'il est possible de classer les gens selon les vêtements qu'ils portent ? Justifiez votre réponse avec des exemples du film.
3. Est-ce qu'il est possible de classer les gens selon où ils habitent ? Expliquez et citez des exemples du film.
4. Est-ce qu'il est possible de classer les gens selon leurs métiers ? Justifiez votre réponse avec des exemples du film.
5. Est-ce que le film a une valeur culturelle ? Expliquez.

F **Aller plus loin.** Ecrivez un paragraphe pour répondre aux questions suivantes.

1. Décrivez le dîner en famille chez Béatrice. Est-ce que le dîner est un dîner typiquement français ? Comment est un dîner typique chez vous ? Comparez le dîner chez Béatrice avec un dîner chez vous.
2. Comment est-ce que la vie du 12ᵉ siècle se différencie de la vie du 20ᵉ siècle ?
3. Décrivez un Preppie. Qu'est-ce qu'il porte ? Qu'est-ce qu'il fait comme métier ? Qu'est-ce qu'il trouve important dans la vie ? Est-ce que vous connaissez des gens Preppie ? Comment sont-ils ?
4. Les films ont une influence importante sur la culture et sur le langage contemporains. Pensez aux films qui ont une influence sur la culture. Quelles sortes d'influences est-ce qu'on voit ? Est-ce que cette influence est toujours positive ? Expliquez.

5. Pensez aux années 1990. Qu'est-ce qui est à la mode ? Comment est-ce qu'on s'habille, quelles expressions est-ce qu'on utilise, qu'est-ce qu'on écoute comme musique, de quels films est-ce qu'on parle ? Est-ce qu'il y a toujours des restes de ces influences ? Expliquez.
6. Est-ce que l'histoire de France joue un rôle dans le film ? Quels événements historiques sont essentiels à l'intrigue ? Est-ce qu'on pourrait ajouter d'autres faits historiques ? Lesquels ? Expliquez.
7. Les magiciens et les sorcières jouent un rôle important dans le film. Comment est-ce qu'ils sont perçus au 12e siècle ? Est-ce qu'ils existent au 21e siècle ? Comment est-ce qu'ils sont perçus au 21e siècle ?

Liens !

Pensez aux films *Le Papillon* et *Etre et avoir* et répondez aux questions suivantes :

A quelle classe sociale est-ce qu'Isabelle et Elsa appartiennent ? Est-ce que leurs vêtements, leur maison ou le métier d'Isabelle indiquent leur classe sociale ? Expliquez. Quelle est la valeur culturelle du film ?

A quelle classe sociale est-ce que les familles d'*Etre et avoir* appartiennent ? Est-ce que Monsieur Lopez appartient à la même classe sociale ? Expliquez. Est-ce que les vêtements, les maisons, les voitures ou les métiers indiquent la classe sociale des familles et de Monsieur Lopez ? Expliquez. Quelle est la valeur culturelle du film ?

RECHERCHES

Faites des recherches sur les sujets suivants.

A **Vive les vacances !** Vous faites un stage pour *La Maison de France* et vous êtes chargé/e de développer une brochure sur Montmirail. Préparez votre brochure selon les rubriques suivantes.

▶ Population
▶ Géographie
▶ Climat
▶ Hébergement
▶ Restauration
▶ Activités touristiques
▶ Musées et monuments

B **Châteaux.** Les châteaux jouent un rôle important dans l'histoire de France. Aujourd'hui, les châteaux sont des musées, des sites historiques, des maisons particulières, etc. Préparez un exposé de 3 – 5 minutes qui montre l'évolution des châteaux. Présentez vos recherches à vos camarades de classe. Utilisez les rubriques suivantes pour organiser votre exposé.

▶ L'histoire des châteaux et leur évolution
▶ Des forteresses du Moyen Age
▶ Leur statut aujourd'hui
  ■ Musées nationaux
  ■ Sites / monuments historiques
  ■ Maisons particulières / hôtels
  ■ Ruines ou autre

C **Vive la révolution !** Comment est-ce que la Révolution française a changé la vie des Français ? Vous préparez un dépliant pour *Le Musée National de la Révolution française* pour aider les visiteurs à comprendre l'importance de la Révolution. Traitez chaque sujet ci-dessous.

▶ Dates et raisons pour la Révolution
▶ Personnages principaux
▶ Droits de l'homme avant et après la révolution
▶ Ce que la Révolution a changé.

D **Confort moderne.** Le Moyen Age est très différent du 21e siècle en ce qui concerne le confort moderne. Vous faites une étude comparative sur les différences. Préparez une page sur le Moyen Age et une page sur le 21e siècle. Lisez les questions suivantes pour vous aider à préparer votre étude.

▶ Qu'est-ce qui a changé pour les gens au cours des siècles ?
▶ Est-ce que la vie est plus facile aujourd'hui ? Qu'est-ce qui est plus facile ? Pourquoi ?
▶ Comment est-ce que le confort moderne rend la vie plus facile ? Expliquez.
▶ Quels services et quelles technologies sont indispensables au 21e siècle ? Expliquez.
▶ Est-ce que vous voudriez pouvoir vivre au Moyen Age ? Expliquez.

E **Cinéma.** Les acteurs du film *Les Visiteurs* sont connus. Cherchez-les sur l'Internet et préparez une fiche d'identité pour votre personnage préféré. Comparez cette fiche d'identité avec celle que vous avez préparée sur le rôle qu'il ou qu'elle joue dans le film.

Fiche d'identité
. . . .

Biographie

Nom :
Prénom :
Nationalité :
Date de naissance :
Lieu de naissance :
Situation de famille :
Lieu de résidence :
Loisirs

Filmographie

César

Présentation des films

DOCUMENTS

BCBG - France

LE LANGAGE BCBG

Plus BCBG que ça et vous devenez snob. Pour articuler des mots et y mettre la juste intonation BCBgiste, il vous faudra un peu d'oreille et surveiller votre langage. Toutes les syllabes que forment vos paroles doivent être énoncées clairement. Parlez lentement et distinctement pour anoblir notre belle langue française et faites semblant de vous brûler la langue sur chacun de vos mots : - «Parfait, vous êtes dans le ton !».

COMMENT S'EXPRIMER

Le silence est d'or et la parole est d'argent ! Le seul fait de savoir s'exprimer devrait suffire pour communiquer en société. Un langage de base comporte environ 4.500 mots mais on peut faire beaucoup mieux. Il suffit d'emprunter quelques expressions «very british» et autres abréviations ou apostrophes bien pesées et le tour est joué.

LEXIQUE INDISPENSABLE

Repeat after me ...

Absolument : adv., complètement, sans restriction. Peut remplacer le oui en réponse à une question ou bien augmenter la marque d'un sentiment très profond. *Ex. : «Je suis absolument désolé».*

Adorable : adj. syn. de mignon, charmant. Qualifie un animal, un enfant ou un objet. *Ex. : «Son fils est absolument adorable».*

Ami : nom propre très BCBG. Prononcer «Aâmii». Les noms communs seront copains, camarades, etc... qu'il vaut mieux oublier de son vocabulaire *Ex. : «Cher ami, comment allez-vous ?».*

Boîte : n. f., la société dans laquelle travaille Monsieur BCBG. *Ex. : «Ma boîte marche très bien en ce moment».*

Boulot : n. m., terme vulgaire pour parler de son travail hormis lors de l'expression familière suivante: *Ex. : «J'ai un boulot dingue en ce moment!». Voir dingue*.*

Brunch : mot anglo-américain, contraction de breakfast-lunch, petit déjeuner - déjeuner pris entre 11 heures et 14 heures, le plus souvent le week-end.

Carré : le foulard noblement porté par une personne BCBG. *Ex. : «J'ai un nouveau carré Hermès».*

Carton : anciennement bristol qui désigne une invitation.

Catastrophique : adj., se prononce en accentuant chaque syllabe. Signifie au pire très ennuyeux, gênant, embarrassant. *Ex. : «C'est ca-tas-tro-phi-que, je n'ai plus de porto !».*

Caviar : Oeufs d'esturgeon. On en parle beaucoup mais on en mange plus rarement. Les oeufs de lump (ersatz fréquent dans les buffets).

C'est cela, oui ! : Acquiescement sincère mais à connotation humoristique à utiliser avec modération.

Cercle : Un club mais BCBG. Le mot «Cercle» évoque mieux le côté élitiste que le mot club.

Chiant : adj. très ennuyeux. *Ex. : «Les Dugenou sont chiants».*

Chier (faire) : v. vulgaire ; ennuyer profondément. Les anciens le disent, donc les jeunes le répètent !

Chiottes : n. f. pl., mot très vulgaire désignant les W.C., les wawa, les toilettes, l'endroit où l'on se lave les mains. *Ex. au figuré : «Il a un goût de chiottes» : Il a un très mauvais goût.*

Classe : Etre ou ne pas être BCBG, telle est la question. Si vous l'êtes, vous l'avez : «la classe» !

Club : Club de sport ou boîte de nuit. Autre : Voir cercle*.

Conseil : Conseil d'administration.

CPCH : Collier de Perles, Carré Hermès ; abréviation qui désigne les jeunes filles de 18 ans qui, chez les BCBG, reçoivent leur premier collier de perles et leur premier foulard Hermès. Voir Carré*.

Décontract' : adj. abréviation de décontracté, syn. de cool. *Ex. : «Quand les parents sont là on n'est pas décontract'.»*

Dehors : 1) : Signifie à l'extérieur de la maison, sur la terrasse comme dans le parc. *Ex. : «Ce soir, le dîner est servi dehors».* 2) à l'extérieur de chez soi, chez des amis. *Ex. : « Nous dînons dehors.»*

Déjeuner : v. Prendre le repas de midi. On ne mange* pas !

Dément : adj. 1) fou, incroyable, fantastique (sens laudatif). *Ex. : «Il habite un loft dément».* 2) sens péjoratif : excessif. *Ex. : «Philippine a un travail dément». Voir dingue*.*

Désolé : adj. signifie confus, navré. *Ex. : «Je suis absolument désolé, mais nous sommes déjà pris ce soir là.»*

Il demeure donc. On le rase, on l'habille d'une robe écarlate. Le voilà pris au piège. Plus de quatre-vingt malades viennent se présenter au roi, qui le fait appeler.

-Ecoutez, dit-il, voyez ces gens, guérissez-les au plus vite.

-Grâce, sire! Ils sont trop, je ne pourrai en venir à bout. Comment les guérir tous?

Le roi fit venir deux valets, chacun muni d'un bâton, car ils avaient compris de quoi il retournait.

Le paysan se mit à trembler. Il cria:

-Grâce! grâce! Je les guérirai sans délai.

Il demanda des bûches. On lui en apporta à foison, et l'on alluma du feu, que lui-même prit soin de préparer. Il fit rassembler les malades, puis dit au roi:

-Sortez, sire, avec tous ceux qui ne souffrent d'aucun mal.

Le roi sortit de la salle avec ses gens. Alors le paysan dit aux malades:

-Mes seigneurs, par le Dieu qui me créa, écoutez-moi. Vous choisirez le plus malade d'entre vous, et nous le brûlerons dans cette cheminée. Tous les autres y trouveront profit, car ceux qui mangeront de ses cendres seront guéris.

Les malades se regardèrent entre eux. Il n'y eut bossu ni enflé qui pour un royaume eût avoué qu'il avait la plus grande maladie. Le paysan dit à l'un d'eux :

-Tu me parais bien faible, tu es le plus malade de tous.

-Miséricorde! Je me porte très bien, mieux que jamais. Je me sens guéri de tous les maux dont je souffrais depuis longtemps. Et soyez sûr que je ne mens pas!

-Va-t-en alors. Que venais-tu chercher ici ?

L'homme prit vite la porte. Le roi lui demanda s'il était guéri.

-Oui, sire, par la grâce de Dieu, et plus sain qu'une pomme. Votre médecin est un bien savant homme.

Que vous dire de plus? Il n'y eut petit ni grand à consentir, pour quoi que ce fût, à se laisser jeter dans le feu. Tous s'en allèrent, les uns après les autres, comme s'ils avaient tous été guéris. Le roi, transporté à cette vue, dit au paysan:

-Je suis émerveillé, je me demande comment vous avez pu en si peu de temps guérir les gens.

-Sire, je les ai charmés, je leur ai composé un charme qui vaut mieux que gingembre et cannelle.

Le roi fit du paysan un riche manant qui ne poussa plus la charrue et ne battit plus sa femme.

Robert Leggewie, *Anthologie de la littérature française, 3e édition, Tome 1*. ©Oxford University Press, New York : 1990

Molière s'est inspiré du *Vilain Mire* pour écrire sa comédie-farce en trois actes, *Le Médecin malgré lui*. Comme le fabliau du Moyen Age, le but de la farce est de faire rire les auditeurs à partir des bouffonneries ou de l'absurde. Les trois premières scènes sont présentées ici.

Le Médecin malgré lui

Molière, 1666

ACTEURS

SGANARELLE, *mari de Martine*
MARTINE, *femme de Sganarelle*
M. ROBERT, *voisin de Sganarelle*
VALÈRE, *domestique de Géronte*
LUCAS, *mari de Jacqueline*
JACQUELINE, *nourrice chez Géronte / femme de Lucas*
GÉRONTE, *père de Lucinde*
LUCINDE, *fille de Géronte*
LÉANDRE, *amant de Lucinde*
THIBAUT, *père de Perrin*
PERRIN, *fils de Thibaut, paysan*

ACTE I
Scène Première

SGANARELLE, MARTINE, en se querellant.

SGANARELLE Non je te dis que je n'en veux rien faire; et que c'est à moi de parler et d'être le maître.

MARTINE Et je te dis moi, que je veux que tu vives à ma fantaisie: et que je ne me suis point mariée avec toi, pour souffrir tes fredaines.

SGANARELLE Ô la grande fatigue que d'avoir une femme: et qu'Aristote a bien raison, quand il dit qu'une femme est pire qu'un démon !

MARTINE Voyez un peu l'habile homme, avec son benêt d'Aristote.

SGANARELLE Oui, habile homme, trouve-moi un faiseur de fagots, qui sache, comme moi, raisonner des choses,

	qui ait servi six ans, un fameux médecin, et qui ait su dans son jeune âge, son rudiment par coeur.
MARTINE	Peste du fou fieffé.
SGANARELLE	Peste de la carogne.
MARTINE	Que maudit soit l'heure et le jour, où je m'avisai d'aller dire oui.
SGANARELLE	Que maudit soit le bec cornu de notaire qui me fit signer ma ruine.
MARTINE	C'est bien à toi, vraiment, à te plaindre de cette affaire: devrais-tu être un seul moment, sans rendre grâces au Ciel de m'avoir pour ta femme, et méritais-tu d'épouser une personne comme moi?
SGANARELLE	Il est vrai que tu me fis trop d'honneur: et que j'eus lieu de me louer la première nuit de nos noces. Hé! morbleu, ne me fais point parler là-dessus, je dirais de certaines choses...
MARTINE	Quoi? que dirais-tu?
SGANARELLE	Baste, laissons là ce chapitre, il suffit que nous savons ce que nous savons: et que tu fus bien heureuse de me trouver.
MARTINE	Qu'appelles-tu bien heureuse de te trouver? Un homme qui me réduit à l'hôpital, un débauché, un traître qui me mange tout ce que j'ai?
SGANARELLE	Tu as menti, j'en bois une partie.
MARTINE	Qui me vend, pièce à pièce, tout ce qui est dans le logis.
SGANARELLE	C'est vivre de ménage.
MARTINE	Qui m'a ôté jusqu'au lit que j'avais.
SGANARELLE	Tu t'en lèveras plus matin.
MARTINE	Enfin qui ne laisse aucun meuble dans toute la maison.
SGANARELLE	On en déménage plus aisément.
MARTINE	Et qui du matin jusqu'au soir, ne fait que jouer, et que boire.
SGANARELLE	C'est pour ne me point ennuyer.
MARTINE	Et que veux-tu pendant ce temps, que je fasse avec ma famille?
SGANARELLE	Tout ce qu'il te plaira.
MARTINE	J'ai quatre pauvres petits enfants sur les bras.
SGANARELLE	Mets-les à terre.
MARTINE	Qui me demandent à toute heure, du pain.
SGANARELLE	Donne-leur le fouet. Quand j'ai bien bu, et bien mangé, je veux que tout le

	monde soit saoul dans ma maison.
MARTINE	Et tu prétends ivrogne, que les choses aillent toujours de même?
SGANARELLE	Ma femme, allons tout doucement, s'il vous plaît.
MARTINE	Que j'endure éternellement, tes insolences, et tes débauches?
SGANARELLE	Ne nous emportons point ma femme.
MARTINE	Et que je ne sache pas trouver le moyen de te ranger à ton devoir?
SGANARELLE	Ma femme, vous savez que je n'ai pas l'âme endurante: et que j'ai le bras assez bon.
MARTINE	Je me moque de tes menaces.
SGANARELLE	Ma petite femme, ma mie, votre peau vous démange, à votre ordinaire.
MARTINE	Je te montrerai bien que je ne te crains nullement.
SGANARELLE	Ma chère moitié, vous avez envie de me dérober quelque chose.
MARTINE	Crois-tu que je m'épouvante de tes paroles?
SGANARELLE	Doux objet de mes vœux, je vous frotterai les oreilles.
MARTINE	Ivrogne que tu es.
SGANARELLE	Je vous battrai.
MARTINE	Sac à vin.
SGANARELLE	Je vous rosserai.
MARTINE	Infâme.
SGANARELLE	Je vous étrillerai.
MARTINE	Traître, insolent, trompeur, lâche, coquin, pendard, gueux, belître, fripon, maraud, voleur...!
SGANARELLE	*Il prend un bâton, et lui en donne.-* Ah! vous en voulez, donc.
MARTINE	Ah, ah, ah, ah.
SGANARELLE	Voilà le vrai moyen de vous apaiser.

SCÈNE II
M. ROBERT, SGANARELLE, MARTINE.

M. ROBERT	Holà, holà, holà, fi, qu'est-ce ci ? Quelle infamie, peste soit le coquin, de battre ainsi sa femme.
MARTINE	*Les mains sur les côtés, lui parle en le faisant reculer, et à la fin, lui donne un soufflet.-* Et je veux qu'il me batte, moi.
M. ROBERT	Ah! j'y consens de tout mon cœur.
MARTINE	De quoi vous mêlez-vous?
M. ROBERT	J'ai tort.

MARTINE	Est-ce là votre affaire?
M. ROBERT	Vous avez raison.
MARTINE	Voyez un peu cet impertinent, qui veut empêcher les maris de battre leurs femmes.
M. ROBERT	Je me rétracte.
MARTINE	Qu'avez-vous à voir là-dessus?
M. ROBERT	Rien.
MARTINE	Est-ce à vous, d'y mettre le nez?
M. ROBERT	Non.
MARTINE	Mêlez-vous de vos affaires.
M. ROBERT	Je ne dis plus mot.
MARTINE	Il me plaît d'être battue.
M. ROBERT	D'accord.
MARTINE	Ce n'est pas à vos dépens.
M. ROBERT	Il est vrai.
MARTINE	Et vous êtes un sot, de venir vous fourrer où vous n'avez que faire.
M. ROBERT	*Il passe ensuite vers le mari, qui, pareillement, lui parle toujours, en le faisant reculer, le frappe avec le même bâton, et le met en fuite, il dit à la fin.-* Compère, je vous demande pardon de tout mon cœur, faites, rossez, battez, comme il faut, votre femme, je vous aiderai si vous le voulez.
SGANARELLE	Il ne me plaît pas, moi.
M. ROBERT	Ah! c'est une autre chose.
SGANARELLE	Je la veux battre, si je le veux: et ne la veux pas battre, si je ne le veux pas.
M. ROBERT	Fort bien.
SGANARELLE	C'est ma femme, et non pas la vôtre.
M. ROBERT	Sans doute.
SGANARELLE	Vous n'avez rien à me commander.
M. ROBERT	D'accord.
SGANARELLE	Je n'ai que faire de votre aide.
M. ROBERT	Très volontiers.
SGANARELLE	Et vous êtes un impertinent, de vous ingérer des affaires d'autrui: apprenez que Cicéron dit, qu'entre l'arbre et le doigt, il ne faut point mettre l'écorce. *(Ensuite il revient vers sa femme, et lui dit, en lui pressant la main)* Ô çà faisons la paix nous deux. Touche là.
MARTINE	Oui! après m'avoir ainsi battue!
SGANARELLE	Cela n'est rien, touche.
MARTINE	Je ne veux pas.
SGANARELLE	Eh!
MARTINE	Non.
SGANARELLE	Ma petite femme.
MARTINE	Point.
SGANARELLE	Allons, te dis-je.
MARTINE	Je n'en ferai rien.
SGANARELLE	Viens, viens, viens.
MARTINE	Non, je veux être en colère.
SGANARELLE	Fi, c'est une bagatelle, allons, allons.
MARTINE	Laisse-moi là.
SGANARELLE	Touche, te dis-je.
MARTINE	Tu m'as trop maltraitée.
SGANARELLE	Eh bien va, je te demande pardon, mets là, ta main.
MARTINE	*Elle dit le reste bas.-* Je te pardonne, mais tu le payeras.
SGANARELLE	Tu es une folle, de prendre garde à cela. Ce sont petites choses qui sont, de temps en temps, nécessaires dans l'amitié: et cinq ou six coups de bâton, entre gens qui s'aiment, ne font que ragaillardir l'affection. Va je m'en vais au bois: et je te promets, aujourd'hui, plus d'un cent de fagots.

SCÈNE III

MARTINE	*Seule.-* Va, quelque mine que je fasse, je n'oublie pas mon ressentiment: et je brûle en moi-même, de trouver les moyens de te punir des coups que tu me donnes. Je sais bien qu'une femme a toujours dans les mains de quoi se venger d'un mari: mais c'est une punition trop délicate pour mon pendard. Je veux une vengeance qui se fasse un peu mieux sentir: et ce n'est pas contentement, pour l'injure que j'ai reçue.

chapitre ⑥
Sur mes lèvres

Avant le visionnement
NOTES CULTURELLES

L'économie

La France est la cinquième puissance économique mondiale. Ses industries principales sont l'électricité, les industries agro-alimentaires, les produits pharmaceutiques, les télécommunications et les transports. Le secteur bancaire, le tourisme et les produits de luxe jouent aussi un rôle important dans l'économie française. (France-Diplomatie, *Economie*)

Le travail et le chômage

Il y a 25,6 millions de personnes actives en France : 3,3% sont dans l'agriculture, 13,3% sont dans l'industrie, 6,9% sont dans la construction et 76,5% dans les services. Le salaire net moyen est de 23.261€. Le taux de chômage est de 8% pour le pays : 7,4% pour les hommes, 8,5% pour les femmes et 19,3% pour les 15–24 ans.

Le crime

Le manque d'éducation, la pauvreté et la discrimination sont parmi les facteurs qui contribuent aux crimes contre les personnes, les biens ou l'Etat. Les peines varient selon le crime : une amende ou l'emprisonnement (la France a aboli la peine de mort en 1981). Dans le film, on apprend que Paul a passé deux ans en prison pour un vol aggravé. Il est en liberté conditionnelle pendant six mois.

En 2008, il y avait 3.559.000 faits constatés par l'ensemble des services de police et de gendarmerie. Le taux global de la criminalité de la France s'est établi à 57,29 pour 1.000 habitants.

FICHE TECHNIQUE

Réalisation :	Jacques Audiard
Musique originale :	Alexandre Desplat
Année de production :	2001
Durée :	1 h 55
Genre :	Drame/thriller
Date de sortie nationale :	17/10/2001

 PROFIL: Jacques Audiard

réalisateur, scénariste

Né le 30 avril 1952 à Paris

Mini-biographie

Audiard a commencé sa carrière au cinéma comme monteur. Il s'est mis à écrire des scénarios au début des années 80. En 1993, il a réalisé son premier long métrage, *Regarde les hommes tomber,* qui a reçu le César du Meilleur premier film en 1994. Au cours des années 90, Audiard a continué à présenter la condition humaine et à développer le ton noir qui caractérise ses films. Son film *De battre mon cœur s'est arrêté (2004),* a reçu huit Césars et il a établi Audiard comme le nouveau maître des thrillers français.

Filmographie

1993   Regarde les hommes tomber
1995   Un Héros très discret
2001   Sur mes lèvres
2005   De battre mon coeur s'est arrêté
2009   Un Prophète

SYNOPSIS

Une jeune secrétaire malentendante travaille dans une société de promotion immobilière. Elle est mal payée, mal aimée et peu appréciée par ses collègues. Débordée de travail, elle embauche un ancien détenu comme assistant. Elle l'introduit dans le monde des affaires et il l'introduit dans le monde des criminels…

Note : *Sur mes lèvres* est classé «R» aux Etats-Unis.

A SAVOIR !

Jacques Audiard a travaillé avec Romain Duris (*L'Auberge espagnole*) dans le film *De battre mon cœur s'est arrêté (2005)*. Dans ce thriller, Duris joue le rôle de Tom, un criminel qui essaie de réaliser son rêve de devenir pianiste. Le film, qui a reçu huit César, est à voir !

PERSONNAGES

Personnages principaux

Paul	Vincent Cassel
Carla	Emmanuelle Devos

Personnages secondaires

Marchand	Olivier Gourmet
Masson	Olivier Perrier
Annie	Olivia Bonamy
Morel	Bernard Alane
Josie	Céline Samie
Keller	Pierre Diot
Jean-François	François Loriquet
Mammouth	Serge Boutleroff
Richard Carambo	David Saracino
Louis Carambo	Christophe Van de Velde
Barman	Bî Gaultier de Kermoal

 **PROFIL:** Vincent Cassel

acteur, producteur
Né le 23 novembre 1966 à Paris

Mini-biographie

Vincent Cassel s'intéresse aux beaux-arts depuis son enfance. Il a fait des études à l'Actor's Studio à New York et à l'Atelier International de Théâtre. Il a commencé sa carrière d'acteur avec la troupe de Jean-Louis Barrault et il a fait quelques émissions de télé avant de débuter au cinéma dans le film *Les Clés du Paradis (1991)*. Sa rencontre avec Mathieu Kassovitz et son film *Les Rivières pourpres (2000)* ont démarré sa carrière au cinéma. Acteur très doué, Cassel a déjà joué dans une soixantaine de films (français et américains) et il met toute son énergie et son intensité aux films actuellement en tournage.

Quelques films

1991	Les Clés du paradis		2002	Irréversible
1993	Métisse		2004	Agents secrets
1995	La Haine		2004	Ocean's Twelve
2000	Les Rivières pourpres		2007	Ocean's Thirteen
2001	Article premier		2008	Mesrine : L'instinct de mort
2001	Le Pacte des loups		2008	Mesrine : L'ennemi Public n°1
2001	Shrek		2010	Notre jour viendra

A votre avis...

Quelles catégories socioprofessionnelles vous intéressent ? Pourquoi ? Quelle formation faut-il pour travailler dans ces catégories ? Est-ce que le taux de chômage est élevé dans ces catégories ?

Quelles catégories socioprofessionnelles ne vous intéressent pas du tout ? Pourquoi ? Est-ce que le taux de chômage est élevé dans ces catégories ?

Quelle est votre spécialisation ? Après vos études pourrez-vous trouver un emploi qui correspond à votre spécialisation et à vos compétences ? Expliquez.

Après avoir regardé

EXERCICES DE VOCABULAIRE

Vocabulaire

un assistant
une augmentation
candidat
une demande d'emploi
embauche
un entretien d'embauche
formation
un métier
une offre d'emploi
son patron
une promotion
promotion immobilière
un salaire
secrétaire
stage

A **A la Sédim.** Complétez le paragraphe suivant avec *le vocabulaire* qui convient.

Carla travaille dans une société de _____. Elle est _____. Le secrétariat n'est pas _____ facile parce qu'il faut s'occuper des problèmes des autres et parce qu'on reçoit _____ de misère par rapport au travail qu'on fait. Il y a trois ans que Carla y travaille et elle mérite _____ et _____ de salaire. Elle ne reçoit rien, mais _____ lui propose de chercher _____. Elle va donc à l'ANPE pour soumettre _____.

Paul va aussi à l'ANPE. Il remplit _____. Il réussit à avoir _____ avec Carla. Il est clair qu'il n'a aucune _____ et qu'il n'a jamais fait de _____ dans un bureau. Mais Carla trouve que c'est un bon _____ pour le poste et elle l'_____.

B **Description.** Pensez aux différentes étapes de la vie de Carla. Déterminez si vous êtes d'accord ou si vous n'êtes pas d'accord avec les phrases suivantes. Si vous n'êtes pas d'accord avec la phrase, expliquez pourquoi et corrigez-la. Utilisez *le vocabulaire* qui convient.

1. Carla est une secrétaire peu appréciée à la Sédim.
2. Carla devient patronne quand elle embauche Paul.
3. Carla est criminelle parce qu'elle demande à Paul de voler le dossier des Flérets.
4. Carla est bienfaitrice parce qu'elle donne les clés du studio à Paul.
4. Carla est mal à l'aise quand elle va à la boîte de nuit pour la première fois.
5. Carla devient espionne quand elle observe Marchand et les Carambo.
6. Carla s'adapte à sortir en boîte de nuit et elle a plus confiance en elle.
7. Carla est voleuse parce qu'elle vole l'argent de Marchand.
8. Carla est courageuse parce qu'elle va voir Josie pour sauver Paul.
9. Carla est meurtrière parce qu'elle drogue la femme de Marchand.
10. Carla est contente à la fin du film.

C **Entretien.** Paul veut être embauché à la Sédim. Carla va l'interroger sur son passé. Quelles études a-t-il faites ? Quelle formation a-t-il ? A-t-il de l'expérience professionnelle ? Sait-il se servir d'un ordinateur ? Développez le CV imaginé de Paul selon les rubriques ci-dessous. Utilisez *le vocabulaire* du film.

1. Ses études (le lycée, l'université, autre)
2. Sa formation (les stages dans les entreprises, les stages à l'étranger, autre)
3. Ses expériences professionnelles (le travail dans les entreprises, le travail dans l'immobilier, autre)

4. Ses compétences (l'informatique : PC, Mac, autre)
5. Ses centres d'intérêts (les arts, le sport, autre)

La Défense, le quartier des affaires

Liens !

Dans le film *L'Auberge espagnole*, Xavier fait des études en économie et il veut travailler au Ministère des Finances. Imaginez son entretien d'embauche : parlez de ses études, de sa formation, de son expérience professionnelle, de ses compétences et de ses centres d'intérêts.

Est-ce que Xavier serait un bon candidat pour le poste d'assistant de Carla ? Expliquez. Est-ce qu'il voudrait travailler dans une société de promotion immobilière ? Expliquez.

D **Entretien d'embauche.** Lisez les conseils pour un bon entretien d'embauche et complétez les activités de vocabulaire.

Entretien d'embauche
Paris Étudiant

Conseils et règles d'or de l'entretien d'embauche
Un entretien d'embauche réussi[1] c'est un entretien d'embauche préparé ! L'entretien d'embauche est un moment unique pour prouver au recruteur que vous êtes le bon candidat pour le poste proposé, mais aussi pour vérifier que le poste correspond bien à vos attentes[2]. En quelques minutes le recruteur se fait très rapidement une opinion sur votre candidature, alors attention à votre comportement et préparez ce que vous allez dire. Voici des conseils essentiels pour préparer et réussir votre entretien d'embauche.

Les objectifs de l'entretien d'embauche :
Montrez que vous êtes motivé par le poste offert ! Montrez que vous allez être opérationnel rapidement, vous adapter à l'entreprise, y évoluer et y rester. Vous devez convaincre le recruteur que vous êtes le bon candidat. Vous devez évaluer si le poste convient[3] à votre profil et à vos attentes.

1. Connaître le poste visé[4] et intégrer ce poste dans votre perspective de carrière.
Relisez à nouveau le descriptif du poste visé et préparez-vous à répondre aux questions suivantes : Pourquoi avez-vous postulé[5] à ce poste ? Quelles missions vous attirent dans ce nouveau poste ? Quel objectif de carrière vous êtes-vous fixé à moyen et long terme ? En quoi ce poste rentre dans cet objectif ? Pourquoi avez-vous choisi l'entreprise proposant ce poste ? Renseignez-vous sur les valeurs de l'entreprise qui embauche et essayez de les assimiler.

2. Faites le point sur votre candidature : vos points forts et vos points faibles.
Quels sont vos points forts ? Quels sont vos points faibles face à[6] ce poste ? Faites le point sur vos compétences, comportements, connaissances… afin de pouvoir répondre facilement à ces questions. Soyez honnête dans vos réponses, en argumentant par des exemples concrets. Lorsque que vous évoquerez[7] vos points faibles concluez positivement en expliquant comment vous travaillez

pour corriger ces défauts. Au travers de l'annonce analysez les compétences requises pour le poste et axez[8] vos réponses dans le sens de celles-ci.

3. Préparez le comportement à adopter durant l'entretien.

Vous avez le trac[9] : c'est normal et inévitable ! Décontractez-vous et utilisez le trac comme une énergie et un dynamisme ! Arrivez quelques minutes en avance, sachez vous présenter, sourire, dire bonjour, et faire bonne impression dès les premières secondes (soignez votre habillement[10]). Contrôlez votre voix, votre respiration, le rythme de vos paroles, votre regard, votre posture et votre gestuelle… calez ces comportements sur le message que vous voulez faire passer : dynamisme, rigueur, volonté, calme, enthousiasme, organisation, indépendance… Restez aimable et courtois durant toute la durée de l'entretien d'embauche.

4. Informez-vous sur le poste proposé, l'entreprise et le recruteur !

Un entretien d'embauche ce n'est pas un monologue ni un interrogatoire. L'entretien d'embauche permet un échange : renseignez-vous sur les missions, l'équipe avez qui vous travaillerez, l'organisation de l'entreprise, le contexte des missions, le poste du recruteur, son influence dans le processus de recrutement. Préparez des questions, montrez que ce poste vous intéresse !

© Gabriel Jaquemet, *Paris Etudiant* 19/11/2005 http://www.parisetudiant.com/etudes/ article.php?article =676

Activité de vocabulaire

A. Choisissez la bonne traduction.

1.	réussi :	a. successful	b. rewarding
2.	attentes :	a. waiting	b. expectations
3.	convient :	a. suits	b. admits
4.	visé :	a. target	b. marked
5.	postulé :	a. posted	b. applied
6.	face à :	a. in front of	b. concerning
7.	évoquerez :	a. bring up	b. evoke
8.	axez :	a. center	b. rotate
9.	le trac :	a. the track	b. nerves (afraid)
10.	habillement :	a. clothing	b. ability

B. Expliquez ce qu'il faut faire pour avoir un bon entretien.

À votre avis...

Pensez à l'entretien d'embauche de Paul. Est-ce qu'il suit les règles et les conseils de cet article ? Expliquez. Qu'est-ce qu'il aurait dû faire pour avoir un meilleur entretien d'embauche ?

Avez-vous déjà eu un entretien d'embauche ? Comment c'était ? Qu'est-ce qui était facile ? Qu'est-ce qui était difficile ? Que ferez-vous pour avoir un meilleur entretien d'embauche à l'avenir ?

Avez-vous des conseils pour avoir un bon entretien d'embauche ?

GRAMMAIRE

6.1 Les prépositions avec certains verbes

▶ Certains verbes peuvent être suivis directement d'un infinitif alors que d'autres verbes exigent l'emploi de la préposition **à** ou **de** devant l'infinitif.
Exemple :   *Paul vient **de** sortir de prison. Il doit chercher un emploi et grâce à Carla, il réussit **à** trouver un emploi.*

▶ Notez les verbes qui peuvent être suivis directement d'un infinitif :

verbes suivis de l'infinitif					
adorer	descendre	envoyer	monter	regarder	sentir
aimer	désirer	espérer	paraître	rentrer	souhaiter
aller	détester	faillir	partir	retourner	valoir mieux
apercevoir	devoir	faire	penser	revenir	venir
compter	écouter	falloir	pouvoir	savoir	voir
croire	entendre	laisser	préférer	sembler	vouloir

Tableau 1, Les verbes suivis de l'infinitif.

▶ Les verbes suivants exigent que la préposition **à** introduise l'infinitif :

verbes suivis de la préposition à					
aider à	s'autoriser à	décider (qqn) à	hésiter à	se préparer à	rêver à
s'amuser à	avoir à	se décider à	inviter (qqn) à	recommencer à	servir à
apprendre à	chercher à	encourager à	se mettre à	réfléchir à	songer à
s'apprêter à	commencer à	s'engager à	parvenir à	renoncer à	tarder à
arriver à	consentir à	enseigner à	persister à	résister à	tenir à
s'attendre à	continuer à	s'habituer à	se plaire à	réussir à	

Tableau 2, Les verbes suivis de la préposition à.

▶ Les verbes suivants exigent que la préposition **de** introduise l'infinitif :

verbes suivis de la préposition de				
accepter de	convenir de	féliciter de	persuader de	remercier de
s'agir de	craindre de	finir de	prendre garde de	rêver de
(s')arrêter de	décider de	gronder de	prendre le parti de	se soucier de
avoir peur de	se dépêcher de	se hâter de	prendre le parti de	se presser de
cesser de	s'efforcer de	manquer de	prier de	supplier de
choisir de	empêcher de	mériter de	promettre de	tâcher de
conseiller de	s'empresser de	offrir de	proposer de	venir de
se contenter de	essayer de	oublier de	refuser de	
continuer de	s'excuser de	(se) permettre de	regretter de	

Tableau 3, Les verbes suivis de la préposition de.

► Certains verbes exigent que la préposition **à** introduise l'objet (une personne/quelqu'un) et que la préposition **de** introduise l'infinitif :

verbes suivis de la préposition à et de			
commander à qqn de	dire à qqn de	ordonner à qqn de	proposer à qqn de
conseiller à qqn de	écrire à qqn de	permettre à qqn de	reprocher à qqn de
défendre à qqn de	interdire à qqn de	promettre à qqn de	suggérer à qqn de
demander à qqn de			

Tableau 4, Les verbes suivis de la préposition à et de.

► Notez d'autres structures qui exigent l'emploi d'une préposition devant un infinitif :

■ sujet + être + adjectif + de + infinitif
Exemple : *Paul est content de travailler à la Sédim.*

■ Il est + adjectif + de + infinitif
Exemple : *Il est essentiel de soigner l'habillement.*

■ C'est + adjectif + à + infinitif
Exemple : *Il essaie de trouver un travail sans formation ?*
Ce n'est pas facile à faire !

PRATIQUEZ !

A Au travail. Complétez le passage suivant avec *les prépositions* qui conviennent (si cela est nécessaire).

Bien que Carla soit malentendante, elle réussit _____ travailler dans une société de promotion immobilière. Elle peut _____ assister aux réunions et _____ parler avec ses collègues parce qu'elle sait _____ lire sur les lèvres. Elle arrive _____ répondre au téléphone grâce aux prothèses auditives. Elle essaie _____ cacher son handicap des autres et elle refuse _____ demander de l'aide. Malheureusement, ses collègues ne sont pas très sympathiques et Carla doit _____ s'efforcer _____ travailler dans cet environnement difficile. Elle persiste _____ faire tout ce qu'elle peut _____ faire et elle apprend _____ profiter de son handicap.

B L'histoire de Carla et de Paul. Complétez les phrases suivantes d'une manière logique. Faites attention *aux prépositions* !

1. Malgré son handicap, Carla réussit…
2. Il n'est pas facile…
3. Elle n'est pas contente…
4. Paul va à l'agence immobilière où Carla travaille. Il veut …
5. Carla embauche Paul, bien qu'il ne soit pas capable…
6. Il est très surpris…et il va en profiter !
7. Après quelques semaines, Carla demande…
8. Comme Paul se sent obligé, il aide…
9. Paul doit de l'argent à Marchand. Il doit…
10. Il essaie… avec l'aide de Carla.

C Au travail. Imaginez votre emploi idéal et complétez les phrases suivantes d'une manière logique. Faites attention *aux prépositions*.

1. Le matin, quand j'arrive au travail, j'adore… mais je préfère….
2. Je sais … et je veux…

3. Mes collègues m'aident… et normalement, je réussis à…
4. L'après-midi, je peux… et j'arrive …
5. Avant la pause-café, je finis… et je commence …
6. Je me souviens … après avoir bu mon café.
7. Je ne refuse jamais …
8. Je tâche toujours…
9. Avant de partir, je demande…
10. A la fin de la journée, je rêve…

Travaillez ensemble ! Personnages. Vous faites un stage à TF1 (une chaîne de télévision). Vous êtes chargé/e de préparer Jacques Audiard pour une interview. Vous lui posez des questions sur le personnage de Carla. Présentez votre dialogue à vos camarades de classe. Utilisez *les verbes* ci-dessous et faites très attention *aux prépositions* qui introduisent l'infinitif.

Vocabulaire
....

aimer, désirer, devoir, falloir, regarder, vouloir
aider à, apprendre à, arriver à, chercher à, s'habituer à, réfléchir à
accepter de, choisir de, empêcher de, oublier de, persuader de, rêver de

---

Modèle :   Etudiant 1 :   Qu'est-ce que Carla aime faire ?
              Etudiant 2 :   Carla aime travailler bien qu'elle soit peu appréciée
                             par ses collègues.

6.2 Les pronoms disjoints

▶ Les pronoms disjoints (accentués) sont employés pour parler des gens.
   Notes les formes :

pronoms disjoints	
moi	nous
toi	vous
lui, elle, soi	eux, elles

Tableau 5, Les pronoms disjoints.

▶ Les pronoms disjoints sont employés :
   ■ Pour mettre l'accent sur un nom ou un pronom (une personne) :
      Exemple : *Moi, j'aime beaucoup Paul mais **toi**, tu préfères Carla.*

   ■ Quand il y a 2+ sujets :
      Exemple : ***Lui** et **elle** arrivent à se comprendre.*

   ■ Quand une réponse n'a pas de verbe :
      Exemple : *Qui est-ce ? --Ah ! **Lui** !*
                 *Tu n'aimes pas tes collègues ? --**Moi** non plus !*

   ■ Après *c'est* ou *ce sont (ce n'est pas / ce ne sont pas)* :
      Exemple : *C'est **lui** qui change sa vie.*

   ■ Dans les comparaisons :
      Exemple : *Paul est plus fort que Carla mais elle est aussi manipulatrice que **lui**.*

- Après *ni* dans l'expression négative ne…ni…ni… :
  Exemple : *Carla et Paul ? Je n'aime ni **elle** ni **lui**. Ils sont manipulateurs.*

- Avec *–même* :
  Exemple : *Je n'ai pas besoin d'aide. Je peux le faire **moi-même**.*

- Après une préposition :
  Exemple : *Elle va chez **lui** pour chercher ses affaires.*

- Avec certains verbes qui sont suivis de la préposition **à** *(s'adresser, faire attention / référence, s'habituer, s'intéresser, penser, se présenter, songer, etc.)*
  Exemple : *Pense-t-elle à Paul ? --Bien sûr ! Elle pense souvent à **lui** !*

- Après la préposition **de** quand la personne est définie *(en est employé avec les noms collectifs)* :
  Exemple : *Parlez-vous de Carla ? --Oui, nous parlons d'**elle**.*

PRATIQUEZ !

A   A la cantine. Complétez le dialogue entre Carla et Paul. Utilisez *les pronoms disjoints* qui conviennent.

Paul :	Ça va _____ ? Qu'est-ce qu'il y a ?
Carla :	_____ ? Oh oui… ça va. Tu vois les hommes là-bas ?
Paul :	Oui… ils travaillent à la Sédim avec _____.
Carla :	Oui… ce sont _____… Ils parlent de _____.
Paul :	Ils parlent de _____ ? Comment est-ce que tu le sais ?
Carla :	Je lis sur les lèvres. Ils se moquent de _____ et de _____ aussi.
Paul :	Ils se moquent de _____ ? Pourquoi ?
Carla :	Tu vois celui qui porte la cravate violette ? _____, il est plus méchant que les autres. Mais il est aussi idiot qu'_____.
Paul :	Qu'est-ce qu'on peut faire ?
Carla :	Tu ne peux rien faire _____-même. Il faut simplement que tu fasses attention à _____ et que tu m'aides.
Paul :	D'accord. Pas de problème. Allons-y.

B   Pronoms disjoints. Répondez aux questions suivantes. Remplacez les mots soulignés par *les pronoms disjoints* qui conviennent.

1. Est-ce que Carla aime travailler avec **ses collègues** ? Est-ce que vous travaillez ? Est-ce que vous aimez travailler avec **vos collègues** ? Est-ce que vos collègues aiment travailler avec **vous** ?

2. Est-ce que les autres employés se moquent de **Carla** ? Est-ce que Carla se moque de **ses collègues** ? Et vous ? Est-ce que vous vous moquez **des autres étudiants** ?

3. Est-ce que Carla peut faire son travail sans **Paul** ? Quand vous travaillez, est-ce que vous pouvez faire votre travail sans **vos collègues** ? Est-ce que vos collègues peuvent faire leur travail sans **vous** ?

4. Est-ce que Carla veut être comme **les autres femmes de son âge** ? Et les jeunes en général, est-ce qu'ils veulent être comme **les autres jeunes gens** ?

5. Est-ce que Paul s'intéresse à **Carla** ? Est-ce que Paul pense à **Carla** ? Est-ce qu'elle s'intéresse à **Paul** ? Est-ce qu'elle pense à **Paul** ? Est-ce que vous vous intéressez **aux autres étudiants** ? Est-ce que vous pensez **aux autres étudiants** ?

Travaillez ensemble ! Le passé. Carla et Paul parlent de leur passé et ils font des comparaisons (leur éducation, leur formation, leurs amis, leur famille, etc.). Elle lui pose beaucoup de questions. Jouez le rôle de Carla et posez des questions à Paul (votre partenaire). Il répond avec *les pronoms disjoints*.

Modèle :   Etudiant 1 : As-tu fais des études supérieures ?
    Etudiant 2 : Moi ? Oui, mais je n'ai pas fait les mêmes
        études que toi !

6.3   Les pronoms compléments d'objets direct et indirect

Le pronom complément d'objet direct

▶ L'objet direct reçoit l'action d'un verbe transitif. Il peut être une personne ou une chose. Il répond à la question *qui est-ce que (pour les gens)* ou *qu'est-ce que (pour les choses)*. Notez que, contrairement à l'anglais, les verbes *appeler, attendre, chercher, écouter, payer* et *regarder* sont des verbes transitifs et ils sont suivis d'un objet direct.
  Exemple : *Carla embauche **Paul**. (L'objet direct est une personne.*
      Qui est-ce que Carla embauche ? --Paul.)
      *Carla prépare **les dossiers**. (L'objet direct est une chose.*
      Qu'est-ce que Carla prépare ? --Les dossiers.)

▶ Le pronom complément d'objet direct remplace l'objet direct et son déterminant (l'article défini, l'adjectif possessif, l'adjectif démonstratif, etc.).
  Exemple : *Carla embauche **Paul**. Carla **l'**embauche.*

▶ Le pronom complément d'objet direct peut aussi remplacer un adjectif. **Le** remplace l'adjectif.
  Exemple : *--Carla est timide ? --Oui, elle **l'**est.*

▶ Le pronom complément d'objet direct s'accorde en genre, en personne et en nombre avec le nom remplacé.

pronoms compléments d'objet direct	
me, m'	nous
te, t'	vous
le, la, l'	les

Tableau 6, Les pronoms compléments d'objet direct.

▶ Notez la place du pronom complément d'objet direct dans la phrase :

		Affirmatif	Négatif
Au futur proche :	Tu vas regarder **les films**.	Tu vas **les** regarder.	Tu ne vas pas **les** regarder.
Au futur simple :	Tu regarderas **les films**.	Tu **les** regarderas.	Tu ne **les** regarderas pas.
Au conditionnel :	Tu regarderais **les films**.	Tu **les** regarderais.	Tu ne **les** regarderais pas.
Au présent :	Tu regardes **les films**.	Tu **les** regardes.	Tu ne **les** regardes pas.
A l'impératif :	Regarde **les films** !	Regarde-**les** !	Ne **les** regarde pas !
Au passé composé :	Tu as regardé **les films**.	Tu **les** as regardé**s**.	Tu ne **les** as pas regardé**s**.*
A l'imparfait :	Tu regardais **les films**.	Tu **les** regardais.	Tu ne **les** regardais pas.

* Quand le pronom complément d'objet direct précède le verbe au passé composé, le participe passé s'accorde en genre et en nombre avec le pronom complément d'objet direct.

Le pronom complément d'objet indirect

▶ L'objet indirect reçoit l'action d'un verbe indirectement. Il est introduit par la préposition **à**. L'objet indirect est toujours une personne. Il répond à la question *à qui est-ce que*. Notez que les verbes *demander, dire, plaire, offrir* et *téléphoner* sont suivis d'un objet indirect.
Exemple : *Carla parle **à Paul**. (A qui est-ce que Carla parle ? A Paul.)*

▶ Le pronom complément d'objet indirect remplace l'objet indirect et son déterminant (l'article défini, l'adjectif possessif, l'adjectif démonstratif, etc.).
Exemple : *--Carla parle **à Paul** ? --Oui, elle **lui** parle.*

▶ Le pronom complément d'objet indirect s'accorde en personne et en nombre avec le nom remplacé.
Exemple : *--Carla a téléphoné **aux clients** ?*
*--Oui, elle **leur** a téléphoné.*
(Aux clients, 3ᵉ personne du pluriel)

pronoms compléments d'objet indirect	
me, m'	nous
te, t'	vous
lui	leur

Tableau 7, Les pronoms compléments d'objet indirect.

▶ Notez la place du pronom complément d'objet indirect dans la phrase :

		Affirmatif	**Négatif**
Au futur proche :	Tu vas parler **aux hommes**.	Tu vas **leur** parler.	Tu ne vas pas **leur** parler.
Au futur simple :	Tu parleras **aux hommes**.	Tu **leur** parleras.	Tu ne **leur** parleras pas.
Au conditionnel :	Tu parlerais **aux hommes**.	Tu **leur** parlerais.	Tu ne **leur** parlerais pas.
Au présent :	Tu parles **aux hommes**.	Tu **leur** parles.	Tu ne **leur** parles pas.
A l'impératif :	Parle **aux hommes** !	Parle-**leur** !	Ne **leur** parle pas !
Au passé composé :	Tu as parlé **aux hommes**.	Tu **leur** as parlé.	Tu ne **leur** as pas parlé.
A l'imparfait :	Tu parlais **aux hommes**.	Tu **leur** parlais.	Tu ne **leur** parlais pas.

PRATIQUEZ !

A Contrôleur judiciaire. Le contrôleur judiciaire Masson donne des conseils à Paul. Transformez ses phrases en ordres. Utilisez *l'impératif* et *les pronoms compléments d'objet direct* qui conviennent.

Modèle : Il faut que vous m'écoutiez ! → *Ecoutez-moi !*

1. Comme vous êtes ancien détenu, il faut que vous respectiez les règles de votre liberté conditionnelle.
2. Il faut que vous trouviez le travail qui correspond à votre éducation et à votre formation.
3. Pour trouver un travail, il faut que vous regardiez les petites annonces.
4. Il faut aussi que vous visitiez l'ANPE.
5. N'oubliez pas qu'il est important que vous soigniez votre habillement.

B **Contrôleur judiciaire.** Masson continue sa conversation avec Paul. Transformez ses phrases en ordres. Utilisez *l'impératif* et *les pronoms compléments d'objet indirect* qui conviennent.

Modèle :   Il faut que vous me disiez   →   *Dites-moi*
           que vous comprenez.   *que vous comprenez.*

1. Il faut que vous me rendiez visite tous les jours.
2. Il faut que vous me donniez les coordonnées de votre nouvel employeur.
3. Il faut que vous donniez tous ces formulaires à votre nouvel employeur.
4. Il faut que vous envoyiez les formulaires au juge.
5. Il faut que vous demandiez de l'aide aux autres si vous en avez besoin.

C **Au bureau.** Lisez les phrases suivantes et identifiez les objets directs et indirects. Indiquez de quel objet il s'agit, quel pronom complément peut remplacer le nom et refaites la phrase avec *le pronom complément d'objet* qui convient.

Modèle :   Paul rend visite à son contrôleur judiciaire.
           Son contrôleur judiciaire = l'objet indirect = lui   →   *Paul lui rend*
                                                                        visite.

1. Bien que Paul ne sache pas utiliser les machines de bureau, il veut être assistant.
2. Carla embauche Paul parce qu'elle aime Paul.
3. Carla aide Paul parce qu'elle veut qu'il travaille au bureau.
4. Carla dit à Paul qu'il faut demander de l'aide.
5. Paul ne demande pas souvent de l'aide à Carla.
6. Au cours de la journée, les clients de la Sédim téléphonent à Carla.
7. Les clients posent des questions à Carla et elle essaie de résoudre leurs problèmes.
8. Carla prépare les dossiers pour ses collègues.
9. Elle donne les dossiers à ses collègues juste avant les réunions.
10. Malheureusement, la plupart de ses collègues sont ingrats et ils ne remercient pas Carla.

D **Au travail.** Que fais-je au travail ? Réécrivez les phrases suivantes en remplaçant les objets directs et indirects avec *les pronoms compléments d'objet* qui conviennent.

1. Quand j'arrive au bureau, je mets mon ordinateur et je vérifie mon courrier électronique.
2. Je réponds tout de suite aux clients importants.
3. Ensuite, je parle à ma secrétaire qui arrive juste après moi.
4. Normalement, j'ai le temps de téléphoner à un client avant de voir mon patron.
5. Mon patron m'offre toujours ses conseils.
6. Hier, j'ai bien étudié tous les dossiers de mes clients.
7. J'ai proposé les nouvelles conditions à certains clients.
8. Ces clients m'ont aussi donné leurs nouvelles conditions.
9. Avant de partir, j'ai téléphoné aux clients très importants.
10. A la fin de la journée, j'ai rangé les dossiers, j'ai éteint mon ordinateur et j'ai dit au revoir à mes collègues.

Travaillez ensemble ! Au bureau. Carla demande à Paul s'il a fait certaines tâches. Jouez le rôle de Carla et posez des questions à Paul (votre partenaire). Il répond avec *des pronoms compléments d'objets direct et indirect.*

Modèle :   Etudiant 1 :   As-tu photocopié les dossiers ?
           Etudiant 2 :   Oui, je les ai photocopiés ce matin.

6.4   Les pronoms y et en

Le pronom y

▶ Le pronom **y** remplace une préposition indiquant la localisation (à, chez, dans, devant, sous, sur, etc.) et son objet. Il ne remplace jamais la préposition **de** et son objet.
   Exemple :   *Paul va **au bureau**. Paul y va.*

▶ Le pronom **y** remplace aussi la préposition **à** et son objet quand l'objet est une chose ou une idée. Il ne remplace jamais les personnes.
   Exemple :   *Paul répond **aux questions que Carla lui pose**. Paul y répond.*

▶ Le pronom **y** est employé avec les verbes *jouer à, s'intéresser à, penser à, réfléchir à, répondre à, etc.*
   Exemple :   *Paul réfléchit **au complot de Marchand**. Il y réfléchit.*

▶ Notez la place de la préposition **y** dans la phrase :

		Affirmatif	Négatif
Au futur proche :	Tu vas penser **à ton avenir.**	Tu vas **y** penser.	Tu ne vas pas **y** penser.
Au futur simple :	Tu penseras **à ton avenir.**	Tu **y** penseras.	Tu n'**y** penseras pas.
Au conditionnel :	Tu penserais **à ton avenir.**	Tu **y** penserais.	Tu n'**y** penserais pas.
Au présent :	Tu penses **à ton avenir.**	Tu **y** penses.	Tu n'**y** penses pas.
A l'impératif :	Pense **à ton avenir** !	Penses-**y** !*	N'**y** pense pas !
Au passé composé :	Tu as pensé **à ton avenir.**	Tu **y** as pensé.	Tu n'**y** as pas pensé.
A l'imparfait :	Tu pensais **à ton avenir.**	Tu **y** pensais.	Tu n'**y** pensais pas.

* A l'impératif affirmatif, il faut rajouter le *s* des verbes en –er conjugués à la 2ᵉ personne du singulier.

Le pronom en

▶ Le pronom **en** remplace la préposition **de** et son objet.
   Exemple :   *Paul vient **du bureau**. Paul en vient.*

▶ Le pronom **en** remplace aussi :
   ■ l'article partitif (du, de la, de l', des) et son objet :
      Exemple :   *Carla a **des difficultés**. Carla en a.*

   ■ l'article indéfini (un, une, des) :
      Exemple :   *Paul a **un gros problème**. Paul en a un.*

   ■ un nombre (1, 2, 3…) ou une expression de quantité (assez, beaucoup, peu, trop, etc.). En général, on garde l'expression de quantité :
      Exemple :   *Carla a **peu d'amis** au travail. Carla en a peu au travail.*

   ■ l'objet des expressions avec la préposition **de** (avoir besoin de, envie de, peur de, etc.) :
      Exemple :   *Paul a besoin **de travailler**. Il en a besoin.*

   ■ l'objet des verbes introduit par la préposition **de** (discuter, parler, profiter, se servir, se souvenir, etc.) :
      Exemple :   *Paul se sert **du handicap de Carla**. Il s'en sert.*

▶ Le pronom **en** ne remplace pas normalement une personne, mais il peut remplacer les gens employés dans un sens général (un nom collectif).
Exemple : *L'ANPE aide **beaucoup de gens** à trouver du travail.*
*L'ANPE **en** aide **beaucoup** à trouver du travail.*

▶ Notez la place de la préposition **en** dans la phrase.

		Affirmatif	Négatif
Au futur proche :	Tu vas parler **du problème**.	Tu vas **en** parler.	Tu ne vas pas **en** parler.
Au futur simple :	Tu parleras **du problème**.	Tu **en** parleras.	Tu n'**en** parleras pas.
Au conditionnel :	Tu parlerais **du problème**.	Tu **en** parlerais.	Tu n'**en** parlerais pas.
Au présent :	Tu parles **du problème**.	Tu **en** parles.	Tu n'**en** parles pas.
A l'impératif :	Parle **du problème** !	Parles-**en** !*	N'**en** parle pas !
Au passé composé :	Tu as parlé **du problème**.	Tu **en** as parlé.	Tu n'**en** as pas parlé.
A l'imparfait :	Tu parlais **du problème**.	Tu **en** parlais.	Tu n'**en** parlais pas.

* A l'impératif affirmatif, il faut rajouter le *s* des verbes en –er conjugués à la 2ᵉ personne du singulier.

PRATIQUEZ !

A **Le pronom y.** Répondez aux questions suivantes. Utilisez le pronom *y* dans votre réponse.

1. Est-ce que Paul répond honnêtement aux questions de Carla ? Est-ce que vous répondez toujours honnêtement aux questions que les autres vous posent ?
2. Est-ce que Paul aime travailler à la Sédim ? Est-ce que vous voudriez travailler dans un bureau comme la Sédim ? Pourquoi ou pourquoi pas ?
3. Est-ce que Carla réussit à faire son travail malgré son handicap ? Est-ce que Paul réussit à faire son travail malgré son inexpérience et son manque de formation ? Est-ce que vous réussissez à faire votre travail ?
4. Est-ce que Carla pense à son avenir ? Est-ce que vous pensez à votre avenir ? Et les autres étudiants ? Est-ce qu'ils pensent à leur avenir ?
5. Est-ce que Carla aime aller aux soirées et aux boîtes de nuit ? Est-ce que Paul aime aller aux soirées et aux boîtes de nuit ? Est-ce que vous aimez aller aux soirées et aux boîtes de nuit ?

B **Le pronom en.** Répondez aux questions suivantes. Utilisez *le pronom en* dans votre réponse.

1. Est-ce que Carla a besoin d'aide pour faire son travail ? Est-ce que Paul a besoin d'aide pour faire son travail ? Est-ce que vous avez souvent besoin d'aide pour faire des choses ? Quand ?
2. Est-ce que Carla a beaucoup de soucis ? Est-ce que Paul a aussi des soucis ? Est-ce que vous avez des soucis ? Lesquels ?
3. Est-ce que Carla a des amis ? Est-ce que Paul a des amis ? Est-ce que vous avez des amis ?
4. Est-ce que Carla peut parler de ses problèmes avec Paul ? Est-ce que Paul peut parler de ses problèmes avec Carla ? Est-ce que vous pouvez parler de vos problèmes avec quelqu'un ? Avec qui ?
5. Est-ce que Carla profite de son handicap ? Est-ce qu'elle profite des faiblesses de Paul ? Est-ce que Paul profite du handicap de Carla ? Est-ce qu'il profite des faiblesses de Carla ?

C **Les pronoms y et en.** Paul parle avec Carla de ce qu'elle doit faire ce soir. Répondez à ses questions. Utilisez **y** ou **en** dans votre réponse.

1. Tu viens à la boîte de nuit ce soir ? *--Oui, ...*
2. Tu viens directement du bureau ? *--Non...*
3. Tu as bien réfléchi à la situation ? *--Oui...*
4. Tu sais que tu peux profiter du fait que tu lis sur les lèvres. *--Oui...je sais que...*
5. Tu as des soucis ? *--Non...*
6. Tu as des questions ? *--Non...*
7. Tu vas attendre devant la porte ? *--Non...*
8. Tu vas monter directement sur le toit ? *--Oui...*
9. Qu'est-ce qu'il y a ? Tu penses toujours au dossier des Flérets ? *--Non...*
10. Je m'en vais. Tu dois m'appeler plus tard. Tu as un portable ? *–Oui...*
11. Bon – téléphone-moi si tu as besoin d'aide. *–D'accord...*

 Travaillez ensemble ! La fortune ! Carla et Paul parlent de l'argent qu'ils vont voler. Ils se posent des questions. Jouez les rôles de Carla et de Paul. Inventez des questions et répondez avec *les pronoms y* et *en*. Utilisez le vocabulaire ci-dessous.

Vocabulaire
....

aider à, commencer à, inviter à, se mettre à, penser à, persister à, réfléchir à, réussir à, etc.
avoir besoin (envie, peur,…) de, se dépêcher de, s'efforcer de, essayer de, finir de, rêver de, etc.
assez de, beaucoup de, peu de, trop de, etc.

Modèle :   Etudiant 1 :   As-tu beaucoup réfléchi à ce que tu feras avec l'argent ?
     Etudiant 2 :   Oui, j'y ai beaucoup réfléchi !

6.5   La place des pronoms multiples

▶ On peut utiliser plusieurs pronoms dans une seule phrase. Notez la place des pronoms multiples dans les phrases affirmatives et à l'impératif au négatif :

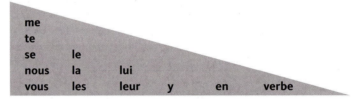

me					
te					
se	le				
nous	la	lui			
vous	les	leur	y	en	verbe

Exemples : *Il donne les jumelles à Carla. Il **les lui** donne.*
       *Elle écrit des notes sur une feuille. Elle **y en** écrit.*
       *Ne me donne pas d'ordres ! Ne **m'en** donne pas !*

▶ Notez la place des pronoms multiples à l'impératif à l'affirmatif :

verbe	le	me/moi		
	la	te/toi	y	en
	les	lui		
		nous		
		vous		
		leur		

Exemple :   *Ecris des lettres à Masson. Ecris-**lui-en**.*

▶ Notez qu'il faut utiliser les pronoms disjoints **moi** et **toi** à l'impératif à l'affirmatif à moins qu'ils ne soient suivis du pronom **en**.
Exemple : *Donne-moi de l'aide. Donne-m'en.*

PRATIQUEZ !

A **Le travail.** Carla donne des ordres à Paul. Remplacez les objets par *les pronoms multiples.*

1. Ne me parle pas de tes problèmes personnels.
2. Occupe-toi de tes affaires.
3. Apporte ton dossier à la secrétaire.
4. Donne tes coordonnées au contrôleur judiciaire.
5. Ne t'inquiète pas des machines de bureau.
6. Montre-moi les fichiers que tu as préparés.
7. Envoie ces fichiers aux clients tout de suite.
8. Donne ce document au chef de l'entreprise.
9. Ne laisse pas tes affaires dans le placard.
10. Rends-moi les clés du bureau avant de partir.

B **Paul et Carla.** Identifiez les pronoms qu'il faut utiliser pour répondre à chaque question ci-dessous. Puis, répondez aux questions suivantes avec *les pronoms multiples* dans votre réponse.

1. Est-ce que Paul s'est habitué facilement au travail de bureau ?
2. Est-ce que Carla a trouvé les affaires de Paul dans le placard ?
3. Est-ce que Paul avait une bonne raison pour dormir dans le placard ?
4. Est-ce que Carla a emmené Paul à l'appartement de l'entreprise ?
5. Est-ce que Carla a donné les clés de l'appartement à Paul ?
6. Est-ce que Paul demande un service à Carla ?
7. Est-ce que Carla s'adapte facilement à la vie nocturne ?
8. Est-ce que Paul sait que Marchand a caché l'argent dans le frigo ?
9. Est-ce que Carla a montré l'argent à Paul ?
10. Est-ce que Paul va donner l'argent aux Carambo ?

C **Au travail.** Répondez aux questions personnelles. Utilisez *des pronoms multiples* dans vos réponses.

1. Est-ce que vous parlez de vos problèmes personnels à vos collègues ? Expliquez.
2. Est-ce que vos collègues vous parlent de leurs problèmes personnels ? Expliquez.
3. Est-ce que vous envoyez des emails à vos amis ? Pourquoi (pas) ?
4. Est-ce que vos amis vous envoient des emails ? Pourquoi (pas) ?
5. Est-ce que vous demandez de l'aide à votre patron ? Pourquoi ?
6. Est-ce que votre patron vous demande de l'aide ? Quand ?
7. Est-ce que vous laissez vos affaires sur votre bureau quand vous déjeunez ? Pourquoi ?
8. Est-ce que vous vous adaptez bien aux changements de vos responsabilités ? Expliquez ?
9. Est-ce que vos collègues s'occupent toujours de leurs affaires ? Expliquez.
10. Est-ce que vous vous attendez à finir tout votre travail avant de partir pour le week-end ? Expliquez.

Travaillez ensemble ! Complot. Paul interroge Carla sur le complot de Marchand et des Carambo. Inventez les questions de Paul et de Carla (votre partenaire) répond aux questions avec *les pronoms* qui conviennent.

Modèle :   Etudiant 1 :   Tu peux me donner toutes les notes que tu as prises ce soir ?

Etudiant 2 :   Je peux te les donner plus tard.

TRADUCTION

Français → anglais

Conseils

- Cherchez les mots apparentés et les faux amis.
- Vérifiez les articles et les prépositions qui introduisent les objets.
- Notez que certains verbes exigent l'emploi d'une préposition devant un infinitif.
- Faites très attention au registre et au temps des verbes.
- N'oubliez pas de ne pas traduire mot à mot !
- Utilisez le vocabulaire et la grammaire pour vous aider !

A **Mots et expressions.** Traduisez les mots et les expressions suivantes *en anglais.*

1. une société et une entreprise
2. une secrétaire et ses collègues
3. un directeur et ses employés
4. un ancien détenu et son contrôleur judiciaire
5. un candidat et son entretien d'embauche

B **Phrases.** Traduisez les phrases suivantes *en anglais.*

1. Le bureau ouvre à 9h.
2. Les employés y arrivent très tôt.
3. Le patron n'arrive jamais à l'heure !
4. La secrétaire répond au téléphone. Elle répond aussi aux questions de son assistant.
5. Elle prépare les dossiers et son assistant fait les photocopies.

Anglais → français

A **Mots et expressions.** Traduisez les mots et les expressions suivantes *en français.*

1. to listen to messages
2. to distribute the mail
3. to photocopy the files
4. to attend a meeting
5. to take notes

B Phrases. Traduisez les phrases suivantes *en français.*

1. You want to do something.
2. It is important to do it.
3. Don't forget to do it.
4. Ask someone to do something.
5. You know how to do it !

C Notes. Carla écrit quelques notes pour son nouvel assistant. Traduisez ses notes *en français.*

New assistant
Advice for a successful start

The office opens at 8:30 a.m. but I like to arrive at 8:00 a.m. You will want to have some time to prepare for the day. I try to listen to the messages, to read the mail and to organize the office. It is important to finish all that before the employees arrive at 9:00 a.m. They want to look at their mail and to prepare for their meetings. We have a general meeting at 12 p.m. Don't forget to order coffee and sandwiches for them. After the meeting, you answer the phone, make photocopies and prepare the files for the next day. Don't hesitate to take notes and I will try to help you. One last suggestion, when someone asks you to do something, say you know how to do it even if you don't!

COMPRÉHENSION GÉNÉRALE

A Vrai ou faux ? Indiquez si les phrases suivantes sont vraies ou fausses.

1.	vrai	faux	Carla aime beaucoup la Sédim et ses collègues.
2.	vrai	faux	Les collègues de Carla savent qu'elle est malentendante.
3.	vrai	faux	Carla s'évanouit et son patron pense qu'elle a besoin d'un assistant.
4.	vrai	faux	Carla va à l'ANPE pour chercher un assistant.
5.	vrai	faux	Paul est le candidat idéal pour le poste d'assistant.
6.	vrai	faux	Paul propose d'aider Carla. Il veut voler le dossier des Flérets.
7.	vrai	faux	Paul a besoin de Carla parce qu'elle sait lire sur les lèvres.
8.	vrai	faux	Carla a de plus en plus confiance en elle et elle s'adapte au monde des criminels.
9.	vrai	faux	Paul va chez Marchand et il trouve l'argent, mais il ne dit rien à Carla.
10.	vrai	faux	A la fin du film, Carla et Paul réussissent à voler l'argent.

B Personnages. Carla et Paul évoluent au cours du film. Faites une petite description de chaque étape de leur évolution.

1. Carla – jeune secrétaire
   (au début du film)
2. Carla – nouvelle criminelle
   (au milieu du film)
3. Carla – criminelle expérimentée
   (à la fin du film)
4. Paul – ancien détenu et nouvel employé
   (au début du film)
5. Paul – ancien détenu et criminel
   (à la fin du film)

C Relations. Examinez les relations suivantes et réfléchissez à l'évolution des relations entre les personnages ci-dessous. Faites une description de chaque relation et de son évolution.

1. Carla (secrétaire) et ses collègues
2. Carla (secrétaire) et son patron
3. Carla (patronne) et Paul (assistant) du début du film
4. Carla (assistante) et Paul (patron) du milieu du film
5. Carla (conspiratrice) et Paul (conspirateur) de la fin du film

Liens !

On a vu que les trois personnages principaux du film *Le Papillon (Elsa, Isabelle et Julien)* ont évolué au cours du film. Comparez les transformations de Carla et de Paul avec celles d'Elsa, d'Isabelle et de Julien.
Est-ce qu'on peut dire que Carla est comme un papillon qui sort de sa chrysalide ? Est-ce que Paul est aussi comme un papillon ? Expliquez. Qui bénéficie de leurs transformations ? Pourquoi ?

D Scènes. Faites une petite description des scènes suivantes.

1. Carla va à l'ANPE pour soumettre une offre d'emploi.
2. Paul a un entretien d'embauche avec Carla.
3. Carla demande à Paul de voler le dossier des Flérets.
4. Carla va à la boîte de nuit pour voir Paul. Il a besoin de son aide.
5. Carla trouve l'argent chez Marchand.
6. Carla va chez Mme Marchand.
7. Carla et Paul fuient ensemble.

E Les personnes handicapées. Lisez l'article suivant et déterminez si Carla bénéficie de ses droits en tant que travailleuse handicapée à la Sédim. Pourquoi faut-il encourager les employeurs à embaucher les employés handicapés ? Quels sont les avantages et les inconvénients d'embaucher des travailleurs handicapés ? Est-ce qu'il y a des lois américaines qui encouragent l'embauche des personnes handicapées ? Expliquez.

Les personnes handicapées et le monde du travail

Favoriser l'accès des personnes handicapées au monde du travail est une condition essentielle de leur insertion sociale et de leur autonomie financière. Plusieurs textes législatifs organisent et rappellent l'importance de cette insertion.

La loi du 23 novembre 1957 introduit la notion de travailleur handicapé, tandis que la loi d'orientation du 30 juin 1975 confie à la COTOREP (Commission technique d'orientation et de reclassement professionnel) la reconnaissance du handicap et l'aide au reclassement professionnel. Enfin la loi du 10 juillet 1987 impose à l'ensemble des employeurs, parmi lesquels les administrations de l'Etat ainsi que les établissements publics à caractère scientifique, technologique ou culturel, une obligation d'emploi égale à 6% de l'effectif salarié au bénéfice des travailleurs handicapés.

Pourtant les chiffres concernant les personnes handicapées et l'emploi témoignent de difficultés persistantes d'accès à l'emploi, du fait aussi du vieillissement des personnes handicapées, de leur faible niveau de formation, des difficultés d'accessibilité (en matière de transport, d'aménagement des locaux de travail...).

Néanmoins, la reconnaissance de la qualité de travailleur handicapé permet de bénéficier de mesures spécifiques pour compenser le handicap, que ce soit en matière de formation professionnelle, de placement en milieu de travail protégé, d'emploi en milieu ordinaire de travail dans le cadre notamment de l'obligation d'emploi des entreprises de plus de 20 salariés et de compensation d'une partie du salaire grâce à la garantie de ressources des travailleurs handicapés (GRTH).

© La documentation Française. *Vie Publique*, avril 2005.

PHOTO

A **Détails.** Regardez l'image et choisissez les bonnes réponses.

1. Où est-ce que ces deux scènes ont lieu ?
   a. dans les toilettes du bureau
   b. dans les toilettes de la boîte de nuit
   c. dans la salle de bain du studio de Paul
2. Quand est-ce que la 1ʳᵉ scène a lieu ?
   a. Elle a lieu vers début du film.
   b. Elle a lieu au milieu du film.
   c. Elle a lieu à la fin du film.
3. Quand est-ce que la 2ᵉ scène a lieu ?
   a. Elle a lieu au début du film.
   b. Elle a lieu au milieu du film.
   c. Elle a lieu à la fin du film.
4. Sur la 1ʳᵉ photo, les personnages sont…
   a. en train de se parler.
   b. en train de se cacher.
   c. en train de se préparer pour le travail.
5. Sur la 2ᵉ photo, les personnages sont…
   a. en train de se parler.
   b. en train de se cacher.
   c. en train de se préparer pour le travail.

B Chronologie. Mettez les phrases suivantes en ordre chronologique.

1ʳᵉ photo

_____ A la fin de la scène, Paul explique à Carla qu'il doit 70.000 francs à un homme qui s'appelle Marchand.

_____ Après la bagarre, Carla cherche une chemise propre pour Paul.

_____ D'abord, Carla va aux toilettes.

_____ Ensuite, Paul et un autre homme y entrent et ils se bagarrent.

_____ Quelqu'un entre dans les toilettes et Paul et Carla se cachent.

2ᵉ photo

_____ Après avoir fait leur toilette, ils quittent les toilettes.

_____ Au début de la scène, Carla et Paul arrivent au bureau après avoir passé la nuit à la boîte de nuit.

_____ Paul va à son bureau pour travailler.

_____ Ils font leur toilette dans les toilettes du bureau et ils parlent du travail.

_____ Carla répond au téléphone.

C En général. Répondez aux questions suivantes. Ecrivez deux ou trois phrases.

1. Donnez un titre à la 1ʳᵉ photo. Justifiez votre réponse.
2. Donnez un titre à la 2ᵉ photo. Justifiez votre réponse.

D Aller plus loin. Ecrivez un paragraphe pour répondre aux questions suivantes.

1. Parlez de l'importance du fait que ces deux scènes ont lieu dans les toilettes.
2. Comment est-ce que les deux personnages changent entre les deux photos ?

MISE EN PRATIQUE

A En général. Répondez aux questions suivantes. Ecrivez deux ou trois phrases.

1. Comment est-ce que le film commence ? Comment est Carla ? De quoi rêve-t-elle ?
2. Où est-ce que Carla travaille ? Décrivez les relations entre Carla et son patron et entre Carla et ses collègues. Est-ce qu'elle est contente ?
3. Pourquoi est-ce que Carla cache son handicap ? Quelles difficultés est-ce qu'elle rencontre au travail ? Pourquoi est-ce que Morel ne fait rien pour améliorer ses conditions de travail ?
4. Est-ce que le comportement des collègues de Carla est typique du comportement des employés d'un bureau ? Expliquez.
5. Décrivez la scène où Carla décrit son assistant idéal à l'employée de l'ANPE. Que recherche-t-elle ?
6. Comment est Paul ? Est-ce un bon candidat pour le poste d'assistant ? Expliquez.
7. Pourquoi est-ce que Paul dort dans le placard du bureau ? Pourquoi est-ce que Carla se fâche contre lui ?
8. Pourquoi est-ce que Carla donne les clés du studio à Paul ? Qu'en pense-t-il ?
9. Est-ce que Carla change après avoir embauché Paul ? Expliquez.

10. Comment est-ce que Carla manipule Paul ? Pourquoi ? Est-ce que Paul veut l'aider ?

11. Comment est-ce que Paul manipule Carla ? Pourquoi ? Est-ce que Carla veut aider Paul ?

12. Pourquoi est-ce que Carla va chez Paul ? Qu'est-ce qu'elle y découvre ? Comment réagit-elle ?

13. Qu'est-ce qui arrive quand Carla fouille l'appartement de Marchand ?

14. Qui est Masson ? Quel est son rôle dans le film ? Est-ce clair ?

15. Quel rôle est-ce que la femme de Marchand joue dans le film ? Est-ce un personnage important ?

16. Décrivez la fin du film. Qu'est-ce qui arrive à Marchand, aux frères Carambo, à Paul et à Carla ?

B   Aller plus loin. Écrivez un paragraphe pour répondre aux questions suivantes.

1. Est-ce qu'il y a un rapport entre les noms et le caractère des personnages du film (Carla Behm, Paul Angelini, Marchand, Carambo) ? Expliquez.

2. Parlez des thèmes principaux du film : le travail, le logement, l'argent, l'amitié / l'amour.

3. Le spectateur est plongé dans la vie actuelle de Carla et de Paul. Qu'est-ce que le spectateur sait sur le passé de Carla et sur le passé de Paul ?

4. Les toilettes, les placards et les voitures sont des décors principaux dans le film. Décrivez quelques scènes qui ont lieu dans ces endroits.

5. Comment est-ce qu'Audiard montre l'isolement dans les scènes qui ont lieu dans les endroits publics (la cantine de la Sédim, la soirée de Boubou, la boîte de nuit, le train, etc.) ?

6. Parlez de la perspective du film. Comment est-ce qu'Audiard montre la perspective de Carla ? Quel est l'effet ? Comment est-ce que la perspective montre son isolement ?

7. Parlez des bruits au cours du film. Comment est-ce que ces bruits contribuent à l'état d'esprit de Carla ? Comment est-ce qu'ils montrent son isolement ?

8. Parlez des couleurs et de la lumière du film. Comment est-ce qu'elles contribuent au ton du film ?

9. Est-ce que le film est une histoire d'amour ? Pourquoi ou pourquoi pas ?

10. Est-ce que vous aimez le film ? Pourquoi ou pourquoi pas ? Avez-vous un personnage préféré ?

Travaillez ensemble ! Opinions. Jacques Audiard aime savoir ce qu'on pense de ses films. Il pose des questions à ses amis et à sa famille. Inventez un sketch entre Audiard et ses amis et sa famille selon les rubriques ci-dessous. Jouez le sketch pour vos camarades de classe.

Modèle :   Etudiant 1 :   Qu'est-ce que tu penses de l'intrigue du film ?
                Etudiant 2 :   A mon avis, l'intrigue est excellente, intéressante, parfaite, etc.

Éléments du film

l'intrigue et l'histoire de Carla / de Paul
vos scènes préférées / les scènes superflues
les acteurs / les actrices
le décor / le bureau / la boîte de nuit
la lumière / les couleurs
la bande son / la musique
la fin du film

Lecture - Culture - Recherches

LECTURE

Sur les lèvres de Vincent Cassel
Interview avec Vincent Cassel (21/10/2001)

[…] Cinopsis : Pour interpréter ce nouveau personnage vous avez opéré une sacrée métamorphose physique, comment vous est venue l'idée de cette gueule° ?   *this face, character*

Vincent Cassel : Quand Jacques est venu me voir pour me demander de faire ce film, il m'a demandé de composer mon personnage, ses premières indications étaient : «Regarde les SDF° dans la rue…», alors que moi j'étais parti dans un truc   *the homeless* beaucoup plus social et plombé°. Et puis quand on est arrivés sur le plateau° ça   *heavy / set* a plus viré° au trip italien. C'est une chose assez rare de la part d'un metteur en   *became* scène, encore que jusqu'à maintenant c'est vrai que je suis plutôt bien tombé (…) mais là c'était vraiment ouvertement dit et voilà il m'a laissé m'amuser et de fil en aiguille° on a trouvé ce personnage. En fait je me suis inspiré d'un voisin que   *one thing lead to another* j'avais quand j'étais petit qui était plombier. Au fur et mesure que les répétitions avançaient ce mec° m'est revenu. On m'a dit que j'avais un air à la Dewaere et à   *this guy* la Depardieu pour la moustache et le nez et c'est vrai qu'en lisant le script j'ai tout de suite pensé à un rôle pour eux. Ce côté loser dépassé de leurs films des années 70/80 et puis Jacques m'a dit : «Non ce type n'est pas un loser, il s'en sort°». Le   *gets out (of it)* costume est extrêmement important, c'est comme dans la vie, ça altère totalement notre manière d'être et de se présenter ou l'assurance que l'on peut avoir. Allez vous retrouver dans une boite de nuit un peu chic en short vous allez comprendre… Y'a des acteurs qui disent que ce n'est pas important, non, c'est pas vrai !

C. : Il y a eu un gros travail de répétition pour rentrer dans la peau de Paul ?

V.C. : Je veux bien répéter. Ça me permet de connaître les gens, mais contrairement au théâtre, au cinéma on n'apprend pas son texte et il est arrivé un moment où je commençais un peu à me faire chier° sur les répétitions. Je voulais passer au film,   *(vulgaire) to get bored* y avait urgence. Idéalement en tant qu'acteur on a envie de faire un truc rare et moi pour faire un truc rare je ne me sens pas assez bon pour le faire les mains dans les poches. Il faut que ça me prenne à la gorge° et que je me sente en danger, et les   *takes me by the throat* répétitions c'est pas du danger. Les choses sont intéressantes au moment où on les invente et à mon avis on ne peut pas les inventer 30 fois d'affilée°. Dans une scène   *in a row* je ne sais jamais ce qui va se passer, je pars du principe que c'est en la faisant qu'on découvre ce qui s'y passe. C'est justement de ne pas savoir qui est grisant et excitant. C'est les choses que l'on n'a pas prévues qui sont intéressantes. On dit que dans ce que vous voulez donner, c'est ce qui vous échappe qui est intéressant. Et plus j'avance plus je me reconnais dans ce genre de petite phrase à la con° ! Les tennismen quand   *(vulgaire) worthless* il jouent ils savent pas quel est le prochain coup° qu'ils vont faire. Ils s'adaptent à ce   *move, shot, swing* qu'ils ont en face. Ils ont pas le temps de réfléchir et quand ils font un beau coup, ils ne sont pas sûrs de pouvoir le refaire. Et plus ça va vite plus c'est excitant et plus on a quelqu'un en face qui a une aptitude à se laisser aller° à ses sensations et à son instinct   *to let oneself go* plus il y a de l'émulation et il arrive parfois que vous ne jouez plus. Et puis des fois à la fin de la séquence on sait plus ce que l'on a fait et ça quand ça arrive c'est fantastique.

C. : On ne sait pas grand chose sur Paul, comment le définiriez-vous ?

V.C. : C'est un type qui n'a plus vraiment les moyens de réagir face à ce que la vie lui impose. Il est pas à sa place et se retrouve dans cette situation par la force des choses mais il est complètement déclassé. Avec Carla ils vont voir leur détresse dans l'œil de l'autre. Au départ il n'y pas de notion d'amour juste de business, il est incapable d'aimer. Je me suis d'ailleurs pas mal posé de questions sur sa sexualité. Un mec qui sort de prison, le premier truc qu'il fait en principe c'est d'aller tirer un coup. Mais lui il a pas un rond et puis vue sa dégaine et sa tête, avant qu'il puisse attraper une fille ça risque d'être dur (…) Donc j'étais parti dans l'option, le mec a des bouquins de cul° partout et je trouvais que c'était une bonne idée d'en placer partout dans les décors et c'est ce que j'ai fait, mais Jacques a tout coupé au montage. De même il y avait une scène dans la rue où il regardait une pute° et qui débouchait sur° une conversation avec Carla sur sa sexualité (il mime la scène et les deux personnages) qui elle aussi a été coupée au montage.

(vulgaire) adult magazines

(vulgaire) prostitute
leading to

C. : Quelle a été votre réaction en voyant le film pour la première fois ?

V.C. : J'ai été très ému. J'aime beaucoup ce film. Pas parce que je me voyais à l'écran mais parce que j'étais pris par les personnages. Non, non je dis pas ça pour la promo°, je suis vraiment sincère. Audiard a ici une écriture cinématographique très particulière et très personnelle, peut-être même plus que dans ses films précédents. En plus d'être un film d'auteur c'est un film de genre. Audiard s'attarde à des choses moins futiles, moins spectaculaires et plus vraies. Vous savez en France il n'y a pas 150.000 réalisateurs avec qui il faut travailler, je pense que si il y en a 20 c'est déjà beaucoup et Jacques fait parti de ceux là. […]

promotion, advertisement

C. : Alors, qu'est-ce qui fait un bon acteur ?

V.C. : J'en sais rien, c'est comme un bon chasseur et un mauvais chasseur c'est celui qui ramène le plus de lapins. Non sérieusement je n'en sais rien. Bon en disant ces choses là je cherche un peu à jouer au con° et à dédramatiser car je trouve qu'on en fait toujours un fromage°. Il faut vraiment réaliser que c'est rien, regardez les enfants qui jouent la comédie, ils sont incroyables ! Le truc c'est de pas trop réfléchir, le problème c'est que plein de gens essayent de mettre entre eux et leur travail trop de choses d'adultes. Les choses qui me touchent au cinéma sont des choses très simples. […]

(vulgaire) to mess around / *(familier)* make a mountain out of a molehill

C. : On a l'impression que vous ne vous prenez pas du tout la tête° avec votre métier.

V.C. : Je me prends extrêmement la tête et c'est pour ça que je fais tous les efforts possibles et inimaginables pour éviter de me la prendre plus, pas la peine d'en rajouter. Mais je peux vous tenir le discours opposé et vous dire qu'effectivement je dors mal la nuit quand je prépare un rôle, que je n'écoute plus ce qu'on me dit parce que j'arrête pas de chercher comment je vais faire. Mais c'est un bon stress, j'en viens de plus en plus à penser que tout ce qu'on fait dans la vie c'est pour éviter de se faire chier. Faire du cinéma c'est un truc qui m'occupe énormément et qui m'intéresse suffisamment pour m'empêcher de dormir.

you don't make things more difficult for yourself

C. : Maintenant que vous êtes un acteur reconnu les choix ne doivent pas manquer, comment faites-vous le tri° ?

V.C. : Même quand j'avais pas un choix comme aujourd'hui j'ai toujours choisi mes films. Après LES RIVIERES POUPRES, Mathieu Kassovitz m'a dit «Tu te rends compte toutes les portes que ce film va t'ouvrir». Mais en fait les portes qui m'intéressent étaient déjà ouvertes avant, ce sont celles des gens avec qui je travaille depuis longtemps. Ca va juste me rendre les choses plus faciles avec ces personnes, mais les éventuelles portes qui s'ouvriraient maintenant ne m'intéressent pas. Et je veux pas balancer° de noms mais il y a pas mal de gens qui m'ont proposé des choses plus françaises, à la mode et dans l'air du temps, mais ça ne m'intéresse pas. […]

how do you choose

to throw out, to toss around

© Sylvie Jacquy, 21/10/2001, Cinopsis SA, www.cinopsis.com. Reproduit avec autorisation.

A **Autrement dit.** Reliez les mots et les expressions ci-dessous avec ceux de l'interview. Utilisez le vocabulaire ci-dessous pour vous aider.

> **Vocabulaire**
> ....
>
> beaucoup de gens   extraordinaire   passe beaucoup de temps / s'arrête
>   longtemps
> ce personnage (cet homme)   jouer   ses premières suggestions
> choisir   l'aspect physique   une chose / quelque chose de
>   du personnage
> développer mon personnage

1. interpréter
2. sacrée
3. cette gueule
4. composer mon personnage
5. ses premières indications
6. ce type
7. un truc
8. s'attarde à
9. faire le tri
10. pas mal de gens

B **Selon Cassel.** Complétez les phrases suivantes avec le vocabulaire de l'interview.

1. Cassel s'est inspiré d'_____ qu'il avait quand il était petit. Cet homme était _____.
2. On lui a dit qu'il avait _____ à la Dewaere (un acteur français né le 26/1/47, mort le 16/7/82) et à la Depardieu (né le 27/12/48) pour _____.
3. Cassel veut bien _____ parce que ça lui permet _____ les gens.
4. Selon Cassel, Paul est un homme qui n'a plus les moyens de _____ ce que la vie lui impose.
5. Il aime ce film parce qu'il a été _____ les personnages quand il l'a vu pour la première fois.
6. Selon Cassel, il ne faut pas trop _____ pour être un bon acteur.
7. Cassel dit qu'il dort mal la nuit quand il prépare _____.
8. Il dit aussi que _____ l'intéresse beaucoup et cela l'empêche _____.

C **Paul.** Déterminez si les phrases suivantes sont vraies ou fausses.

1. vrai faux   Audiard a bien décrit le personnage de Paul pour Cassel.
2. vrai faux   Audiard voulait surtout un loser qui n'a pas pu réussir à quitter le monde criminel.
3. vrai faux   Cassel a passé beaucoup de temps à réfléchir au caractère et à l'aspect physique de Paul.
4. vrai faux   Selon Cassel, Paul a du mal à réagir à ce que la vie lui impose.
5. vrai faux   Selon Cassel, Carla et Paul sont des personnages qui n'ont rien en commun.

D **En général.** Répondez aux questions suivantes. Ecrivez deux ou trois phrases.

1. Faites le portrait de Paul d'après Cassel.
2. Pourquoi Cassel pense-t-il que le costume est vraiment important ?
3. Pourquoi Cassel veut-il répéter et pourquoi n'aime-t-il pas répéter ?
4. Cassel compare l'acteur aux tennismen. Expliquez cette analogie.
5. Qu'est-ce qui fait un bon acteur selon Cassel ?

E   Aller plus loin. Ecrivez un paragraphe pour répondre aux questions suivantes.

1. Est-ce que Cassel respecte Audiard à votre avis ? Expliquez.
2. Comment est Cassel dans cette interview ? Trouvez-vous qu'il est égoïste ?
3. Est-ce que Vincent Cassel est un bon acteur à votre avis ? Est-ce qu'Emmanuelle Devos est une bonne actrice ? Expliquez.

CULTURE

Le monde du travail

> **A noter !**
>
> Le chômage en France est de 19,3% pour les jeunes (15 à 24 ans) et il y a beaucoup de concurrence pour les postes bien adaptés aux compétences des jeunes diplômés ainsi que des chômeurs expérimentés. Il est donc très important de bien se préparer pour le monde de travail. En France, les demandeurs d'emploi préparent un curriculum vitae qui donnent des renseignements sur leurs études, leur formation, leur expérience professionnelle, etc. On affiche souvent une photo et indique son âge et sa situation familiale. Les demandeurs d'emploi préparent aussi une lettre de motivation qui était autrefois écrite à la main.

Faites les exercices suivants et réfléchissez à ces questions ci-dessous:

▶ Est-ce que le chômage touche les jeunes dans votre région ? Expliquez.
▶ Qu'est-ce que les demandeurs d'emploi préparent et envoient aux employeurs éventuels ?
▶ Quels renseignements est-ce que les demandeurs d'emploi offrent aux employeurs éventuels ?
▶ Est-ce que les demandeurs d'emploi indiquent leur âge et leur situation familiale sur leur CV ? Est-ce qu'ils affichent une photo ? Pourquoi (pas) ?
▶ Pourquoi est-ce qu'on écrivait des lettres de motivation à la main ? Pourquoi est-ce que cette pratique disparaît ?

A   Diplômé ! Qu'est-ce qu'il faut qu'un nouveau diplômé fasse pour commencer sa vie professionnelle ? Mettez les étapes suivantes en ordre d'importance.

_____ trouver un logement
_____ faire un stage
_____ préparer un CV
_____ chercher un emploi
_____ trouver des offres d'emploi intéressantes
_____ acheter une garde-robe professionnelle
_____ ouvrir un compte bancaire
_____ envoyer son CV aux employeurs potentiels
_____ écrire une lettre de motivation
_____ avoir un entretien d'embauche
_____ lire les petites annonces
_____ poster son CV sur Internet

B CV. Le CV donne des renseignements sur les activités d'un demandeur d'emploi à un futur employeur. Etudiez le CV ci-dessous et répondez aux questions à gauche.

1. Quelles sont les rubriques principales du CV français ?
2. Quelles différences y a-t-il entre un CV français et un CV américain en ce qui concerne :
   a. le nom :
   b. l'âge :
   c. la situation familiale :
   d. la photo :
3. Remarquez-vous d'autres différences entre un CV français et un CV américain ?

Prénom NOM
Adresse
code postal, Ville
☎
E-mail

Affichez
une
photo ici.

Age/date de naissance
situation familiale

Titre du CV (mission ou poste recherché)

Etudes / Formation

Date   **Diplôme final – option ou mention**
        Institut de formation : fac / lycée / école
Date   **Baccalauréat, filière**
        Lycée (Ville - Pays)

Expérience professionnelle

Dates   **Nom de l'entreprise (ville, lieu, pays)**
        Titre du poste
        Responsabilités & missions effectuées (Utilisez des phrases courtes avec un vocabulaire précis et varié.)
Dates   **Nom de l'entreprise (ville, lieu, pays)**
        Titre du poste
        Responsabilités & missions effectuées (Utilisez des phrases courtes avec un vocabulaire précis et varié.)

Connaissances linguistiques et informatiques

Langues 1. Anglais (Votre niveau : notions/ opérationnel/ bilingue)
        2. Espagnol (notions/opérationnel/bilingue)
Informatique : PC : Word, Excel, Photoshop, Power Point
           Macintosh : XPress
D'autres compétences en :
Analyse, écriture, etc.

Centres d'intérêts

Divers : Danse, musique, peinture, photographie, etc.
Sports : Natation, vélo, football, etc.
Bénévolat : Accompagnement scolaire, visites aux personnes âgées, etc.

C **Lettre de motivation.** La lettre de motivation est la première prise de contact que le demandeur d'emploi a avec un employeur. En France, la lettre de motivation est souvent manuscrite mais cette pratique disparaît. Etudiez la lettre ci-dessous et répondez aux questions à gauche.

1. Quels sont les éléments principaux d'une lettre de motivation ?
2. Quelles différences y a-t-il entre une lettre française et une lettre américaine en ce qui concerne :
   a. La place des adresses :
   b. l'adresse :
   c. la date :
   d. La formule d'appel :
3. Remarquez-vous d'autres différences entre une lettre de motivation française et une lettre de motivation américaine ?

Prénom, Nom
Adresse
Code postal, ville

                                        A l'attention de …
                                        Nom de l'entreprise
                                        Adresse
                                        Code postal, ville

                                    Ville, date (le # mois année)

Objet : poste de secrétaire

Messieurs,

En réponse à l'annonce parue dans le Figaro cette semaine je me permets de poser ma candidature pour l'emploi de secrétaire à votre agence immobilière.

Cet emploi m'intéresse vivement et je crois répondre aux conditions exigées.

Je joins mon CV en annexe à la présente et je reste à votre disposition pour un entretien durant lequel je pourrai vous parler davantage de ma formation, de mon expérience professionnelle et de mes compétences informatiques.

J'ose espérer qu'il vous plaira d'examiner ma candidature avec bienveillance et je vous prie de croire, Messieurs, à ma considération distinguée.

Signature

PJ : CV

D Conseils. Vous écrivez votre lettre de motivation. Décidez si les conseils suivants sont bons ou mauvais.

1. bon   mauvais   La lettre doit faire au moins trois pages.
2. bon   mauvais   Elle est quelquefois manuscrite (alors qu'aux États-Unis elle est dactylographiée).
3. bon   mauvais   Elle doit mentionner le salaire, les congés payés, les vacances, etc. que vous souhaitez.
4. bon   mauvais   Elle doit montrer que vous êtes motivé/e et capable mais humble.
5. bon   mauvais   C'est la première prise de contact avec le recruteur.
6. bon   mauvais   Elle répond aux questions : Qui suis-je ? Qu'est-ce que je veux faire ?
7. bon   mauvais   Elle ne répond pas à la question : Qu'est-ce que j'ai fait ?
8. bon   mauvais   Elle doit montrer vos atouts et vos faiblesses.
9. bon   mauvais   Elle est facultative (optionnelle).
10. bon   mauvais   Il faut passer beaucoup de temps à l'écrire parce qu'elle peut déterminer votre avenir.

E Définitions. Reliez les définitions suivantes avec le vocabulaire ci-dessous.

Définitions

A. C'est un groupe énergétique qui produit et distribue l'électricité en France (et en Europe).
B. C'est un contrat de travail entre un employeur et un employé d'une durée indéterminée mais pas infinie.
C. C'est le salaire minimum légal en France.
D. C'est le minimum de ressources nécessaires pour vivre en France. C'est aussi le nom de l'allocation donnée aux personnes défavorisées pour leur permettre de s'insérer dans la société.
E. C'est une personne qui n'a pas de logement.
F. C'est un organisme de l'état qui centralise les offres et les demandes d'emploi et qui aide les gens à se préparer pour un emploi et à chercher un emploi.
G. C'est un document qui sert à présenter la formation, les connaissances et les expériences d'un individu.
H. C'est un contrat de travail entre un employeur et un employé d'une durée de 18 mois maximum pour accomplir une tâche précise et temporaire.
I. C'est un groupe énergétique qui fournit le gaz naturel en France (et en Europe).
J. C'est un contrat de travail à durée indéterminée entre en employeur et un employé qui a moins de 26 ans.

_____ 1. Agence nationale pour l'emploi
_____ 2. Contrat à durée déterminé
_____ 3. Contrat à durée indéterminé
_____ 4. Contrat première embauche
_____ 5. Curriculum vitae
_____ 6. Electricité de France
_____ 7. Gaz de France
_____ 8. Revenu minimum d'insertion
_____ 9. Salaire minimum interprofessionnel de croissance
_____ 10. Sans domicile fixe

F **Sigles.** Complétez les phrases suivantes avec les sigles qui conviennent.

1. Paul s'inscrit à l'_____ pour trouver un emploi. Carla y va aussi pour trouver un assistant.
2. Comme Paul vient de sortir de prison, il n'a pas de _____ à donner à Carla.
3. Carla trouve les affaires de Paul dans le placard. Il n'a pas de logement, il est _____.
4. Carl montre le studio à Paul. Comme c'est un chantier, on a déjà contacté pour avoir de l'électricité et _____ pour avoir du gaz pour faire les travaux.
5. Ça fait longtemps que Carla travaille à la Sédim. Elle gagne plus du _____. Paul vient d'être embauché et il n'a plus droit au _____.

sigles
ANPE
CV
EDF
GDF
RMI
SDF
SMIC

L'argent

A **Les contraires.** Ecrivez le contraire des mots suivants.

_____ 1. ouvrir un compte bancaire
_____ 2. retirer de l'argent de votre compte
_____ 3. économiser / épargner
_____ 4. faire un chèque
_____ 5. emprunter de l'argent
_____ 6. les pièces
_____ 7. l'argent liquide
_____ 8. payer en espèces

A. les billets
B. un chèque
C. dépenser
D. fermer un compte bancaire
E. payer par carte de crédit
F. prêter de l'argent
G. toucher un chèque
H. verser de l'argent sur votre compte

B **Salaires.** Etudiez les tableaux ci-dessous et répondez aux questions qui suivent.

A noter !

Le SMIC est le salaire minimum légal en France. Etudiez le tableau et réfléchissez aux coûts de la vie (logement, nourriture, vêtements, etc.). Est-ce qu'on peut vivre avec le SMIC?

Salaire minimum interprofessionnel de croissance (SMIC)				
Année	Smic horaire brut en euros	Smic mensuel brut en euros pour 151,67h de travail	Smic mensuel brut en euros pour 169h de travail	Date de parution au JO
2011	9,00	1 365,00	//	17/12/2010
2010	8,86	1 343,77	//	17/12/2009
2009	8,82	1 337,70	//	26/06/2009
2008	8,71	1 321,02	//	28/06/2008
2008	8,63	1 308,88	//	29/04/2008
2007	8,44	1 280,07	//	29/06/2007
2006	8,27	1 254,28	//	30/06/2006
2005	8,03	1 217,88	1 357,07	30/06/2005
2004	7,61	//	1 286,09	02/07/2004
2003	7,19	//	1 215,11	28/06/2003
2002	6,83	//	1 154,27	28/06/2002
2001	6,67	//	1 127,23	29/06/2001

Bien que les rôles des hommes et des femmes se rapprochent, il reste un décalage entre leur salaire. Etudiez le tableau et réfléchissez aux différences de salaire dans les catégories sociales professionnelles. Dans laquelle remarque-t-on la plus grande différence? Pourquoi?

Salaire net annuel moyen selon le sexe et la catégorie socioprofessionnelle dans le secteur privé et semi-public			
	Femmes	**Hommes**	**Rapport des salaires femmes/hommes (en %)**
Cadres*	39 944	50 290	79
Professions intermédiaires	23 566	26 502	89
Employés	17 358	18 193	95
Ouvriers	15 499	18 765	83
Ensemble	**21 358**	**26 126**	**82**
* Y compris les chefs d'entreprise salariés.			
Champ : Salariés à temps complet du secteur privé et semi-public.			
Source : Insee, DADS 2008 (fichier définitif).			

1. Combien d'argent est-ce que l'ensemble des femmes a gagné en 2008 ?
2. Combien d'argent est-ce que l'ensemble des hommes a gagné en 2008 ?
3. Combien d'argent est-ce que le Smicard a gagné en 2008 et en 2009 ?
4. vrai ou faux : En général, les hommes gagnent plus d'argent que les femmes.
5. vrai ou faux : Les cadres gagnent le plus d'argent de tous les actifs.
6. vrai ou faux : Les ouvriers sont les plus mal payés de tous les actifs.
7. vrai ou faux : Le SMIC ne change jamais.
8. vrai ou faux : On peut vivre avec le SMIC.
9. vrai ou faux : Le SMIC correspond au «Minimum Wage» aux Etats-Unis.
10. vrai ou faux : La disparité entre les salaires disparaîtra un jour.

Le logement

A noter !

La colocation (partager un appartement avec d'autres) est beaucoup moins fréquente en France qu'aux Etats-Unis. Les enfants quittent le nid de plus en plus tard. Cette situation est quelquefois difficile pour les parents ! Le film *Tanguy* montre les difficultés de la cohabitation entre les jeunes et leurs parents. C'est à voir !

A **Le logement.** Reliez les définitions à droite avec le vocabulaire à gauche.

_____ 1. la résidence principale   A. la superficie d'un logement (entre 20 et 150 m² en moyenne)

_____ 2. la résidence secondaire   B. la somme d'argent donnée au propriétaire avant de louer un logement, c'est une garantie

_____ 3. la surface   C. la personne qui loue le logement

_____ 4. le/la propriétaire

D. un logement destiné aux périodes de courtes durées (week-ends, vacances, etc.).

_____ 5. le/la locataire

E. la somme d'argent donnée au propriétaire (chaque mois) pour louer un logement

_____ 6. le contrat de location (le bail)

F. les frais d'eau et de chauffage

_____ 7. le loyer

G. la personne qui possède un logement

_____ 8. la caution

H. un logement destiné à la résidence pendant plus de 9 mois de l'année

_____ 9. les charges

I. le contrat entre le propriétaire et le locataire

HLM en bas de la Butte aux Cailles

A noter !

On utilise F+ # de pièces (la cuisine et la salle de bain non compris) pour décrire l'appartement. (1m² = 3.28 ft²)

Les types d'appartements		
Type	# de pièces	La surface en moyenne
F 1	1	27 m² - 30 m²
F 2	2	41m² - 46m²
F 3	3	54m² - 60m²
F 4	4	66m² - 73m²
F 5	5	79m² - 88m²
F 6	6	89m² - 99m²
F 7	7	114m²+

adapté de: http://fr.wikipedia.org/wiki/Taille_des_logements

B **Votre appart.** Complétez le paragraphe suivant avec le vocabulaire qui convient.

Quand vous louez un appartement, vous êtes _____. Vous louez l'appartement d'_____. Avant de signer _____, il faut savoir si _____ sont comprises ou si vous devez payer les frais d'eau et de chauffage. Avant d'emménager, il faut payer _____ qui protège le propriétaire. Il faut être raisonnable et payer _____ chaque mois.

C **Le contrat de location.** Lisez les phrases suivantes et déterminez s'il s'agit des obligations/devoirs du locataire, des obligations/devoirs du propriétaire ou d'un contrat de location en général.

A. **Obligations / devoirs d'un locataire**
B. **Obligations / devoirs d'un propriétaire**
C. **Contrat de location (Bail)**

_____ 1. Il doit laisser le locataire libre et tranquille.
_____ 2. Il indique les droits et devoirs du locataire et du propriétaire.
_____ 3. Il ne peut pas faire de travaux.
_____ 4. Il permet d'éviter les abus du locataire et du propriétaire.
_____ 5. Il définit la durée du contrat.
_____ 6. Il doit entretenir les locaux pour le propriétaire.

Paris – Les beaux quartiers
Aux abords des Champs Elysées

_____ 7. Il doit maintenir les locaux en bon état pour le locataire.
_____ 8. Il ne doit pas déranger les voisins.
_____ 9. Il définit les locaux.
_____ 10. Il doit payer le loyer à la date convenue.
_____ 11. Il définit le montant du loyer.
_____ 12. Il doit assurer les locaux et leur contenu.

Liens !

Expliquez les différents logements dans les films que vous avez vus. Dans *Les Triplettes de Belleville,* Champion habite une maison avec sa grand-mère. Dans *Le Papillon,* Isabelle et Elsa habitent un appartement dans le même immeuble que Julien. Dans *Etre et avoir,* les enfants habitent des maisons avec leur famille. Dans *L'Auberge espagnole,* Xavier partage un appartement avec des colocataires. Dans *Les Visiteurs,* Béatrice habite une maison avec sa famille. Comment est-ce qu'on peut expliquer cette grande variété de logements ? Pensez à la ville habitée et au revenu des individus.

D Aller plus loin. Ecrivez un paragraphe pour répondre aux questions suivantes.

1. Le film a lieu dans plusieurs logements. Pour chaque logement ci-dessous indiquez de quel type de logement il s'agit (un studio, un F2, etc.), et les pièces qui se trouvent dans le logement et faites une petite description du logement.
   L'appartement de Carla, celui de Paul, ceux de Marchand, le duplex de Masson, la maison de Lehaleur
2. Quelle est l'importance d'un bon CV et d'une bonne lettre de motivation ?
3. Pourquoi est-ce que le CV et la lettre de motivation sont surtout importants pour les jeunes Français ?
4. Paul a de la chance parce que Carla l'embauche malgré son manque de compétence et d'expérience. Est-ce que c'est juste à votre avis ?
5. Quelles études et quelle formation Carla a-t-elle à votre avis ?

RECHERCHES

Faites des recherches sur les sujets suivants.

A Au boulot ! Vous venez de finir vos études et vous voudriez travailler à Paris. Vous faites des recherches sur le travail en France et vous préparez un dossier pour vous aider à organiser vos recherches. Organisez votre dossier selon les rubriques ci-dessous. Après avoir fini votre dossier, choisissez deux métiers, deux entreprises et deux offres d'emploi qui vous intéressent. Présentez vos préférences à vos camarades de classe.

▶ Les métiers qui correspondent à vos centres d'intérêts
▶ Les entreprises qui correspondent à vos centres d'intérêts

▶ Les offres d'emploi qui correspondent à vos études et à votre formation
▶ Les conseils des experts

B Le logement. Après avoir trouvé un emploi, il faut trouver un logement. Vous faites des recherches sur le logement à Paris. Après avoir fait des recherches, organisez vos notes pour présenter une liste concise de détails sur votre logement idéal à vos camarades de classe. Utilisez les rubriques suivantes pour vous aider.

▶ Les arrondissements qui correspondent à vos besoins (la proximité à votre bureau, au métro, etc.)
▶ Les quartiers qui vous plaisent (les quartiers étudiants, les quartiers résidentiels, etc.)
▶ Les types d'appartement qui correspondent à votre budget
▶ Les types d'appartement qui correspondent à vos besoins (meublé, charges comprises, une chambre, etc.)

C Les droits des personnes handicapées. En France, les personnes handicapées ont les mêmes droits que les autres citoyens français et le gouvernement met en place des règles pour assurer que ces droits sont protégés. Renseignez-vous sur les sujets suivants et préparez un dépliant qui renseigne les autres sur les droits des personnes handicapées.

▶ Le handicap en France
▶ Le logement pour les personnes handicapées
▶ Les transports pour les personnes handicapées
▶ Les droits des personnes handicapées au travail
▶ Les questions générales des personnes handicapées

D Crime. Vous voulez habiter Paris mais vos parents pensent que la ville est trop dangereuse ! Vous faites des recherches pour leur expliquer que Paris pratique la vigilance ! Utilisez les rubriques suivantes pour vous aider à leur expliquer. Préparez aussi une fiche détaillée pour les convaincre que la ville n'est pas dangereuse.

▶ La police (les agents de police, les gendarmes, les CRS, etc.)
▶ Les crimes contre les personnes
▶ Les crimes contre les biens
▶ Les anciens détenus et la réinsertion sociale

E Vincent Cassel. Vous êtes un/e fan de Vincent Cassel et vous décidez de faire un site (non officiel !!) sur Cassel. Vous développez une page dédiée à chaque rubrique ci-dessous. Préparez la page web sur papier ou si vous êtes vraiment motivé/e, montez votre site sur le web !

▶ Photos
▶ Biographie
  ■ Date de naissance
  ■ Lieu de naissance
  ■ Lieu de résidence
  ■ Famille
  ■ Adresse
▶ Filmographie
  ■ Les années 1990
  ■ Les films récents
  ■ Prix
▶ Critiques
▶ Amis, centres d'intérêts, loisirs, etc.

Documents

JOURNAL L'HUMANITÉ

SOCIÉTÉ

Les choix politiques font les détenus

Prison. Une étude de la chancellerie montre que le taux d'incarcération dépend de la politique pénale.

Ces trente dernières années la population pénale a connu des variations importantes. La faute, avant tout, aux politiques pénales. C'est ce que vient d'admettre une étude publiée par le ministère de la Justice. Plus que du niveau de la délinquance et de la criminalité, c'est d'abord du nombre d'entrées en prison et de la longueur des peines que vient la surpopulation carcérale. Deux critères dépendant des politiques initiées par les gouvernements.

De 1975 à 1995, la population pénale a ainsi doublé avant de baisser de 20 % entre 1996 et 2001. Depuis, elle a augmenté de près d'un quart. Grâce à des lois, pourvoyeuses de nouveaux embastillés, comme la loi Perben 1 qui, en septembre 2002, a étendu la procédure de comparution immédiate aux délits passibles de six mois à dix ans d'emprisonnement. Conséquence : les condamnés à moins d'un an de prison représentent 31,2 % des 60 000 prisonniers qui peuplent aujourd'hui les établissements pénitentiaires. Quant aux longues peines, elles sont de plus en plus nombreuses. Entre 1996 et 2006, le nombre de condamnés à des peines de vingt à trente ans a été multiplié par 3,5.

Devant une situation carcérale surpeuplée et maintes fois dénoncée, les avocats de France ont décidé, aujourd'hui, une journée de sensibilisation sur la situation dans les prisons, les lieux de garde à vue et de rétention. «L'état actuel des prisons françaises est indécent et contraire à l'objectif de réinsertion, à l'intérêt des victimes, aux droits et à la sécurité du personnel pénitentiaire», a estimé le président de la conférence, Frank Natali.

© S. B., *Journal l'Humanite,* www.humanite.fr
Article paru dans l'édition du 7 juillet 2006

CHARTE de l'égalité professionnelle et de l'égallité des chances

21 janvier 2009
Notes de la DRH

www.diplomatie.gouv.fr

Les agents du ministère des affaires étrangères sont appelés, individuellement et collectivement, à représenter la France et ses intérêts à l'étranger. Ils doivent refléter le mieux possible la diversité des talents et des profils culturels et sociaux de la société française. C'est un gage de légitimité, d'ouverture et de pluralisme, aux yeux de nos partenaires étrangers autant que des usagers de nos services consulaires. Pour répondre aux défis du recrutement, de la fidélisation et de la performance, la politique des ressources humaines du département a donc pour objectif de mettre en place et de faire vivre une communauté de travail humaine et professionnelle dont la motivation et la performance reposent sur le respect de l'égalité femmes-hommes et de la diversité et sur une gestion dynamique des compétences.

***

Afin de consolider cette démarche, la direction des ressources humaines et les associations professionnelles cosignataires représentant les agents ont identifié comme actions prioritaires de :

1. **Sensibiliser et former** aux enjeux de la non-discrimination et de la diversité sous toutes leurs formes **les agents du département** impliqués dans le recrutement, la formation et la gestion des carrières, agents de la direction des ressources humaines et agents chargés de fonctions d'encadrement en France comme à l'étranger.

2. **Respecter et promouvoir l'application du principe de non-discrimination** dans toutes les étapes de la gestion des ressources humaines : concours et examens professionnels, recrutements sur contrat, recrutements sur titres et entretiens pour

les personnes présentant une vulnérabilité personnelle ou sociale et pour lesquelles des dispositifs d'insertion ont été prévus par le législateur (travailleurs handicapés et jeunes sortis du système scolaire sans qualification), évaluation, formation, avancement.

3. **S'attacher à respecter le principe de l'égalité professionnelle entre les femmes et les hommes** à tous les niveaux de responsabilité et dans tous les domaines.

4. **Chercher à refléter la diversité de la société française** et notamment sa diversité culturelle et sociale dans la ressource humaine du ministère, aux différents niveaux de responsabilité.

5. **Lutter contre l'autocensure** des candidats à l'entrée au ministère en mettant en valeur notre politique de la diversité et les parcours d'agents qui reflètent cette diversité, notamment lors des salons « emploi » et d'interventions dans des lycées en quartiers défavorisés pour susciter des vocations et proposer des visites ou un tutorat personnalisé.

6. **S'assurer que l'origine, le sexe, les moeurs, l'orientation sexuelle, l'âge, la situation de famille, les caractéristiques génétiques, l'appartenance à une ethnie, à une nation ou à une race, les opinions politiques, les activités syndicales ou mutualistes, les convictions religieuses, l'apparence physique, le patronyme, l'état de santé, le handicap ou l'état de grossesse** ne conduisent aucun agent, pendant la durée de sa carrière ou de son contrat, à se sentir exclu de la communauté de travail ou pénalisé dans le déroulement de son parcours professionnel.

7. **Adapter** à cette fin postes et conditions de travail, offrir à chacun un parcours professionnel valorisant et individualisé, favoriser le respect de l'équilibre entre vie professionnelle et vie personnelle et familiale et rechercher l'obtention de mesures favorables de la part des Etats étrangers dans lesquels nos agents et leurs familles sont expatriés.

8. **Faire partager à l'ensemble des agents** l'engagement du ministère en faveur de la non-discrimination et de la diversité, **sanctionner** les attitudes constituant des discriminations et **publier** annuellement des éléments d'information sur la mise en oeuvre de cet engagement.

9. Examiner la mise en oeuvre de la politique de diversité **dans le cadre du dialogue avec les représentants du personnel**.

Maurice Leblanc (11/12/1864 – 06/11/1941)

Maurice Leblanc était un écrivain de romans policiers célèbre pour sa création du personnage d'*Arsène Lupin, «gentleman-cambrioleur»*, une sorte de Robin des Bois, qui apparaît dans plus de 20 romans avec un autre personnage célèbre Herlcok Sholmès. L'extrait de *L'arrestation d'Arsène Lupin, Gentleman-Cambrioleur,* le premier roman d'une série de neuf nouvelles, introduit ce personnage pour la première fois.

Arsène Lupin, Gentleman-Cambrioleur

Maurice Leblanc, *Nouvelles* (1907)

— 1 —

L'arrestation d'Arsène Lupin

L'étrange voyage ! Il avait si bien commencé cependant ! Pour ma part, je n'en fis jamais qui s'annonçât sous de plus heureux auspices. La Provence est un transatlantique rapide, confortable, commandé par le plus affable des hommes. La société la plus choisie s'y trouvait réunie. Des relations se formaient, des divertissements s'organisaient. Nous avions cette impression exquise d'être séparés du monde, réduits à nous-mêmes comme sur une île inconnue, obligés par conséquent, de nous rapprocher les uns des autres.

Et nous nous rapprochions…

Avez-vous jamais songé à ce qu'il y a d'original et d'imprévu dans ce groupement d'êtres qui, la veille encore, ne se connaissaient pas, et qui, durant quelques jours, entre le ciel infini et la mer immense, vont vivre de la vie la plus intime, ensemble vont défier les colères de l'Océan, l'assaut terrifiant des vagues et le calme sournois de l'eau endormie ?

C'est, au fond, vécue en une sorte de raccourci tragique, la vie elle-même, avec ses orages et ses grandeurs, sa monotonie et sa diversité, et voilà pourquoi, peut-être, on goûte avec une hâte fiévreuse et une volupté d'autant plus intense ce court voyage dont on aperçoit la fin du moment même où il commence.

Mais, depuis plusieurs années, quelque chose se passe qui ajoute singulièrement aux émotions de la traversée. La petite île flottante dépend encore de ce monde dont on se croyait affranchi. Un lien subsiste, qui ne se dénoue que peu à peu, en plein Océan, et peu à peu, en plein Océan, se renoue. Le télégraphe sans fil ! appels d'un autre univers d'où l'on recevrait des nouvelles de la façon la plus mystérieuse qui soit ! L'imagination n'a plus la ressource d'évoquer des fils de fer au creux desquels glisse l'invisible message. Le mystère est plus insondable encore, plus poétique aussi, et c'est aux ailes du vent qu'il faut recourir pour expliquer ce nouveau miracle.

Ainsi, les premières heures, nous sentîmes-nous suivis, escortés, précédés même par cette voix lointaine qui, de temps en temps, chuchotait à l'un de nous quelques paroles de là-bas. Deux amis me parlèrent. Dix autres, vingt autres nous envoyèrent à tous, à travers l'espace, leurs adieux attristés ou souriants.

Or, le second jour, à cinq cents milles des côtes françaises, par un après-midi orageux, le télégraphe sans fil nous transmettait une dépêche dont voici la teneur :

«Arsène Lupin à votre bord, première classe, cheveux blonds, blessure avant-bras droit, voyage seul, sous le nom de R… »

À ce moment précis, un coup de tonnerre violent éclata dans le ciel sombre. Les ondes électriques furent interrompues. Le reste de la dépêche ne nous parvint pas. Du nom sous lequel se cachait Arsène Lupin, on ne sut que l'initiale.

S'il se fût agi de toute autre nouvelle, je ne doute point que le secret en eût été scrupuleusement gardé par les employés du poste télégraphique, ainsi que par le commissaire du bord et par le commandant. Mais il est de ces événements qui semblent forcer la discrétion la plus rigoureuse. Le jour même, sans qu'on pût dire comment la chose avait été ébruitée, nous savions tous que le fameux Arsène Lupin se cachait parmi nous.

Arsène Lupin parmi nous ! l'insaisissable cambrioleur dont on racontait les prouesses dans tous les journaux depuis des mois ! l'énigmatique personnage avec qui le vieux Ganimard, notre meilleur policier, avait engagé ce duel à mort dont les péripéties se déroulaient de façon si pittoresque ! Arsène Lupin, le fantaisiste gentleman qui n'opère que dans les châteaux et les salons, et qui, une nuit, où il avait pénétré chez le baron Schormann, en était parti les mains vides et avait laissé sa carte, ornée de cette formule : «Arsène Lupin, gentleman-cambrioleur, reviendra quand les meubles seront authentiques.» Arsène Lupin, l'homme aux mille déguisements : tour à tour chauffeur, ténor, bookmaker, fils de famille, adolescent, vieillard, commis-voyageur marseillais, médecin russe, torero espagnol !

Qu'on se rende bien compte de ceci : Arsène Lupin allant et venant dans le cadre relativement restreint d'un transatlantique, que dis-je ! dans ce petit coin des premières où l'on se retrouvait à tout instant, dans cette salle à manger, dans ce salon, dans ce fumoir ! Arsène Lupin, c'était peut-être ce monsieur… ou celui-là… mon voisin de table… mon compagnon de cabine…

– Et cela va durer encore cinq fois vingt-quatre heures ! s'écria le lendemain miss Nelly Underdown, mais c'est intolérable ! J'espère bien qu'on va l'arrêter.

Et s'adressant à moi :

– Voyons, vous, monsieur d'Andrésy, qui êtes déjà au mieux avec le commandant, vous ne savez rien ?

J'aurais bien voulu savoir quelque chose pour plaire à miss Nelly ! C'était une de ces magnifiques créatures qui, partout où elles sont, occupent aussitôt la place la plus en vue. Leur beauté autant que leur fortune éblouit. Elles ont une cour, des fervents, des enthousiastes.

Élevée à Paris par une mère française, elle rejoignait son père, le richissime Underdown, de Chicago. Une de ses amies, lady Jerland, l'accompagnait.

Dès la première heure, j'avais posé ma candidature de flirt. Mais dans l'intimité rapide du voyage, tout de suite son charme m'avait troublé, et je me sentais un peu trop ému pour un flirt quand ses grands yeux noirs rencontraient les miens. Cependant, elle accueillait mes hommages avec une certaine faveur. Elle daignait rire de mes bons mots et s'intéresser à mes anecdotes. Une vague sympathie semblait répondre à l'empressement que je lui témoignais.

Un seul rival peut-être m'eût inquiété, un assez beau garçon, élégant, réservé, dont elle paraissait quelquefois préférer l'humeur taciturne à mes façons plus «en dehors» de Parisien.

Il faisait justement partie du groupe d'admirateurs qui entourait miss Nelly, lorsqu'elle m'interrogea. Nous étions sur le pont, agréablement installés dans des rocking-chairs. L'orage de la veille avait éclairci le ciel. L'heure était délicieuse.

– Je ne sais rien de précis, mademoiselle, lui répondis-je, mais est-il impossible de conduire nous-mêmes notre enquête, tout aussi bien que le ferait le vieux Ganimard, l'ennemi personnel d'Arsène Lupin ?

– Oh ! oh ! vous vous avancez beaucoup !

– En quoi donc ? Le problème est-il si compliqué ?

– Très compliqué.

– C'est que vous oubliez les éléments que nous avons pour le résoudre.

– Quels éléments ?

– 1. Lupin se fait appeler monsieur R…

– Signalement un peu vague.

– 2. Il voyage seul.

– Si cette particularité vous suffit.

– 3. Il est blond.

– Et alors ?

– Alors nous n'avons plus qu'à consulter la liste des passagers et à procéder par élimination.

J'avais cette liste dans ma poche. Je la pris et la parcourus.

– Je note d'abord qu'il n'y a que treize personnes que leur initiale désigne à notre attention.

– Treize seulement ?

– En première classe, oui. Sur ces treize messieurs R…, comme vous pouvez vous en assurer, neuf sont accompagnés de femmes, d'enfants ou de domestiques. Restent quatre personnages isolés : le marquis de Kaverdan…

– Secrétaire d'ambassade, interrompit miss Nelly, je le connais.

– Le major Rawson…

– C'est mon oncle, dit quelqu'un.

– M. Rivolta…

– Présent, s'écria l'un de nous, un Italien dont la figure disparaissait sous une barbe du plus beau noir.

Miss Nelly éclata de rire.

– Monsieur n'est pas précisément blond.

– Alors, repris-je, nous sommes obligés de conclure que le coupable est le dernier de la liste.

– C'est-à-dire ?

– C'est-à-dire M. Rozaine. Quelqu'un connaît-il M. Rozaine ?

On se tut. Mais miss Nelly, interpellant le jeune homme taciturne dont l'assiduité près d'elle me tourmentait, lui dit :

– Eh bien, monsieur Rozaine, vous ne répondez pas ?

On tourna les yeux vers lui. Il était blond.

chapitre (7)

Comme une image

Avant le visionnement

NOTES CULTURELLES

Les activités culturelles

Une évasion de la routine quotidienne, les pratiques culturelles jouent un rôle important dans la vie des Français et sont considérées comme le moment de se détendre, se distraire et s'éduquer. Les résultats du sondage de 2006 montrent que la musique, le cinéma, et la lecture de livre sont les pratiques culturelles principales des Français. Etudiez le sondage ci-dessous et réfléchissez aux activités que vous pratiquez.

PRATIQUES CULTURELLES À L'ÂGE ADULTE SELON L'ÂGE ET LE SEXE

Au moins une fois au cours des 12 derniers mois...	2005			2006			
	Lecture de livre	Écoute de la radio	Écoute de CD, disques, cassettes	Cinéma	Musée ou exposition	Théâtre	Concert, spectacle
Ensemble	58	87	75	51	33	17	32
Âge							
15 – 29 ans	66	88	96	80	32	16	46
30 – 39 ans	58	93	92	62	34	16	33
40 – 49 ans	57	91	82	57	37	18	32
50 – 59 ans	56	89	70	44	38	21	30
60 – 69 ans	56	85	58	33	38	20	29
70 – 79 ans	51	75	39	21	25	14	17
80 ans ou plus	49	64	31	9	12	6	9
Sexe							
Femme	67	85	76	52	36	19	34
Homme	48	88	74	50	30	15	30

Champ : France métropolitaine ; personnes de 15 ans ou plus (en 2005) et de 16 ans ou plus (en 2006).

Sources : 2005, enquête permanente sur les conditions de vie des ménages (EPCV) ; 2006, statistiques sur les ressources et conditions de vie (SRCV).

FICHE TECHNIQUE

Réalisation : Agnès Jaoui
Musique originale : Philippe Rombi
Année de production : 2003
Durée : 1 h 50
Genre : Comédie dramatique
Date de sortie nationale : 22/09/2004

Mini-biographie

Après avoir suivi des cours de comédie au Théâtre des Amandiers à Nanterre, Jaoui débute au cinéma dans le film *Le Faucon (1983 -Boujenah)*. En 1987, elle joue dans la pièce *L'Anniversaire* où elle rencontre son futur compagnon (Jean-Pierre Bacri). Après cette rencontre, ils écrivent ensemble la pièce *Cuisine et dépendances* qui est adaptée au cinéma en 1993. Leur succès continue avec la pièce (et le film) *Un Air de Famille*. Le duo joue dans d'autres films ensemble (*Smoking/No Smoking* et *On connaît la chanson*). Ils co-écrivent ensuite le scénario du film *Le Goût des Autres* ainsi que *Comme une image* (deux films qui ont eu beaucoup de succès).

Quelques films du duo Jaoui-Bacri comme scénaristes

1993	Cuisine et dépendances	1997	On connaît la chanson	2004	Comme une image
1993	Smoking/No Smoking	2000	Le Goût des Autres	2008	Parlez-moi de la pluie
1996	Un Air de Famille				

PROFIL: Agnès Jaoui

actrice, réalisatrice

Née le 19 octobre 1964 à Antony, France

SYNOPSIS

A vingt ans, Lolita Cassard cherche ce qu'elle veut faire dans la vie mais elle est mal dans sa peau et elle vit dans l'ombre de la célébrité de son père, Etienne Cassard. Lolita se passionne pour le chant et elle admire énormément Sylvia, son professeur de chant dont le mari est un écrivain qui cherche la célébrité. Sylvia délaisse Lolita jusqu'à ce qu'elle apprenne que le père de Lolita, l'écrivain qu'elle respecte depuis longtemps, peut changer le destin de son mari. Est-ce pourtant le destin dont elle rêve ?

Note : *Comme une image* est classé «PG-13» aux Etats-Unis.

Liens !

Quel rôle est-ce que les activités culturelles jouent dans les films que vous avez vus ?

Par exemple :
Les Triplettes de Belleville : Madame Souza et Champion écoutent de la musique et ils regardent des concerts à la télé.
Le Papillon : Elsa espère aller au cinéma avec sa mère.
Etre et avoir : Les enfants lisent des livres.
L'Auberge espagnole : Xavier et Isabelle parlent de la musique qu'ils aiment.
Sur mes lèvres : Paul et Carla ont-ils des activités culturelles ?

PERSONNAGES

Personnages principaux

Lolita Cassard	Marilou Berry
Etienne Cassard	Jean-Pierre Bacri
Sylvia Miller	Agnès Jaoui
Pierre Miller	Laurent Grévill
Karine Cassard	Virginie Desarnauts
Sébastien	Keine Bouhiza

Personnages secondaires

Vincent	Grégoire Oestermann
Félix	Serge Riaboukine
Edith	Michèle Moretti
le chauffeur de taxi	Jean-Pierre Lazzerini
le videur	Jacques Boko
Louna Cassard	Emma Beziaud
Mathieu	Julien Baumgartner
la petite amie de Mathieu	Zelie Berger

 **PROFIL:** Marilou Berry

actrice, comédienne

Née le 1er février 1983 à Paris

Mini-biographie

Berry débute au cinéma à l'âge de huit ans dans le film de sa mère, *Ma vie est un enfer*. Comme elle s'intéresse beaucoup au théâtre, elle quitte le lycée pour s'inscrire au conservatoire à Paris. Sa carrière au cinéma explose en 2004 grâce à ses rôles dans les films *Comme une image* et *La Première fois que j'ai eu 20 ans*. En 2005, elle reçoit le prix du Meilleur jeune espoir féminin aux César pour son rôle dans le film *Comme une image*. Elle tourne actuellement des films et elle poursuit sa carrière au théâtre.

Quelques films

1991	Ma vie est un enfer	2005	La Boîte noire	2008	Cliente
2004	Comme une image	2006	Nos jours heureux	2008	Vilaine
2004	La Première fois que j'ai eu 20 ans	2006	On ne devrait pas exister	2009	La Marche des crabes
2005	Il était une fois dans l'Oued	2006	Lisa et le pilote d'avion		

VOCABULAIRE

Gens

la belle-fille	stepdaughter, daughter-in-law	l'éditeur/trice	editor, publisher
la belle-mère	mother-in-law, stepmother	l'homme entretenu	"kept" man
le chœur	choir	le/la lecteur/trice	reader
le chauffeur	driver	le/la photographe	photographer
la demi-sœur	half sister	le professeur de chant	singing instructor
l'écrivain	writer	le/la raté/e	failure
		la vedette	star
		le videur	bouncer

Arts

l'avant-première (f)	premiere, preview	la littérature	literature
le chant	singing	l'opéra (m)	opera
le concert	concert	la répétition	rehearsal
le cours de chant	singing class	le roman	novel
la critique	review, criticism		

Endroits

la boîte de nuit	nightclub	la maison de campagne	country house
l'église (f)	church	la maison d'édition	publishing house

Noms divers

la carte de visite	business card	l'égocentrisme (m)	egocentricity
le carton d'invitation	invitation	l'émission (f)	show
la déception	disappointment	le portable	cell phone
le déclin	decline	la queue	line
la dynamique familiale	family dynamic	le soutien	support
l'égoïsme (m)	selfishness	les troubles alimentaires (m)	eating disorder

Adjectifs

célèbre	famous	mélodramatique	melodramatic
confiant/e	confident	obséquieux/euse	obsequious
cynique	cynical	puissant/e	powerful
déçu/e	disappointed	rejeté/e	rejected
déprimé/e	depressed	sarcastique	sarcastic
égocentrique	egocentric, self-centered	sous-entendu	implied
égoïste	egotistical, selfish	troublé/e	troubled
mal à l'aise	uncomfortable	vaniteux/se	vain

Adverbes

absolument	absolutely	**lentement**	slowly
actuellement	currently	**longtemps**	long
admirablement	admirably	**précisément**	precisely
ailleurs	elsewhere	**parfois**	sometimes
apparemment	apparently	**partout**	everywhere
bientôt	soon	**passionnément**	passionately
brièvement	briefly	**patiemment**	patiently
bruyamment	noisily	**poliment**	politely
confusément	confusedly	**premièrement**	first
constamment	constantly	**profondément**	deeply
énormément	enormously	**quelquefois**	sometimes
franchement	frankly, clearly	**récemment**	recently
gentiment	nicely	**spontanément**	spontaneously
intelligemment	intelligently	**suffisamment**	sufficiently
intensément	intensely		

Verbes

abandonner	to abandon	**s'évanouir**	to faint, to pass out
aspirer à	to aspire to	**être mal dans sa peau**	to be uncomfortable w/oneself
assister à	to attend		
avoir confiance en soi	to have self-confidence	**se fâcher contre**	to get angry with
bénéficier de	to benefit from	**faire la queue**	to wait in line
blesser	to hurt	**fêter**	to celebrate
changer d'avis	to change one's mind	**lutter contre**	to struggle against
compter sur qqn.	to count on someone	**monter un concert**	to put on a concert
critiquer	to criticize	**répéter**	to rehearse
culpabiliser	to make feel guilty	**sortir (pour un livre)**	to publish, to come out
se désespérer	to be disheartened, to dispair	**soutenir**	to support
		suivre un cours	to take a class
se détériorer	to deteriorate	**supporter**	to tolerate

EXERCICES DE VOCABULAIRE

A **Les activités culturelles.** Réfléchissez au rôle des activités culturelles et répondez aux questions suivantes. Utilisez *le vocabulaire du film*.

1. Quel rôle les activités culturelles jouent-elles dans la société ? Pourquoi faut-il avoir des activités culturelles ? Comment une société serait-elle sans activités culturelles ? Expliquez.
2. Quelles sont vos activités culturelles préférées ? Pourquoi ? Avez-vous assez de temps pour vos activités culturelles préférées ? Avez-vous assez d'argent pour en avoir ? Expliquez.
3. Indiquez si la fréquence de votre participation aux activités culturelles suivantes est : *très souvent, souvent, pas souvent* ou *pas du tout* :
   a. Lecture de livres
   b. Cinéma
   c. Musée, exposition ou monument historique
   d. Théâtre ou concert
   e. Pratiques artistiques en amateur

B **La célébrité.** Que pensez-vous des célébrités ? Répondez aux questions suivantes. Utilisez *le vocabulaire du film* dans vos réponses.

1. Est-ce que vous admirez les célébrités ? Lesquelles ? Pourquoi ?
2. Est-ce qu'il y a des célébrités que vous n'aimez pas ou que vous ne respectez pas ? Pourquoi ?
3. Est-ce que vous trouvez le comportement de certaines célébrités admirable ou irresponsable ? Expliquez.
4. Quelles sont les obligations ou les responsabilités d'une célébrité ? Expliquez.
5. Est-ce qu'il est difficile d'être célèbre ? Pourquoi ou pourquoi pas ?
6. Quels sont les avantages et les inconvénients de la célébrité ? Expliquez.
7. Comment est-ce que les célébrités traitent les autres célébrités ? Comment est-ce qu'elles traitent les gens qui ne sont pas célèbres ? Comment est-ce qu'elles traitent les membres de leur famille ? Expliquez.
8. Est-ce que vous aimeriez être célèbre un jour ? Pourquoi ou pourquoi pas ?

C **La famille.** Etudiez le graphique et répondez aux questions suivantes. Utilisez *le vocabulaire du film* dans vos réponses.

1. Combien de femmes le mari a-t-il ? Expliquez. Quel genre de relations a-t-il avec les deux femmes ?
2. Combien d'enfants a-t-il ? Quel âge ont-ils ? Expliquez. Quel genre de relations a-t-il avec ses enfants ? Expliquez.
3. Quel genre de relations les femmes ont-elles ? Se connaissent-elles ? Pourquoi ou pourquoi pas ?
4. Quel genre de relations les femmes ont-elle avec les enfants ? Expliquez.
5. Quel genre de relations les enfants ont-ils ? Se connaissent-ils ? Pourquoi ou pourquoi pas ?
6. Quelles difficultés a cette famille recomposée ? Expliquez.

Liens !

Il n'y a pas de modèle familial unique dans les films que vous avez vus. Décrivez les familles suivantes :

Champion et sa grand-mère dans *Les Triplettes de Belleville*
Elsa et sa mère dans *Le Papillon*
Les familles dans *Être et avoir*
La famille éclatée de Xavier dans *L'Auberge espagnole*
La famille BCBG dans *Les Visiteurs*
La famille troublée d'Annie, l'amie de Carla dans *Sur mes lèvres*

Vous rappelez-vous cette famille du film *Les Triplettes de Belleville*? Comment est la famille?

D **Pratiques culturelles.** L'article suivant et complétez les activités de vocabulaire.

Une culture plus expressive

Le développement du numérique et de l'internet ont profondément transformé le paysage des pratiques en amateur, en favorisant l'émergence de nouvelles formes d'expression mais aussi de nouveaux modes de diffusion des contenus culturels autoproduits dans le cadre du temps libre. Les changements ont été particulièrement spectaculaires dans le cas de la photographie ou de la vidéo dont la pratique a presque entièrement basculé dans le numérique en moins d'une décennie. La diffusion des ordinateurs dans les foyers a également renouvelé les manières de faire de l'art en amateur dans les domaines de l'écriture, de la musique ou des arts graphiques. Aussi n'est-il pas simple de se livrer au jeu de la comparaison puisque le regard porté sur les évolutions survenues depuis 1997 dépend pour une large part de la manière dont les diverses activités d'autoproduction sur écran sont appréhendées et regroupées (ou non) avec les pratiques en amateur d'avant l'ordinateur (tableau 3).

Avec la diffusion des appareils numériques et surtout celle des téléphones portables multimédias, les pratiques de la photographie et de la vidéo ont progressé, faiblement dans le cas de la première compte tenu de l'existence ancienne dans les foyers d'appareils de type Instamatic ou Polaroïd, plus nettement pour la vidéo puisque la proportion de Français ayant réalisé un film ou une vidéo dans l'année a doublé depuis 1997 (27% contre 14%).

Sur 100 personnes de 15 ans et plus	1997	2008
Ont pratiqué au cours des douze derniers mois les activités suivantes*		
Faire des photographies	**66**	**70**
Appareil non numérique	66	27
Appareil numérique (dont téléphone)	/	60
Faire des films ou des vidéos	**14**	**27**
Caméra ou caméscope non numérique	14	4
Caméscope numérique (dont téléphone)	/	26
Faire de la musique	**17**	**16**
Jouer d'un instrument de musique	13	12
Faire du chant ou de la musique		
avec une organisation ou des amis	10	8
Pratiquer une autre activité en amateur	**32**	**30**
Faire du théâtre	2	2
Faire de la danse	7	8
Tenir un journal intime, noter des réflexions	9	8
Écrire des poèmes, nouvelles, romans	6	6
Faire de la peinture, sculpture ou gravure	10	9
Faire du dessin	16	14
Faire de l'artisanat d'art	4	4
Avoir une activité en amateur sur ordinateur**	**/**	**23**
Créer de la musique sur ordinateur	/	4
Écrire un journal personnel sur ordinateur	/	12
Avoir une activité graphique sur ordinateur	/	8
Créer un blog ou un site personnel	/	7

* Sauf dans le cas des activités en amateur sur ordinateur.
** Hors photographie et vidéo.

Pratiques en amateur.

Source : *Pratiques culturelles 2008*, DEPS, ministère de la Culture et de la Communication, 2009

Pour les autres activités, l'évolution apparaît en première analyse moins favorable : les pratiques musicales semblent connaître un léger tassement, de même que celles relatives à l'écriture, aux arts plastiques et au dessin. Toutefois, une fois intégrés les usages à caractère créatif de l'ordinateur, la pratique en amateur apparaît bel et bien orientée à la hausse, dans le prolongement de la tendance observée dans les années 1980 et 1990. En effet, aux côtés des pratiques en amateur traditionnelles se sont développées, dans le domaine de la musique, des arts plastiques ou graphiques et de l'écriture, de nouvelles formes de production de contenus.

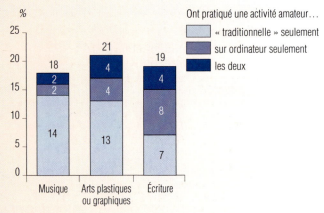

Pratiques en amateur traditionnelles et sur ordinateur.

Source : *Pratiques culturelles 2008*, DEPS, ministère de la Culture et de la Communication, 2009

Activité de vocabulaire

1. Trouvez les mots associés :
   a. aux pratiques culturelles
      Exemple : la photographie
   b. à l'informatique
      Exemple : le numérique
   c. aux changements
      Exemple : le développement
2. Dans quels domaines est-ce qu'on remarque les changements les plus spectaculaires ? Pourquoi ?
3. Dans quels domaines est-ce qu'on remarque un renouvellement dans les manières de faire de l'art en amateur ? Pourquoi ?
4. Dans quels domaines est-ce qu'on remarque un tassement ? Pourquoi ?
5. Quelles activités sont tout à fait nouvelles ? Pourquoi ?

A votre avis...

Quelles activités est-ce que vous avez pratiqué au cours des douze derniers mois ? Est-ce que l'ordinateur a changé vos pratiques culturelles ? Comment ? Est-ce que vous avez pratiqué de nouvelles activités grâce à l'ordinateur ? Lesquelles et pourquoi ?

Est-ce que l'ordinateur va continuer à changer les pratiques culturelles en France ? aux Etats-Unis ? Pourquoi ?

Après avoir regardé

EXERCICES DE VOCABULAIRE

A **La littérature.** Quel rôle est-ce que la littérature joue dans la vie des personnages ci-dessous ? Décrivez son rôle selon les rubriques ci-dessous. Utilisez *le vocabulaire du film*.

1. Etienne : a. la célébrité   b. le déclin de la célébrité   c. la déception
2. Pierre : a. la déception   b. la quête de la célébrité   c. la célébrité
3. Lolita : a. la déception
4. Sylvia : a. le soutien   b. la déception
5. Karine : a. la déception

B La musique. Parlez de l'importance de la musique dans la vie des personnages suivants. Décrivez cette importance selon les rubriques ci-dessous. Utilisez *le vocabulaire du film.*

1. Lolita :	a. la cassette	b. les cours de chant
	c. les répétitions	d. le concert
2. Sylvia :	a. les cours	b. les répétitions
	c. le concert	d. sa déception
3. Etienne :	a. la cassette	b. le concert
	c. la déception de Lolita	
4. Sébastien :	a. le soutien	b. le concert

C La famille. Réfléchissez à la famille d'Etienne et répondez aux questions suivantes. Utilisez *le vocabulaire du film* pour parler des relations entre les personnages.

Etienne et Karine

La Famille

Etienne – père
Quel est son rôle dans la famille ? Est-ce qu'il aime sa famille ? Où est sa première femme ? Pourquoi ? Est-ce qu'il respecte ses responsabilités en tant que père ? Expliquez. Est-ce que sa famille le respecte ? Pourquoi ou pourquoi pas ?

Karine – mère, belle-mère
Quel est son rôle dans la famille ? Est-ce qu'elle aime son mari ? Expliquez. Est-ce qu'Etienne l'aime ? Expliquez. Est-ce qu'elle aime sa belle-fille ? Pourquoi est-ce qu'elle veut que Lolita l'aime ? Est-ce qu'elle arrive à bien élever sa fille (Louna) ? Expliquez.

Lolita – fille, belle-fille, demi-soeur
Quel est son rôle dans la famille ? Est-ce qu'elle aime son père ? Quelle relation est-ce qu'elle a avec sa mère ? Est-ce qu'elle aime sa belle-mère ? Est-ce qu'elle essaie d'être amie avec Karine ? Pourquoi ou pourquoi pas ? Quelle relation est-ce qu'elle a avec sa demi-sœur (Louna) ? Pourquoi ? Pourquoi est-ce qu'elle n'est pas contente ? Expliquez.

Louna – fille, demi-soeur
Quel est son rôle dans la famille ? Est-ce qu'Etienne l'aime ? Pourquoi ou pourquoi ? Est-ce que Lolita l'aime ? Quels problèmes confrontera Louna à l'avenir ? Expliquez.

D **La musique française.** Lisez ce texte sur la musique française et complétez les activités de vocabulaire.

La musique française fait chanter la planète

Depuis Edith Piaf, Mireille Mathieu, Charles Aznavour, on sait que les chanteurs français séduisent les auditeurs° étrangers. Mais cette tendance s'accentue et concerne aussi les jeunes musiciens d'aujourd'hui. Question de talent… et de stratégie !

Les musiciens français n'ont plus de complexes° à avoir par rapport aux Anglo-Saxons. En 1993, ils avaient vendu 4 millions d'albums à l'étranger. En 2000, ce chiffre était passé à 40 millions ! Aujourd'hui, on parle en unités : quelques 28 millions ces dernières années. Ce vocable° recouvre aussi bien les singles et les albums que les ventes sur Internet et la téléphonie mobile, qui viennent doper le marché.

C'est la musique électronique qui a ouvert la voie° aux jeunes artistes français. Les Daft Punk restent indétrônables. Le groupe historique ne fait cependant pas d'ombre à la relève, qui affiche une insolente° popularité internationale : Justice, Laurent Wolf, David Guetta, Joakim Air, Birdy Nam Nam, Bob Sinclar apportent une « french touch » très appréciée au-delà des frontières.

Pour le reste, dans la foulée de l'extraordinaire épopée° du groupe Gojira se presse **toute une génération de représentants français du « métal », avec des résultats déjà prometteurs** : Inspector Cluzo, Treponem Pal, Pleymo, Empyr, One Way Mirror, Eths, Demians…

Il n'y a d'ailleurs jamais eu **autant de femmes ambassadrices de la chanson française** : Camille, Coralie Clément, Olivia Ruiz, la « femme chocolat », qui a pris à bras le corps son pays d'origine, l'Espagne… Carla Bruni a cartonné° hors des frontières françaises bien avant de devenir la première dame de France, dès son premier album. Ajoutons encore Anggun, Rose, Emily Loizeau, Yelle, Marie Modiano… Toutes font des parcours remarquables à l'étranger.

Les chanteurs les plus confirmés demeurent° des valeurs sûres, tels Francis Cabrel, Mylène Farmer, Alizée, imbattable en Amérique latine, Vanessa Paradis ou Christophe Maé. Quant aux plus anciens, ils ne se démodent° pas : Jane Birkin demeure une star et le dernier album de Charles Aznavour marche très fort.

Plus de 50 % des ventes° ont lieu en Europe. C'est l'Allemagne qui apprécie le plus la chanson française, depuis longtemps. Le Japon progresse très fort actuellement. Les Japonais adorent Tahiti 80, un groupe de pop peu connu chez nous. Quant aux Américains, ils sont devenus, c'est nouveau, le second territoire d'exportation pour des musiciens français, là encore, peu célèbres dans leur propre pays.

Même le Royaume-Uni, marché réputé difficile, commence à s'ouvrir. L'« électro » française y est adoubée. **Les musiques du monde, très populaires, des artistes inclassables comme Camille ou Sébastien Tellier, et même les rockers, comme Manu Chao, The Shoes, Nelson, Neïmo ou Zombie Zombie, y sont respectés.**

listeners	
issues	
this term	
the path	
bold	
saga	
got known	
remain	
don't go out of style	
sales	

Cette internationalisation est due non seulement au talent des artistes, mais aussi **à une habile° stratégie des maisons de disques**, comme l'explique Sophie Mercier, directrice du Bureau export de la musique : « Elles ont su s'adapter au digital et aller chercher des partenaires. Elles ont fait évoluer leurs méthodes marketing ». C'est ainsi que le morceau New soul, de Yaël Naïm, utilisé pour la pub MacBook Air, a engendré° la vente, aux Etats-Unis surtout, de plus de 150 000 albums et de 3 millions de singles !

Le Bureau export, qui compte dans le monde sept antennes financées par les ministères des Affaires étrangères et européennes, de la Culture, du Commerce extérieur, le réseau culturel français à l'étranger, ainsi que par le secteur privé, aide les maisons de disques à mener à bien ces missions dont l'enjeu° est capital : **36 % des ventes sont réalisées à l'export**. Il est même vital pour la musique classique, où ce taux atteint les 50 %.

A titre d'exemple, Philippe Jaroussky a vendu en Allemagne 8 000 exemplaires de son disque Carestini, l'histoire d'un castrat. Ce ténor effectue par ailleurs de nombreuses tournées en Amérique Latine et au Japon. Car le spectacle vivant est primordial° et là encore, **le nombre de concerts explosent** (+ 30 % au Royaume-Uni en deux ans). Récemment, Olivia Ruiz a donné un concert très remarqué au festival Bam de Barcelone devant plus de 5 000 personnes. Sébastien Tellier se produit aux Etats-Unis aux côtés des plus grands groupes de rock du moment. Asa fait salles combles° dans toute l'Europe, au Japon, en Afrique du Sud. Et l'engouement international pour Yelle vient pour une bonne part de la fraîcheur et de l'humour qui émanent des spectacles de cette jeune chanteuse !

Sylvie Thomas

Source : Actualité en France n°22, juin 2009

expert

brought about

stake

primary

full houses

Activité de vocabulaire

Complétez les phrases suivantes.

1. En 1993, les musiciens français ont vendu ____ millions d'albums à l'étranger. En 2000, ils en ont vendu ____ millions.
2. « Aujourd'hui, on parle en unités : quelques ____ millions », qui comptent les singles et les albums ainsi que ____ et ____.
3. La musique ____ a ouvert la voie aux jeunes artistes français. Les artistes comme : ____, ____ et ____ sont très appréciés au-delà des frontières.
4. Quelques représentants français du « métal » avec des résultats prometteurs sont : ____, ____ et ____.
5. Il y a beaucoup de femmes ambassadrices de la chanson française, comme ____, ____ et ____, qui font des parcours remarquables à l'étranger.
6. Les chanteurs confirmés, comme ____, ____ et ____, sont « des valeurs sûres » et les plus anciens comme ____, et ____ ne se démodent pas.
7. ____ % des ventes ont lieu en Europe et c'est ____ qui apprécie le plus la chanson française et ____ progresse très fort actuellement. ____ sont devenus le second territoire d'exportation pour des musiciens français.
8. Au Royaume-Uni, le marché commence à s'ouvrir et les artistes comme ____, ____ et ____ y sont respectés.
9. Cette internationalisation est due au ____ et à ____.
10. ____ aide les maisons de disques d'exporter la musique française.

A vous !

Connaissez-vous la musique française ? Connaissez-vous des chanteurs ou des musiciens français ? Quel genre de musique préférez-vous ? Pourquoi est-il plus facile de distribuer et d'acheter la musique française aujourd'hui ?

7.1 Les adverbes : formes et places

▶ L'adverbe qualifie un verbe, un adjectif ou un autre adverbe. L'adverbe est invariable.

Exemple : *Lolita chante* **bien**. (**Bien** *qualifie le verbe* **chante**.)
Lolita est **très** *nerveuse.* (**Très** *qualifie l'adjectif* **nerveuse**).
Son père s'est **très** *mal comporté pendant le concert.*
(**Très** *qualifie l'adverbe* **mal**).

▶ Observez le classement des adverbes :
- de fréquence : *encore, quelquefois, souvent, toujours, etc.*
- de temps : *aujourd'hui, demain, hier, etc.*
- de lieu : *derrière, devant, près, loin, etc.*
- de manière : *bien, gentiment, mal, poliment, etc.*
- de quantité : *assez, beaucoup, moins, trop, etc.*
- d'affirmation / de doute : *oui, non, probablement, etc.*

▶ En général, l'adverbe est formé en ajoutant **-ment** à un adjectif. Observez la formation :

- Si l'adjectif se termine par une voyelle, on ajoute **-ment** à la forme masculine de l'adjectif.

  Exemple : *absolu* + *ment* → *absolument*
  facile + *ment* → *facilement*
  passionné + *ment* → *passionnément*
  vrai + *ment* → *vraiment*

- Si l'adjectif se termine par une consonne, l'adverbe est formé en ajoutant **-ment** à la forme féminine de l'adjectif.

  Exemple : *franc* → *franche* + *ment* → *franchement*
  général → *générale* + *ment* → *généralement*
  sérieux → *sérieuse* + *ment* → *sérieusement*
  vif → *vive* + *ment* → *vivement*

- Quelquefois, le **e** se change en **é**.

  Exemple : *confus* → *confuse* + *ment* → *confusément*
  précis → *précise* + *ment* → *précisément*
  profond → *profonde* + *ment* → *profondément*

- Certains adverbes sont formés irrégulièrement.

  Exemple : *gentil* → *genti* + *ment* → *gentiment*
  bref → *brève* + *ment* → *brièvement*

- Certains adverbes anglais n'ont pas d'équivalent français.

  Exemple : *avec espoir, avec plaisir, de façon permanente, en colère, etc.*

- Quelques adjectifs sont employés adverbialement.

  Exemple : *bas, cher, clair, droit, dur, faux, fort, etc.*

▶ La place de l'adverbe varie selon son rôle et la structure de la phrase.

- L'adverbe suit normalement le verbe qualifié.

  Exemple : *Lolita chante* **bien**.

- Les adverbes courts et communs sont placés entre le verbe auxiliaire et le participe passé dans les temps composés.
  Exemple : *Lolita a **beaucoup** répété.*

- Les adverbes longs et moins communs suivent le participe passé dans les temps composés.
  Exemple : *Lolita a répété **quotidiennement.***

- L'adverbe est placé devant ou après un infinitif.
  Exemple : *Lolita va **probablement** chanter avec le chœur. Le chœur va répéter **sérieusement.***

- L'adverbe précède l'adjectif ou l'adverbe qualifié.
  Exemple : *Lolita chante **très** bien et elle sera **bien** préparée pour son concert.*

- Les adverbes de temps sont placés après un participe passé ou au début ou à la fin de la phrase.
  Exemple : ***Hier** Lolita a chanté pour Sébastien.*
  *Si Lolita n'avait pas chanté **hier**, Sébastien aurait été déçu.*
  *Il est très content qu'il l'a vue chanter **hier** !*

- Les adverbes de lieu sont placés après un objet direct, après un participe passé ou à la fin de la phrase.
  Exemple : *Lolita a mis sa musique **là-bas.***

PRATIQUEZ !

A Les adverbes ! Etudiez la liste des adjectifs ci-dessous et donnez *l'adverbe* qui correspond à chaque adjectif.

1. abondant	21. exact	41. jaloux	61. prudent
2. abrupte	22. exceptionnel	42. juste	62. quotidien
3. absolu	23. extraordinaire	43. littéral	63. rapide
4. affreux	24. extrême	44. logique	64. régulier
5. attentif	25. facile	45. malheureux	65. sérieux
6. bref	26. final	46. mélodieux	66. silencieux
7. brutal	27. fondamental	47. modeste	67. seul
8. bruyant	28. furieux	48. musical	68. soudain
9. calme	29. galant	49. naïf	69. spirituel
10. cérémonieux	30. général	50. nécessaire	70. suffisant
11. certain	31. généreux	51. négatif	71. superficiel
12. confus	32. gentil	52. nul	72. tel
13. cruel	33. heureux	53. objectif	73. total
14. cynique	34. immédiat	54. ordinaire	74. traditionnel
15. dangereux	35. impatient	55. parfait	75. tragique
16. définitif	36. impulsif	56. particulier	76. typique
17. dernier	37. inconscient	57. patient	77. ultérieur
18. direct	38. inexplicable	58. personnel	78. unique
19. effectif	39. intellectuel	59. positif	79. vague
20. évident	40. ironique	60. probable	80. vrai

B **Cours de chant.** Lolita parle avec une de ses amies après le cours de chant. Trouvez *les adverbes* et analysez leur fonction et leur place dans la phrase.

«Bien que tu chantes bien et que je chante toujours faux, tu chantes bas et je chante fort. On m'entend donc mieux, ce qui n'est pas vraiment une bonne chose. Je continuerai pourtant à chanter avec plaisir parce que ça plaît énormément à ma mère. Elle m'écoute avec espoir parce qu'elle veut tellement que je devienne célèbre. Je n'ai malheureusement pas ce même espoir. Elle va sûrement comprendre un jour que je n'ai pas de talent et elle ne va plus payer mes cours de chant qui coûtent très cher !»

«Tu es trop pessimiste ! Naturellement il y a des jours où on chante mal mais tu sais bien que ça ne vient pas spontanément ! Il faut simplement que tu répètes tous les jours. Tu verras demain – ça ira beaucoup mieux !»

C **Au magasin de vêtements.** Karine va au magasin de vêtements avec Lolita où elle essaie de lui parler de leur relation. Ajoutez des adverbes ci-dessous à l'énoncé de Karine et inventez la réponse de Lolita. Faites très attention à la place des adverbes.

Adverbes

absolument	demain	maintenant	rapidement
actuellement	derrière	moins	rarement
admirablement	devant	naturellement	récemment
ailleurs	encore	n'importe où	sérieusement
apparemment	énormément	obscurément	souvent
assez	franchement	parfois	spontanément
aujourd'hui	gentiment	partout	suffisamment
beaucoup	hier	passionnément	tant
bientôt	ici	patiemment	tard
brièvement	immédiatement	plus	tôt
bruyamment	intelligemment	poliment	toujours
confusément	intensément	précisément	tout à l'heure
constamment	jamais	premièrement	tout de suite
dedans	là	profondément	très
dehors	lentement	quelque part	trop
déjà	longtemps	quelquefois	vraiment

Karine dit :
«Tu ne sais pas que j'ai envie de te demander de faire des choses avec moi. Je veux te demander d'aller au cours de gym avec moi. Ça me ferait plaisir d'aller au musée, au café, au cinéma avec toi. J'aimerais assister à tes cours de chant. Je veux faire du shopping avec toi et t'aider à choisir une robe pour ton concert. Tu sais qu'il n'est pas facile de te demander de faire des choses. Je suis timide et j'ai l'impression que tu ne m'aimes pas. Nous devrions être amies ! Nous avons presque le même âge et nous avons des intérêts en commun ! Je serais très contente de passer plus de temps avec toi ! Qu'en penses-tu Lolita ?»

Lolita répond :
«Ben… je ne sais pas…»

Travaillez ensemble ! Félix et Pierre. Félix est très déçu par le comportement de Pierre. Il le voit dans un café où il lui dit ce qu'il pense de son comportement. Jouez le rôle de Félix et votre partenaire joue le rôle de Pierre. Utilisez *les adverbes* pour créer votre dialogue.

> **Modèle :** Etudiant 1 : Pierre, je suis extrêmement déçu qu'on se voie rarement.
> Etudiant 2 : Félix, tu sais que j'ai toujours trop de choses à faire actuellement.

7.2   Les pronoms relatifs qui et que

▶ Le pronom relatif est un pronom employé pour relier deux phrases. Il remplace un nom et introduit la proposition subordonnée (relative). La proposition relative peut être placée au milieu ou à la fin de la phrase.

> Exemple : *Lolita aime **un jeune homme**. **Le jeune homme** s'appelle Mathieu.*
> *Lolita aime un jeune homme **qui** s'appelle Mathieu.*
> *(**Qui** remplace le jeune homme.)*
> ***Le jeune homme** est sympathique. Lolita a aidé **un jeune homme**.*
> *Le jeune homme **que** Lolita a aidé est sympathique.*
> *(**Que** remplace le jeune homme.)*

Le pronom relatif qui

▶ Le pronom relatif **qui** peut remplacer une personne ou une chose. **Qui** est le sujet du verbe de la proposition subordonnée (relative).

> Exemple : *Lolita aide **un jeune homme**. **Le jeune homme** s'évanouit dans la rue.*
> *Lolita aide un jeune homme **qui** s'évanouit dans la rue.*
> *(**Qui** remplace une personne et c'est le sujet du verbe **s'évanouit**.)*
> *Pierre a écrit **un roman**. **Le roman** a eu du succès.*
> *Pierre a écrit un roman **qui** a eu du succès.*
> *(**Qui** remplace une chose et c'est le sujet du verbe **a eu**.)*

Le pronom relatif que

▶ Le pronom relatif **que** peut remplacer une personne ou une chose. **Que** est l'objet direct du verbe de la proposition subordonnée (relative).

> Exemple : *Pierre veut revoir **la belle femme**. Il vient de rencontrer **la belle femme**.*
> *Pierre veut revoir la belle femme **qu'**il vient de rencontrer.*
> *(**Que** remplace une personne et c'est l'objet direct du verbe **rencontrer**.)*
> *Lolita n'aime pas **la robe**. Elle porte **la robe**.*
> *Lolita n'aime pas la robe **qu'**elle porte.*
> *(**Que** remplace une chose et c'est l'objet direct du verbe **porte**.)*

▶ Quand le pronom relatif **que** précède un verbe au temps composé (le passé composé, le plus-que-parfait, le conditionnel passé, le futur antérieur), le participe passé s'accorde en genre et en nombre avec l'antécédent du pronom relatif.

> Exemple : *Etienne ne va jamais écouter **la cassette**. Lolita lui a donné **la cassette**.*
> *Etienne ne va jamais écouter la cassette **que** Lolita lui a donnée.*
> *(**Que** précède le verbe au passé composé. L'antécédent, la cassette, est féminin et singulier. Il faut ajouter un **e** au participe passé.)*

A **Sébastien.** Complétez le paragraphe suivant avec *le pronom relatif qui* ou *que* selon le contexte.

Au début du film, il y a un jeune homme _____ s'évanouit dans la rue. Comme il grelotte, Lolita le couvre avec la veste _____ elle porte. Lolita reçoit le coup de fil _____ elle attend et elle part sans lui parler. Le jeune homme se réveille et il trouve la veste _____ Lolita a oubliée. Dans la poche, il trouve une photo _____ l'aide à trouver la propriétaire de la veste. Il veut vraiment rencontrer la jeune femme _____ lui a montré de la gentillesse. Il aime beaucoup la jeune femme _____ il rencontre au café. Ils deviennent amis. Lolita a pourtant un petit ami _____ l'aime parce que son père est célèbre. Au contraire, Sébastien est un jeune homme _____ est intègre. Il veut rendre l'argent _____ le père de Lolita lui a prêté et il rejette l'aide _____ Etienne lui a proposée. A la fin du film, Lolita apprend que Sébastien est un vrai ami _____ l'aime pour elle-même.

B **Personnages.** Déterminez ce qui suit *les pronoms relatifs qui* (un verbe) et *que* (un sujet et un verbe) et complétez les phrases de manière logique.

Modèle : Un des personnages principaux qui _____ est Lolita.
qui + verbe → Un des personnages principaux qui ***a beaucoup de soucis*** est Lolita.

1. Lolita qui _____ veut monter un concert.
2. Le concert que_____ aura lieu dans six mois.
3. Lolita veut l'aide de Sylvia qui _____.
4. Sylvia dit qu'elle ne peut pas aider tous les étudiants qui _____.
5. Après le cours de chant, Lolita lui donne la carte de visite de son père qui _____.
6. Son père a beaucoup aimé le livre que _____.
7. Son père est un écrivain qui _____.
8. Il a aussi une maison d'édition que _____.
9. Il sait que Pierre écrira d'autres livres qui _____.
10. A la fin du film, l'amitié que _____ se détériore.

C **Sylvia.** Complétez les phrases suivantes de manière logique. Faites très attention au *pronom relatif* qui introduit la proposition subordonnée (relative).

1. Lolita est une jeune femme qui …
2. Elle a des amis qui …
3. Elle pense que le professeur de chant que…
4. Elle a tort parce que Sylvia est aussi une femme qui…
5. Bien que Sylvia admire le père de Lolita, elle reste une femme que…
6. Sylvia apprend que la célébrité est une chose qui…
7. Elle n'aime pas la célébrité que…
8. A cause de cette célébrité, Sylvia quitte Pierre qui…

Travaillez ensemble ! Personnes et choses. Vous travaillez pour le site web «biostars.com». Vous préparez la fiche technique du film *Comme une image* avec votre partenaire. Vous commencez la description des personnages et des événements principaux du film et votre partenaire finit la description. Utilisez *les pronoms relatifs qui et que* dans vos descriptions.

personnages

Lolita	Mathieu	Sylvia	Edith
Etienne	Sébastien	Pierre	Félix
Karine			

Modèle :   Etudiant 1 :   Lolita est une jeune femme qui...
Etudiant 2 :   ...cherche l'amour de son père.

7.3   Les pronoms relatifs qui, lequel, où et dont

Le pronom relatif qui

▶ Le pronom relatif **qui** est employé après toutes les prépositions quand il remplace une personne.
Exemple :   ***Les chanteurs** sont doués. Lolita chante avec **les chanteurs**.*
*Les chanteurs **avec qui** Lolita chante sont doués. (L'antécédent **les** **chanteurs** représente des personnes. La préposition **avec** introduit le pronom relatif qui.)*

Le pronom relatif lequel

▶ Le pronom relatif **lequel** est employé après toutes les prépositions quand il remplace une chose.
Exemple :   *Voilà **la boîte de nuit**. Sébastien s'est évanoui devant **la boîte** **de nuit**.*
*Voilà la boîte de nuit **devant laquelle** Sébastien s'est évanoui.*
*(L'antécédent **la boîte de nuit** représente une chose. La préposition **devant** introduit le pronom relatif laquelle.)*

▶ Le pronom relatif **lequel** a quatre formes et il s'accorde en genre et en nombre avec le nom qu'il remplace.

▶ Le pronom relatif **lequel** se contracte avec les prépositions **à** et **de**.

lequel		
	masculin	**féminin**
singulier	lequel	laquelle
pluriel	lesquels	lesquelles

Le pronom relatif lequel.

la contraction à + lequel		
	masculin	**féminin**
singulier	auquel	à laquelle
pluriel	auxquels	auxquelles

Le pronom relatif lequel + la préposition à.

la contraction de + lequel		
	masculin	**féminin**
singulier	duquel	de laquelle
pluriel	desquels	desquelles

Le pronom relatif lequel + la préposition de.

PHOTO

A Détails. Regardez l'image et choisissez les bonnes réponses.

1. Où est-ce que cette scène a lieu ?
   a. chez Etienne
   b. dans le café préféré d'Etienne
   c. dans le café préféré de Lolita
2. Quand est-ce que cette scène a lieu ?
   a. Elle a lieu au début du film.
   b. Elle a lieu au milieu du film.
   c. Elle a lieu à la fin du film.
3. Sur cette photo, Etienne…
   a. parle sur son portable pendant que Lolita s'ennuie.
   b. est en train de finir son repas quand Lolita arrive.
   c. est sur le point de partir quand Lolita arrive.
4. Cette photo montre :
   a. l'importance d'Etienne.
   b. l'égocentrisme de Lolita.
   c. l'égocentrisme d'Etienne.
5. Cette photo montre aussi :
   a. une scène typique dans un café.
   b. une scène typique dans une boîte de nuit.
   c. les relations intimes entre un père et sa fille.

B Chronologie. Mettez les phrases suivantes en ordre chronologique.

_____ Il continue à se plaindre quand son portable sonne.
_____ Lolita attend Etienne à «sa» table dans son café préféré.
_____ La scène change et Lolita est dans un café avec Sébastien. Elle se plaint du fait que son père l'ignore.
_____ Etienne arrive, Lolita lui demande s'il va bien, il répond que non et il se met à se plaindre de sa vie.
_____ Il raconte à son interlocuteur que sa fille est la joie de sa vie. Lolita pense qu'il parle d'elle mais elle se trompe.

C En général. Répondez aux questions suivantes. Ecrivez deux ou trois phrases.

1. Donnez un titre à la photo. Justifiez votre réponse.
2. Décrivez les émotions d'Etienne et de Lolita sur cette photo.

D Aller plus loin. Ecrivez un paragraphe pour répondre aux questions suivantes.

1. Cette scène est une des scènes qui ont lieu dans ce café. Quel rôle le café joue-t-il dans la vie d'Etienne ?
2. Est-ce que les cafés jouent le même rôle dans la vie de Lolita que dans la vie d'Etienne à votre avis ?

MISE EN PRATIQUE

A **En général.** Répondez aux questions suivantes. Ecrivez deux ou trois phrases.

1. Décrivez le début du film. Pourquoi est-ce que le chauffeur de taxi gêne Lolita ? Pourquoi est-ce qu'elle le gêne ? Pourquoi est-ce qu'il gêne Etienne ? Quelle est l'ironie de cette scène ?

2. Pourquoi est-ce que le videur ne permet pas à Lolita d'entrer dans la boîte de nuit ? Qu'est-ce qui arrive à Lolita dans la rue ?

3. Pierre, Sylvia, Edith et Félix font la queue devant la boîte de nuit. De quoi est-ce qu'ils se plaignent ? De quoi est-ce que Pierre accuse Sylvia ? Pourquoi est-ce que cette scène est ironique ?

4. Après la soirée, Sylvia et Pierre rentrent chez eux. Pourquoi est-ce que Pierre est déprimé ? Est-ce qu'il a une bonne raison d'être déprimé ?

5. Après le cours de chant, Lolita rappelle à Sylvia qu'elles se verront mardi pour la répétition de son groupe. Est-ce que Sylvia veut assister à la répétition de Lolita ? Expliquez.

6. Qui est-ce que Lolita rencontre au café ? Pourquoi ? Par quoi est-ce qu'il est impressionné ? Comment est-ce que Lolita réagit ?

7. Qu'est-ce que Karine explique à Lolita quand elles font du shopping ? Pourquoi est-ce que Lolita n'est pas convaincue ?

8. Sylvia allait dire à Lolita qu'elle ne pourrait pas assister à ses répétitions. Pourquoi est-ce qu'elle change d'avis ?

9. Qu'est-ce qu'on fête chez Sylvia et Pierre ? Qu'est-ce qu'Edith conseille à Pierre ?

10. Sébastien a quelques problèmes d'argent. Qu'est-ce que Lolita lui propose de faire ? Qu'est-ce qui est sous-entendu ?

11. Pourquoi est-ce que Lolita est déçue quand elle va à la maison de campagne ? Pourquoi est-ce que Sébastien est déçu ?

12. Qu'est-ce que Lolita confie à Sylvia quand elles rentrent de la soirée ? Qu'est-ce que Sylvia répond ? Pourquoi est-ce que cette scène est importante ?

13. Qu'est-ce que Pierre doit faire pour Félix ? Pourquoi est-ce qu'il ne le fait pas ? Expliquez.

14. Pourquoi est-ce que Karine quitte Etienne ? Comment est-ce qu'il réagit ? Comment est-ce que Lolita réagit ? Expliquez.

15. Comment est l'émission de François Galland ? Pourquoi est-ce que Pierre décide de participer à l'émission ?

16. Qu'est-ce qui arrive pendant le concert de Lolita ? Qui remarque l'absence d'Etienne ?

17. Pourquoi est-ce qu'Etienne, Lolita, Karine et Sylvia se disputent ? Quel est le résultat de cette dispute ?

18. De quoi est-ce que Lolita accuse Sébastien ? Qu'est-ce qu'elle apprend à la fin du film ?

B **Aller plus loin.** Écrivez un paragraphe pour répondre aux questions suivantes.

1. Quel rôle est-ce que l'image de soi joue dans la vie d'Etienne, de Karine et de Lolita ?

2. Quel rôle est-ce que l'amour joue dans la vie d'Etienne, de Karine et de Lolita ?

3. Quel rôle est-ce que la célébrité joue dans la vie d'Etienne, de Lolita, de Sylvia et de Pierre ?

Le cinéma

A noter !

Le cinéma reste un loisir important chez les Français qui apprécient l'histoire du cinéma, les acteurs et les actrices et les réalisateurs. Etudiez son histoire, ses prix et les gens du cinéma et réfléchissez à ce que vous avez appris. Quels réalisateurs admirez-vous ? Avez-vous un acteur ou une actrice préféré ? Quels films préférez-vous ?

A Cinéma. Barrez le mot en italique qui n'est pas logique.

Le Cinéma

La première projection cinématographique payante a eu lieu le 28 décembre *1895 / 1995* au Salon Indien du Grand Café à Paris et le film des frères *Lumière / Spectacle*, *la Sortie de l'usine Lumière à Lyon*, a donné naissance au *5ᵉ / 7ᵉ* art. Les premiers films étaient muets et l'accompagnement musical est très vite devenu une norme dans les salles de cinéma. En *1927 / 1977*, le premier long-métrage parlant, *Le Chanteur du jazz*, a été projeté dans les salles de cinéma. En *1902 / 1932*, les spectateurs ont vu les premiers films *en couleur / en 3D* grâce au Technicolor. Au fil des années, les techniques cinématographiques n'ont jamais cessé d'évoluer et, aujourd'hui c'est l'un des *divertissements / diversifications* principaux des Français. Des millions de spectateurs vont au cinéma chaque année pour se perdre dans la magie *du cinéma / de la télévision*.

Aujourd'hui, les cinéphiles attendent avec impatience deux grands événements cinématographiques chaque année. Le Festival de *Cannes / Saint-Tropez*, qui a eu lieu pour la première fois du 20 septembre au 5 octobre *1946 / 1996*, est un événement international et l'un des festivals les plus prestigieux du monde. L'autre grand événement cinématographique, les *César / Napoléon*, a été créé en 1975. Cet événement, équivalent en France des Oscars, a peu changé au cours des années (à l'origine il y avait 13 catégories et aujourd'hui il y en a 19) et il reste l'un des événements cinématographiques qui peuvent influencer la réussite des films, des cinéastes, des acteurs, etc. en France.

Agnès Jaoui et Jean-Pierre Bacri reçoivent le Prix du scénario au Festival de Cannes, 22/05/2004

A noter !

En 2005, Agnès Jaoui et Jean-Pierre Bacri ont reçu le César du *Meilleur scénario, original ou adaptation* et Marilou Berry a reçu le César du *Meilleur jeune espoir féminin*. Jaoui et Bacri ont aussi reçu le *Prix du scénario* au Festival de Cannes (2004).

B César. Imaginez que tous les gens ci-dessous ont reçu tous les César possibles pour leur contribution au film *Comme une image*. Quel(s) César(s) ont-ils reçu(s) ?

1. Marilou Berry
2. Jean-Pierre Bacri
3. Agnès Jaoui
4. Laurent Grévill
5. Philippe Rombi
6. Stéphane Fontaine (directeur de la photographie)
7. Olivier Jacquet (chef décorateur)
8. Jackie Budin (costumier)
9. François Gédigier (monteur)
10. Jean-Pierre Duret (ingénieur du son)

Liens !

Les films que vous avez vus ont reçu des César ! Etudiez les César qu'ils ont reçus et citez les qualités des films (scénario, décors, musique, acteurs, actrices, etc.) et les raisons pour lesquelles ils ont reçu des César à votre avis.
Les Triplettes de Belleville : Meilleure musique (2004)
Etre et avoir : Meilleur montage (2003)
L'Auberge espagnole : Meilleur espoir féminin – Cécile De France (2003)
Les Visiteurs : Meilleur second rôle féminin – Valérie Lemercier (1994)
Sur mes lèvres : Meilleure actrice – Emmanuelle Devos, Meilleur son, Meilleur scénario (2002)

Catégories

Meilleur acteur
Meilleure actrice
Meilleur acteur dans un
  second rôle
Meilleure actrice dans un
  second rôle
Meilleur espoir féminin
Meilleur espoir masculin
Meilleur réalisateur
Meilleur film
Meilleur premier film
Meilleur scénario original
Meilleure adaptation
Meilleure musique écrite
  pour un film
Meilleurs décors
Meilleure photo
Meilleur son
Meilleur montage
Meilleurs costumes
Meilleur film étranger
Meilleur court-métrage

C Gens du cinéma. Reliez le vocabulaire à droite avec la phrase qui décrit le travail des gens du cinéma.

1. _____ écrit le scénario du film.
2. _____ s'occupe du financement, du personnel et d'autres moyens nécessaires à la réalisation d'un film.
3. _____ s'occupe de la préparation et de la réalisation du film et dirige les acteurs et les techniciens.
4. _____ aide le réalisateur à préparer le tournage du film et s'occupe du déroulement du tournage.
5. _____ coiffe et maquille les acteurs afin de «créer» les personnages.
6. _____ dirige la qualité technique et artistique du film.
7. _____ s'occupe du maniement de la caméra et des angles de prises de vues pour composer l'image.
8. _____ s'occupe du son du tournage avec des micros, des casques et des magnétophones.
9. _____ s'occupe du montage des images et du son du film selon les instructions du réalisateur.
10. _____ s'occupe de la projection du film dans les salles de cinéma.

vocabulaire

l'assistant réalisateur
le cadreur
le coiffeur-maquilleur
le directeur de la
  photographie
l'ingénieur du son
le monteur
le producteur
le projectionniste
le réalisateur
le scénariste

D **Réalisateurs.** Etudiez la liste des réalisateurs ci-dessous. Identifiez les réalisateurs que vous connaissez et puis, citez quelques films qu'ils ont réalisés. Indiquez aussi votre réalisateur préféré.

A

Marc Allégret
Yves Allégret
René Allio
Jean-Jacques Annaud
André Antione
Olivier Assayas
Alexandre Astruc
Jacques Audiard
Claude Autant-Lara

B

Xavier Beauvois
Jacques Becker
Jean-Jacques Beineix
Yannick Bellon
Raymond Bernard
Claude Berri
Luc Besson
Gérard Blain
Bertrand Blier
Yves Boisset
Catherine Breillat
Robert Bresson
Jean-Claude Brisseau
Philippe de Broca
Luis Buñuel

C

Dominique Cabrera
Albert Capellani
Leos Carax
Marcel Carné
Alain Cavalier
André Cayatte
Claude Chabrol
Pierre Chenal
Patrice Chéreau
Christian-Jaque
René Clair
René Clement
Henri-Georges Clouzot
Jean Cocteau
Jean-Louis Comolli
Alain Corneau
Catherine Corsini
Costa-Gavras

D

Louis Daquin
Henri Decoin
Jean Delannoy
Louis Delluc
Jacques Demy
Claire Denis
Raymond Depardon
Jacques Deray
Arnaud Desplechin
Michel Deville
Jacques Doillon
Michel Drach
Jean Dréville
Karim Dridi
Danielle Dubroux
Germaine Dulac
François Dupeyron
Marguirite Duras
Julien Duvivier

E

Robert Enrico
Jean Epstein
Pierre Etaix
Jean Eustache

F

Claude Feraldo
René Féret
Pacale Ferran
Laurence Ferriera
       Barbosa
Louis Feuillade
Jacques Feyder
Georges Franju

G

Abel Gance
Nicole Garcia
Philippe Garrel
Jean-Luc Godard
Pierre Granier-Deferre
Jean Grémillon
Paul Grimault
Robert Guédiguian
Sacha Guitry

H

Tran Anh Hung

J

Benoit Jacquot
Jean-Pierre Jeunet
Pierre Jolivet

K

Cédric Kahn
Mathieu Kassovitz
Pierre Kast
Cedric Klapisch

L

Jeanne Lebrune
Georges Lacombe
Jean-François Laguionie
Jean-Paul Le Chanois
Patrice Leconte
Roger Leenhardt
Claude Letouch
Marcel L'Herbier
Anatole Litvak

M

Louise Malle
Chris Marker
Tonie Marshall
Laetitia Masson
Patricia Mazuy
Georges Méliès
Jean-Pierre Melville
Claude Miller
Jean-Pierrre Mocky
Édouard Molinaro
Luc Moullet
Claude Mouriéras

O

Michel Ocelot
Marcel Ophuls
Max Ophuls
Gérard Oury
François Ozon

P

Marcel Pagnol
Maurice Pialat
Henri Pouctal
Manuel Poirier

R

Jean-Paul Rappeneau
Jean Renoir
Alain Resnais
Jacques Rivette
Alain Robbe-Grillet
Yves Robert
Éric Rochant
Éric Rohmer
Jean Rouch
Jacques Rozier
Raoul Ruiz

S

Claude Saulet
Pierre Schoendoerffer
Coline Serreau

T

Jean-Charles Tacchella
Jacques Tati
Bertrand Tavernier
André Téchiné
Pascal Thomas
François Truffaut

V

Roger Vadim
Agnès Varda
Paul Vecchiali
Nicole Védrès
Henri Verneuil
Marion Vernoux
Sandrine Veysset
Christian Vincent
Jean Vigo
Alexandre Volkoff

La musique

A noter !

La musique française attire un public de plus en plus international mais les ventes dans certains domaines baissent et les ventes dans d'autres domaines augmentent. Etudiez le tableau ci-dessous et réfléchissez aux raisons pour lequelles les ventes changent. Qui est le plus grand consommateur de musique en général ?

MARCHÉ DE LA MUSIQUE

Marché de la musique				
	2006	2007	2008 (r)	2009
Ventes de disques (en millions d'unités) (1)				
Albums	73,3	60,9	52,4	49,7
Singles	17,8	7,7	4,4	2,6
Vidéo	5,5	4,7	3,1	3,2
Ventes totales	96,6	73,3	60,0	55,7
Chiffres d'affaires (en millions d'euros) (1)				
Albums	700,8	576,9	484,4	464,4
Singles	46,4	19,5	10,4	6,9
Vidéo	71,4	65,0	34,7	40,2
Chiffres d'affaires totaux	818,6	661,4	530,1	512,1
Revenus numériques (en millions d'euros)				
Téléchargement internet légal	17,1	21,0	24,6	38,3
Sonneries, téléphonie mobile	26,4	29,8	49,0	28,7
Streaming	nd	nd	3,6	8,8
Total des revenus numériques	43,5	50,8	77,2	75,8
Diffusions musicales en radio				
Diffusions musicales (en milliers)	3 710,9	3 681,9	3 786,2	3 682,4
dont diffusions francophones (2) (en %)	36,3	35,5	34,1	32,5
Diffusions de titres différents	65 588	72 702	72 848	74 193
dont nouveautés francophones (en %)	nd	nd	10,3	11,0

nd : donnée non disponible.
r : donnée révisée.
(1) : ventes en gros H.T. nettes de remises.
(2) : titres sortis au cours des 12 derniers mois.
Champ : France.
Source : Syndicat national de l'édition phonographique.

A **Styles.** Reliez le genre de musique avec la définition qui correspond.

_____ 1. Un style de musique souvent vocal qui mêle des éléments de jazz, de blues et de folklore et qui se caractérise par l'utilisation de la guitare électrique et de la batterie.

_____ 2. Une composition musicale dramatique dont les chanteurs sont accompagnés d'un orchestre.

_____ 3. Un style de musique chantée algérienne qui mêle le rock, le punk, le reggae et le disco et qui est fondé sur l'improvisation en arabe.

_____ 4. Un style de musique occidentale composée qui est très diverse en techniques et en styles et qui se caractérise par une séparation des rôles (le compositeur, les musiciens et le public).

_____ 5. Un style de musique développé aux Etats-Unis qui est très divers en techniques et en styles et qui se caractérise par l'improvisation et par l'importance du rythme (le swing).

_____ 6. Un style de musique qui fait partie du mouvement «hip-hop» et qui est fondé sur la récitation chantée de textes accompagnée par un rythme répétitif ou par le «scratching» de disques vinyles.

_____ 7. Un style de musique vocale française qui prend des multitudes de formes et qui se caractérise par l'importance des paroles.

B **Artistes.** Barrez l'artiste dans chaque groupe qui n'est pas logique.

	Style	Artistes			
1.	**Chanson française**	Georges Brassens	Jacques Brel	Givenchy	Johnny Hallyday
2.	**Jazz**	Stéphane Grappelli	Michel Petrucciani	Jean-Luc Ponty	Louis Vuitton
3.	**Musique classique**	Berlioz	Chanel	Chopin	Debussy
4.	**Opéra**	Bizet	Christian Lacroix	Jean-Baptiste Lully	Jean-Philippe Rameau
5.	**Raï**	Christian Dior	Cheb Khaled	Cheb Mami	Les Boukakes
6.	**Rap**	IAM	MC Solaar	NTM	Yves Saint-Laurent
7.	**Rock**	Jean-Paul Gaultier	Louise Attaque	M	Mickey 3D

C **Ma musique préférée.** Complétez l'exercice avec le style de musique et les artistes que vous préférez.

	Style	Artistes			
1.	_____	_____	_____	_____	_____
2.	_____	_____	_____	_____	_____
3.	_____	_____	_____	_____	_____
4.	_____	_____	_____	_____	_____
5.	_____	_____	_____	_____	_____

La littérature

A noter !
Depuis le début des années 1990, le livre recule dans le budget des ménages mais la lecture reste un loisir très important. Réfléchissez à vos habitudes : est-ce que vous lisez un livre par mois ou plus ? moins d'un livre par mois ? aucun livre par mois ? Est-ce que vous préférez les livres «traditionnels» ou «numériques» ? Quand est-ce que vous lisez ? Qu'est-ce que vous lisez ?

A **Genres littéraires.** Barrez le nom dans chaque groupe qui n'est pas logique.

1. **Poésie :** Aventure   Ballade   Calligramme   Haïku   Ode   Sonnet
2. **Roman :** D'anticipation Epistolaire Histoire Policier Social Slasher
3. **Théâtre :** Comédie   Drame   Documentaire   Farce   Mystère   Tragédie
4. **Autre :** Dictionnaire Essai Encyclopédie Etude Lettre Comédie musicale

B **Ecrivains au fil des siècles.** Connaissez-vous des écrivains français ?
Barrez le nom dans chaque groupe qui n'est pas logique.

1. **17ᵉ siècle :** Descartes   La Fontaine Molière   Pascal Pompidou Racine
2. **18ᵉ siècle :** Beaumarchais de Gaulle Montesquieu Diderot Rousseau Voltaire
3. **19ᵉ siècle :** Balzac   Baudelaire Flaubert   Hugo Mitterrand Stendhal
4. **20ᵉ siècle :** Apollinaire Chirac Gide   Ionesco Proust Sartre

C **Citations.** Qui l'a dit ? Lisez les citations ci-dessous et barrez le nom qui
n'est pas correct.

1. Il n'y a qu'un devoir, c'est d'être heureux.
   Denis Diderot   Romain Duris
2. Je pense, donc je suis.
   René Descartes   Michel Serrault
3. Il est si doux d'être aimé pour soi-même.
   Audrey Tautou   Pierre-Augustin de Beaumarchais
4. La médiocrité ne s'imite pas.
   Jean-Paul Sartre   Gérard Depardieu
5. Egoïsme : Se plaindre de celui des autres, et ne pas s'apercevoir du sien.
   Christian Clavier   Gustave Flaubert
6. La mélancolie, c'est le bonheur d'être triste.
   Vincent Cassel   Victor Hugo
7. (Cela est bien dit, répondit Candide, mais) il faut cultiver notre jardin.
   Georges Lopez   Voltaire
8. La parole a été donnée à l'homme pour cacher sa pensée.
   Stendhal   Emmanuelle Devos
9. Ce sont les grandes occasions qui font les grands hommes.
   Jean Reno   Jean-Jacques Rousseau
10. L'amour n'est pas seulement un sentiment, il est un art aussi.
    Cécile de France   Honoré de Balzac

L'art

A **L'art au fil des siècles.** Connaissez-vous des artistes français ? Barrez le
nom dans chaque colonne qui n'est pas logique.

1. **17ᵉ siècle :** de Champaigne La Tour   Lorrain   Poussin   Vouet   Warhol
2. **18ᵉ siècle :** Chardin   David   Drouais   Frago nard Pollack Watteau
3. **19ᵉ siècle :** Caillebotte Cézanne Michel-Ange Manet Pissarro Toulouse-Lautrec
4. **20ᵉ siècle :** Braque   De Vinci Duchamp   Magritte Matisse Mondrian

B **19ᵉ siècle.** Lisez le texte sur l'art du 19ᵉ siècle et barrez le mot en italique
qui n'est pas logique.

J'adore l'art du 19ᵉ siècle et je pense que **l'impressionnisme / le classicisme**
est un mouvement artistique très intéressant. Ce mouvement a eu lieu
entre 1874 et **1996 / 1886**. Les artistes de ce mouvement peignaient des
scènes de la vie **ancienne / contemporaine** et quotidienne. Ils peignaient
en plein air / dans les usines, mettaient en valeur la qualité de la lumière

et peignaient par petites touches. Mes artistes préférés de ce mouvement sont : **Degas / Delacroix**, Monet, Berthe Morisot et Renoir. Les artistes **romantiques / néo-impressionnistes** et post-impressionnistes se sont inspirés des tableaux impressionnistes et ils ont continué à privilégier leur impression du sujet peint, plutôt que la réalité. **La couleur / la réalité** était importante pour ces artistes et on peut le voir dans les tableaux d'artistes comme Gauguin, **Toulouse-Lautrec / Toulouse-La Tour** et Van Gogh. Ces artistes ont bousculé les idées reçues sur l'art et leurs peintures ont été le point de départ pour les mouvements du 20ᵉ siècle comme **le cerclage / le cubisme**, l'expressionnisme, le surréalisme, etc. !

L'Impressionnisme
1863–1926

Vers 1862, de jeunes peintres jugent sclérosé par des règles trop rigides l'enseignement des Beaux-Arts et s'associent à Paris autour de Claude Monet. Sur la voie tracée par Eugène Boudin et par les peintres de Barbizon (Millet, Diaz ...) ils exécutent leurs tableaux en plein air, sur le motif et tentent de saisir les manifestations fugaces de l'atmosphère, les effets de lumière, les sensations visuelles. C'est à l'occasion de la première exposition du groupe, chez le photographe Nadar, en 1874, qu'un journaliste invente le mot « Impressionniste», ironisant sur le tableau de Monet: « Impressions, soleil levant». L'Impressionnisme marque l'avènement dans la peinture française d'un genre nouveau: le paysage et ses modulations liées aux heures, aux saisons, aux cadrages.

Quelques artistes :

Les Impressionnistes
Camille Pissarro (1830–1903)
Edgar Degas (1834–1917)
Alfred Sisley (1839–1899)
Claude Monet (1840–1926)
Frédéric Bazille (1841–1870)
Pierre-Auguste Renoir (1841–1919)
Berthe Morizot (1841–1895)
Gustave Caillebotte (1848–1894)

Les Néo-Impressionnistes (pointillistes)
Georges-Pierre Seurat (1859–1891)
Paul Signac (1863–1935)
Henri-Edmond Cross (1856–1910)
Les Post-Impressionnistes
Paul Cézanne (1839–1906)
Paul Gauguin (1848–1903)
Vincent Van Gogh (1853–1890)

C **Impressionnisme.** Etudiez le tableau à gauche et répondez aux questions ci-dessous.

1. Quel est le sujet du tableau ?
2. Où sont les gens sur le tableau ? Que font-ils ?
3. Est-ce un tableau «réaliste» ? Expliquez.
4. Parlez de la lumière du tableau. Quelle heure est-il ? Comment le savez-vous ?
5. Parlez des couleurs du tableau. Les couleurs sont-elles vives ou sombres ? Expliquez.
6. Aimez-vous ce genre de tableau ? Pourquoi ou pourquoi pas ?

D Musées de Paris. Complétez la brochure sur les musées de Paris avec le nom du musée qui correspond à chaque description.

Noms de musées
Musée d'Orsay
Musée Picasso
Musée Rodin
Centre Pompidou
Musée du Louvre

Musées de Paris

1.

Ancien palais royal, ce musée est aujourd'hui l'un des plus grands musées du monde. La collection de ce musée compte 300.000 œuvres d'art : civilisations antiques, arts de l'Islam et œuvres d'art du Moyen Age à 1848.

Entrée principale la Pyramide (1er)
Mº Palais-Royal

2.

Ce musée, l'ancienne gare d'Orsay, a une collection d'art français (de tableaux, de sculptures, de meubles, etc.) de 1848 à 1914. Ce musée est surtout connu pour sa grande collection de tableaux impressionnistes.

1, rue de la Légion-d'Honneur (7e)
Mº Solférino

3.

Ce musée a été construit de 1971 à 1977 et il doit son nom à un ancien président français. On y trouve une bibliothèque, le musée national d'Art moderne, des galeries d'expositions et des salles de cinéma, de spectacles et de concerts.

Place George Pompidou (4e)
Mº Hôtel de Ville

4.

«L'hôtel Salé» est le musée qui contient la plus grande collection d'œuvres de Picasso avec une grande variété d'œuvres de toutes ses périodes.

Hôtel Salé 5, rue de Thorigny (3e)
Mº Saint-Paul

5.

Ce musée, l'ancien hôtel Biron, présente les œuvres et les collections d'Auguste Rodin ainsi que celles de Camille Claudel.

77, rue de Varenne (7e) Mº Varenne

Les repas

A **Repas.** Reliez les repas avec les descriptions qui conviennent.

repas

    le déjeuner
    le dîner
    le goûter
    le petit déjeuner

1. C'est le premier repas de la journée. Les Français prennent en général : une boisson chaude (café, thé, chocolat), du pain grillé, des viennoiseries, des céréales, etc.
2. C'est le deuxième repas de la journée (entre 12h et 14h). Les Français prennent un repas traditionnel (une boisson, une entrée, un plat principal, du fromage et/ou un dessert) ou un repas plus léger (une boisson, une salade, un sandwich).
3. C'est un casse-croûte que les enfants français prennent dans l'après-midi.
4. C'est le dernier repas de la journée (entre 20h et 20h30). Quand les Français font la fête ou dînent au restaurant, ce repas peut comprendre : un apéritif, un hors-d'œuvre, une entrée, un plat principal, du fromage ou un dessert, du café, etc. mais le plus souvent, ils mangent un repas assez léger.

B **Le dîner.** Lisez la description d'un dîner de Sacha Guitry et complétez les activités qui suivent.

Sacha Guitry
(1885–1957)

Sacha Guitry : acteur, réalisateur, scénariste

Si vous réunissez à table une douzaine de personnes, il y a toujours une femme «qui fait la gueule», un monsieur qui s'ennuie, un homme qui parle trop et quelqu'un de distrait qui fait gaffe sur gaffe. Lorsque vous avez un médecin à votre table, pensez à mettre auprès de lui un bloc de papier et un stylo, afin qu'il puisse, entre la poire et le fromage, faire autant d'ordonnances qu'il y aura de convives. De quels repas se souvient-on ? De ceux qui furent délectables - ou pour la bouche - ou pour l'esprit. Ce ne sont pas toujours les mêmes. Les plus exquis de tous n'ont ils pas été ceux que l'on improvisa ? On se souvient trente ans après, de deux œufs sur le plat - un peu trop cuits sans doute - mais la main qui tenait la poêle était si belle !

Activité 1

Le dîner

Invention : Imaginez que la description du dîner de Sacha Guitry corresponde à une scène dans un film. Développez la scène :

Personnages : Combien d'hommes et de femmes est-ce qu'il y a ? Comment sont-ils ?
Décors : Où est-ce que la scène a lieu ?
Accessoires : Est-ce qu'il y a des accessoires ?
Scénario : Qu'est-ce qu'ils font ? Qu'est-ce que les personnages disent ? (Développez le dialogue.)
Mise en scène : Jouez la scène avec vos camarades de classe.

Publicité : Créez une affiche pour faire la publicité de votre scène. Suivez le modèle ci-dessous.

acteur – rôle principal   **actrice – rôle principal**
acteur – rôle secondaire   **actrice – rôle secondaire**

titre du film
nom du réalisateur

image du film

citation

—nom du critique, nom du journal

Activité 2

Le dîner à la campagne

Regardez : Regardez la scène «le dîner à la campagne». (58 minutes 47 secondes)
Réinvention : Recréez la scène avec vos camarades de classe. Ajoutez le dialogue nécessaire.
Création : Créez une affiche pour faire la publicité de votre scène. (Suivez le modèle ci-dessus.)
Extrait : Ecrivez un résumé de votre scène.

peut-être et qui flotte nuageusement sur l'enveloppe; enfin cette fleur de vie que Titien et Raphaël ont surprise. En partant du point extrême ici vous arrivez, on ferait peut-être d'excellente peinture; mais vous vous lassez trop vite. Le vulgaire admire, et le vrai connaisseur sourit. O Mabuse, ô mon maître, ajouta ce singulier personnage, tu es un voleur, tu as emporté la vie avec toi ! - A cela près, reprit-il, cette toile vaut mieux que les peintures de ce faquin de Rubens avec ses montagnes de viandes flamandes, saupoudrées de vermillon, ses ondées de chevelures rousses, et son tapage de couleurs. Au moins, avez-vous là couleur, sentiment et dessin, les trois parties essentielles de l'Art.

FILMdeCULTE critique

Comme une image

France, 2004
De Agnès Jaoui
Scénario : Agnès Jaoui, Jean-Pierre Bacri
Avec Marilou Berry, Agnès Jaoui, Laurent Grevill, Jean-Pierre Bacri, Virginie Desarnauts, Keine Bouhiza, Grégoire Ostermann, Serge Rabioukine, Michèle Moretti
Photo : Stéphane Fontaine
Musique : Philippe Rombi
Durée : 1h50
Sortie : 22 Septembre 2004

Lolita Cassard, vingt ans et rondouillarde, aimerait se trouver belle pour attirer l'attention de son père. Etienne Cassard, auteur narcissique et bougon, se trouve déjà trop vieux. Pierre Miller, écrivain, doute de son talent et ne croit plus au succès. Sylvia Miller, professeur de chant de Lolita, découvre un beau jour que celle-ci est la fille d'Etienne Cassard, qu'elle admire. Chacun s'intéresse à la vie de l'autre, chacun espère résoudre ses tracas.

COMMUNES IMAGES

D'abord, désamorcer. Non, *Comme une image* n'est pas le meilleur film du duo «Ja-Bac». Oui, la savoureuse cruauté de *Cuisine et dépendances* ou d'*Un air de famille*, et la finesse subtile du *Goût des autres* ont perdu de leur éclat à l'occasion de la deuxième réalisation d'Agnès Jaoui. Et l'on n'aurait pas tort de pointer les limites de l'art comico-sociétal de l'actrice-réalisatrice. Plus encombrés qu'autre chose de leur conscience de gauche par trop proclamée, soucieux d'égratigner à la fois tout le monde et personne, en mettant en scène des personnages tour à tour haïssables, puis drôles, puis touchants, Agnès Jaoui et Jean-Pierre Bacri finissent par entraver leur scénario et l'empêcher de prendre son envol. Car en laissant s'éroder leurs crocs acerbes pour laisser place à de vaguement pointues quenottes petites-bourgeoises, l'intermittente et le bougon se départissent de cette cruauté qui faisait de leur plume le formidable moteur à zygomatiques que l'on appréciait tant. Quant aux fameux clichés (notamment une morale trop appuyée sur l'obésité et la beauté intérieure) censément dénoncés et donc contournés, force est de constater qu'ils encombrent régulièrement le chemin.

TROP SAGE

Il serait pourtant inopportun de rejeter *Comme une image* en bloc. Convenir, certes, que la reconnaissance scénaristique éprouvée au Festival de Cannes était, sinon usurpée, du moins malvenue parce que trop tardive. Et malgré tout, apprécier le film pour ce qu'il est : une comédie un peu trop propre sur elle, sans aucune audace formelle, et pourtant la plus drôle, aux côtés du *Rôle de sa vie*, de tout ce que le cinéma français a pu nous proposer cette année (depuis *RRRrrrr!!!* jusqu'à *Mensonges et trahisons et plus si affinités...* et en attendant la très banale *Enquête corse*). Jaoui, en dépit de l'erreur de casting *people* Marilou Berry, n'a rien perdu de ses qualités de direction d'acteurs ni de dialoguiste, et a surtout dans sa manche un atout de taille, en l'inénarrable et constante personne de son compagnon : le voir proposer du cyanure à un jeune homme en pleine dépression amoureuse, surenchérir de mauvaise foi au cours d'une partie d'échecs, être odieux avec la gent féminine... constitue un plaisir sans cesse renouvelé. Evidemment – malheureusement – Bacri/Etienne Cassard n'est pas l'enfoiré fini qu'il semble être, puisque, psychologie oblige, il sanglote surabondamment dans son lit lorsque sa femme le quitte. De fait, à trop vouloir éviter le manichéisme, *Comme une image* ne dépasse pas le stade du sympathique film d'acteurs. Un peu court, peut-être, quand on sait ce dont ses artisans sont capables, mais déjà beaucoup dans le paysage mollasson de la comédie française.

© Guillaume Massart. *Film De Culte*, 2004. www.filmdeculte.com

A quelques années près

Grand prix universitaire de la nouvelle - La Réunion 1999

Arno Gere

I

Elle commençait à s'impatienter depuis quelques minutes, assise à une terrasse de café sur le front de mer et attendant son amie Rosine qui comme d'habitude, avait oublié l'heure.

Pour l'agacer encore un peu plus, il y avait cet homme sur sa droite, assis à une table légèrement en retrait, qui ne cessait de la dévisager.

Au bout d'un long moment, profitant qu'elle tournait la tête dans sa direction, il s'adressa à elle :

- «Vous êtes bien la fille de Brigitte Boucher n'est-ce pas ?

- Non, pas tout à fait, je suis Brigitte Boucher elle-même. »

Elle ne sut en cet instant précis si elle devait prendre cette méprise pour un compliment ou non. L'image qu'elle devait renvoyer d'elle-même, en particulier au travers des romans qu'elle écrivait, la vieillissait peut-être injustement. Les expériences qu'elle y rapportait ne pouvaient être aux yeux de ses lecteurs que décrites par une personne ayant beaucoup vécu, donc plus âgée qu'elle dans la réalité. Mais de là à ce qu'on la prenne pour sa fille !

En tout cas, cet homme qui maintenant s'était planté devant elle, incrédule, silencieux, continuait à la regarder fixement comme perdu dans un rêve.

- «Si vous connaissiez ma fille, vous sauriez qu'elle ne me ressemble pas vraiment.

- En fait… en fait, je ne m'adressais ni à la fille, ni même à la romancière, mais à une femme que j'ai connue, il y a très longtemps… franchement…, en vous voyant, j'ai eu l'impression de faire un saut dans le passé…que vous étiez cette femme…je dois me tromper…

- En effet, vous vous trompez, désolée de vous décevoir… Je ne vous retiens pas. Au revoir, Monsieur ! »

L'homme n'insista pas. Il s'éloigna en prenant congé poliment.

Comme son amie n'arrivait toujours pas, elle sortit un petit carnet de son sac et commença à écrire : «Revu François. Dès qu'il s'est présenté devant moi, avec sa façon à la fois gauche et décidée, j'ai reconnu le garçon avec qui j'avais passé tout un été en Angleterre l'année de mes dix-huit ans. Pour nos parents respectifs, nous étions venus perfectionner notre anglais. Nous passions en réalité la majeure partie de nos journées, enfermés tous les deux dans un grand camping-car, dans une banlieue verdoyante de Londres, nous explorant mutuellement, riant de tout, certains que l'avenir nous appartenait.

J'ai revu François mais c'est un autre. Je ne parle pas de son physique encore que sa silhouette se soit bien épaissie, et ses cheveux se sont clairsemés. Sa voix non plus n'a pas changé mais qu'elle était loin la flamme qui animait son regard lorsque nous étions l'un près de l'autre ! Le garçon que j'ai connu aurait été incapable d'une telle attitude insistante comme celle de toute à l'heure lorsqu'il me dévisageait. Le premier regard aurait du suffire pour la reconnaissance…

Tous ces jours qui se sont passés sans que nous n'existions plus l'un pour l'autre, sont comme un cyclone qui aurait détruit totalement un paysage. Un bout du continent s'est détaché de l'autre partie à tout jamais.

Certes il a appris que j'étais romancière, peut-être a-t-il cherché à en savoir plus sur la vie que j'ai menée.

Lui-même, qu'a-t-il bien pu faire pendant tout ce temps ?

A l'époque, il était étudiant en droit et épris de liberté. Pour lui et pour les autres. Mais nos chemins se sont décroisés très vite, sûrement à cause de son besoin de liberté.

L'image que je garde de lui est belle. Je veux la garder intacte. Il me semble bien que je fus amoureuse pour la première fois avec lui.

Comment oublier quand nous partions à Londres, nos promenades dans les parcs, de préférence aux heures les plus insolites.

Il nous arrivait souvent d'y dormir la nuit quand nous avions dépassé l'heure du dernier train de banlieue à Victoria station. C'est là qu'il a fait mes premières photos de femme. C'était au moment de la sortie de «Blow up», il se prenait pour Antonioni. Cet été là fut en effet comme un éclair, comme un éclat de lumière dans sa fulgurance et dans son intensité. »

Son amie n'étant toujours pas arrivée, elle referma consciencieusement son carnet puis alla téléphoner à l'arrière du bar pour vérifier si au moins elle était bien partie de chez elle.

A son retour, elle trouva un billet blanc plié en deux et glissé entre tasse et soucoupe.

«Je me suis trompé en effet et je vous ai trompée. Je ne suis qu'un de vos lecteurs et j'ai eu l'outrecuidance de me prendre pour l'un de vos personnages, pardonnez moi… »

II

Elle était assise à une terrasse en attendant que Rosine, l'amie de sa mère, ne la rejoigne. L'heure du rendez-vous était déjà largement dépassée.

Un homme était assis à une table voisine et ne cessait de la dévisager. Lorsqu'il repoussa sa table pour se lever, elle en fut soulagée mais seulement pour un bref instant. Il s'approcha puis se planta en effet devant elle en s'inclinant posément :

- «Vous êtes bien Brigitte Boucher n'est ce pas ?
- Ah non, je suis sa fille ! »

Devait-elle se féliciter de cette méprise ? Après tout, sa mère était surtout connue par ce qu'elle écrivait, non par son physique ni par son âge. Il n'y avait donc pas de gêne à être prise pour sa propre mère qu'au demeurant elle appréciait beaucoup et avec qui elle était toujours aussi complice.

L'homme, plus très jeune, avait encore de la prestance. Il la regardait maintenant fixement comme perdu dans un rêve.

- «Je ne m'adressais pas à la romancière mais à une femme que j'ai connue, il y a plus de vingt cinq ans. Elle avait votre âge et la même lumière dans les yeux…
- Je crains malheureusement de ne pas être celle que vous avez connue.
- Qu'importe ! Me permettrez vous tout de même de m'asseoir et de vous offrir un verre ? »

Comme il était très poli et que Rosine n'arrivait toujours pas, elle se surprit à acquiescer facilement. Au début elle resta muette devant l'inconnu, se contentant de l'écouter, de peur qu'il ne la prenne pour ce qu'elle n'était pas. Puis peu à peu, entraînée par sa volubilité et sa gaieté communicative, elle commença d'abord à lui sourire puis à lui poser des questions, son visage s'anima spontanément. Il lui disait que le bonheur absolu se trouvait dans les instants magiques mais que malheureusement peu de gens étaient capables d'y accéder.

Il ne la quittait pas des yeux et elle ne détournait même plus son regard. Lorsqu'il se mit à vanter sa beauté, elle ne trouva rien de plus naturel…

Alors qu'il était parti dans une longue explication sur ce qui l'enchantait dans le visage d'une femme, à plus forte raison quand il était tourné vers lui, il interrompit brusquement sa phrase, sans cesser de la fixer et de lui sourire et lui demanda s'il pouvait la prendre en photo, là, tout de suite …

Une sollicitation faite avec autant de naïveté bienveillante et quémandée à la façon d'un enfant, ne pouvait se refuser. Dans un sac, à ses pieds, il y avait manifestement l'attirail complet d'un photographe professionnel. Elle prit la pose comme elle l'avait vu faire dans des reportages sur la mode.

Dans ce lieu paisible à cette heure de la journée, un passant un peu attentif aurait pu déceler qu'un être était en train d'exprimer de sa personne une force, une sensibilité, un bonheur, qui jaillissaient dans un éclat de lumière tout autour.

Elle rayonnait en effet de beauté et de grâce et il avait suffi qu'on le lui dise et qu'elle se laisse aller pour que toute une alchimie se mette en place et lui permette d'aboutir à cette espèce de plénitude. L'homme n'avait pourtant pas traîné à réaliser sa mise au point mais juste au moment où le flash se déclencha, elle sursauta. Rosine avait surgi par derrière en l'appelant à pleine voix comme si elle s'était trouvée à l'autre bout de la salle.

L'arrivée de Rosine marqua le terme de cet instant surnaturel. Surprise d'entendre son nom, comme si on l'avait prise en faute, son visage s'était crispé, elle s'était retournée, l'image serait sûrement floue…
L'effet magique s'était en effet estompé à la seconde même où s'opérait le retour à la réalité. Sans se formaliser pour autant et sans le moindre commentaire, l'homme remballa prestement son appareil, la flamme qu'il avait vu naître en apercevant cette femme, qu'il avait vu grandir en lui parlant et qu'il aurait bien voulu saisir à tout jamais sur sa pellicule, s'était éteinte, il se replongea dans le silence et dans son univers, visiblement prêt à repartir sur sa route à lui.

Elle s'en voulut de s'être livrée avec autant de complaisance à cet étranger dans un temps aussi court au point de se laisser aller comme on le ferait avec une personne chère. Elle se reprocha d'avoir accepté de poser aussi facilement devant lui comme une starlette peu regardante, comme si elle n'avait fait avec lui que répéter des gestes maintes fois réalisés dans l'intimité d'une relation privilégiée.

L'homme prit congé en peu de mots. Il ne se retourna même pas, elle le regarda s'éloigner et lui trouva le dos voûté…
«- Qui est cet homme ?» demanda Rosine …

On devinait que c'était à elle-même qu'elle se posait la question.

«Sur le coup, j'ai bien cru reconnaître François, un ancien ami de ta mère, quand nous avions à peu prés ton âge, mais je confonds tellement les visages et puis tu sais, sans mes lunettes…

Au fait, tu ne m'as pas trop attendue, j'espère ? »

chapitre ⑧
Métisse

Avant le visionnement

NOTES CULTURELLES

La religion

La plupart des Français se considèrent catholiques. L'islam est la deuxième religion pratiquée en France. Le protestantisme, le judaïsme, et, pour une petite minorité, le bouddhisme et le sikhisme sont les autres religions pratiquées. Malgré la politique de liberté religieuse et la loi de 1905 qui sépare l'Eglise de l'Etat, la religion reste un débat important en France, surtout après l'adoption de la loi sur la laïcité (2004) qui interdit le port de tout signe religieux ostensible y compris le voile islamique, la kippa, les grosses croix, etc. Cette loi a provoqué une nouvelle instabilité et elle est devenue une des polémiques principales en France.

La Courneuve (Seine-Saint-Denis) apres les émeutes de 2005

L'immigration

La France accueille principalement des immigrés européens, africains et asiatiques pour des raisons politique (asile des réfugiés), économique (contribution à la main-d'œuvre), professionnelle (le travail ou les études de longue durée) et démographique (accroissement du taux de natalité). L'intégration dans la société française est quelquefois difficile pour les immigrés qui habitent souvent les quartiers défavorisés où il y a des taux élevés de pauvreté, de chômage, de délinquance et de violence. Les immigrés souffrent souvent d'un manque d'éducation et de formation professionnelle ainsi que de xénophobie. Bien que l'immigration soit une source d'instabilité en France, les Français bénéficient de la diversité culturelle (art, musique, cuisine, etc.) apportée par les immigrés.

La banlieue

Une banlieue est un ensemble de villes qui se trouvent à la périphérie d'une grande ville. Malgré la présence des banlieues chics en France, le mot *banlieue* est devenu un synonyme de *cité*, *quartier défavorisé / chaud* et *ghetto* où l'on trouve des taux élevés de pauvreté, de chômage, de délinquance et de violence. L'insécurité et le manque d'espoir des banlieues provoquent de plus en plus souvent des manifestations et des émeutes. Le malaise dans les banlieues reste une polémique importante en France.

FICHE TECHNIQUE

Réalisation :	Mathieu Kassovitz
Musique :	Marie et Jean-Louis Daulne
Année de production :	1993
Durée :	1 h 34
Genre :	Comédie romantique
Date de sortie nationale :	18/08/1993

 ## PROFIL: Mathieu Kassovitz

réalisateur, acteur, producteur

Né le 3 août 1967 à Paris

Mini-biographie

En 1978, Kassovitz a commencé sa carrière au cinéma quand il a joué dans le film de son père, *Au bout du bout du banc*. Il a débuté comme assistant-réalisateur en 1983. En 1990, il a réalisé son premier court métrage qui a eu du succès. Son premier long métrage (*Métisse*) a remporté le Prix Spécial du Jury au Festival de Paris et a établi Kassovitz comme un jeune talent à suivre. En 1995, sa carrière de cinéaste a explosé avec le succès de *La Haine*. C'est aujourd'hui un des réalisateurs, des acteurs et des producteurs avec qui les autres espèrent travailler !

Quelques films réalisés par Kassovitz

1993	Métisse	2000	Les Rivières pourpres
1995	La Haine	2003	Gothika
1997	Assassin(s)	2008	Babylon A.D.

A noter !

Le film *Métisse* présente une vision très optimiste de la situation des immigrés et des banlieues en France. Par exemple, le 27 octobre 2005, deux mineurs essayaient d'échapper à la police. Ils se sont cachés dans un transformateur d'EDF et ils sont morts électrocutés. Cet incident a provoqué des émeutes dans les banlieues et a donné naissance à ce qu'on appelle la crise des banlieues.

SYNOPSIS

Lola, une jeune métisse d'origine antillaise, aime deux hommes : un jeune musulman d'origine africaine, étudiant en droit qui bénéficie de la richesse de ses parents diplomates africains, et un coursier juif qui habite la banlieue et qui passe son temps à traîner avec ses amis. Un soir, ces deux hommes d'origine et de classe sociale différentes se retrouvent chez Lola. Elle annonce qu'elle est enceinte et que l'un des deux hommes est le père. Pourront-ils oublier leurs différences de foi et de culture pour accepter les responsabilités d'un bébé ?

Note :   *Métisse* n'est pas classé aux Etats-Unis.

PERSONNAGES

Personnages principaux

Lola Mauduech   Julie Mauduech
Jamal Saddam Abossolo M'bo   Hubert Koundé
Félix Labinskobinsky   Mathieu Kassovitz

Personnages secondaires

la grand-mère de Lola	Berthe Bagoe
Max (le frère de Félix)	Vincent Cassel
Sarah (la sœur de Félix)	Eloïse Rauth
le grand-père de Félix	Tadek Lokcinski
la grand-mère de Félix	Jany Holt
la tante de Félix	Rywka Wajsbrot
Maurice	Marc Berman
la mère de Maurice	Andrée Damant
le docteur Pujol (le gynécologue)	Jean-Pierre Cassel
Marilyne (la bonne)	Lydia Ewandé
Julie (la petite amie de Jamal)	Brigitte Bémol
l'infirmière	Félicité Wouassi

A noter !

Kassovitz a joué le rôle de Nino Quincampoix dans le film *Le Fabuleux destin d'Amélie Poulain (2001)*.

 PROFIL: Hubert Koundé

acteur, réalisateur, scénariste

Né le 30 décembre 1970 au Bénin

Mini-biographie

Koundé a fait son premier film avec Kassovitz, *Métisse*, en 1993. Son deuxième film avec Kassovitz, *La Haine (1995),* a démarré sa carrière d'acteur. Actuellement Koundé travaille comme réalisateur, scénariste et acteur dans des films francophones et anglophones. Il poursuit également sa carrière de comédien au théâtre et dans les émissions de télé.

Quelques films

1993	Métisse	2001	Comment j'ai tué mon père
1995	La Haine	2005	The Constant Gardener
1996	La Divine poursuite	2011	Die Farbe des Ozeans
2000	Tout va bien, on s'en va		

VOCABULAIRE

Gens

l'agent de police (m)	police officer	**l'immigré/e**	immigrant
la bande	gang, group	**le jeune de banlieue**	a youth from the suburbs
la bonne	maid	**le/la métis/se**	bi-racial person
le/la coursier/ière	(bike) messenger	**la police**	police
le/la diplomate	diplomat	**le revendeur de drogue**	drug dealer
le/la gynécologue	gynecologist		

Religion

le catholicisme	Catholicism	**l'islam (m)**	Islam
le/la catholique	Catholic	**le judaïsme**	Judaism
le/la chrétien/ne	Christian	**le/la juif/ve**	Jew/Jewess
le christianisme	Christianity	**le/la musulman/e**	Muslim
le/ la croyant/e	believer	**le/la pratiquant/e**	follower, faithful
la foi	faith		

Endroits

les Antilles (f)	West Indies	**le Maghreb**	Maghreb
la banlieue	suburb	**la Martinique**	Martinique
le centre-ville	downtown	**le quartier chaud**	dangerous neighborhood
la cité	urban zone (ghetto)	**le quartier défavorisé**	urban zone (ghetto)
le gymnase de boxe	boxing gym	**le terrain de basket**	basketball court

Noms divers

l'accouchement (m)	birth	**la polémique**	polemic, controversy
l'argot (m)	slang	**la politique**	policy
la bonne volonté	good intentions	**le soutien**	support
la crise	crisis	**le streetwear** (familier)	clothes (baggy pants, caps, etc.)
le débat	debate, argument		
le droit	law (studies)	**les tâches ménagères (f)**	household chores
l'émeute (f)	riot	**le test de paternité**	paternity test
la grossesse	pregnancy	**le verlan**	back slang
la manifestation	demonstration		

Adjectifs

actuel/le	current	**frustré/e**	frustrated
africain/e	African	**juif/ve**	Jewish
antillais/e	West Indian	**musulman/e**	Muslim
chrétien/ne	Christian	**ostensible**	conspicuous
dragueur/euse (familier)	a person who hits on others	**raciste**	racist
enceinte	pregnant	**trompeur/euse**	cheater
fâché/e	angry	**xénophobe**	xenophobic

Verbes

accepter une responsabilité	to assume a responsibility	**marchander**	to bargain
		se mettre à	to start to
accoucher	to give birth	**prendre une décision**	to make a decision
(s')accroître	to increase	**prévenir**	to warn, to alert
décevoir	to disappoint	**rendre visite à qqn.**	to visit a person
donner naissance à	to give birth to	**résoudre**	to resolve
s'écraser	to crash	**revendre de la drogue**	to sell drugs
se fâcher	to get angry	**soutenir**	to support
faire les courses	to do the shopping	**traîner**	to wander around, to hang out
faire le ménage	to clean the house		
gêner	to bother, to embarass	**tromper**	to cheat (on someone)

EXERCICES DE VOCABULAIRE

A **Portraits.** Répondez aux questions suivantes pour faire le portrait d'une famille qui habite un quartier défavorisé, celui d'une famille qui habite un quartier privilégié et celui de votre famille. Utilisez *le vocabulaire* du film.

1. La famille d'un quartier défavorisé

Le quartier et le logement :
Où habite la famille ? Comment est le quartier ? Quel genre de maison / d'appartement habite-t-elle ? Combien de personnes / de générations habitent ensemble ? Pourquoi ?

La famille :
De quelle origine est la famille ? La famille est-elle riche, aisée ou de revenu modéré ? Pourquoi ? Les parents travaillent-ils ? Où travaillent-ils ?

L'école :
Les parents sont-ils allés à l'université ? Pourquoi ou pourquoi pas ? Les enfants vont-ils à l'école ? Comment est l'école ? Vont-ils à l'université ? Pourquoi ou pourquoi pas ?

Les loisirs :
Qu'est-ce que les enfants aiment faire pendant la journée / la soirée ? Qu'est-ce que les parents font pour passer le temps ? Pourquoi ?

2. La famille d'un quartier privilégié

Le quartier et le logement :
Où habite la famille ? Comment est le quartier ? Quel genre de maison / d'appartement habite-t-elle ? Combien de personnes habitent ensemble ? Pourquoi ? Est-ce que d'autres membres de la famille habitent avec la famille ?

La famille :
De quelle origine est la famille ? La famille est-elle riche, aisée ou de revenue modéré ? Qu'est-ce que les parents font comme travail ? Où travaillent-ils ?

L'école :
Les parents sont-ils allés à l'université ? Qu'est-ce qu'ils ont étudié ? Comment est l'école des enfants ? Vont-ils à l'université ? Pourquoi ou pourquoi pas ?

Les loisirs :
A quels sports ou à quelles activités les enfants s'intéressent-ils ? Qu'est-ce que leurs parents font pour passer le temps ? Pourquoi ?

Liens !

Réfléchissez aux familles dans les films que vous avez vus et parlez de leur logement, de leur origine, de leurs études et de leurs loisirs :

Le Papillon : Elsa et sa mère
Etre et avoir : Les enfants et leur famille
Les Visiteurs : Béatrice et sa famille
L'Auberge espagnole : Xavier, sa mère et son père
Sur mes lèvres : Carla (a-t-elle de la famille ?)
Comme une image : Lolita, son père, sa belle-mère et sa demi-soeur

3. Votre famille

Le quartier et le logement :
Où habitez-vous ? Comment est le quartier ? Quel genre de logement habitez-vous ? Combien de personnes habitent chez vous ? Pourquoi ?

La famille :
De quelle origine est votre famille ? Vos parents travaillent-ils ? Qu'est-ce qu'ils font comme travail ? Où travaillent-ils ?

L'école :
Vos parents sont-ils allés à l'université ? Qu'est-ce qu'ils ont étudié ? Comment est votre université ?

Les loisirs :
Qu'est-ce que vous faites comme sports ou activités ? Comment passez-vous votre temps libre ?

B **Jeunes hommes.** Comment sont les jeunes hommes (18 – 24 ans) ? Répondez aux questions suivantes pour comparer un jeune homme d'un quartier défavorisé à un jeune homme d'un quartier privilégié. Faites aussi votre portrait. Utilisez *le vocabulaire* du film.

1. Un jeune homme d'un quartier privilégié

Le 3e arrondissement de Paris, un quartier privilégié

Origine :	De quelle origine est sa famille ?
Habillement :	Comment s'habille-t-il ? Où achète-t-il ses vêtements ?
Education :	Va-t-il à l'université ? Qu'est-ce qu'il étudie ? Comment parle-t-il ? Pourquoi ?
Travail :	Travaille-t-il ? Pourquoi ou pourquoi pas ? Comment passe-t-il ses journées ?
Sports/loisirs :	A quels sports ou à quelles activités s'intéresse-t-il ? Quel genre de musique écoute-t-il ? Comment passe-t-il ses soirées ? Où va-t-il le soir ? Pourquoi ?

2. Un jeune homme d'un quartier défavorisé

Un quartier défavorisé, Habitations à Loyer Modéré

Origine :	De quelle origine est sa famille ?
Habillement :	Comment s'habille-t-il ? Où achète-t-il ses vêtements ?
Education :	Va-t-il à l'université ? Expliquez. Comment parle-t-il ? Pourquoi ?
Travail :	Travaille-t-il ? Quel genre de travail fait-il ? Pourquoi ? Comment passe-t-il ses journées ?
Sports/loisirs :	A quels sports ou à quelles activités s'intéresse-t-il ? Quel genre de musique écoute-t-il ? Comment passe-t-il ses soirées ? Où va-t-il le soir ? Pourquoi ?

3. Vous

Origine :	De quelle origine est votre famille ?
Habillement :	Comment vous habillez-vous ? Où achetez-vous vos vêtements ?
Education :	Qu'est-ce que vous étudiez à l'université ? Pourquoi ?
Travail :	Travaillez-vous ? Pourquoi ou pourquoi pas ? Comment passez-vous vos journées ?
Sports/loisirs :	A quels sports ou à quelles activités vous intéressez-vous ? Quel genre de musique écoutez-vous ? Comment passez-vous vos soirées ? Où allez-vous le soir ? Pourquoi ?

C Responsabilités et soucis. Réfléchissez à la vie des enfants, des étudiants et des parents. Répondez aux questions suivantes. Utilisez *le vocabulaire* du film.

1. De quoi s'inquiètent les enfants ? De quoi s'inquiètent leurs parents ?
2. De quoi s'inquiète une jeune mère ? De quoi s'inquiète un jeune père ?
3. Quelles responsabilités ont les jeunes parents ? Qui s'occupe des enfants ? Pourquoi ?
4. Qui a plus de responsabilités familiales – la mère ou le père ? Expliquez.
5. Qui avait plus de responsabilités familiales quand vous étiez petit/e – votre mère ou votre père ? Qui s'occupait des enfants ? Pourquoi ? Expliquez. Qui faisait les courses et le ménage ? Pourquoi ? Qui préparait les repas ? Pourquoi ?
6. Les étudiants s'inquiètent-ils beaucoup ? De quoi s'inquiètent-ils le plus souvent ? Pourquoi ?
7. Vous inquiétez-vous beaucoup ? De quoi vous inquiétez-vous ?
8. Les étudiants ont-ils plus de soucis que leurs parents ? Pourquoi ou pourquoi pas ?
9. Avez-vous plus de soucis que vos parents ? Pourquoi ou pourquoi pas ?
10. Quelles responsabilités un étudiant a-t-il pendant l'année scolaire ? en été ? Avez-vous beaucoup de responsabilités pendant l'année scolaire ? en été ?

D Religion. Lisez l'article suivant et complétez les activités de vocabulaire.

Démographie religieuse

Le pays couvre une superficie totale de 551 695 kilomètres carrés et compte environ 60 millions d'habitants.

Le gouvernement ne tient pas° de statistiques sur l'appartenance° religieuse. Selon des rapports° publiés dans la presse, seuls 12 % de la population participent à un quelconque° service religieux plus d'une fois par mois. Interrogées sur leur foi° religieuse lors d'une enquête conduite° au cours de l'année 2003, 54 % des personnes consultées se définissaient comme «croyantes», 33 % comme «athées», 14 % comme «agnostiques» et 26 % comme «indifférentes». La grande majorité de la population se dit catholique, mais selon un membre de la hiérarchie catholique, seuls 8 % de la population sont des Catholiques pratiquants. Les Musulmans constituent le deuxième groupe religieux, cette communauté comptant entre 4 à 5 millions de croyants, soit approximativement 7 à 8 % de la population. Les Protestants représentent 2 % de la population, les Juifs et les Bouddhistes 1 % respectivement et les Sikhs moins de 1 %. Selon différentes estimations, environ 6 % des citoyens n'ont aucune appartenance religieuse quelle qu'elle soit°.

La communauté juive compte environ 600 000 personnes et se divise en trois groupes : les Réformateurs, les Conservateurs et les Orthodoxes. D'après les enquêtes publiées dans la presse, près de 60 % des membres de la communauté juive ne célèbrent que les grandes fêtes religieuses comme le Yom Kippour et le Rosh Hachana. Selon l'un des chefs de la communauté juive, le plus grand nombre de Juifs pratiquants sont Orthodoxes.

Les Témoins de Jéhovah affirment que 250 000 personnes assistent à leurs services régulièrement ou occasionnellement.

On compte entre 80 000 et 100 000 Chrétiens Orthodoxes, la majorité d'entre eux affiliés aux Églises Orthodoxes grecque ou russe.

doesn't keep / membership
reports
any
faith / conducted

whatever it may be

Les Évangélistes, l'Eglise de Scientologie et l'Église de Jésus-Christ des Saints du Dernier Jour (Mormons) sont également présents dans le pays. Les églises évangéliques enregistrent° une augmentation du nombre de fidèles° en raison de la participation accrue d'immigrés africains et antillais. Selon la presse, 31 000 personnes déclarent être Mormons. L'Église de Scientologie compte entre 5 000 et 20 000 membres.

record
faithfuls

(adapté), *Le Bureau de la Démocratie, des Droits de l'Homme et du Travail*, Sept. 15, 2004. www.amb-usa.fr

Foi religieuse en France

- ■ Croyant
- ■ Athée
- ■ Agnostique
- □ Indifférent

Religions en France

- ■ Catholique
- ■ Musulman
- ■ Protestant
- □ Juif
- ■ Bouddhiste
- ■ Sikhs
- ■ Aucune religion
- ■ Autre relgion

Activité de vocabulaire

1. Qui a conduit l'enquête ? De quelle année datent ces chiffres ?
2. Quelles sont les religions principales en France ?
3. Quelles autres religions sont pratiquées en France ?
4. Quels sont les trois groupes de Juifs en France ? A quel groupe appartient le plus grand nombre de Juifs pratiquants ?
5. Pourquoi les églises évangéliques enregistrent-elles une augmentation du nombre de fidèles ?

A votre avis...

Pourquoi est-ce que le gouvernement français ne tient pas de statistiques sur l'appartenance religieuse à votre avis ?

Pourquoi est-ce que la plupart des Français sont catholiques à votre avis ? Pourquoi est-ce que l'islam est la deuxième religion des Français à votre avis ?

Après avoir regardé

EXERCICES DE VOCABULAIRE

A **Métisse.** Complétez le paragraphe suivant avec *le vocabulaire* qui convient.

Lola est une jeune femme _____ d'origine _____. Elle aime deux hommes. L'un est un jeune _____ juif. Il habite _____ avec sa famille. Il n'a pas beaucoup d'argent et il revend _____ de temps en temps. Il porte _____ et il écoute _____. L'autre habite _____ dans un bel appartement. Ses parents sont _____ et comme sa famille est riche il n'a pas besoin de travailler. Il fait des études _____. Il soigne son habillement et il porte toujours _____. Il n'aime ni le rap ni le rock, il préfère _____.

Malgré leurs différences, Lola les aime tous les deux. Un soir, elle les invite à dîner chez elle pour leur dire qu'elle est _____. Qui est le père ? Elle ne sait pas...

B **Description.** Pensez aux différentes étapes de la vie de Lola. Faites une petite description de chaque étape. Utilisez *le vocabulaire* qui convient.

1. Lola annonce sa grossesse.
2. Jamal vient vivre chez elle.
3. Elle reçoit les résultats du test de paternité.
4. Elle veut voir sa mère et elle va à la Martinique.

Vocabulaire

antillaise
la banlieue
coursier
un costume
de droit
de la drogue
diplomates
en centre-ville
enceinte
le jazz
métisse
du rap
du streetwear

5. Elle rentre à Paris et Jamal et Félix l'aident à faire les courses et le ménage et à préparer les repas.
6. Elle se sent seule et elle va chez Jamal pour vivre avec les deux jeunes hommes.
7. Elle est contente de vivre avec Jamal et Félix parce qu'ils partagent les tâches ménagères et parce que tout le monde s'entend bien.
8. Lola donne naissance à l'enfant.

C **Tableau comparatif.** Comparez les trois jeunes gens du film selon les rubriques ci-dessous. Utilisez *le vocabulaire* du film.

tableau comparatif							
	lieu de résidence	situation familiale	situation économique	éducation	travail	religion	sports	loisirs
Lola								
Jamal								
Félix								

D **Musée d'art.** Lisez l'article suivant et complétez les activités de vocabulaire.

Le premier Musée d'Art Contemporain en banlieue, Label-France no. 62

«MAC» pour musée d'art contemporain, «VAL» pour Val-de-Marne. Ouvert le 18 novembre 2005, le MAC/VAL se veut° aussi «*l'écrin° d'une création contemporaine en marche*». [claims to be / showcase]

Trois questions à Marie Rotkopf, directrice de la communication.

«Nous voulons que le MAC/VAL soit un lieu de vie.» Outre° la spécificité de sa collection, le MAC/VAL a pour originalité sa localisation° hors de la capitale et son approche. [outside of / its location]

Qu'induit le choix d'une implantation dans une banlieue populaire ?

Marie Rotkopf : Le MAC/VAL, qui est ouvert sur la ville par son architecture, a pour projet politique de l'être aussi sur son environnement social. Nous souhaitons donc toucher le public des banlieues qui n'a pas forcément l'habitude des musées. Notre défi° est de lui donner envie de venir sans pour autant renoncer à une grande qualité. Pour y parvenir, nous avons recruté localement, nous pratiquons des tarifs bas, nous multiplions les actions innovantes... C'est aussi par l'exigence de qualité que nous comptons attirer un public plus averti° qui vient d'ailleurs. Pour l'instant, la mixité est réelle. [our challenge] [informed]

Comment seront renouvelés les espaces permanents ? La politique d'acquisition visera-t-elle° plutôt à combler° les périodes manquantes ou à soutenir la jeune création ? [will it aim / bridge]

Tous les ans, nous ferons un nouvel accrochage° tout en continuant à privilégier le choix d'angles thématiques. Quant aux acquisitions, les deux axes seront travaillés, comme c'est déjà le cas. Il est clair que nous allons aussi nous ouvrir davantage à l'international. [hanging]

Quels retours° avez-vous des artistes exposés ? [what feedback]

Très positifs. Nous avons vraiment été à l'écoute° des créateurs pour l'accrochage. Nous souhaitons en fait que cet espace soit le leur. C'est ainsi d'ailleurs que, tout comme Jacques Monory, Claude Lévêque a intégralement conçu sa future installation. En résumé, nous voulons que le MAC/VAL soit un lieu de vie, de rencontre, de dialogue, d'ouverture et de mouvement. [listening to]

© Florence Raynal, *Label-France* no. 62. (adapté). Ministère des Affaires étrangères, www.diplomatie.gouv.

Activité de vocabulaire

1. Qu'est-ce que *MAC / VAL* ? Expliquez la signification de son nom.
2. Quelle est l'originalité du *MAC / VAL* ?
3. Quel public le *MAC / VAL* espère-t-il toucher ? Pourquoi ?
4. Quel est le grand défi du *MAC / VAL* ?
5. Comment peut-il surmonter ces difficultés ?
6. Réussit-il à attirer un public mixte ?
7. Les artistes sont-ils contents du travail du *MAC / VAL* ?
8. Qu'est-ce qu'on veut que le *MAC / VAL* soit ?

À votre avis...

Est-ce une bonne idée d'ouvrir un musée dans une banlieue populaire ? Quels sont les avantages et les inconvénients de construire un musée dans ce genre de quartier ? Qui va visiter le musée ?

Comment les arts peuvent-ils être bénéfiques pour les jeunes de banlieue ? Faut-il encourager les jeunes de banlieue à s'exprimer à travers l'art ? Expliquez.

Les personnages du film bénéficient-ils de l'art dans la banlieue ? Pourquoi ou pourquoi pas ? L'art pourrait-il améliorer leur vie ? Expliquez.

GRAMMAIRE

8.1   Le futur simple et le futur antérieur

Le futur simple – rappel !

▶ Le futur simple est un temps simple (il se compose d'un mot). Il est employé pour indiquer une action, un état ou un fait futur par rapport au présent. Pour exprimer une action, un état ou un fait futur, on peut utiliser les conjonctions : *aussitôt que / dès que ; lorsque / quand ; pendant que / tandis que ; tant que.* Le futur simple peut aussi être employé pour donner des ordres d'une façon plus polie.

▶ Pour former le futur simple, on ajoute les terminaisons **-ai, -as, -a, -ons, -ez, -ont** à l'infinitif. Si l'infinitif se termine en **e**, on laisse tomber le **e** avant d'ajouter la terminaison.

terminaisons du futur simple			
je/j'	**-ai**	nous	**-ons**
tu	**-as**	vous	**-ez**
il, elle, on	**-a**	ils, elles	**-ont**

Tableau 1, Les terminaisons du futur simple.

verbes réguliers au futur simple		
	parler	**finir**	**répondre**
je	parlerai	finirai	répondrai
tu	parleras	finiras	répondras
il, elle, on	parlera	finira	répondra
nous	parlerons	finirons	répondrons
vous	parlerez	finirez	répondrez
ils, elles	parleront	finiront	répondront

Tableau 2, Des verbes réguliers au futur simple.

▶ Pour les verbes en **–er** avec un changement orthographique, on garde le changement orthographique dans toutes les personnes au futur simple. Notez qu'il n'y a pas de changement d'**é**.

verbes avec changement orthographique				
	acheter	**essayer**	**appeler**	**répéter**
je/j'	achèterai	essaierai	appellerai	répéterai
tu	achèteras	essaieras	appelleras	répéteras
il, elle, on	achètera	essaiera	appellera	répétera
nous	achèterons	essaierons	appellerons	répéterons
vous	achèterez	essaierez	appellerez	répéterez
ils, elles	achèteront	essaieront	appelleront	répéteront

Tableau 3, Des verbes avec changement orthographique.

▶ Observez les radicaux irréguliers.

radicaux irréguliers au futur							
aller	**ir-**	envoyer	**enverr-**	pleuvoir	**pleuvr-**	valoir	**vaudr-**
(s')asseoir	**(s')assiér-**	être	**ser-**	pouvoir	**pourr-**	venir	**viendr-**
avoir	**aur-**	faire	**fer-**	recevoir	**recevr-**	voir	**verr-**
courir	**courr-**	falloir	**faudr-**	savoir	**saur-**	vouloir	**voudr-**
devoir	**devr-**	mourir	**mourr-**	tenir	**tiendr-**		

Tableau 4, Des verbes avec radicaux irréguliers.

Le futur antérieur

▶ Le futur antérieur est un temps composé. Il se compose d'un verbe auxiliaire (avoir ou être) au futur simple et du participe passé du verbe en question. Les règles pour le choix du verbe auxiliaire, pour l'accord du participe passé et pour la structure de la phrase au futur antérieur sont les mêmes que pour le passé composé.
Exemple : *Elle **sera** déjà **partie** quand il arrivera.*

▶ Observez quelques verbes au futur antérieur.

avoir			
je/j'	**aurai**	nous	**aurons**
tu	**auras**	vous	**aurez**
il, elle, on	**aura**	ils, elles	**auront**

Tableau 5, Le verbe avoir au futur simple.

être			
je	**serai**	nous	**serons**
tu	**seras**	vous	**serez**
il, elle, on	**sera**	ils, elles	**seront**

Tableau 6, Le verbe être au futur simple.

faire			
je/j'	**aurai fait**	nous	**aurons fait**
tu	**auras fait**	vous	**aurez fait**
il, elle, on	**aura fait**	ils, elles	**auront fait**

Tableau 7, Le verbe faire au futur antérieur.

partir			
je/j'	**serai parti (e)**	nous	**serons parti (e) s**
tu	**seras parti (e)**	vous	**serez parti (e) (s)**
il, elle, on	**sera parti (e)**	ils, elles	**seront parti (e) s**

Tableau 8, Le verbe partir au futur antérieur.

se lever			
je	**me serai levé (e)**	nous	**nous serons levé (e) s**
tu	**te seras levé (e)**	vous	**vous serez levé (e) (s)**
il, elle, on	**se sera levé (e)**	ils, elles	**se seront levé (e) s**

Tableau 9, Le verbe se lever au futur antérieur.

▶ Le futur antérieur est employé pour indiquer qu'une action aura eu lieu à un moment à venir.
Exemple : *Dans une semaine, à cette heure-ci, je serai arrivée à Paris.*

▶ Le futur antérieur est aussi employé pour indiquer qu'une action aura déjà eu lieu quand une autre action aura lieu. Les deux actions sont donc non-simultanées. On utilise les conjonctions : *après que, aussitôt que / dès que, lorsque / quand, tant que* pour indiquer l'antériorité de l'action. Observez :

actions non-simultanées		
Situation : Lola quitte la France pour aller à Fort de France. Félix et Jamal cherchent Lola.		
3 heures		**7 heures**
Elle sera partie	quand	**Félix lui rendra visite.**
Elle aura parlé à sa grand-mère		**Jamal arrivera chez elle.**

Tableau 10, Les actions non-simultanées au futur.

▶ Le contexte de la phrase détermine le choix du temps du verbe. Observez le tableau ci-dessous.

futur simple et futur antérieur			
proposition subordonnée		proposition principale	exemple
si	**+ présent**	**futur simple**	Si Lola est triste, elle parlera avec sa grand-mère.
quand / lorsque aussitôt que / dès que	**+ futur simple**	**futur simple**	Quand Lola ira à l'hôpital, Jamal l'accompagnera.
		futur antérieur	Lorsque Félix arrivera, Lola aura accouché de son bébé.
quand / lorsque aussitôt que / dès que après que	**+ futur antérieur**	**futur simple**	Après que Lola sera arrivée à l'hôpital, Jamal appellera Félix.

Tableau 11, Le futur simple et le futur antérieur.

PRATIQUEZ !

A **Avant la réunion.** Félix ira chez Lola ce soir. Racontez ce qu'il fera avant d'arriver. Utilisez *le futur simple.*

Félix _____ (être) très content d'aller voir Lola. Il _____ (partir) tôt parce qu'il _____ (aller) chez Lola à vélo et parce qu'il y _____ (avoir) beaucoup de circulation. Avant de partir, il _____ (parler) avec ses grands-parents qui _____ (être) contents que Félix aille chez Lola parce qu'ils l'aiment. Après avoir parlé avec eux, Félix _____ (devoir) voir Maurice. Félix lui _____ (demander) de lui prêter de l'argent parce qu'il _____ (vouloir) acheter des fleurs pour Lola. Maurice _____ (refuser). Quand Félix _____ (arriver) chez Lola, il y _____ (rencontrer) Jamal. Il _____ (être) un peu confus mais il _____ (être) content de voir sa jolie copine !

B **Projets de Jamal.** Jamal est très responsable et il est prêt à aider Lola. Décrivez ce qu'il fera. Mettez les verbes entre parenthèses *au futur antérieur.*

Dès que Jamal _____ (apprendre) que Lola est enceinte, il commencera à organiser son emploi du temps pour être sûr d'avoir assez de temps pour l'aider. Quand il _____ (écrire) une liste de ses obligations, il parlera avec Lola. Il est sûr que Lola sera contente après qu'il lui _____ (montrer) leur emploi du temps. Jamal sait que dès qu'ils _____ (s'habituer) à leur vie en couple, Lola sera plus à l'aise et moins stressée. Chaque matin, Jamal expliquera à Lola ce qu'ils feront pendant la journée. Il dira par exemple : Ce matin, j'irai à l'université et tu feras de la gymnastique. Tu rentreras et tu feras la sieste. Ce soir je rentrerai vers 6 heures. Aussitôt que je _____ (rentrer), je te préparerai un bon repas. On mangera vers 8 heures. Dès que tu _____ (manger), tu te reposeras et je ferai la vaisselle. Quand tu _____ (se coucher), je ferai le ménage. Lorsque tu _____ (s'endormir), je réviserai pour mes examens. Tu verras… tu seras super contente !!!

C **Enceinte ?** Quand Jamal et Félix dînent chez Lola, ils apprennent qu'elle est enceinte. Comment réagissent-ils ? Complétez les phrases suivantes avec *le futur simple* ou *le futur antérieur* selon le contexte.

1. Lola leur dira qu'elle les aime tous les deux quand _____ , Jamal et Félix _____ (arriver).
2. Dès que Lola leur aura expliqué la situation, les deux hommes _____ (réfléchir) à leur avenir.
3. Jamal se sentira responsable quand Lola _____ (annoncer) sa grossesse.
4. Félix sera très surpris quand Lola ne _____ pas (demander) de l'aide.
5. Après que Lola aura tout expliqué, Jamal _____ (vouloir) l'aider.
6. Après que Lola aura tout expliqué, Félix _____ (avoir) peur.
7. Aussitôt que Félix partira, il _____ (rendre) visite à son frère.
8. Lorsqu'il parlera avec Max, Félix _____ (se sentir) responsable.
9. Quand Félix aura expliqué la situation à Max, Max _____ (essayer) de lui donner des conseils.
10. Si Félix a toujours des doutes, il _____ (reparler) à Max.

D **Ma vie.** Complétez les phrases suivantes d'une manière logique avec *le futur simple* ou *le futur antérieur* selon le contexte.

Ce soir…
1. Quand je rentrerai chez moi, je ….
2. J'espère que mon (ma) camarade de chambre, ….
3. Après avoir dîné, nous…
4. Après avoir fait mes devoirs, je…
5. Avant de nous coucher, mon (ma) camarade de chambre et moi ….

A l'avenir

1. Si je suis les conseils de mes profs, je….
2. Quand j'aurai suivi tous les cours obligatoires, je….
3. Dès que j'aurai mon diplôme, mes parents….
4. Après que j'aurai trouvé un travail, je …
5. Lorsque je gagnerai un bon salaire, je….

Travaillez ensemble ! Mémé. Lola demande des conseils à sa grand-mère. Elle veut savoir ce qu'il faudra faire pour se préparer pour l'arrivée de son bébé. Jouez le rôle de Lola et posez des questions à votre partenaire qui joue le rôle de la grand-mère. Utilisez *le futur simple et le futur antérieur* et les conjonctions si, quand/lorsque, dès que/aussitôt que et après que.

Modèle :   Etudiant 1 :   Mémé, qu'est-ce que je devrai faire ?
Etudiant 2 :   Après que tu auras pris une décision, il faudra parler avec Jamal et Félix.

8.2   Le conditionnel présent et le conditionnel passé

Le conditionnel présent – rappel !

▶ Le conditionnel est un mode. L'emploi du conditionnel dépend d'une condition (explicite ou implicite). Il exprime un désir ou un souhait, une suggestion ou un conseil, une hypothèse (une possibilité ou une éventualité). Il correspond à *should/would* en anglais.

terminaisons du conditionnel			
je/j'	**-ais**	nous	**-ions**
tu	**-ais**	vous	**-iez**
il, elle, on	**-ait**	ils, elles	**-aient**

Tableau 12, Les terminaisons du conditionnel présent.

▶ Observez quelques verbes au conditionnel présent.

verbes réguliers au conditionnel présent			
	parler	**finir**	**répondre**
je	parlerais	finirais	répondrais
tu	parlerais	finirais	répondrais
il, elle, on	parlerait	finirait	répondrait
nous	parlerions	finirions	répondrions
vous	parleriez	finiriez	répondriez
ils, elles	parleraient	finiraient	répondraient

Tableau 13, Des verbes réguliers au conditionnel présent.

▶ Pour les verbes en –er avec un changement orthographique, on garde le changement orthographique dans toutes les personnes au conditionnel présent. Notez qu'il n'y a pas de changement d'*é*.

verbes avec changement orthographique			
	acheter	**essayer**	**appeler**	**répéter**
je/j'	achèterais	essaierais	appellerais	répéterais
tu	achèterais	essaierais	appellerais	répéterais
il, elle, on	achèterait	essaierait	appellerait	répéterait
nous	achèterions	essaierions	appellerions	répéterions
vous	achèteriez	essaieriez	appelleriez	répéteriez
ils, elles	achèteraient	essaieraient	appelleraient	répéteraient

▶ Observez les radicaux irréguliers.

radicaux irréguliers au conditionnel présent							
aller	**ir-**	envoyer	**enverr-**	pleuvoir	**pleuvr-**	valoir	**vaudr-**
(s')asseoir	**(s')assiér-**	être	**ser-**	pouvoir	**pourr-**	venir	**viendr-**
avoir	**aur-**	faire	**fer-**	recevoir	**recevr-**	voir	**verr-**
courir	**courr-**	falloir	**faudr-**	savoir	**saur-**	vouloir	**voudr-**
devoir	**devr-**	mourir	**mourr-**	tenir	**tiendr-**		

Tableau 15, Des verbes avec radicaux irréguliers.

Le conditionnel passé

▶ Le conditionnel passé est un temps composé. Il se compose d'un verbe auxiliaire (avoir ou être) au conditionnel présent et du participe passé du verbe en question. Les règles pour le choix du verbe auxiliaire, pour l'accord du participe passé et pour la structure de la phrase au conditionnel passé sont les mêmes que pour le passé composé.
Exemple : *Lola **serait** déjà **partie** si elle avait fait ses valises hier soir.*

▶ Observez la formation du conditionnel passé.

avoir			
je/j'	**aurais**	nous	**aurions**
tu	**aurais**	vous	**auriez**
il, elle, on	**aurait**	ils, elles	**auraient**

Tableau 16, Le verbe avoir au conditionnel présent.

être			
je	**serais**	nous	**serions**
tu	**serais**	vous	**seriez**
il, elle, on	**serait**	ils, elles	**seraient**

Tableau 17, Le verbe être au conditionnel présent.

faire			
je/j'	**aurais fait**	nous	**aurions fait**
tu	**aurais fait**	vous	**auriez fait**
il, elle, on	**aurait fait**	ils, elles	**auraient fait**

Tableau 18, Le verbe faire au conditionnel passé.

partir			
je/j'	**serais parti (e)**	nous	**serions parti (e) s**
tu	**serais parti (e)**	vous	**seriez parti (e) (s)**
il, elle, on	**serait parti (e)**	ils, elles	**seraient parti (e) s**

Tableau 19, Le verbe partir au conditionnel passé.

se lever			
je	**me serais levé (e)**	nous	**nous serions levé (e) s**
tu	**te serais levé (e)**	vous	**vous seriez levé (e) (s)**
il, elle, on	**se serait levé (e)**	ils, elles	**se seraient levé (e) s**

Tableau 20, Le verbe se lever au futur antérieur.

▶ Le conditionnel passé est employé pour exprimer des regrets ou des reproches.

■ Le verbe *devoir (+ infinitif)* au conditionnel passé indique ce que le sujet **aurait dû faire** *(should have done).*
Exemple : *Lola aurait dû dire la vérité aux hommes !*
(Lola should have told the men the truth !)

■ Le verbe *pouvoir (+ infinitif)* au conditionnel passé indique ce que le sujet **aurait pu faire** *(could have done).*
Exemple : *Lola aurait pu dire la vérité aux hommes !*
(Lola could have told the men the truth !)

■ Le verbe *vouloir (+ infinitif)* au conditionnel passé indique ce que le sujet **aurait voulu faire** *(wishes he had done).*
Exemple : *Lola aurait voulu dire la vérité aux hommes !*
(Lola wishes she had told the men the truth !)

▶ Le conditionnel présent et le conditionnel passé sont employés avec l'expression *au cas où (in case).*
Exemple : *Jamal a acheté des pagers au cas où Lola irait à l'hôpital tôt.*
Au cas où il serait sorti, Jamal pourra contacter Félix.

▶ Le conditionnel présent et le conditionnel passé sont employés avec l'imparfait et le plus-que-parfait dans les phrases conditionnelles. Observez le tableau ci-dessous.

conditionnel présent et conditionnel passé dans les phrases conditionnelles		
proposition subordonnée	proposition principale	exemple
si + imparfait	conditionnel présent	Si Félix était plus responsable, Lola serait contente.
si + plus-que-parfait	conditionnel passé	Si Jamal lui avait téléphoné tout de suite, Félix serait arrivé plus tôt.

Tableau 21, Le conditionnel présent et le conditionnel passé dans les phrases conditionnelles.

PRATIQUEZ !

A **Préparations !** Complétez le paragraphe ci-dessous avec le conditionnel présent des verbes entre parenthèses.

Il y a beaucoup de choses que je _____ (devoir) faire avant la naissance de mon enfant ! Il _____ (falloir) m'organiser un peu. Si je voulais être bien préparée, je/j' _____ (écrire) une liste de tout ce qu'il me faut et je _____ (demander) à Jamal de tout acheter. Je _____ (dire) à Félix de préparer l'appartement. Nous _____ (pouvoir) peindre la chambre du bébé et nous y _____ (mettre) les meubles. Ma grand-mère _____ (acheter) des vêtements et elle _____ (venir) chez nous pour vérifier que nous avons pensé à tout. Evidemment, je/j' _____ aller) chez le médecin qui _____ (savoir) ce que je peux faire d'autre. Enfin, je _____ (être) très contente d'être prête pour la naissance du bébé !

B **Souhaits et obligations.** Lola vient d'annoncer qu'elle est enceinte. Les trois jeunes gens réfléchissent à leur vie actuelle et à leur avenir. Répondez aux questions suivantes. Utilisez *le conditionnel présent.*

1. Qu'est-ce que Lola pourrait faire pour se préparer pour l'arrivée de son bébé ? Qu'est-ce qu'elle voudrait faire actuellement ? Qu'est-ce qu'elle devrait faire à l'avenir ?
2. Qu'est-ce que Jamal devrait faire pour aider Lola à se préparer pour l'arrivée de son bébé ? Qu'est-ce qu'il aimerait faire actuellement ? Qu'est-ce qu'il faudrait qu'il fasse à l'avenir ?
3. Qu'est-ce que Félix pourrait faire pour aider Lola ? Qu'est-ce que Félix devrait faire actuellement ? Qu'est-ce qu'il préférerait faire à l'avenir ?

C **Regrets.** Max veut que Félix réussisse à changer de vie. Il lui raconte ce qu'il aurait pu faire s'il n'avait pas quitté le lycée. Mettez les verbes entre parenthèses *au conditionnel passé.*

Si je n'avais pas quitté le lycée…
J'____ (passer) mon bac et j'____ (réussir) ! J'____ (pouvoir) trouver un emploi. Je ____ (se marier) avec une jolie femme. Nous ____ (acheter) un appartement au centre-ville de Paris. Nous ____ (avoir) notre premier enfant. Il ____ (s'appeler) Maxim. Tu ____ (être) content d'avoir un neveu ! De plus, je ____ (ne…pas / revendre) de drogue et je ____ (ne…pas / être) arrêté. Tu comprends, Félix ? Réfléchis bien à ton avenir et assume tes responsabilités !

D **Si seulement !** Complétez les phrases ci-dessous avec *le conditionnel présent* ou *le conditionnel passé* des verbes entre parenthèses et finissez les phrases d'une manière logique.

Mon semestre va bien, mais si j'avais su….
1. Au début, je ____ (devoir)…..
2. Mes amis et moi ____ (pouvoir)…
3. Mes parents ____ (vouloir)….
4. Je sais que mes profs ____ (préférer)….
5. La prochaine fois, je ____ (faire)….
6. Au cas où, tu ____ (devoir)…
7. En fin de compte, il ____ (falloir)….
8. Le semestre prochain, je ____ (vouloir)….

 Travaillez ensemble ! Max. Max aurait pu avoir une vie réussie. Félix et Lola discutent de ce qu'il aurait dû faire et de ce qu'il aurait pu faire pour changer de vie. Jouez le rôle de Félix et votre partenaire joue le rôle de Lola. Utilisez *le conditionnel présent et le conditionnel passé.*

Modèle :   Etudiant 1 :   Félix, tu sais que Max voudrait que tu aies une vie réussie.
                 Etudiant 2 :   Oui, mais lui aussi, il aurait pu avoir une vie réussie ! Il n'aurait pas dû quitter le lycée.

8.3   Le verbe devoir

▶ Le verbe **devoir** est un verbe irrégulier. Observez la conjugaison du verbe devoir au présent.

▶ Le sens du verbe **devoir** dépend du temps ou du mode ainsi que du contexte de la phrase. Observez le tableau ci-dessous.

devoir			
je	**dois**	nous	**devons**
tu	**dois**	vous	**devez**
il, elle, on	**doit**	ils, elles	**doivent**

Tableau 22, Le verbe devoir.

le verbe devoir			
temps/mode	traduction	exemple	traduction
futur simple	will have to	Félix devra être plus responsable s'il veut être père.	Félix will have to be more responsible if he wants to be a father.
présent	have to (must)	Félix doit respecter sa famille.	Félix must respect his family.
	supposed to	Félix doit passer le sabbat avec sa famille.	Félix is supposed to spend Sabbath with his family.
	probably be / do (must be)	C'est vendredi soir, Félix doit être chez lui.	It's Friday evening, Félix is probably at home.
	owe	Lola n'est pas chez elle. Elle doit une explication à Jamal et à Félix.	Lola isn't home. She owes Jamal and Félix an explanation.
passé composé	had to	Félix n'avait pas d'argent. Il a dû en emprunter.	Félix didn't have any money. He had to borrow some.
	probably did (must have)	Lola est partie. Elle a dû aller à la Martinique.	Lola left. She probably went to Martinique. (She must have gone to Martinique.)
imparfait	used to have to	Félix devait partager une chambre avec sa sœur.	Félix used to have to share a room with his sister.
	was supposed to	Félix n'est pas là ? Il devait arriver à 7 heures.	Félix isn't here ? He was supposed to arrive at 7:00.
	probably was / did	Félix n'est pas venu ? Il devait être fâché contre nous.	Félix didn't come ? He was probably angry with us !
conditionnel présent	should	Jamal devrait continuer ses études.	Jamal should continue his studies.
conditionnel passé	should have	Il n'aurait pas dû quitter l'université.	He should not have quit school.

Tableau 23, Le verbe devoir.

PRATIQUEZ !

A **Lola.** Complétez l'histoire de Lola avec la forme du verbe *devoir* qui convient.

Au début de l'année scolaire, Lola avait peu de responsabilités, elle _____ (used to have to) aller à la fac et réviser pour ses examens. Elle _____ (was supposed to) aussi passer du temps avec sa grand-mère chaque semaine (ce qu'elle faisait avec plaisir). Un jour, elle _____ (had to) aller à une soirée à la fac. Elle _____ (should have) rester chez elle ce soir-là parce que c'était à cette soirée qu'elle a rencontré Félix et Jamal. Après ce jour-là, sa vie a commencé à changer. Maintenant, elle est enceinte et elle _____ (has to) penser à l'avenir de son enfant. Elle _____ (will have to) faire attention à ce qu'elle mange et elle _____ (should) faire de la gymnastique ! Grâce à l'aide de Jamal et de Félix, elle arrivera à s'adapter à sa nouvelle vie !

B **Félix.** Félix a disparu et Jamal s'inquiète. Complétez ses phrases avec la forme du verbe *devoir* qui convient.

Jamal dit à Lola…
1. Félix n'est pas là, il (must have)… et il (was supposed to)…
2. Je ne comprends pas pourquoi il ne nous a pas appelés ! Il (should have)…
3. Il (should) aussi…
4. J'ai appelé Max mais il ne sait pas non plus où il est ! Il nous (owes) …
5. S'il veut être père, il (will have to)…

C **Devoirs et obligations.** Lola vient de dire à Félix et à Jamal qu'elle est enceinte. Ils pensent à leurs devoirs et à leurs obligations. Utilisez la forme du verbe *devoir* qui convient pour compléter le tableau ci-dessous.

devoirs et obligations		
	dans le passé	actuellement	à l'avenir
Lola			
Jamal			
Félix			

D **Mes devoirs… mes obligations…!** Complétez les phrases ci-dessous avec la bonne forme du verbe *devoir* et finissez les phrases d'une manière logique.

Comme tous les étudiants, je suis obligé(e) de faire beaucoup de choses pendant l'année scolaire.
1. Le semestre dernier, je/j' ___ (should not have)…..
2. Mes amis et moi ___ (were supposed)… tous les jours.
3. Mes parents ___ (used to have to)….
4. Quelquefois, je/j' ___ (had to)….
5. Une fois, mon (ma) camarade de chambre ___ (must have)….
6. Ce semestre, je/j' ___ (am supposed to)…
7. Evidemment, mes amis et moi ___ (have to)….
8. Je veux que mes parents soient contents ! Je ___ (will have to)….

Travaillez ensemble ! Maman. Quand Lola apprend qu'elle est enceinte, elle parle avec sa mère de ses devoirs et de ses obligations actuelles et de ses devoirs et de ses obligations en tant que mère. Jouez le rôle de Lola et votre partenaire joue le rôle de sa mère. Utilisez le verbe *devoir* et les temps et les modes qui conviennent.

Modèle :   Etudiant 1 :   Lola, tu devras changer ta routine si tu veux être une bonne mère.

Etudiant 2 :   Qu'est-ce que je devrai faire maman ?

8.4   Les phrases conditionnelles

▶ Les phrases conditionnelles se composent de deux propositions. La proposition subordonnée introduit la condition avec la conjonction **si** et cette proposition détermine le temps de la proposition principale. (Voir le tableau des phrases conditionnelles.)

▶ La proposition subordonnée introduite par **si** peut être placée au début ou à la fin de la phrase.

Exemple :   *Si j'étais Lola, je serais moins exigeante avec les hommes.*
Je serais moins exigeante avec les hommes si j'étais Lola.

▶ Le verbe de la proposition subordonnée introduite par **si** n'est jamais au futur ni au conditionnel. La proposition principale est souvent au futur et au conditionnel.

Exemple :   *Si Félix a du temps, il rendra visite à Lola.*
(présent)   *(futur simple)*
S'il était intelligent, il passerait beaucoup de temps avec elle.
(imparfait)   *(conditionnel présent)*

▶ Observez les temps et les modes des phrases conditionnelles. Notez que les structures les plus fréquentes sont présentées.

phrases conditionnelles			
proposition subordonnée introduite par si	**proposition principale**	**exemple**	**traduction**
présent	présent	Si Félix veut faire quelque chose, il peut aider la grand-mère de Lola.	If Félix wants to do something, he can help Lola's grandmother.
	impératif	Félix ! Si tu as envie de faire quelque chose, va au supermarché !	Félix ! If you feel like doing something, go to the grocery store !
	futur simple	Si tu veux aider Lola, tu le feras.	If you want to help Lola, you will do it.
passé composé	impératif	Félix ! Si tu as perdu ton pager, cherche-le maintenant !	Félix ! If you lost your pager, look for it now !
	futur simple	Si Jamal a bien révisé, il réussira à ses examens.	If Jamal studied well, he will pass his exams.
imparfait	conditionnel présent	Si j'étais Félix, je serais plus responsable.	If I were Félix, I would be more responsible.
plus-que-parfait	conditionnel passé	Si Lola ne les avait pas invités chez elle, Jamal et Félix ne se seraient pas rencontrés.	If Lola had not invited them to her place, Jamal and Félix would not have met.

Tableau 24, Les phrases conditionnelles.

A Phrases conditionnelles. Complétez les phrases conditionnelles suivantes avec *les temps* et *les modes* indiqués.

1. **Si + le présent :** *Lola parle à Félix…*
   a. présent : Si tu veux être plus responsable, tu ___ (ne…pas/devoir) sortir ce soir !
   b. impératif : Si tu veux être plus responsable, ___ (ne…pas / sortir) en boîte de nuit !
   c. futur : Si tu veux être plus responsable, tu ___ (rentrer) tôt ce soir !
2. **Si + le passé composé :**   *Lola parle à Jamal…*
   a. présent : Si tu as fait le ménage, tu ___ (pouvoir) préparer le dîner !
   b. impératif : Si tu as fait le ménage, ___ (préparer) le dîner !
3. **Si + imparfait :** *Jamal parle à Lola…*
   a. conditionnel présent : Si j'étais toi, je ___ (se coucher) tôt ce soir !
4. **Si + plus-que-parfait :** *Félix parle de Max…*
   a. conditionnel passé : S'il n'avait pas quitté le lycée, il ___ (pouvoir) trouver un emploi.

B Trois jeunes gens. Répondez aux questions suivantes. Utilisez *les temps* et *les modes* qui conviennent.

1. Qu'est-ce que Jamal et Félix peuvent faire s'ils veulent aider Lola ? Qu'est-ce qu'ils doivent faire s'ils veulent l'aider ? Est-ce qu'elle veut qu'ils l'aident ? Expliquez.
2. Qu'est-ce qu'ils feront s'ils veulent vraiment être avec Lola ? Qu'est-ce qu'ils devront faire s'ils veulent vraiment être avec elle ? Qu'est-ce qu'elle fera si elle veut qu'ils soient avec elle ?
3. Qu'est-ce que Lola devra faire si la police a arrêté Félix et Jamal ? Qu'est-ce qu'elle fera si la police les a arrêtés ? Qu'est-ce qu'elle voudra faire s'ils ont été arrêtés ?
4. Qu'est-ce que Lola aura envie de faire si la police a arrêté Félix et Jamal de nouveau ? Qu'est-ce qu'elle fera si la police les a arrêtés de nouveau ?
5. Qu'est-ce que Lola demanderait à Félix et à Jamal de faire si elle ne voulait pas être seule ? Qu'est-ce qu'elle devrait leur demander si elle ne voulait pas être seule ?
6. Est-ce que Félix et Jamal auraient eu envie d'aider Lola si elle n'était pas partie ? Est-ce que Félix et Jamal auraient pu l'aider si elle n'était pas partie ? Est-ce que Lola aurait eu envie de vivre avec eux si elle n'était pas partie ?

C A ta place. Un de vos amis s'inquiète beaucoup parce qu'il passe des examens difficiles cette semaine. Donnez-lui des conseils. Complétez les phrases suivantes avec la bonne forme du verbe entre parenthèses.

1. Si tu veux réussir les examens, ___ (préparer) bien !
2. Si tu as le temps, tu ___ (pouvoir) réviser avec un tuteur.
3. Si tu prépares bien, tu ___ (ne…pas / avoir) de problèmes.
4. Si tu n'as pas pris de bonnes notes, tu ___ (devoir) parler avec un de vos camarades de classe.
5. Si tu n'as pas assisté à toutes les classes, ___ (aller) voir le professeur.
6. Si j'étais toi, je ___ (faire) mon tout pour réussir.
7. N'oublie pas que si tu ne m'avais pas appelé, je ___ (ne…pas / venir) t'aider ce soir !
8. Si seulement tu m'avais appelé la semaine dernière, je ___ (pouvoir) passer toute la semaine à réviser avec toi !

Travaillez ensemble ! Conditions. Lola, Félix et Jamal apprennent qu'il est difficile de vivre ensemble ! Ils se disputent et ils parlent de leurs vies passée, actuelle et future. Créez leur dialogue avec vos partenaires. Utilisez le tableau ci-dessous pour vous aider à créer *des phrases conditionnelles.*

phrases conditionnelles				
Si +	**présent**	**passé composé**	**imparfait**	**plus-que-parfait**
proposition principale	présent impératif futur simple	impératif futur simple	conditionnel présent	conditionnel passé

Modèle : Etudiant 1 : Si je n'étais pas allé à la soirée, je n'aurais pas rencontré Lola !

Etudiant 2 : C'est vrai, mais si tu ne l'avais pas rencontrée, tu serais allé en prison comme Max !

8.5   La concordance des temps

▶ La concordance des temps se rapporte aux temps et aux modes des verbes dans les phrases complexes d'un récit. La concordance des temps s'applique aux propositions subordonnées. Il faut observer les trois rapports possibles entre la proposition principale et la proposition subordonnée.

- ■ L'antériorité :   L'action de la proposition subordonnée a lieu avant l'action de la proposition principale.
- ■ La simultanéité : L'action a lieu en même temps dans les deux propositions.
- ■ La postériorité : L'action de la proposition subordonnée a lieu après l'action de la proposition principale.

▶ Observez la concordance des temps dans le tableau ci-dessous. (Le passé du subjonctif est présenté dans le chapitre 9).

Proposition principale au passé		
action	**Proposition subordonnée**	**Exemple**
Antériorité (l'action a lieu **avant** celle de la proposition principale)	plus-que-parfait	Lola savait que Jamal et Félix s'étaient disputés avant.
Simultanéité (l'action a lieu **en même** temps que celle de la proposition principale)	passé composé	Les hommes ont arrêté de se disputer quand Lola est entrée dans le salon.
	Imparfait	Lola savait que Jamal et Félix essayaient de ne pas se disputer.
	subjonctif (présent)	Lola était contente que Jamal et Félix fassent un effort ce soir-là.
Postériorité (l'action a lieu **après** celle de la proposition principale)	subjonctif (présent)	Jamal et Félix doutaient que Lola ait besoin d'aide pendant sa grossesse.
	conditionnel présent	Jamal et Félix ont promis que Lola serait contente.
	conditionnel passé	Jamal et Félix ont dit que Lola aurait pu être moins exigeante.

Tableau 25, La concordance des temps avec la proposition principale au passé.

Proposition principale au présent		
action	Proposition subordonnée	Exemple
Antériorité (l'action a lieu **avant** celle de la proposition principale)	passé composé	Félix ne sait pas que Lola est partie.
	Imparfait	Félix ne sait pas où était Lola.
Simultanéité (l'action a lieu **en même** temps que celle de la proposition principale)	subjonctif (présent)	Félix est content que Lola l'invite à dîner.
	Présent	Félix attend Lola avec Jamal quand elle arrive au restaurant.
Postériorité (l'action a lieu **après** celle de la proposition principale)	subjonctif (présent)	Félix ne veut pas que Lola parte avec Jamal.
	futur simple	Félix pense que Lola voudra vivre avec lui.

Tableau 26, La concordance des temps avec la proposition principale au présent.

Proposition principale au futur		
action	Proposition subordonnée	Exemple
Antériorité (l'action a lieu **avant** celle de la proposition principale)	passé composé	Lola ne dira pas aux hommes qu'elle a décidé de partir.
	Imparfait	Félix et Jamal apprendront que Lola avait besoin de voir sa mère.
	futur antérieur	Jamal et Félix vivront ensemble après que Lola aura décidé de leur demander de l'aider.
Simultanéité (l'action a lieu **en même** temps que celle de la proposition principale)	subjonctif (présent)	Lola voudra que Jamal et Félix soient à l'hôpital avec elle.
	Présent	Lola dira à Félix et à Jamal qu'ils ne doivent plus se disputer.
	futur simple	Lola sera contente quand Jamal et Félix décideront de ne plus se disputer.

*Notez l'absence de « postériorité » dans le futur. Il n'y a pas de futur du futur.

Tableau 27, La concordance des temps avec la proposition principale au futur.

PRATIQUEZ !

A **Test.** Avant de vivre avec Jamal et Félix, Lola décide de les tester. Racontez leur histoire. La proposition principale est *au passé*. Mettez la proposition subordonnée *au plus-que-parfait, au passé composé, à l'imparfait, au subjonctif, au conditionnel présent* ou *au conditionnel passé*.

1. Lola a appris que Jamal et Félix _____ (rendre – antériorité) visite à sa grand-mère.
2. Sa grand-mère savait qu'ils _____ (être – simultanéité) amoureux de Lola et elle a profité de leur situation.
3. Jamal a fait le ménage pendant que Félix _____ (faire – simultanéité) les courses pour sa grand-mère.
4. Lola doutait qu'ils _____ (pouvoir – postériorité) se débrouiller sans elle.
5. Cependant elle était sûre qu'ils _____ (arriver – postériorité) à bien s'entendre un jour.

B **Chez Jamal.** Lola arrive chez Jamal. Racontez son histoire. La proposition principale est *au présent.* Mettez la proposition subordonnée *au passé composé, à l'imparfait, au présent, au subjonctif,* ou *au futur simple.*

1. Jamal et Félix sont sûrs que Lola _____ (être – postériorité) triste qu'ils ne se voient plus.
2. Ils sont contents que Lola _____ (se sentir – postériorité) seule.
3. Ils ouvrent la porte en rigolant quand Lola _____ (arriver- simultanéité) chez Jamal.
4. Lola veut que Jamal et Félix _____ (comprendre – simultanéité) qu'elle est triste.
5. Ils savent que Lola _____ (commencer – antériorité) à se sentir seule.
6. Ils savent aussi qu'ils _____ (être – antériorité) un peu méchants avec elle.
7. Ils croient qu'elle _____ (parler – antériorité) avec sa grand-mère avant de leur rendre visite –elle lui donne toujours de bons conseils !

C **Disputes.** Quand Lola rentre de Martinique, Jamal et Félix essaient de ne pas se disputer. Racontez leur histoire. La proposition principale est *au futur.* Mettez la proposition subordonnée *au passé composé, à l'imparfait, au présent, au subjonctif, au futur simple* ou *au futur antérieur.*

1. Félix et Jamal seront à l'aéroport quand Lola _____ (arriver – simultanéité) de Martinique.
2. Ils seront très contents que Lola _____ (venir – simultanéité) vivre avec eux.
3. Lorsqu'ils seront ensemble, ils _____ (établir – simultanéité) une routine quotidienne.
4. Lola voudra que les hommes _____ (essayer – simultanéité/postériorité) de ne pas se disputer.
5. Elle ne saura pas qu'ils l'_____ (réveiller – antériorité) parce qu'ils se disputaient.
6. Elle pensera qu'ils _____ (rigoler – antériorité) ensemble.
7. Ils lui diront qu'ils _____ (nettoyer – antériorité) la cuisine. Après, ils _____ (avoir – antériorité) envie de regarder la télé.
8. Malgré leur bonne volonté, ils se disputeront de nouveau après que Lola _____ (se coucher – antériorité).

D **Scènes.** Choisissez une scène du film que vous avez beaucoup aimée. Faites un résumé de la scène, parlez de ce qui s'est passé juste avant cette scène et de ce qui se passe après la scène. Faites très attention à *la concordance des temps* et utilisez le tableau pour vous aider.

scène précédente	scène préférée	scène suivante
passé	**présent**	**futur**
plus-que-parfait	passé composé	passé composé
passé composé	imparfait	imparfait
imparfait	présent	futur antérieur
subjonctif (présent)	subjonctif (présent)	présent
conditionnel présent	futur simple	subjonctif (présent)
conditionnel passé		futur simple

Travaillez ensemble ! Amitié. Félix et Jamal deviennent amis. Félix parle de la vie de Max avec Jamal. Il présente sa vie actuelle et il parle de son passé et de son avenir. Jouez le rôle de Félix et racontez l'histoire de Max. Votre partenaire joue le rôle de Jamal qui pose des questions à Félix. Faites très attention à *la concordance des temps.*

Modèle : Etudiant 1 : Qu'est-ce qui est arrivé à Max ?
Etudiant 2 : Ouf… son histoire est compliquée. D'abord, il a quitté le lycée…

TRADUCTION

Français → anglais

Conseils

▶ Cherchez les mots apparentés et les faux amis.
▶ Vérifiez le genre et le nombre des noms et des adjectifs qui les qualifient.
▶ Regardez bien le temps et le mode des verbes.
▶ Observez la concordance du temps entre la proposition subordonnée et la proposition principale.
▶ N'oubliez pas de ne pas traduire mot à mot !
▶ Utilisez le vocabulaire et la grammaire pour vous aider !

A **Mots et expressions.** Traduisez les mots et les expressions suivantes *en anglais.*

1. une jeune femme métisse
2. un jeune étudiant musulman
3. un jeune coursier juif
4. une grand-mère antillaise
5. une grande famille juive pratiquante

B **Phrases.** Traduisez les phrases suivantes *en anglais.*

1. Quand il est arrivé, je lui ai raconté l'histoire.
2. Je ne savais pas où tu étais allé.
3. Quand tu rentreras, téléphone-nous !
4. Si tu n'as pas le temps, tu peux m'envoyer un e-mail.
5. Je voudrais te raconter cette histoire !

Anglais → français

A **Mots et expressions.** Traduisez les mots et les expressions suivantes *en français.*

1. to tell someone something
2. to ask someone something
3. to offer to do something
4. to propose to do something
5. to laugh and to have fun

B **Phrases.** Traduisez les phrases suivantes *en français.*

1. What did you say ?
2. What did he propose to do ?
3. Will he do the house cleaning ?
4. If he does the cleaning, I will do the shopping.
5. We are happy that you are happy !

C **Marchander !** Lola parle avec sa grand-mère de la visite de Jamal. Traduisez leur dialogue *en français.*

Jamal and the grandmother

Lola : What did you tell Jamal?

Grandmother : Jamal is the young Muslim student? He is a nice young man. When he arrived, I told him that I didn't know where you went. But he knows that you talked to me before you left. He asked me to tell him where you went. He offered to do my house cleaning for a week. I said no because a week isn't enough. He proposed to do it for two weeks. I laughed. He was disappointed so I said: "If you do my house cleaning for a month, I will tell you when Lola will be back." I am happy because he was very happy and I had fun!

Lola : I am happy that he knows when I will be returning… And Félix? You know Félix - the Jewish bicycle messenger? Did he visit you?

COMPRÉHENSION GÉNÉRALE

A **Vrai ou faux ?** Indiquez si les phrases suivantes sont vraies ou fausses.

1. vrai faux Jamal et Félix arrivent chez Lola et ils sont contents de se voir parce qu'ils sont amis.
2. vrai faux Lola les invite chez elle pour leur dire qu'elle va à la Martinique pour vivre avec sa mère.
3. vrai faux Félix a une vie facile parce qu'il travaille pour sa famille.
4. vrai faux Jamal a une vie facile parce que sa famille est riche.
5. vrai faux Lola ne veut pas que Jamal et Félix l'aident.
6. vrai faux Jamal veut aider Lola. Il quitte l'université et il cherche un emploi.
7. vrai faux Tout le monde sait que Félix va être père. Il ne sait pas ce qu'il va faire et il a peur.
8. vrai faux Jamal et Félix se disputent beaucoup et Lola s'inquiète pour son avenir.
9. vrai faux Jamal, Félix et Lola arrivent à vivre ensemble sans trop de difficultés.
10. vrai faux Félix décide qu'il est trop jeune pour être père et il ne va pas voir son fils à l'hôpital.

B **Familles.** Comment sont les familles de Félix, de Lola et de Jamal ? Répondez aux questions suivantes et justifiez votre réponse avec des exemples du film.

Félix
Ses parents sont-ils mariés ou divorcés ? Sont-ils riches ou pauvres ? Travaillent-ils ? Où habitent-ils ? De quelle origine sont-ils ? A-t-il des frères ou des sœurs ? A-t-il d'autres relations ? Avec qui habite Félix ? Pourquoi ?

Lola
Ses parents sont-ils mariés ou divorcés ? Sont-ils riches ou pauvres ? Où habite sa mère ? De quelle origine est-elle ? Où habite son père ? De quelle origine est-il ? Lola a-t-elle des frères ou des sœurs ? A-t-elle d'autres relations ?

Jamal
Ses parents sont-ils mariés ou divorcés ? Sont-ils riches ou pauvres ?
Travaillent-ils ? Où habitent-ils normalement ? Pourquoi ? De quelle origine
sont-ils ? Jamal a-t-il des frères ou des sœurs ? A-t-il d'autres relations ?

C   Félix. Félix a des liens avec tous les personnages du film.
Décrivez le rôle que chaque personnage joue dans sa vie.

1. Max : son frère aîné
2. Sarah : sa petite sœur
3. Ses grands-parents et sa tante
4. Maurice : une relation
5. Les jeunes gens de son quartier
6. Les amis de Max
7. Jamal
8. Lola

Liens !

Dans le film *Métisse,* Vincent Cassel joue le rôle de Max, un jeune de banlieue
condamné à quatre ans de prison.

Quel rapport y a-t-il entre ce personnage et Paul Angelini dans le film *Sur mes
lèvres* ? Comparez Max et Paul. Pourquoi Cassel joue-t-il ce genre de rôle à
votre avis ?

D   Scènes. Faites une petite description des scènes suivantes.

1. Jamal et Félix arrivent chez Lola qui leur dit qu'elle est enceinte.
2. Jamal va chez Lola pour lui dire qu'il veut l'aider.
3. Félix et Max vont à *Free Time* et ils voient Jamal qui y travaille.
4. Lola va chez son gynécologue qui a les résultats du test de paternité.
5. Lola revient de Fort de France. Jamal et Félix l'attendent à l'aéroport.
6. Jamal et Félix font les courses et le ménage et ils préparent les repas
   pour Lola.
7. Lola va chez Jamal parce qu'elle ne veut plus être seule.
8. La police arrête Jamal et Félix. Ils se disputent avec les policiers.
9. Lola va à l'hôpital avec Jamal.
10. Félix va à l'hôpital pour voir Lola et son bébé.

E   L'immigration. Lisez l'article suivant. D'où viennent les immigrés ? Qui
sont les immigrés dans le film *Métisse* ? D'où sont-ils ? Pourquoi habitent-ils
en France ? Est-ce qu'ils ont été intégrés facilement dans la société française ?
Expliquez.

Une immigration croissante d'Europe non méridionale et d'Asie

En 2004, 4,5 millions de personnes immigrées âgées de 18 ans ou plus résident en France métropolitaine, soit 9,6% de l'ensemble de la population du même âge, contre 8,9% en 1999. Parmi les immigrés de 18 ans ou plus, les femmes sont maintenant un peu plus nombreuses que les hommes (50,3%). La proportion d'immigrés majeurs ayant acquis la nationalité française progresse de 37% à 41%. L'origine géographique des immigrés continue à se diversifier *(tableau)*. Les immigrés originaires de l'Union européenne à quinze sont au nombre d'1,5 million comme en 1999 et la part des immigrés venus de l'ensemble des pays d'Europe parmi les immigrés est en baisse (46% en 1999, 41% en 2004). Ce constat masque une double évolution : alors que les immigrés venant des pays du Sud (Espagne, Grèce, Italie et Portugal) sont moins nombreux, l'immigration issue du reste de l'Union européenne, et principalement du Royaume-Uni, progresse. Le nombre de ces immigrés a crû de 46% en cinq ans atteignant en 2004 près de 100 000 personnes. Le nombre de personnes venues des pays de l'Europe orientale croît aussi fortement, mais les effectifs concernés sont plus faibles. L'immigration venue d'Asie s'accroît : 14% des immigrés majeurs viennent de ce continent, contre 12% en 1999. La part de la population immigrée venue d'Afrique s'établit à 42% en 2004 contre 39% en 1999. Ceci est dû à la progression du nombre d'immigrés venus du Maghreb (+ 15%) ou du reste de l'Afrique (+ 39%) ; en 2004, près de 500 000 immigrés viennent d'un pays de l'Afrique subsaharienne.

Répartition des immigrés par pays d'origine							
	1962	1968	1975	1982	1990	1999	
	en %	en %	en %	en %	en %	en %	effectifs
Europe	**78.7**	**76.4**	**67.2**	**57.3**	**50.4**	**44.9**	**1,934,144**
Espagne	18.0	21.0	15.2	11.7	9.5	7.3	316,232
Italie	31.8	23.9	17.2	14.1	11.6	8.8	378,649
Portugal	2.0	8.8	16.9	15.8	14.4	13.3	571,874
Pologne	9.5	6.7	4.8	3.9	3.4	2.3	98,571
Autres pays d'Europe	17.5	16.1	13.1	11.7	11.4	13.2	568,818
Afrique	**14.9**	**19.9**	**28.0**	**33.2**	**35.9**	**39.3**	**1,691,562**
Algérie	11.6	11.7	14.3	14.8	13.3	13.3	574,208
Maroc	1.1	3.3	6.6	9.1	11.0	12.1	522,504
Tunisie	1.5	3.5	4.7	5.0	5.0	4.7	201,561
Autres pays d' Afrique	0.7	1.4	2.4	4.3	6.6	9.1	393,289
Asie	**2.4**	**2.5**	**3.6**	**8.0**	**11.4**	**12.8**	**549,994**
Turquie	1.4	1.3	1.9	3.0	4.0	4.0	174,160
Cambodge, Laos, Vietnam	0.4	0.6	0.7	3.0	3.7	3.7	159,750
Autres pays d'Asie	0.6	0.6	1.0	1.9	3.6	5.0	216,084
Amérique, Océanie	**3.2**	**1.1**	**1.3**	**1.6**	**2.3**	**3.0**	**130,394**
Non déclaré	0.8	0.1	///	///	///	///	///
Total	100.0	100.0	100.0	100.0	100.0	100.0	
Effectif	2,861,280	3,281,060	3,887,460	4,037,036	4,165,952	4,306,094	4,306,094

Note : /// = absence de résultats due à la nature des choses.
Recensements de la population, 1962-1999.
© INSEE Premiere No. 1001, janvier 2005

PHOTO

A **Détails.** Regardez l'image et choisissez les bonnes réponses.

1. Où est-ce que cette scène a lieu ?
   a. chez Lola
   b. chez Félix
   c. chez Jamal
2. Quand est-ce que cette scène a lieu ?
   a. Elle a lieu au début du film.
   b. Elle a lieu au milieu du film.
   c. Elle a lieu vers la fin du film.
3. Qu'est-ce que les personnages font ?
   a. Ils sont en train de manger.
   b. Ils sont en train de se disputer.
   c. Ils préparent un repas.
4. Qui sont les autres personnages dans la scène ?
   a. Lola et les parents de Jamal
   b. Lola et la famille de Félix
   c. Lola et sa famille
5. La grand-mère pose des questions … à Jamal.
   a. indiscrètes
   b. intéressantes
   c. stupides

B **Chronologie.** Mettez les phrases suivantes en ordre chronologique.

_____ Tout le monde se met à table.
_____ Lola, Félix et Jamal arrivent chez Félix.
_____ La grand-mère demande à Lola de l'accompagner à la cuisine.
_____ La grand-mère de Félix pose des questions à Jamal.
_____ La grand-mère de Félix dit à Lola qu'elle est contente que Félix soit avec Lola.

C **En général.** Répondez aux questions suivantes. Ecrivez deux ou trois phrases.

1. Donnez un titre à la photo. Justifiez votre réponse.
2. Décrivez les émotions des deux personnages sur la photo.

D **Aller plus loin.** Ecrivez un paragraphe pour répondre aux questions suivantes.

1. Pourquoi est-ce que la grand-mère de Félix veut que Lola aille dans la cuisine avec elle ?
2. Comment est-ce que cette scène montre que Félix n'est plus aussi raciste qu'au début du film ?

MISE EN PRATIQUE

A En général. Répondez aux questions suivantes. Écrivez deux ou trois phrases.

1. Pourquoi est-ce que Jamal et Félix rendent visite à Lola ? Décrivez leur arrivée.
2. Quelles différences entre les deux hommes est-ce que vous remarquez dans ces premières scènes ?
3. Quelle est la situation familiale de Lola, de Jamal et de Félix ?
4. Est-ce que Lola, Jamal et Félix travaillent ? Expliquez.
5. Pourquoi est-ce que Jamal quitte l'université ? Quelle est la réaction de Félix ?
6. Qu'est-ce que Lola apprend quand elle va chez le gynécologue ? Est-ce qu'elle raconte à Jamal ou à Félix ce que le gynécologue lui a dit ? Expliquez.
7. Qu'est-ce que Jamal apprend quand il rentre du commissariat après avoir été arrêté ? Comment réagit-il ?
8. Pourquoi est-ce que Lola part pour la Martinique sans prévenir Jamal et Félix ? Comment est-ce qu'ils apprennent où elle est allée ?
9. Pourquoi est-ce que Lola invite Jamal et Félix à dîner au restaurant ? Qu'est-ce qu'elle veut et comment réagissent-ils ?
10. Pourquoi est-ce que Lola va chez Jamal ? Pourquoi est-ce que Jamal et Félix sont contents ?
11. Est-ce que les trois jeunes gens arrivent à vivre ensemble sans problèmes ? Expliquez.
12. Est-ce que Jamal et Félix arrivent à bien s'entendre ? Expliquez et donnez des exemples précis pour justifier votre réponse.
13. Qu'est-ce qui montre que Jamal et Félix s'acceptent et qu'ils se comprennent ? Donnez des exemples précis pour justifier votre réponse.
14. Décrivez la fin du film. Est-ce que vous pensez que Félix est mort ? Expliquez.
15. Qu'est-ce que Félix demande à l'infirmière ? Pourquoi ? Qu'est-ce qu'elle répond ? Pourquoi ?

B Aller plus loin. Écrivez un paragraphe pour répondre aux questions suivantes.

1. Décrivez les origines, les classes sociales et les croyances des trois personnages principaux.
2. Kassovitz rompt avec certains clichés. Expliquez les paradoxes de Félix et de Jamal en ce qui concerne l'argent, le logement, l'éducation, l'habillement et la musique.
3. Est-ce que Lola est aussi un paradoxe ? Pourquoi ou pourquoi pas ?
4. Quelles religions est-ce que Kassovitz présente dans le film ? Pourquoi est-ce qu'il a choisi ces religions ? Est-ce que les différences de religion sont importantes pour les personnages du film ?
5. Pourquoi est-ce que Kassovitz a choisi trois origines différentes pour les personnages principaux ? Est-ce que les différences d'origine sont importantes pour les personnages du film ? Expliquez.
6. Expliquez comment la musique caraïbe correspond à Lola, le jazz correspond à Jamal et le rap correspond à Félix.
7. Quelle est l'importance de la musique dans le film ? Pourquoi est-ce que la musique remplace des dialogues entre les personnages ?

8. Le titre français du film est *Métisse* alors que le titre américain est *Café au lait*. Expliquez la signification de ces deux titres.
9. Quel est le but du film ?
10. Est-ce que le film est trop idéaliste à votre avis ? Expliquez.

 Travaillez ensemble ! Copains. Kassovitz et Cassel sont amis depuis longtemps. Kassovitz aime savoir ce que son ami pense de ses films. Cassel pense qu'il faut ajouter une scène pour mieux raconter l'histoire de Lola. Quelle scène ajoute-t-il ? Préparez la scène selon les rubriques ci-dessous. Jouez le sketch pour vos camarades de classe.

> ### scène
> ....
> sa situation dans le film (début – milieu – fin)
> les acteurs / les actrices dans la scène
> l'intérêt principal de la scène
> le lieu de l'action / le décor
> la bande son / la musique

Modèle :   Etudiant 1 :   Narrateur (narratrice) : Au début du film, on voit Lola qui vient d'arriver à une soirée. Elle parle avec Jamal quand Félix lui demande de danser.

Etudiant 2 :   (Lola parle à Jamal) : Ah… tu fais des études de droit…

Lecture - Culture - Recherches
LECTURE

Dessine-moi une banlieue !

Entre hip hop et verlan, la culture «banlieue» regorge de créativité. Et pour répondre au chômage et à la violence, les projets artistiques fleurissent dans les ghettos urbains, de Paris à Bucarest.

Hip hop. Deux onomatopées qui résument à elle seules la culture de ces «ghettos» urbains, enclavés dans les périphérie des grandes métropoles. Originaire des Etats-Unis, le mouvement débarque dans les cité d'Europe occidentale dès les années 80 et permet alors à certains jeunes de s'émanciper en revendiquant une identité propre.

Métissage et rap

A travers la danse (le smurf ou le break dance), la musique (rap, R&B), les arts graphiques (tags et graffs), la façon de s'habiller «streetwear» - casquettes, pantalons baggy très larges, hommage à l'univers carcéral américains où les prisonniers n'avaient pas le droit aux ceintures, et avalanche de bijoux tape à l'œil, ces jeunes se rassemblent en «tribus» et ré-inventent en permanence leurs propres codes. Egrenée au fil de films cultes comme «La Haine» (Kassovitz, 1995), d'idoles comme Eminem ou Fifty Cent ou de mode. De plus en plus de rappeurs créent d'ailleurs leurs fringues : de la marque «FU BU» de LL Cool J à «Com8» de Joey Starr de NTM.

Cette société parallèle décalée offre à une génération de banlieusards l'opportunité de revendiquer sa spécificité, d'exprimer ses angoisses et déceptions face à un modèle d'intégration dépassé. Dans l'Hexagone, l'usage du verlan, le langage à l'envers est d'abord employé par les «keums» (mecs) coincés dans les barres HLM des «téci» (cité) avant d'envahir le vocabulaire commun. Un jargon auquel se greffent argot, abréviations phonétiques du «SMS staïle», anglicismes ou des expressions arabes comme «wesh, wesh» pour «salut». Exemple : le titre pour le moins codé du film français sorti en 1997 «Ma 6T va cracker» (ma cité va exploser).

Ces coutumes se réapproprient langue, écriture mais surtout une histoire et une culture oubliées par les manuels officiels : le rap puise ses racines dans l'art parlé des griots africains, dans le blues, musiques des esclaves noirs immigrés de force aux Etats-Unis. C'est par essence une musique de contestation de l'ordre établi. Depuis la sortie du premier tube en 1979 de «*Rapper's delight*» par Sugar Hill Gang, le rap est devenu un marché juteux, popularisé par des artistes commerciaux comme MC Solaar ou IAM en France, Samy Deluxe en Allemagne ou *7 notas 7 colores* en Espagne, désormais écoutés par l'ensemble de la jeunesse. Légende, mots, codes...cette culture du béton se retrouve aujourd'hui d'une banlieue européenne à une autre, suscitant souvent l'incompréhension de quiconque n'y a jamais vécu.

L'art made in banlieues

Face au fossé culturel avec l'élite et aux mésententes réciproques, l'art au sens large peut s'avérer être une porte de sortie pour des jeunes «ghettoïsés» dans leur cité, confrontés au chômage de masse et à un avenir incertain. De nombreux projets artistiques intégrant ces cultures voient le jour dans les banlieues des villes européennes. Des mouvements associatifs ont effectivement compris depuis longtemps que l'art pouvait être un facteur d'intégration de populations souvent issues de l'immigration et reléguées dans des quartiers défavorisés. Le réseau «Banlieue d'Europe» composé d'universitaires, de représentants de municipalités et d'artistes réfléchit depuis 1992 aux questions de l'intervention artistique dans les banlieues.

Bel exemple, le centre de formation de l'International Munich Art Lab, créé en 2001 à la suite de l'expérience très réussie du «WestEndOpera», un opéra hip hop joué avec des jeunes coupés du milieu scolaire, vise à donner à des personnes sans formation un bagage artistique (danse, théâtre, musique) apte à les réconcilier avec la vie active. A Villeurbanne, dans la banlieue de Lyon, le CCO, Centre culturel Œcuménique, promeut la diversité culturelle et soutient des projets artistiques de sculpteurs, d'acteurs, de tagueurs «...en facilitant leurs démarches auprès des institutions culturelles officielles». Pour Fernanda Leite, du CCO, *«l'art recrée des possibles»*,

Croyances			
personnage	croyant / e	pratiquant / e	religion pratiquée
Lola			
Jamal			
Félix			
Max			
la grand-mère de Lola			
les grands-parents de Félix			
Marilyne			

A noter !

Monsieur Ibrahim et les fleurs du Coran (François Dupeyron, 2003) est un beau film qui raconte l'histoire d'un vieil homme musulman et d'un garçon juif. La grande vedette, Omar Sharif, joue le rôle de Monsieur Ibrahim pour lequel il a reçu le César du meilleur acteur.

L'immigration

A noter !

En 2008, 3,1 millions de personnes âgées de 18 à 50 ans, nées en France métropolitaine, sont enfants d'immigrés. La moitié d'entre elles ont moins de 30 ans. 50 % ont deux parents immigrés, 20 % sont descendants d'immigrés uniquement par leur mère et 30 % uniquement par leur père.

La moitié des descendants directs ont un parent immigré né en Europe et quatre sur dix sur le continent africain, essentiellement au Maghreb. Les descendants les plus jeunes ont des parents d'origines plus variées et plus lointaines. Les enfants d'immigrés de 18 à 30 ans ont une fois sur deux une ascendance africaine.

La répartition régionale des descendants s'écarte peu de celle des immigrés. Ainsi, un tiers des descendants âgés de 18 à 50 ans sont franciliens.

Près du quart des descendants ayant la nationalité française ont au moins une autre nationalité.

Pour la grande majorité des descendants, la langue française a été transmise dans leur enfance par au moins un de leurs parents. À la génération suivante, les descendants devenus eux-mêmes parents parlent français avec leurs enfants vivant en France, dans 99 % des cas.

www.insee.fr/fr/themes/document.sap?ref_id=ip1287

Vocabulaire

clandestin
la frontière
un immigré
légal
une polémique
un débat
l'immigration
l'intégration
la nationalité
la politique

A **Définitions.** Reliez le vocabulaire ci-dessous avec les définitions qui conviennent. Ensuite, utilisez le vocabulaire et les définitions pour parler de l'immigration.

Phrases

Exemple : Certains immigrés sont clandestins – ils viennent dans le pays en cachette.
L'immigration n'est pas une polémique récente.

1. Une personne qui vient s'installer dans un pays étranger.
2. L'entrée dans le pays où l'étranger veut s'installer.
3. Fait en cachette ou dans le secret.
4. Conforme à la loi.
5. La limite qui sépare deux pays, deux états, etc.
6. La manière d'agir ou l'ensemble des décisions prises par un gouvernement.
7. Une controverse publique.
8. Une discussion animée entre personnes d'avis différents.
9. Le processus de faire entrer dans un ensemble.
10. L'appartenance à une nation.

B Raisons. Etudiez les raisons d'immigrer. Pour chaque exemple ci-dessous indiquez de quelle raison il s'agit.

Pour une personne qui habite un pays étranger, les raisons d'immigrer peuvent être :

1. Il est diplomate.
2. Il travaille dans une entreprise qui l'envoie à l'étranger.
3. Il fait ses études et reste dans le pays pour faire des recherches.
4. Il est au chômage et il ne peut pas trouver de travail dans son pays.
5. Un membre de sa famille habite déjà le pays étranger.
6. Il aime bien le pays, sa culture, la façon de vivre, etc.

Pour le pays qui accueille des immigrés, les raisons d'accueillir des immigrés peuvent être :

1. Le pays accueille des réfugiés politiques.
2. Le pays a besoin de main d'œuvre.
3. Le taux de natalité est bas - les immigrés peuvent contribuer à son accroissement.

Raisons possibles
·····························
démographique
économique
éducative
familiale
politique
professionnelle
sentimentale

C Démographie. Révisez la démographie des immigrants en France. De quels pays / continents sont-ils ? Complétez le graphique ci-dessous avec les pays / les continents qui conviennent.

Origine
·····························
Amérique, Océanie   Maghreb   Union européenne
Asie   Autres pays d'Afrique   Autres pays d'Europe

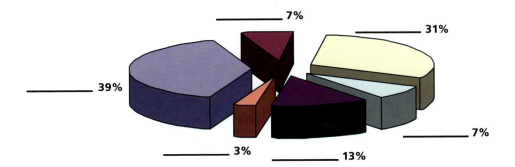

La banlieue

A **Centre-ville et banlieue.** Comment sont le centre-ville et la banlieue ? Déterminez si les éléments du tableau se trouvent en centre-ville, en banlieue, dans le quartier de Félix et dans le quartier de Jamal. Utilisez le tableau pour faire une description du quartier de Félix et du quartier de Jamal.

le centre-ville et la banlieue				
	le centre-ville	un quartier défavorisé	le quartier de Félix	le quartier de Jamal
des HLM				
des appartements luxueux				
des parcs / des jardins				
des centres sportifs				
des terrains de basket				
des centres artistiques				
des musées				
des bons transports (lignes de métro ou de bus)				

B **Problèmes.** A quels problèmes les gens suivants sont-ils confrontés : ceux qui habitent en centre-ville, ceux de la banlieue, ceux du quartier de Félix et ceux du quartier de Jamal ? Complétez le tableau avec les réponses suggérées et faites une description des problèmes des gens qui habitent dans le quartier de Félix.

la banlieue				
	le centre-ville	un quartier défavorisé	le quartier de Félix	le quartier de Jamal
l'échec scolaire				
le chômage				
la discrimination				
l'insécurité				
la violence				
la colère				
la déception				
les bandes de jeunes				
les conflits avec des policiers				

C **Portrait d'une banlieue parisienne.** Faites le portrait d'une banlieue parisienne.

1. Où se trouve la banlieue ?
2. Qui habite la banlieue ?
3. Comment est la banlieue ?
   a. le logement :
   b. les espaces verts :
   c. les centres sportifs :
   d. les centres artistiques :
4. Quels sont quelques problèmes de cette banlieue ?

> ### Liens !
>
> Bien que la banlieue soit souvent associée à la misère, à la pauvreté et à la violence, il y a des banlieues chics dans la région parisienne. Par exemple, dans le film *Sur mes lèvres,* Paul va chez Lehaleur qui a une belle maison moderne en banlieue.

D **Aller plus loin.** Ecrivez un paragraphe pour répondre aux questions suivantes.

1. Parlez des religions des personnages du film. De quelle religion sont-ils ? Sont-ils croyants et pratiquants ?
2. Est-ce que Jamal correspond aux clichés sur les immigrés d'Afrique ? Pourquoi ou pourquoi pas ? Pourquoi est-ce qu'il habite en France ?
3. Est-ce que Lola est une immigrée ? Pourquoi ou pourquoi pas ? Pourquoi est-ce qu'elle habite en France ?
4. Est-ce que Félix est un jeune de banlieue typique ? Pourquoi ou pourquoi pas ?
5. Quel personnage souffre du malaise des banlieues ? Pourquoi ?

RECHERCHES

Faites des recherches sur les sujets suivants.

A **La religion.** La France est un pays qui garantit la liberté de religion. Quel rôle est-ce que la religion joue donc dans le pays ? Faites une étude sur la religion en France et préparez un exposé de 5 à 10 minutes à présenter à votre classe. Organisez vos recherches selon les rubriques ci-dessous.

▶ L'Etat et la religion – la loi de 1905 sur la séparation entre l'Eglise et l'Etat
▶ La démographie religieuse
▶ La foi religieuse – croyante, pratiquante, athée ou agnostique
▶ L'évolution de la foi – les autres croyances
▶ Les conflits religieux

B **L'immigration.** Vous faites un stage à l'Ambassade de France. Vous êtes chargé/e de préparer un rapport sur les immigrés en France. Présentez votre rapport selon les questions suivantes :

▶ D'où viennent-ils ?
▶ Où habitent-ils ?
▶ S'intègrent-ils facilement dans la société française ? Expliquez.
▶ Quelles difficultés rencontrent-ils ?
▶ Que font-ils comme travail ?
▶ Qu'ont-ils comme loisirs ?

C La banlieue. La banlieue est souvent à la une des journaux français et internationaux. Les hommes politiques et les habitants des banlieues essaient de mettre en pratique une politique qui atténue le malaise des banlieues. Vous êtes un/e journaliste qui voit la promotion des arts comme un moyen de pouvoir quitter la banlieue. Ecrivez un article pour convaincre les hommes politiques de soutenir votre cause. Parlez des sujets ci-dessous.

- ▶ La démographie de la banlieue typique
- ▶ La vie dans la banlieue – l'école, le travail, la religion, les loisirs
- ▶ Les moyens pour s'en sortir
- ▶ L'action artistique – la promotion de l'art plastique, de la musique, de la danse et du théâtre
- ▶ Les avantages d'une éducation artistique en banlieue
- ▶ Le MAC-VAL – une réussite artistique

D Le rap. Le rap est devenu un moyen pour les jeunes de banlieue de s'exprimer. Vous êtes chargé/e de créer une affiche pour un concours de musique. Créez votre affiche selon les rubriques ci-dessous et encouragez les jeunes à soumettre les chansons qui encouragent une action positive.

- ▶ Le public ciblé – les jeunes de banlieue (15 – 25 ans)
- ▶ Les règles de soumission d'une chanson (âge, lieu de résidence, longueur de la chanson, etc.)
- ▶ La musique ciblée – le rap (exemples d'artistes qui véhiculent un message positif dans leur musique)
- ▶ Les prix – argent, enregistrement d'un disque, tournée ou festival avec d'autres gagnants, etc.

E Mathieu Kassovitz. Acteur-réalisateur-producteur-mannequin. Kassovitz sait tout faire ! Vous êtes son/sa publicitaire et vous préparez son dossier. Etudiez sa vie professionnelle et faites son dossier selon les rubriques suivantes.

- ▶ Photos
- ▶ Biographie
  - ■ Date de naissance
  - ■ Lieu de naissance
  - ■ Lieu de résidence
  - ■ Famille
  - ■ Adresse
- ▶ Filmographie comme acteur
- ▶ Filmographie comme réalisateur
- ▶ Filmographie comme producteur
- ▶ Travail comme mannequin

Documents

OTAGES
. . . .
«La loi française sera appliquée»

En dépit des exigences des preneurs d'otages, le gouvernement a réaffirmé hier sa fermeté.

Pas de suspension et encore moins d'abrogation. À trois jours de la rentrée scolaire, les pouvoirs publics sont, sans surprise, restés fermes sur l'entrée en vigueur, le 2 septembre, de la loi sur la laïcité. Jeudi dernier, le ministre de l'Éducation nationale François Fillon avait appelé la communauté éducative à mettre en oeuvre cette loi «sans concession». Hier, en dépit des exigences des preneurs d'otages qui réclament l'annulation de ce texte sous peine d'exécuter deux journalistes français, le porte-parole du gouvernement Jean-François Copé a continué à assurer que la loi «sera appliquée».

Officiellement, cette dernière interdira, à partir de jeudi prochain, le port des «signes et tenues manifestant ostensiblement une appartenance religieuse» dans les 8 000 collèges et lycées publics et les 42 000 écoles primaires. Exit les grandes croix, les kippas et bien sûr le voile. Seuls les «signes religieux discrets» seront tolérés. En cas de non-soumission à la loi, une «procédure disciplinaire» sera mise en oeuvre, non sans avoir été précédée par une phase de «dialogue avec l'élève». Un dialogue, insiste la circulaire de mise en application, et non une négociation.

Votée le 15 mars dernier par une large majorité de parlementaires, cette loi sur la laïcité reste largement décriée. Notamment par les représentants de l'islam qui jugent ce texte «stigmatisant» à leur égard. Opposé au principe d'interdiction du foulard à l'école, le Conseil français du culte musulman (CFCM) s'est finalement résigné à l'adoption de la loi. En revanche, sa composante principale, l'Union des organisations islamiques de France (UOIF), proche des Frères musulmans, a toujours vu dans ce texte une «volonté d'exclure».

S'appuyant sur les failles supposées de la loi, l'UOIF a recommandé, dès le mois de juin, aux jeunes filles voilées «de se présenter à la rentrée avec les tenues qu'elles auront choisi de porter». Suggérant, entre autres, de remplacer le foulard par le bandana, un accessoire qui n'est spécifiquement désigné par la loi. Dans le même temps, plusieurs associations musulmanes de Strasbourg ont mis en place, de manière informelle, une plate-forme téléphonique censée conseiller les jeunes filles voilées.

Hier matin, réagissant à l'ultimatum de l'Armée islamique en Irak, le secrétaire général de l'UOIF Fouad Alaoui a tenté de calmer le jeu. «La loi a été votée, ça devient la loi de la République, nous sommes tenus de la respecter, a-t-il déclaré. Nous disons aux élèves à la rentrée : la loi doit être respectée, évitez les signes ostensibles.» Non sans préciser : «La loi comme elle a été votée ne signifie aucunement une interdiction systématique, au total, de tout couvre-chef.» Comprenez : le bandana. Une interprétation à laquelle a déjà répondu le ministre de l'Éducation nationale. «L'interdiction du voile islamique, a rappelé François Fillon, quel que soit le nom qu'on lui donne, pourra aussi concerner le port quotidien et sans interruption tout au long de la journée d'un foulard destiné à recouvrir complètement les cheveux.» Au final, ce sera au chef d'établissement et à l'équipe enseignante de juger du caractère ostensiblement religieux de tel ou tel habit. Des chefs d'établissements qui, par la voix de leur syndicat (le SNDPEN), ont promis d'être «fermes mais justes».

© Laurent Mouloud, *Journal l'Humanité*, www.humanite.fr.
Article paru dans lédition du 31 août 2004

Compte rendu

En France, le nombre d'immigrés a crû de près de 20 % en quinze ans

Ils sont plus diplômés qu'il y a dix ans, plus fréquemment accompagnés de leurs femmes et de plus en plus originaires d'Afrique ou d'Asie plutôt que du sud de l'Europe : le portrait de l'immigré dressé par l'Institut national de la statistique et des études économiques (Insee) a profondément changé.

Fondées sur les enquêtes de recensement effectuées en 2004 et 2005, les données de l'Institut, rendues publiques jeudi 24 août, permettent de mesurer la transformation des courants migratoires.

Dans ses enquêtes, l'Insee distingue les étrangers, qui ont en commun de ne pas posséder la nationalité française, et les immigrés, qui sont *«nés étrangers dans un pays étranger»*.

Qu'ils soient en situation régulière ou non, les «immigrés» présents sur le territoire français peuvent donc avoir les traits d'un Portugais arrivé en France dans les années 1950, d'une écolière chinoise dont les parents sont parvenus clandestinement dans l'Hexagone ou d'un Malien qui vient d'acquérir la nationalité française.

En 2004, la France métropolitaine comptait près de cinq millions d'immigrés, soit un peu plus de 8 % de la population. Plus d'un tiers d'entre eux (40 %) possèdent la nationalité française grâce à une naturalisation ou un mariage.

En quinze ans, le nombre d'immigrés a fortement progressé : de 1990 à 2004, il a crû de près de 20 %. Les Algériens, les Marocains et les Portugais continuent à représenter les plus grosses communautés de l'Hexagone. Mais, au cours des deux dernières décennies, le visage de l'immigration a changé : l'Afrique, l'Asie et l'Europe de l'Est nourrissent de plus en plus les flux migratoires.

En cinq ans, le nombre d'immigrés venus d'Afrique subsaharienne a ainsi progressé de 45 %. L'Asie et l'Europe de l'Est ont, elles aussi, participé au mouvement : de 1999 à 2004, le nombre d'immigrés venus d'Europe orientale, hors Union européenne (alors à quinze), a crû de près de 40 %.

«En revanche, les immigrés venus d'Espagne ou d'Italie, installés depuis plus longtemps en France, voient leur nombre se réduire sensiblement sur la période du fait des décès et du faible nombre de nouveaux arrivants, note Catherine Borrel, de l'Insee. *Il en va de même pour les immigrés originaires de la Pologne.»*

NOUVEL EQUILIBRE

Au sein de l'immigration, les femmes sont désormais aussi nombreuses que les hommes. *«Depuis 1974, une immigration majoritairement féminine, liée au regroupement familial, a succédé à l'immigration de travail, essentiellement masculine»*, explique Mme Borrel.

Ce nouvel équilibre atteint à l'aube des années 2000 n'est pas vrai pour toutes les communautés. *«Parmi les immigrés originaires du Maghreb, de Turquie ou du Portugal, les femmes sont moins nombreuses que les hommes*, souligne l'Insee. (...) *En revanche, parmi les immigrés d'Asie du Sud-Est, venus en famille à la suite d'événements politiques, les femmes sont majoritaires.»*

Au cours des dernières années, le niveau de formation des immigrés s'est fortement amélioré : depuis 1982, la part de ceux qui détiennent un diplôme de l'enseignement supérieur a quadruplé, passant de 6 % à 24 %.

«En 2004-2005 comme au cours des années précédentes, l'arrivée en France de nouveaux migrants plus diplômés que les résidents anciens entraîne une élévation du niveau de formation de l'ensemble des immigrés», constate Catherine Borrel dans le document de l'Insee.

Enfin, du point de vue géographique, les immigrés restent très concentrés dans les mêmes régions : trois d'entre elles - l'Ile-de-France, Rhône-Alpes et Provence-Côte d'Azur - rassemblent près de 60 % des immigrés.

La Bretagne, la Basse-Normandie et les Pays de Loire en comptent, en revanche, très peu : dans ces territoires, ils forment moins de 3 % de la population. Les natifs d'Afrique subsaharienne s'installent plus volontiers dans la région parisienne tandis que les immigrés originaires de Turquie rejoignent souvent l'Alsace.

Catherine Borrel, «Près de cinq millions d'immigrés à la mi-2004», Insee première n° 1098, août 2006, 2,30 euros.
Anne Chemin

© Anne Chemin, *Le Monde* 24/08/2006.

Le 27 octobre 2005, deux jeunes de banlieue rentrent après un match de football. Ils entendent des sirènes de police et rencontrent d'autres jeunes qui s'enfuient. Comme ils n'ont pas leurs papiers d'identité, ils s'enfuient aussi. Ils se cachent dans un transformateur d'EDF où ils sont électrocutés. Leur mort provoque une crise dans les banlieues. Les émeutes et la violence éclatent dans la région parisienne, puis dans toute la France. Ce livre essaie d'expliquer la colère des jeunes de banlieue.

Quand les banlieues brûlent…

Retour sur les émeutes de novembre 2005

Introduction générale

Les émeutes de novembre 2005 : les raisons de la colère

Laurent Mucchielli
Avec la participation de Abderahim Aït-Omar

Paroles d'émeutiers : les raisons de la colère

On trouve dans la presse du mois de novembre quelques articles fondés sur des interviews de jeunes habitants des quartiers populaires, dont quelques émeutiers. Nous avons voulu compléter cette source en réalisant, un mois après la fin des événements, une dizaine d'entretiens dans un quartier «sensible» de la région parisienne, auprès de jeunes âgés de 15 à 18 ans, ayant participé activement aux événements sans toutefois se faire interpeller par la police. L'étude est modeste puisqu'elle ne concerne qu'un seul quartier. Toutefois, les paroles qu'on va lire sont à la fois représentatives des émeutiers de ce quartier et authentiques car recueillies par une personne connue et respectée d'eux, dans la garantie de l'anonymat et sans aucune raison d'en rajouter comme le font parfois les jeunes devant les micros et les caméras des journalistes.[1]

Que disent donc ces émeutiers ? Certains évoquent le drame de Clichy-sous-Bois, mais surtout pour dire que la police y était mêlée et que le ministre de l'Intérieur a tenté de le dissimuler. Ils évoquent aussi la grenade lacrymogène lancée vers la mosquée de Clichy mais, là encore, c'est moins la grenade elle-même qui a suscité la révolte que l'absence d'excuses de la part de la police. Dans le jeu des sociabilités locales, certains évoquent aussi l'effet de surenchère à la fois entre quartiers et entre individus, certains «petits» voulant montrer leur courage physique et ainsi s'élever dans la hiérarchie locale des réputations. Tout cela est donc présent mais annexe. Ce n'est pas cela qui leur donne «la rage», «la haine», la volonté de «tout péter». Leur colère est avant tout une révolte contre une situation d'humiliation. Certains la font clairement remonter à l'école, d'autres racontent des expériences de discriminations à l'embauche, mais tous, sans exception, considèrent que la source quotidienne de leur sentiment d'injustice et d'humiliation est leur relation avec la police.

⸻

Avant les émeutes c'était la routine, on reste avec les potes après les cours, on charrie entre nous, on fait quelques sorties, on va manger au grec et si y a du gent-ar [de l'argent] à se faire, on fait parce que la mère elle peut pas tout assurer. Par exemple, des mecs ramènent des téléphones portables de Thaïlande qu'ils achètent 50 euros, ben nous, on va les revendre 150 et ils nous donnent notre bifton de 50. [...] On s'débrouille quoi. Les flics, quand ils nous serrent avec ça, ils savent que c'est pas de la marchandise volée mais ces fils de p... ils nous les prennent pour les garder. C'est pour ce genre de truc que j'ai la rage parce qu'avec leur insigne de la police nationale ils se croient tout permis, ils savent qu'on peut pas répondre et ils nous cherchent tout le temps en attendant qu'on fasse la moindre faute, et après ils te mettent un outrage ou autre chose pour que tu fasses une garde à vue. Moi, c'est ce qui s'est passé. Une fois je vendais une Rolex, ils me l'ont prise et le keuf il m'a dit «merci pour le cadeau, je vais la porter tout le temps». Depuis ce jour-là j'ai la haine. Les émeutes, c'était une vengeance par rapport à tout ça. (H..., 15 ans, en BEP.)

---

1 Les entretiens ont été réalisés par un jeune sociologue, dans le quartier où il habite, auprès de jeunes qui le connaissent et ont confiance en lui, sur la base d'une grille d'entretien que nous avions fournie.

Pourquoi ils nous laissent pas tranquilles ? On est dans notre quartier en train de discuter avec nos potes et ils viennent te faire chier deux ou trois fois dans la même journée. Franchement, avant les émeutes, on était tranquilles, on jouait au foot entre potes, en plus c'était le Ramadan, donc on essayait de faire le maximum attention à notre comportement, mais ils sont toujours là pour tout casser. Et après ça a pété bien comme il faut. Toute façon, ça aurait pété un moment ou un autre [...], avec ou sans la mort de ces deux mecs à Clichy-sous-Bois. [...] Ça m'a fait trop plaisir quand on leur a jeté des pavés dans la gueule, pour une fois on a inversé les rôles, si tu les avais vus, cette fois-ci ils faisaient moins les malins. Moi je disais aux mecs «il faut pas brûler des voitures, si on doit faire quelque chose, c'est bien taper un poulet», comme ça, quand ils vont venir dans le quartier, avant de rentrer dedans ils vont se chier dessus et ils vont tellement flipper qu'ils joueront plus les cow-boys. [...] y a très peu de quartiers qui ont fait ça pour être solidaires de Clichy, moi je te dis que c'est la haine contre les keufs, parce qu'ils parlent trop mal. [...] Je sais que maintenant les Français ils vont avoir la haine contre les mecs des cités mais, qu'est-ce que tu veux, c'est pas de notre faute, nous on demande juste du respect, moi si le keuf il vient et me demande mes papiers poliment je lui donne sans problème. (R..., 16 ans, en BEP.)

On était posés et les keufs sont venus pour voir si on avait de l'essence dans les mains, ils nous ont hagar [intimidés], ils sont venus à trois, ils se prennent pour des chauds dans la cité alors qu'on avait rien fait. Moi je m'en foutais des brûlés [de Clichy-sous-Bois], je voulais me taper avec les keufs. [...] Ils commencent à crier et parlent pour rien dire alors que toi tu parles pas. Ils t'insultent «ferme ta gueule !» et ils sentent tes mains pour voir si y a de l'essence. C'était en fin d'après-midi. [...] J'ai ressenti la rage. [...] Nous, on voudrait que les keufs se comportent bien avec nous : «Bonjour, contrôle d'identité, vous avez vos papiers ?» Mais eux c'est : «Alors les gars, vous galérez ? Alors on va pas s'ennuyer ! Passe-moi ta carte d'identité et ferme ta gueule. » Alors tu lui donnes et tu fermes ta gueule. Y a pas de bonjour, pas d'au revoir, ils nous traitent comme de la merde. (B..., 17 ans, à la recherche d'un emploi.)

Franchement dans les émeutes y avait de tout. Il y avait les mecs qui avaient la rage contre les keufs, d'autres qui avaient la rage contre l'école parce qu'ils ont plus d'école, d'autres parce qu'ils ont pas de taf, d'autres pour s'affirmer dans le quartier. Tous les mecs qui avaient une rage contre quelque chose ils ont profité des émeutes pour tout niquer. Mais la majorité des mecs, c'est la haine contre les keufs parce qu'ils se la racontent beaucoup, y en a plein ils sont racistes et ils nous traitent comme de la merde. [...] quand un juif se fait taper, on en fait toute une histoire au journal de 20 heures et le président en personne il présente ses excuses, mais quand c'est un Arabe ou un Noir, c'est pas grave, et encore pire : Sarkozy, il a pas essayé de camoufler quand le keuf il a jeté la grenade lacrymogène dans la mosquée ? C'est un pays d'hypocrites. (T..., 18 ans, à la recherche d'un emploi.)

Ainsi, la vengeance envers les policiers peut être considérée comme la principale motivation immédiate des émeutiers, lorsque – de nombreux témoignages convergent[2] – cette police ne s'est pas contentée de subir la violence des jeunes mais est parfois venue la provoquer. Encore une fois, cela peut étonner tant le discours médiatico-politique dissimule cette réalité de terrain, ces rapports de force, ces provocations, ces violences et ces vengeances qui structurent au quotidien les rapports entre groupes de jeunes et groupes de policiers. Méconnaître cette réalité, c'est s'interdire de comprendre le déclenchement et le déroulement de certaines émeutes. C'est aussi s'interdire de comprendre pourquoi les discours du ministre de l'Intérieur ont un réel impact auprès de cette jeunesse qui l'observe à la télévision, et pourquoi il parvient à cristalliser leur sentiment d'humiliation (voir le chapitre 2 de ce livre). À travers ces entretiens avec les émeutiers, on voit aussi affleurer toutes les autres raisons de leur colère et tous les autres types d'humiliations : l'échec scolaire, l'absence de travail, le sentiment d'être des citoyens de seconde zone, presque des parias.

---

2 Le maire de Clichy-sous-Bois, lui-même, déclarait à l'AFP le 2 novembre que «le dispositif policier, cette nuit, serait adapté et nettement moins provocant» et que, pour cette raison, les choses devraient mieux se passer. De même, notre équipe a constaté des provocations policières dans plusieurs quartiers de la région parisienne.

Et c'est bien cela le fond de leur révolte, ce sont des sentiments d'injustice, d'abandon, d'absence, d'avenir et de cynisme du reste de la société, qui finissent par constituer une «victimation collective», qui justifie et qui libère leur colère dans le moment de l'émeute.[3] Reste maintenant à aller au-delà de l'enregistrement de la colère immédiate pour comprendre les conditions de production des émeutes. Car ces dernières n'ont pas eu lieu dans n'importe quels quartiers de n'importe quelles villes. La géographie sociale des émeutes indique clairement que le phénomène est une caractéristique de ces «zones urbaines sensibles» (ZUS) que la politique de la ville recense depuis la loi du 14 novembre 1996.[4]

Laurent Mucchielli et Abderahim Aït-Omar, sous la direction de Véronique Le Goaziou. *Quand les banlieus brûlent*
© Éditions La Découverte, Paris 2006. Reproduit avec autorisation.

---

3 L. MUCCHIELLI, «Le rap de la jeunesse des quartiers relégués. Un univers de représentations structuré par des sentiments d'injustice et de victimation collective», *in* M. BOUCHER et A. VULBEAU, (sous la dir.), *Émergences culturelles et jeunesse populaire*, L'Harmattan, Paris, 2003, p. 325-355.

4 Certes, des incidents ont été enregistrés dans quelques villes qui ne contiennent ni ne voisinent immédiatement avec des ZUS, toutefois il s'agit, dans quasiment tous les cas, d'incidents mineurs et isolés (en général quelques incendies sporadiques de poubelles ou de voitures). Les véritables émeutes, notamment les affrontements entre groupes de jeunes et forces de l'ordre, ont eu lieu dans des ZUS. Ce qui ne signifie pas, *a contrario*, que toutes les ZUS de France ont connu des émeutes en novembre 2005. L'analyse vise donc à expliciter les conditions nécessaires mais non suffisantes à la propagation des émeutes. D'autres facteurs, qui tendent au contraire à empêcher le déclenchement d'une émeute ou à en limiter l'ampleur, doivent être pris en compte, notamment la façon dont les municipalités et les partenaires institutionnels et associatifs gèrent localement les situations.

chapitre ⑨
Bon Voyage

Avant le visionnement
NOTES CULTURELLES

La Seconde Guerre mondiale

La Seconde Guerre mondiale commence le 1er septembre 1939 quand les troupes allemandes envahissent la Pologne. La France déclare la guerre à l'Allemagne le 3 septembre 1939. La guerre en Europe dure jusqu'au 8 mai 1945 et la guerre contre le Japon dure jusqu'au 15 août 1945. Pendant ces six années de misère, six millions de Juifs sont exterminés dans les camps de concentration et plus de 50 millions de civils et de militaires meurent.

Le film *Bon Voyage* parle du début de la guerre. Le film commence à Paris juste avant que la France ne déclare la guerre à l'Allemagne. Le film continue au cours de *la Drôle de guerre* pendant laquelle les soldats français attendent l'offensive allemande derrière la ligne Maginot. La stratégie française est purement défensive et les Français attendent indéfiniment l'arrivée des Allemands. Ils arrivent enfin en mai 1940 et plus de 100.000 soldats français meurent. C'est la débâcle. Les populations françaises du nord fuient avant que les troupes allemandes n'entrent dans la capitale (le 14 juin 1940). Les personnages du

La France après l'armistice du 22 juin 1940

la zone occupée

la zone libre

film participent à l'exode et, comme les Français du nord, chacun a une raison différente de fuir.

Rappeneau reprend l'action du film à Bordeaux où le gouvernement français s'installe. A Bordeaux, on voit la démission de Paul Reynaud et l'accession au pouvoir du Maréchal Pétain. Les personnages du film sont témoins de l'armistice de Pétain (le 22 juin 1940) qui établit la ligne de démarcation (la France est coupée en deux – la zone occupée au nord et la zone libre au sud). Vers la fin du film, Rappeneau fait allusion à l'exil de Charles de Gaulle à Londres et au développement de la Résistance.

Le film se termine le 28 avril 1942. La Résistance intérieure et extérieure est bien établie. A partir de l'été 1942, les mouvements de Résistance sont unifiés et les autres pays alliés les reconnaissent comme la France Combattante.

L'eau lourde

L'eau lourde est une eau rare qui est utilisée dans des bombes atomiques et dans certains réacteurs nucléaires. (L'eau lourde ralentit les neutrons avant de bombarder l'uranium.) Dans *Bon Voyage*, certains personnages du film ont une mission importante : livrer l'eau lourde aux Anglais pour empêcher les Allemands de développer des bombes atomiques. Comme il n'y a pas d'autre stock en Europe, les Allemands ont besoin d'obtenir ce stock et ils feront tout ce qu'il faut pour l'avoir.

Les médias et la technologie

Les médias et la technologie sont importants pendant la guerre. Comme la presse, la radio et toute autre forme de communication étaient censurées par les Allemands, les Français se méfiaient de tous les renseignements diffusés et les Résistants ont développé la presse clandestine pour assurer la dissimulation d'informations fiables. Dans le film, on voit différents médias (journaux, radio, etc.) ainsi que la technologie de l'époque.

Quelques dates		
1939	le 3 septembre	Le Royaume-Uni, l'Australie, la Nouvelle-Zélande, la France et le Canada déclarent la guerre à l'Allemagne.
1940	le 10 mai	L'Allemagne lance son offensive contre les troupes derrière la ligne Maginot. Le gouvernement français s'installe à Tours.
	le 14 juin	Les troupes de Hitler entrent dans Paris. Le gouvernement français s'installe à Bordeaux.
	le 16 juin	Paul Reynaud refuse de demander un armistice aux Allemands et il démissionne. Il est remplacé par le Maréchal Pétain.
	le 17 juin	Le Maréchal Pétain fait appel aux Français. Il leur explique qu'il faut cesser le combat. Charles de Gaulle part pour Londres.
	le 18 juin	Charles de Gaulle fait appel aux Français. Il leur explique que les Français n'ont pas encore perdu la guerre. Il fonde un gouvernement français en exil.
	le 30 octobre	Le Maréchal Pétain annonce la collaboration de la France avec l'Allemagne.
1942	le 11 novembre	Occupation de la zone libre (la zone du Sud) par les Allemands.
1944	le 25 août	Paris est libéré. Charles de Gaulle défile sur les Champs-Élysées.
1945	le 8 mai	Signature officielle de la capitulation de l'Allemagne.
	le 15 août	Le Japon capitule. C'est la fin de la Seconde Guerre mondiale.
	le 2 septembre	Signature officielle de la capitulation du Japon.

FICHE TECHNIQUE

Réalisation :   Jean-Paul Rappeneau
Musique originale :   Gabriel Yared
Année de production :   2002
Durée :   1 h 54
Genre :   Comédie dramatique
Date de sortie nationale : 16/04/2003

 PROFIL: Jean-Paul Rappeneau

réalisateur, scénariste

Né le 8 avril 1932 à Auxerre, France

Mini-biographie

Rappeneau commence sa carrière comme assistant et il travaille avec Edouard Molinaro. Il se met ensuite à écrire des scénarios. Son travail avec Louis Malle dans les films *Zazie dans le métro (1960)* et *Vie privée (1960)* met en évidence son talent en tant que scénariste. Il continue à écrire des scénarios et il fait son premier film en tant que réalisateur en 1966. *Cyrano de Bergerac* et *Le Hussard sur le toit* sont des films à succès grâce à son perfectionnisme. *Bon Voyage*, son troisième film à succès, réunit des acteurs prestigieux et confirme le talent de Rappeneau.

Quelques films

1966   La Vie de château
1975   Le Sauvage
1982   Tout feu, tout flamme
1990   Cyrano de Bergerac
1995   Le Hussard sur le toit
2003   Bon Voyage

SYNOPSIS

En automne 1939, la France anticipe la guerre. Un jeune écrivain aide une ancienne amie et il est arrêté et emprisonné pour le crime de cette amie. Quelques mois plus tard, les Allemands se préparent à entrer dans Paris. La veille de leur arrivée, le jeune homme réussit à s'évader de prison. Comme les autres Parisiens, il quitte la capitale pour aller à Bordeaux où son aventure continue. Il retrouve son ancienne amie, il rencontre de nouveaux amis et il découvre de nouvelles passions.

Note : *Bon Voyage* est classé «PG-13» aux Etats-Unis.

Liens !

Les Triplettes de Belleville a lieu entre les deux guerres et juste après la Seconde Guerre mondiale. Chomet montre que Paris change beaucoup à cette époque. Comment est Paris (le quartier de Champion) avant et après la guerre ? Pourquoi à votre avis ?

Madame Souza et Champion regardent un concert à la télé. Est-ce que cette technologie existe pendant la guerre ? Expliquez. Quelles technologies existaient pendant la guerre ?

PERSONNAGES

Personnages principaux

Viviane Denvers	Isabelle Adjani
Frédéric Auger	Gregori Derangère
Jean-Etienne Beaufort	Gérard Depardieu
Raoul	Yvan Attal
Camille	Virginie Ledoyen
le professeur Kopolski	Jean-Marc Stehlé
Monsieur Girard	Michel Vuillermoz
Brémond	Xavier de Guillebon
Alex Winckler	Peter Coyote

Personnages secondaires

André Arpel	Nicolas Pignon
Thierry Arpel	Nicolas Vaude
Maître Vouriot	Olivier Claverie
Jacqueline de Lusse	Aurore Clément
Albert de Lusse	Jacques Pater
Madame Arbesault	Edith Scob
Maurice	Pierre Diot
l'érudit	Pierre Laroche
la fille de l'érudit	Catherine Chevalier
la petite fille de l'érudit	Morgane Moré

 PROFIL: Virginie Ledoyen

actrice

Née le 15 novembre 1976 à Aubervilliers, France

Mini-biographie

Ledoyen fait des publicités à l'âge de trois ans. A huit ans, elle fait un clip de Daniel Balavoine. A dix ans, elle fait son premier film et, en 1990, elle joue son premier rôle principal dans le film *Mima* de Phenomène Esposito. Sa carrière au cinéma continue et elle fait des films à succès : *L'Eau froide, La Cérémonie, Héroïnes, Jeanne et le garçon formidable*. En 2001, elle est établie comme une des actrices françaises principales avec sa participation au film *8 Femmes* qui réunit les actrices les plus douées de notre temps. Elle a aussi du succès à l'étranger ; elle joue dans le film américain *The Beach* et elle prête sa voix à Lola dans le film *A Shark's Tale*. C'est une jeune actrice avec beaucoup de projets et qui continuera à divertir les cinéphiles dans l'avenir !

Quelques films

1987	Les Exploits d'un jeune Don Juan	1998	Jeanne et le garçon formidable	2006	La doublure
1991	Mima	2000	La Plage (The Beach)	2008	L'emmerdeur
1994	L'Eau froide	2002	8 Femmes	2010	L'armée de crime
1995	La Cérémonie	2003	Bon Voyage	2010	Tout ce qui brille
1997	Héroïnes				

VOCABULAIRE

Gens

les Alliés (m)	the Allies	**le/la meurtrier/ière**	murderer
l'Axe (m)	the Axis	**le marin**	Marine
le/la civil/e	civilian	**le militaire**	member of the military
le/la collaborateur/trice	collaborator	**le ministre**	minister
l'ennemi/e	enemy	**le/la Nazi/e**	Nazi
l'espion/ne	spy	**le/la résistant/e**	member of the Resistance
la Gestapo	Gestapo, German secret police	**le soldat**	soldier
		la vedette	star
l'homme politique (m)	politician	**le voyou**	hooligan
le/la journaliste	journalist		

Guerre

l'appel (m)	call, appeal	**la guerre**	war
l'armée (f)	army	**l'insécurité (f)**	insecurity
l'armistice (m)	armistice	**la paix**	peace
la bataille	battle	**la patrie**	homeland
le bombardement	bombing, shelling	**le peuple**	people, nation
le code morse	Morse code	**le rationnement**	rationing
la collaboration	collaboration	**la Résistance**	Resistance
le combat	combat	**le risque**	risk, hazard
la défaite	defeat	**la sécurité**	security, safety
l'exode (m)	exodus	**le traité**	treaty

Médias

les actualités (f)	current events, news	**le journal**	newspaper
le câble	cable (television)	**les nouvelles (f)**	news
la diffusion	broadcasting, distribution	**la radio**	radio
l'émission (f)	show (television/radio)	**la télévision**	television
les informations (f)	news	**les titres (m)**	headlines
l'informatique (f)	computer science	**la une**	front page
Internet (m)	Internet		

Noms divers

l'affaire (f)	matter, issue	**l'espoir (m)**	hope
l'arrestation (f)	arrest	**la livraison**	delivery
l'assassinat (m)	murder	**la machine à écrire**	typewriter
le bavardage	gossip	**la menace**	threat
le coffre	trunk		

Adjectifs

diffusé/e	broadcast, distributed	**manipulateur/trice**	manipulative
fiable	reliable	**mélodramatique**	melodramatic
frivole	frivolous	**mensonger/ère**	deceptive, false
insistent/e	insistant	**puissant/e**	powerful
irrévérencieux/euse	irreverant	**rompu/e**	interrupted, broken

Verbes

assassiner	to murder	**espionner**	to spy (on)
capituler	to capitulate	**évacuer**	to evacuate
collaborer	to collaborate	**s'évader**	to escape, to run away
déclarer la guerre à	to declare war against	**feuilleter**	to thumb through (a book)
faire appel à	to appeal to, to call for		
faire la paix	to make peace	**fuir**	to flee, to escape
blesser	to hurt	**harceler**	to harass
changer d'avis	to change one's mind	**livrer**	to deliver
collaborer	to collaborate	**lutter contre**	to struggle against
compter sur qqn.	to count on someone	**se méfier de**	to be suspicious of
se débarrasser de	to rid oneself of	**mentir**	to lie
démissionner	to resign	**mettre fin à**	to end
se détériorer	to deteriorate	**mobiliser**	to call up, mobilize
empirer	to get worse	**risquer sa vie**	to risk one's life
s'enfuir	to escape, to run away	**rompre avec**	to break up with
envahir	to invade	**transporter**	to transport, to carry

EXERCICES DE VOCABULAIRE

Liens !

Sur mes lèvres parle des criminels. Paul, récemment sorti de prison, devient criminel de nouveau quand il aide Carla à voler le dossier des Flérets. Carla devient sa complice quand elle espionne les frères Carambo et Marchand. Il y a aussi d'autres criminels dans le film (Masson, Keller, etc.). Réfléchissez aux histoires de Paul et de Carla pour vous aider à compléter les phrases à gauche.

A **Le caractère.** Complétez les phrases suivantes pour parler du caractère des gens. Utilisez *le vocabulaire* du film pour vous aider.

Modèle : Pour tuer quelqu'un, il est possible qu'on soit __**troublé**__ et il est douteux qu'on ne soit pas__**arrêté**__.

1. Pour cacher un crime, il faut avoir_____ et il faut être _____.
2. Pour aider quelqu'un à cacher un crime, il faut savoir_____ et on doit essayer de/d'_____.
3. Pour manipuler les autres, il faut être _____ et on ne doit pas avoir de/d'_____.
4. Pour accomplir une mission dangereuse, il est essentiel que _____ et il est probable que _____.
5. Pour aider quelqu'un à accomplir une mission dangereuse, on doit être _____ et il faut avoir _____.
6. Pour espionner les autres, il est nécessaire d'être _____ et on ne peut pas _____.
7. Pour soutenir une cause, il est possible que _____ et il est douteux que _____.
8. Pour réussir ce qu'on fait, il faut avoir _____ et il faut être _____.

B **La guerre.** Réfléchissez à la guerre et répondez aux questions suivantes. Utilisez *le vocabulaire* du film dans vos réponses.

1. Décrivez un pays en guerre. Comment est le pays ? Comment sont les citoyens ?
2. De quoi est-ce que les citoyens s'inquiètent ? De quoi est-ce qu'ils ont peur ?
3. Est-ce que tous les citoyens s'inquiètent ? Pourquoi ou pourquoi pas ?
4. Est-ce que les citoyens soutiennent toujours leur gouvernement ? Pourquoi ou pourquoi pas ?
5. Est-ce qu'il faut soutenir le gouvernement ? Expliquez.
6. Comment est-ce que les civils peuvent contribuer à la guerre ?
7. Quelles sont les conséquences d'une guerre ?
8. Est-ce qu'on peut éviter de faire la guerre ? Expliquez.

De Londres

LE GÉNÉRAL DE GAULLE

LANCE UN APPEL

A LA GUERRE A OUTRANCE

Au poste de la B.B.C. le général de Gaulle, précédemment sous-secrétaire d'Etat à la guerre, a lancé hier soir l'appel suivant : «Le gouvernement français...»

C **L'amour.** L'amour touche tout le monde ! Etudiez les proverbes et les citations ci-dessous et expliquez leur sens. Utilisez *le vocabulaire* du film dans vos réponses.

1. Si tu veux être aimé, aime. —*Sénèque*
2. Est-ce bien moi qu'on aime ? —*Pascal*
3. Il n'y a aucune différence entre un être sage et un/e idiot/e quand ils tombent amoureux. —*Anonyme*
4. La magie du premier amour, c'est d'ignorer qu'il puisse finir un jour. —*Proverbe anglais*
5. Sans pain ni vin, l'amour n'est rien. —*Proverbe français*
6. Amours nouvelles oublient les vieilles. —*Proverbe français*
7. Aimer, ce n'est pas se regarder l'un l'autre, c'est regarder ensemble dans la même direction. —*Antoine de Saint-Exupéry*

Liens !

Tous les films que vous avez vus parlent d'amour. Observez les exemples d'amour ci-dessous et donnez d'autres exemples dans les films suivants :

Les Triplettes de Belleville : Madame Souza aime Champion
Le Papillon : Elsa veut l'amour de sa mère et Julien découvre l'amour
Etre et avoir : Les enfants et leur famille s'aiment, ils aiment aussi Monsieur Lopez
L'Auberge espagnole : Xavier aime Martine
Les Visiteurs : Godefroy aime Frénégonde et Jacquouille aime Ginette
Sur mes lèvres : Paul et Carla s'aiment
Comme une image : Sébastien aime Lolita
Métisse : Lola, Jamal et Félix s'aiment

D **Appel.** Lisez l'affiche d'un commandant en chef de l'armée allemande et complétez les activités de vocabulaire.

Appel
à la population française

Le territoire français, occupé par les troupes allemandes, est placé sous l'administration militaire allemande.

Les Chefs militaires prendront les mesures nécessaires à la sécurité des troupes et au maintien du calme et de l'ordre.

Les troupes ont reçu l'ordre de ménager les populations et leurs biens si elles restent tranquilles.

Les autorités du pays seront maintenues en fonction, si elles sont prêtes à une collaboration loyale.

J'attends de la sagesse et de l'intelligence de la population qu'elle s'abstienne de toute action irréfléchie, de sabotage de toute nature et de résistance passive ou même active contre l'armée allemande.

Les ordonnances des autorités militaires allemandes doivent être exécutées sans condition. L'armée allemande regretterait si, par des actions hostiles de civils isolés, elle était obligée de répondre par des mesures très sévères contre la population.

Que chacun reste à son poste et continue son travail. Ce sera pour lui la meilleure façon de servir sa patrie son peuple et lui-même.

Le Commandant en Chef de l'Armée

Activité de vocabulaire

1. Trouvez les mots associés :
   a. aux militaires :
      Exemple : les troupes
   b. à la sécurité
      Exemple : le calme
   c. à la résistance
      Exemple : action irréfléchie
   d. aux devoirs des Français :
      Exemple : reste à son poste

2. Quelles phrases indiquent que l'Allemagne occupe la France ?
3. Quelles phrases indiquent que l'Allemagne exige l'obéissance des Français ?
4. Est-ce qu'il y aura des conséquences pour les Français qui désobéissent aux ordres ? Expliquez.

A votre avis...

Pourquoi est-ce que l'Allemagne distribue cet appel aux Français ? Quel est le but de l'appel ? Quel est le ton de l'appel ? De quoi est-ce que les Allemands ont peur ? Pourquoi ?
Parlez des trois parties de l'appel :
   L'introduction : l'occupation de la France.
   Le corps : l'obéissance des Français.
   La conclusion : l'importance de l'obéissance.
Comment est-ce que les Français ont réagi à cet appel à votre avis ? Expliquez.

Après avoir regardé

EXERCICES DE VOCABULAIRE

A **Le caractère.** Complétez les phrases ci-dessous de manière logique pour décrire le caractère des personnages du film. Utilisez *le vocabulaire du film* pour vous aider.

Modèle : Pour avoir tué un homme, Viviane était peut-être ___**harcelée**___ et elle avait peut-être ___**très peur**___.

1. Pour avoir pu tuer Arpel, Viviane doit être ____ et elle doit avoir ____.
2. Pour cacher son crime, il est essentiel que Viviane ____ et il faut qu'elle ____.
3. Pour aider Viviane à cacher son crime, Frédéric ____.
4. Pour manipuler les autres, il est probable que Viviane ____ et il vaut mieux ____.
5. Pour s'évader de prison, Raoul et Frédéric doivent ____ et il faut que ____.
6. Pour comprendre la situation, Frédéric va ____ et il est nécessaire que ____.
7. Pour accomplir sa mission, il est important que Camille ____ et que les autres ____.
8. Pour aider Camille à livrer l'eau lourde, il faut que Frédéric et Raoul ____ et ils devraient ____.
9. Pour soutenir la Résistance, les résistants doivent ____ et il est possible que ____.
10. Pour espionner les autres, Alex peut ____ et il est nécessaire qu'il ____.

B **Triangles amoureux.** Expliquez les triangles amoureux dans le film. Parlez des raisons pour lesquelles les personnages s'aiment et déterminez si l'amour est sincère. Utilisez *le vocabulaire du film*.

Frédéric
△
Viviane   Camille

Viviane
△
Frédéric   Jean-Etienne

Camille
△
Frédéric   Raoul

Liens !

Vous avez vu d'autres triangles amoureux. Réfléchissez aux triangles amoureux que vous avez vus dans les films suivants :
L'Auberge espagnole : Xavier, Sophie, Jean-François
Comme une image : Lolita, Sébastien et Mathieu
Métisse : Lola, Jamal, Félix

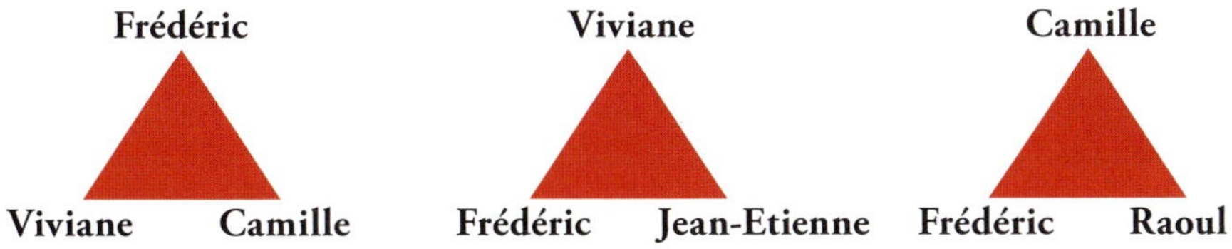

C **L'amour.** Etudiez de nouveau les proverbes et les citations sur l'amour. Expliquez le rapport entre le/s personnage/s et le proverbe ou la citation. Utilisez *le vocabulaire du film*.

1. Viviane : Si tu veux être aimé, aime. —*Sénèque*
2. Viviane : Est-ce bien moi qu'on aime ? —*Pascal*
3. Frédéric : Il n'y a aucune différence entre un être sage et un/e idiot/e quand ils tombent amoureux. —*Anonyme*
4. Frédéric : La magie du premier amour, c'est d'ignorer qu'il puisse finir un jour. —*Proverbe anglais*
5. Frédéric, Jean-Etienne, Raoul : Sans pain ni vin, l'amour n'est rien. —*Proverbe français*
6. Viviane, Jean-Etienne, Frédéric : Amours nouvelles oublient les vieilles. —*Proverbe français*
7. Frédéric, Camille : Aimer, ce n'est pas se regarder l'un l'autre, c'est regarder ensemble dans la même direction. —*Antoine de Saint-Exupéry*

Viviane demande de l'aide à Jean-Etienne.

D Résistants. Lisez le poème de Robert Desnos et complétez les activités de vocabulaire.

Ce coeur qui haïssait la guerre
Robert Desnos (4 juillet 1900 – 8 juin 1945)

Ce coeur qui haïssait° la guerre voilà qu'il bat° pour le combat et la bataille ! — hated / beats

Ce coeur qui ne battait qu'au rythme des marées°, à celui des saisons, à celui — tides
    des heures du jour et de la nuit,

Voilà qu'il se gonfle° et qu'il envoie dans les veines un sang brûlant de — swells
    salpêtre° et de haine — potassium nitrate

Et qu'il mène un tel bruit dans la cervelle° que les oreilles en sifflent — brain

Et qu'il n'est pas possible que ce bruit ne se répande° pas dans la ville et la — spreads
    campagne

Comme le son d'une cloche appelant à l'émeute° et au combat. — riot

Écoutez, je l'entends qui me revient renvoyé par les échos.

Mais non, c'est le bruit d'autres coeurs, de millions d'autres coeurs battant
    comme le mien à travers la France.

Ils battent au même rythme pour la même besogne° tous ces coeurs, — work, task

Leur bruit est celui de la mer à l'assaut° des falaises° — attack / cliffs

Et tout ce sang porte dans des millions de cervelles un même mot d'ordre :

Révolte contre Hitler et mort à ses partisans !

Pourtant ce coeur haïssait la guerre et battait au rythme des saisons,

Mais un seul mot : Liberté a suffi à réveiller les vieilles colères° — angers

Et des millions de Français se préparent dans l'ombre à la besogne que l'aube° — dawn
    proche leur imposera°. — will force upon

Car ces coeurs qui haïssaient la guerre battaient pour la liberté au rythme
    même des saisons et des marées, du jour et de la nuit.

Robert Desnos, recueilli dans *Destinée Arbitraire,*
© Editions Gallimard, 1943

Activité de vocabulaire

1. Trouvez les mots associés :
   a. à la guerre :
      Exemple : le combat
   b. à la nature :
      Exemple : les marées
   c. au corps :
      Exemple : le sang
   d. aux éléments sonores :
      Exemple : un tel bruit
   e. à la lutte des Français
      Exemple : révolte
2. Observez l'emploi de l'imparfait et l'emploi du présent. Pourquoi est-ce que Desnos utilise ces deux temps ? Quel est l'effet ?
3. Quel message est-ce que le sang porte dans des millions de cervelles ? Pourquoi ?

A votre avis...

Quel message est-ce que Desnos veut transmettre aux lecteurs ? Comment est-ce qu'il souligne l'importance de la tâche des Français ? Est-ce qu'il a toujours voulu participer à la guerre ? Pourquoi est-ce qu'il a changé d'avis ? Est-ce qu'il se sent seul dans sa mission ? Expliquez. Qui sont les Français qui se préparent dans l'ombre ? Qu'est-ce qu'ils veulent faire ? Pourquoi ?

Quels personnages du film ont les mêmes sentiments que Desnos ? Quels personnages avaient toujours le désir de lutter contre l'ennemi ? Qu'est-ce qu'ils font pour contribuer à la Résistance ? Quels personnages n'ont aucune envie de participer au mouvement des résistants ? Pourquoi ?

Est-ce que vous croyez que ce genre de poème ait pu motiver les Français à lutter contre l'ennemi ? Pourquoi ou pourquoi pas ?

GRAMMAIRE

9.1   Les adjectifs indéfinis

▶ Les adjectifs indéfinis sont employés pour qualifier les noms d'une manière indéterminée. Ils sont placés devant le nom et ils s'accordent en général en genre et en nombre avec le nom qualifié. Observez l'emploi de quelques adjectifs indéfinis.

■ **Aucun, aucune + nom** : *no + noun*
   Aucun/e est un adjectif négatif et il est employé avec **ne/n'**. Il est employé au singulier (sauf si le nom est toujours pluriel comme *les vacances*).
   Exemple :   *Bien que Viviane ne soit pas méchante, elle **n'a aucune** conscience.*

■ **Autre, autres + nom** : *another, different, other + noun*
   Notez que le pluriel d'***un autre*** est ***d'autres***.
   Exemple :   *Même si Frédéric supporte son comportement, **ses autres** amis ne peuvent plus le supporter.*

■ **Certain, certaine, certains, certaines + nom** : *certain, some + noun*
   Quand certain est singulier, il est introduit par un article. La forme plurielle est employée sans article.
   Exemple :   ***Certaines** personnes la trouvent malhonnête et **un certain** journaliste sait qu'elle cache quelque chose.*

■ **Chaque + nom** : *each, every + noun*
   Chaque est toujours singulier.
   Exemple :   *Malgré tout, Frédéric est prêt à l'aider **chaque** fois qu'elle l'appelle.*

PRATIQUEZ !

A L'amour ? Pourquoi est-ce que Jean-Etienne aime Viviane ? Complétez le paragraphe suivant avec *le présent du subjonctif* des verbes entre parenthèses.

Viviane est contente que Jean-Etienne l'_____ (aimer) parce qu'il peut l'aider. Il est douteux que Viviane _____ (être) amoureuse de lui et il faut qu'elle _____ (faire) semblant de l'aimer. Elle veut surtout que Jean-Etienne _____ (comprendre) qu'il peut utiliser son pouvoir en tant que ministre pour résoudre son problème. A son avis, il est essentiel que la police n'_____ pas (avoir) envie de l'interroger. Viviane est soulagée que Jean-Etienne _____ (vouloir) appeler le Préfet de police. Certains pensent qu'il est impossible que Jean-Etienne ne _____ (voir) pas que Viviane est mélodramatique. Comme elle est très belle, célèbre et charmante mais égocentrique, il est possible que Jean-Etienne _____ (savoir) que Viviane n'est pas sincère. Pense-t-il qu'ils _____ (pouvoir) être ensemble ? Sait-il qu'elle est manipulatrice et qu'elle profitera de tout le monde pour sauver sa carrière ?

B Meurtrière. Qu'est-ce qui s'est passé le soir où Viviane a tué Arpel ? Complétez le passage suivant en conjuguant les verbes entre parenthèses *au passé du subjonctif.*

Ce soir-là, il semble qu'Arpel _____ (se cacher) et qu'il _____ (entrer) dans son immeuble après que les autres sont partis. Il se peut qu'Arpel _____ (venir) chez Viviane pour lui parler. Mais il est douteux qu'Arpel _____ (vouloir) la blesser. Il n'est pas clair que Viviane _____ (avoir) peur. Il est pourtant possible qu'elle _____ (être) obligée faire quelque chose pour se protéger contre Arpel. Il est douteux qu'elle _____ (vouloir) le tuer. Elle est soulagée que Frédéric _____ (arriver) pour l'aider à se débarrasser de cette affaire. Malheureusement, elle ne regrette pas que Frédéric _____ (être) arrêté et elle est contente que la police _____ (ne…pas / avoir) envie de l'interroger.

C L'affaire de Viviane. Complétez les phrases suivantes de manière logique. Utilisez *le passé du subjonctif* dans la proposition subordonnée.

Modèle :   Il est possible qu'Arpel **soit venu chez Viviane pour la harceler**.

1. Frédéric est triste que…
2. Il est douteux que Frédéric…
3. Viviane croit-elle que … ?

4. Viviane est ravie que…
5. Il est peu probable que…

Travaillez ensemble! Sa lutte. Vous êtes journaliste et vous interviewez Camille (qui a presque 90 ans !) sur sa mission de livrer l'eau lourde au début de la Seconde Guerre mondiale. Posez-lui des questions sur sa mission et utilisez *le passé du subjonctif* dans votre interview.

Modèle :   Etudiant 1 : Est-ce que vous êtes contente que les autres résistants soient arrivés pour vous aider à livrer l'eau lourde ?

Etudiant 2 : Oh ! Je suis très heureuse que Frédéric et moi ayons pu prendre le dernier train de Paris. Vous savez que nous fêtons notre 60ᵉ anniversaire de mariage ! Il est clair que je suis contente qu'il soit arrivé pour nous aider !

9.5 Le subjonctif après certaines conjonctions

▶ Certaines conjonctions sont suivies d'une proposition subjonctive. Ces conjonctions indiquent :

- un but : *afin que, pour que, de crainte que (ne), de peur que (ne)*
- une concession : *bien que, malgré que, quoique*
- une condition : *à condition que, pourvu que*
- une restriction : *à moins que (ne), sans que*
- un temps : *avant que (ne), en attendant que, jusqu'à ce que*

▶ La plupart de ces conjonctions ont un équivalent prépositionnel qui est suivi d'un infinitif. Ces prépositions indiquent :

- un but : *afin de, pour, de crainte de, de peur de*
- une condition : *à condition de*
- une restriction : *à moins de, sans*
- un temps : *avant de, en attendant de*

▶ Rappelez-vous qu'une phrase avec une proposition subjonctive exige l'emploi de deux sujets différents. Une phrase avec une structure infinitive n'a qu'un sujet. Observez :

Exemple : *Raoul aide Camille afin qu'elle puisse livrer l'eau lourde.*
(Raoul est le sujet de la proposition principale et elle (Camille) est le sujet de la proposition subjonctive introduite par la conjonction **afin que**.)
Raoul aide Camille afin de livrer l'eau lourde.
(Raoul est le sujet de la phrase et il n'y a pas de proposition subordonnée.)

▶ Notez que les conjonctions *bien que, jusqu'à ce que, quoique* et *pourvu que* n'ont pas de structure prépositionnelle équivalente et elles sont toujours suivies d'une proposition subjonctive.

Exemple : **Bien que** *Raoul soit un voyou, il est courageux et il sauve la mission de Camille.*

▶ Les conjonctions *avant que, de crainte que, de peur que,* et *à moins que* sont employées avec le *ne* pléonastique (explétif) qui n'a pas une valeur négative et qui n'est pas traduit en anglais.

Exemple : *Camille veut livrer l'eau lourde avant que les Allemands **ne** les arrêtent.*

PRATIQUEZ !

A **L'eau lourde.** Pourquoi est-ce que l'eau lourde est si importante ? Complétez le paragraphe ci-dessous avec *les conjonctions* suivantes pour décrire l'importance de l'eau lourde.

conjonctions suivies du subjonctif

afin que	avant que	bien que	de peur que	pourvu que

Le professeur est un homme courageux qui accomplira sa mission _____ elle soit difficile. Il veut transporter l'eau lourde en Angleterre _____ les Allemands ne développent une bombe atomique. (L'eau lourde est une eau rare utilisée dans certains réacteurs nucléaires _____ les neutrons ralentissent avant de bombarder l'uranium.) Le professeur rencontre quelques difficultés et _____ il ne réussisse à la transporter, il aura besoin d'aide. _____ il ait l'aide dont il a besoin, les Alliés empêcheront le développement de la bombe atomique.

B Mission. Camille et le professeur ont une mission importante. Parlez de leur mission en remplaçant la proposition subjonctive par une proposition infinitive. Observez bien *les conjonctions* qui introduisent le subjonctif et *les prépositions* qui introduisent l'infinitif.

Modèle : Camille descend à Angoulême pour qu'on puisse discuter des projets du professeur.
Camille descend à Angoulême pour pouvoir discuter des projets du professeur.

1. Le professeur veut transporter l'eau lourde en Angleterre afin qu'on puisse sauver la France.
2. Le professeur et Camille demandent à Jean-Etienne de parler aux autres hommes politiques de peur qu'on ne soit découvert par les Allemands.
3. Jean-Etienne les aidera à condition qu'on puisse convaincre les autres hommes politiques.
4. Jean-Etienne ne peut pas les convaincre et il faut trouver un moyen pour aller en Angleterre avant qu'on ne perde l'eau lourde.
5. Frédéric et Raoul contribuent à la mission pour qu'on réussisse à livrer l'eau lourde.

C Résumé. Complétez les phrases suivantes de manière logique pour faire un résumé de l'histoire de l'eau lourde. Etudiez *les conjonctions* et *les prépositions* et déterminez s'il faut le subjonctif ou un infinitif.

Modèle : L'eau lourde est une eau rare utilisée *pour **développer des bombes atomiques***.

1. Le professeur transporte l'eau lourde *afin de…*
2. Camille aide le professeur *pour que…*
3. Frédéric parle avec le ministre *bien que…*
4. Jean-Etienne leur donnera les papiers nécessaires *à condition que…*
5. Jean-Etienne ne leur promet rien *de crainte de…*
6. *Quoique…*, le professeur et Camille continuent leur quête.
7. *Avant de…*, les Allemands apprennent que Camille et le professeur ont toujours l'eau lourde.
8. Le professeur et Camille s'enfuient *de peur que…*
9. Les Allemands les cherchent *jusqu'à ce que…*
10. Le professeur et Camille réussiront à leur mission *à moins que…*

 Travaillez ensemble! Espions. Alex Winckler appelle Berlin pour dire aux Allemands qu'il a trouvé l'eau lourde. Vous jouez le rôle d'Alex Winckler et votre partenaire joue le rôle d'un agent allemand. Il vous pose des questions sur l'eau lourde et sur les résistants. Créez votre dialogue et utilisez *les conjonctions suivies du subjonctif* et *les prépositions suivies de l'infinitif* dans votre conversation.

Modèle : Etudiant 1 : Est-ce que vous pouvez capturer le professeur pour qu'on puisse prendre l'eau lourde ?
Etudiant 2 : Oui, mais il y a une jeune femme qui l'accompagne afin d'assurer la livraison de l'eau lourde.

9.6 Le subjonctif - récapitulation

▶ Observez le tableau récapitulatif des emplois du subjonctif.

emplois du subjonctif	
verbes /expressions	**exemple**
de désir, de volonté désirer, souhaiter, vouloir commander, demander, exiger permettre, proposer, recommander empêcher, interdire, refuser, s'opposer à, tenir à	Viviane demande que Frédéric vienne chez elle.
d'émotions, de sentiments aimer, détester, préférer, regretter, etc. être content, désolé, étonné, triste, etc. avoir peur, craindre, etc.	Viviane a peur que la police veuille l'interroger.
de nécessité il est essentiel, il faut, il est nécessaire, il est obligatoire, il suffit, etc.	Il faut que Viviane aille à Bordeaux.
de jugement il est bon, dommage, important, préférable, rare, regrettable, utile, etc. il vaut mieux, il importe, etc.	Il est regrettable que Viviane ne soit pas moins égocentrique.
de doute douter, il est douteux	Frédéric doute que Viviane dise la vérité.
d'improbabilité il est improbable, il est peu probable	Il est improbable qu'elle ait été obligée tuer Arpel.
de possibilité il est possible, il n'est pas possible, il est impossible, il se peut	Il est possible qu'elle puisse demander à Jean-Etienne de résoudre son problème.
autre quel que soit + nom, quelque + que + nom + verbe	Quelle que soit la situation, Frédéric l'aidera à trouver une solution.

Tableau 13, Les emplois du subjonctif.

▶ Rappelez-vous les emplois du présent et du passé du subjonctif.

présent du subjonctif et passé du subjonctif		
proposition principale	**proposition subordonnée**	
	simultanément / postérieurement	**antérieurement**
passé composé imparfait présent conditionnel futur	présent du subjonctif	passé du subjonctif

Tableau 14, Le présent et le passé du subjonctif.

► Notez que certaines conjonctions exigent l'emploi du subjonctif et que certaines ont un équivalent prépositionnel.

emploi du subjonctif après certaines conjonctions	
subjonctif	**infinitif**
un but afin que pour que de crainte que (ne) de peur que (ne)	**un but** afin de pour de crainte de de peur de
une concession bien que malgré que quoique	
une condition à condition que pourvu que	**une condition** à condition de
une restriction à moins que (ne) sans que	**une restriction** à moins de sans
un temps avant que (ne) en attendant que jusqu'à ce que	**un temps** avant de en attendant de

Tableau 15, L'emploi du subjonctif et de l'infinitif après certaines conjonctions.

PRATIQUEZ !

A **Espion !** Conjuguez les verbes entre parenthèses *à l'indicatif* ou *au subjonctif* selon le contexte pour parler des espions du film.

Tout le monde pense qu'Alex Winckler _____ (être) journaliste et il est probable que ce/c'_____ (être) un bon journaliste. Il poursuit avidement Viviane. Pense-t-il qu'elle _____ (avoir) des secrets militaires ? Croit-il qu'elle _____ (être) espionne ? Evidemment, Viviane n'aime pas qu'Alex la _____ (suivre) partout. Bien que son comportement _____ (être) suspicieux, tout le monde sait qu'elle n'_____ pas (être) espionne ! Elle essaie de se déguiser de peur qu'Alex n'_____ (apprendre) qu'elle _____ (tuer) André Arpel. Vers la fin du film, on est surpris de découvrir qu'Alex _____ (être) espion et qu'il _____ (envoyer) des messages aux Allemands. Quoiqu'Alex _____ (appartenir) à l'armée allemande, Viviane a besoin de son aide et, à la fin du film, ils partent pour Paris ensemble. Est-il possible que Viviane _____ espionne ? Tout est possible parce qu'elle veut sauver sa carrière !

B **Sans conscience ?** Réfléchissez au comportement de Viviane au cours du film et complétez les phrases suivantes de manière logique. Utilisez *l'indicatif, le subjonctif* ou *l'infinitif* selon le contexte.

Au cours du film, on voit que Viviane n'est pas consciente du monde qui l'entoure.
1. Au début du film, elle appelle son ancien ami *afin de* _____ (elle/avoir) de l'aide.
2. Il va directement chez Viviane *parce que* _____ (il/aimer) son amie.
3. Viviane a tué Arpel. Il est *possible que* _____ (elle/être) arrêtée.
4. Viviane ne pense jamais à la façon dont ses actions touchent les autres et il *faut* maintenant *que* _____ (elle/réfléchir) à ce qu'elle fait.

5. La situation en France empire *pendant que* _____ (les Allemands/arriver) et Frédéric s'évade de prison.
6. *Bien que* _____ (la situation/être) grave, Viviane ne se soucie pas de la guerre.
7. Elle descend à Bordeaux *pour* _____ (elle/être) avec ses amis.
8. La situation à Bordeaux est grave mais Viviane *veut* toujours *que* _____ (sa vie/être) «normale».
9. Jean-Etienne la quitte *de peur que* _____ (on/découvrir) leur aventure et Viviane désespère.
10. *Quelle que* _____ (être) la situation, Viviane arrive à trouver quelqu'un qui peut s'occuper de ses problèmes.
11. A la fin du film, on voit que Viviane ne se soucie pas de la guerre et on *sait que* _____ (ce/être) une personne égoïste.
12. Il est pourtant *formidable que* _____ (elle/ne…pas/perdre) tout.

C Résistants. Pourquoi est-ce que Frédéric voulait participer à la Résistance ? Développez un paragraphe pour décrire les raisons de son engagement. Utilisez les rubriques ci-dessous pour développer votre explication et utilisez *l'indicatif, le présent et le passé du subjonctif* ou *l'infinitif* selon le contexte.

▶ Ses désirs et ses espoirs pour la Résistance (Il désire que… ; Il espère que…)
▶ Ses sentiments au sujet de la Résistance (Il pense que… ; Il est triste que… ; Il est content de…)
▶ La nécessité des actions des résistants (Il faut que… ; Il est nécessaire que…)
▶ Ses doutes et ceux des autres résistants (Il doute que… ; Ils ne sont pas sûrs que…)
▶ Les buts des résistants (Ils veulent… ; Ils veulent que… ; Ils travaillent pour que…)
▶ Les conditions et les concessions des résistants (Ils continuent leur lutte à condition que…/de…)
▶ Les restrictions des résistants (Sans… ; A moins que…)
▶ Les réussites des résistants (Avant de… ; En attendant que…)

Travaillez ensemble ! La guerre. Votre partenaire et vous discutez de la guerre. Vous vous parlez des raisons pour faire la guerre, de la nécessité de faire la guerre, des buts de la guerre, des espoirs des pays qui font la guerre et de vos sentiments au sujet de la guerre. Utilisez *L'indicatif, le présent* et *le passé du subjonctif* ou *l'infinitif* selon le contexte.

Modèle :   Etudiant 1 : Pensez-vous que la guerre soit nécessaire ?
                Etudiant 2 : A mon avis, la guerre n'est jamais nécessaire.

TRADUCTION

Français → anglais

Conseils
- Cherchez les mots apparentés et les faux amis.
- Déterminez si les mots indéfinis sont des adjectifs ou des pronoms.
- Observez que certaines conjonctions sont suivies du subjonctif et que certaines prépositions exigent l'emploi de l'infinitif.
- Faites très attention aux temps et aux modes des verbes.
- N'oubliez pas de ne pas traduire mot à mot !
- Utilisez le vocabulaire et la grammaire pour vous aider !

A **Mots et expressions.** Traduisez les mots et les expressions suivantes *en anglais.*

1. la guerre, la paix
2. l'Occupation, la Résistance
3. la patrie, le peuple
4. les civils, les hommes politiques, les militaires
5. les résistants, l'héroïsme

B **Phrases.** Traduisez les phrases suivantes *en anglais.*

1. On a perdu la guerre.
2. On devrait demander un armistice.
3. Il est nécessaire qu'on continue le combat.
4. On fera n'importe quoi.
5. Il faudra qu'on risque sa vie.

Anglais → français

A **Mots et expressions.** Traduisez les mots et les expressions suivantes *en français.*

1. to be unhappy that
2. to appeal to
3. to give someone hope
4. to do anything in order to
5. to be necessary to

B **Phrases.** Traduisez les phrases suivantes *en français.*

1. They will be able to save the country.
2. We must continue to fight.
3. You can contribute to the cause !
4. It is an example of heroism.
5. She delivered the heavy water.

C **Article.** J. Moulin écrit un article sur la guerre. Traduisez-le *en français.*

War or peace? What should the citizens of France do?
-- J. Moulin

Certain politicians think that we have lost the war. Certain ones are telling the French citizens that France must ask for an armistice. Other people believe that the citizens should continue the fight against Germany. The war is not lost!

Some people are unhappy that De Gaulle has appealed to the French citizens. He is speaking to them in order to give them hope and so that they will be able to save their country from the Germans. There are many people who believe that they can save France. They will do anything to contribute to the Resistance. It will be necessary for these members of the Resistance to risk their lives but they know that they will be saving the country they love as well as their liberties. A recent example of this heroism is Camille X who succeeded in delivering the only heavy water in Europe….

COMPRÉHENSION GÉNÉRALE

A **Vrai ou faux ?** Indiquez si les phrases suivantes sont vraies ou fausses.

1. vrai faux Au début du film, Viviane a très peur que la France ne déclare la guerre à l'Allemagne.
2. vrai faux Viviane appelle Frédéric parce qu'elle sait qu'il l'aidera quoi qu'il arrive.
3. vrai faux Viviane va au bureau de Jean-Etienne pour lui demander de l'aide.
4. vrai faux Jean-Etienne dit qu'il l'aidera à condition qu'elle se marie avec lui.
5. vrai faux Frédéric réussit à s'évader de prison et il part pour Bordeaux.
6. vrai faux Frédéric rencontre Camille pendant son voyage à Bordeaux et il ne l'aime pas du tout.
7. vrai faux Raoul et Frédéric aident Camille parce qu'ils veulent participer à la Résistance.
8. vrai faux Le professeur rejette leur aide parce qu'il pense que Raoul est malhonnête.
9. vrai faux A la fin du film, on apprend que Frédéric et Camille sont résistants.
10. vrai faux A la fin du film, on apprend aussi que Viviane est toujours une grande vedette.

B **Scènes.** Faites une petite description des scènes suivantes.

1. Frédéric arrive chez Viviane et il découvre qu'elle a tué André Arpel.
2. Frédéric et Raoul s'évadent de prison.
3. Raoul retrouve Frédéric dans le train à Bordeaux et il lui présente Camille.
4. Monsieur Girard emmène Camille, le professeur Kopolski, Frédéric et Raoul à Bordeaux.
5. Frédéric voit Viviane dans la voiture de Jean-Etienne à Bordeaux.
6. Jean-Etienne demande à Frédéric de déjeuner avec lui. Thierry Arpel reconnaît Frédéric.
7. Jean-Etienne dit à Camille qu'il ne peut pas obtenir les papiers nécessaires pour transporter l'eau.
8. Jean-Etienne rompt avec Viviane.
9. Frédéric va emmener le professeur et Camille à Soulac quand Viviane arrive. Frédéric change d'avis.
10. On apprend qu'Alex est un espion allemand. Frédéric abandonne Viviane et il part pour Soulac pour avertir ses amis.
11. On livre l'eau lourde et Frédéric quitte la France avec le professeur. Camille lit le manuscrit de Frédéric.
12. Frédéric et Camille fuient devant les policiers et ils se cachent dans une salle de cinéma.

C **Epoques.** Rappeneau présente trois époques au cours du film. Décrivez chacune selon les rubriques données.

août 1939 – mai 1940
  Titre : Débuts
  Lieu d'action : Paris
  Evénement historique : la déclaration de guerre

Hitler à Paris avec l'architecte Albert Speer, le 23 juin 1940

juin 1940
   Titre : Exode
   Lieu d'action : Paris, Angoulême, Bordeaux
   Evénements historiques : l'exode, le déménagement du gouvernement, la démission de Reynaud, l'armistice de Pétain

avril 1942
   Titre : Résistance
   Lieu d'action : Paris
   Evénement historique : la veille de l'unification des mouvements de Résistance

D **Lecture.** Etudiez les deux appels aux Français ci-dessous. De quoi est-ce que le Maréchal Pétain parle ? Qu'est-ce qu'il veut faire ? Pourquoi ? De quoi est-ce que le Général de Gaulle parle ? Qu'est-ce qu'il veut faire ? Pourquoi ? Est-ce que les appels sont pessimistes ou optimistes ? Expliquez. Quelle est la réaction des Français aux appels à votre avis ? Expliquez.

Appel du 17 juin 1940

Texte du discours radiodiffusé du Maréchal Pétain

«Français, à l'appel de M. le Président de la République, j'assume à partir d'aujourd'hui la direction du gouvernement de la France. Sûr de l'affection de notre admirable armée, qui lutte avec un héroïsme digne de ses longues traditions militaires contre un ennemi supérieur en nombre et en armes, sûr que par sa magnifique résistance elle accomplit nos devoirs vis-à-vis de nos alliés, sûr de l'appui des anciens combattants que j'ai eu la fierté de commander, sûr de la confiance du peuple tout entier, je fais à la France le don de ma personne pour atténuer son malheur.

En ces heures douloureuses, je pense aux malheureux réfugiés qui, dans un dénuement extrême, sillonnent nos routes. Je leur exprime ma compassion et ma sollicitude. C'est le coeur serré que je vous dis aujourd'hui qu'il faut cesser le combat.

Je me suis adressé cette nuit à l'adversaire pour lui demander s'il est prêt à rechercher avec nous, entre soldats, après la lutte et dans l'honneur, les moyens de mettre un terme aux hostilités (...)»

Appel du 18 juin 1940

Texte du discours radiodiffusé du Général de Gaulle diffusé par la BBC

«Les chefs qui, depuis de nombreuses années, sont à la tête des armées françaises, ont formé un gouvernement. Ce gouvernement, alléguant la défaite de nos armées, s'est mis en rapport avec l'ennemi pour cesser le combat. Certes, nous avons été, nous sommes, submergés par la force mécanique, terrestre et aérienne, de l'ennemi.

Infiniment plus que leur nombre, ce sont les chars, les avions, la tactique des Allemands qui nous font reculer. Ce sont les chars, les avions, la tactique des Allemands qui ont surpris nos chefs au point de les amener là où ils en sont aujourd'hui.

Mais le dernier mot est-il dit ? L'espérance doit-elle disparaître ? La défaite est-elle définitive ? Non !

Croyez-moi, moi qui vous parle en connaissance de cause et vous dis que rien n'est perdu pour la France. Les mêmes moyens qui nous ont vaincus peuvent faire venir un jour la victoire.

Car la France n'est pas seule ! Elle n'est pas seule ! Elle n'est pas seule ! Elle a un vaste Empire derrière elle. Elle peut faire bloc avec l'Empire britannique qui tient la mer et continue la lutte. Elle peut, comme l'Angleterre, utiliser sans limites l'immense industrie des États-Unis.

Cette guerre n'est pas limitée au territoire malheureux de notre pays. Cette guerre n'est pas tranchée par la bataille de France. Cette guerre est une guerre mondiale. Toutes les fautes, tous les retards, toutes les souffrances, n'empêchent pas qu'il y a, dans l'univers, tous les moyens nécessaires pour écraser un jour nos ennemis. Foudroyés aujourd'hui par la force mécanique, nous pourrons vaincre dans l'avenir par une force mécanique supérieure. Le destin du monde est là.

Moi, général De Gaulle, actuellement à Londres, j'invite les officiers et les soldats français qui se trouvent en territoire britannique, ou qui viendraient à s'y trouver, avec leurs armes, ou sans leurs armes, j'invite les ingénieurs et les ouvriers spécialistes des industries d'armement qui se trouvent en territoire britannique ou qui viendraient à s'y trouver, à se mettre en rapport avec moi.

Quoi qu'il arrive, la flamme de la résistance française ne doit pas s'éteindre et ne s'éteindra pas. Demain, comme aujourd'hui, je parlerai à la Radio de Londres.»

Dois-je admirer le breton pour son indomptable° optimisme patriotique ou déplorer une telle candeur ? Tous les harengs se serrent dans le camion. Les gars de ma batterie obéissent à leurs gradés survivants, c'est normal ; les autres militaires, glanés° le long des routes, agissent de même, à ma grande surprise. Décidément, «la discipline faisant la force principale des armées, il importe que tout supérieur obtienne une soumission totale... » Eh bien, le sort° en est jeté ; fonçons° à la rencontre des envahisseurs et boutons-les hors de France.

Encore une route secondaire déserte. D'autant plus déserte que personne n'éperonne° son cheval vers les moulins à vent.

A Autun, changement de directives. On repart vers le Sud, à Clermont-Ferrand. Quel soulagement ; nous avons tous des âmes de migrateurs, fuyant les bourrasques. Aux approches de Clermont-Ferrand, le flux des véhicules, les civils nous retardent. Mais le pire est notre camion : il rend l'âme comme un chameau exténué refusant un pas de plus. Chacun se charge de son barda°... sauf moi ; toutes mes affaires étaient dans un autre camion, à Rolampont. Je suis le plus démuni° des démunis ; en bandoulière°, mon bidon° de soldat ; exactement c'est celui de mon père, de la guerre 14-18. Je me l'étais approprié lors d'une permission ; il est semblable aux actuels mais avec deux becs au lieu d'un. J'y tiens.

Nous arrivons sur la grande place de Clermont-Ferrand. Nos logis-chefs reviennent avec des instructions précises : «Les Allemands arrivent, foutez le camp si vous pouvez attrapez le dernier convoi, véritable train de la Dernière Chance.» Au pas de course. Nous envahissons la gare et ... c'est comme au cinéma ; dans mes aventures de guerre, souvent cette comparaison me saute au visage «c'est comme au cinéma». Le long train de wagons à bestiaux, panneaux ouverts, est parti ; il n'a pas encore pris trop de vitesse, en courant nous sautons tous dans les wagons, même Gramou. La nécessité donne des ailes.

Notre wagon est occupé par deux jeunes femmes, une brune et une rousse. Elles accueillent mi-figues, mi-raisins, cette bande de soldats, ceux de ma batterie toujours armés, «les yeux hagards sortant de la tête», les faces de bandits calabrais°. Nous ferons fort bon ménage. Fort bon voyage ? Ça, c'est autre chose : ce train s'arrêtera souvent, et longtemps, en rase campagne : satisfaction des jeunes femmes qui s'isolent dans la nature, inquiétude pour nous de devenir la cible° d'avions mitrailleurs : mes rescapés non artilleurs finissent par nous quitter ; ils préfèrent partir à pied au hasard. Dame, ils avaient bien raison...mais nous ne fûmes pas attaqués.

A un arrêt, près d'un autre train, abandonné celui-là, je trouve dans un compartiment une caisse comme une grosse valise, pleine de boîtes de sardines. Les soldats ont découvert un grand tonneau de vin ; ils y ont enfoncés leurs baïonnettes et le rouge liquide jaillit de partout, recueilli dans d'avides bidons par des mains tremblantes de désir ; les instincts primitifs des âges farouches reprennent pleinement le dessus. Je remplis mon bidon.

Dans une gare, longtemps après, ces dames de la Croix-Rouge nous offrent de la soupe épaisse et de la boisson. Nous étions saturés de nos exclusives sardines sans pain. Je rôde dans la gare ; à la cantine, un cuisinier pris de compassion pour mon grand dénuement me donne une grande boîte de conserve vide et une cuillère à soupe. Je les garderai précieusement. Et je peux enfin profiter de la soupe moi aussi.

A la longue, nous arrivons à Sète ; y apprenons l'armistice de Pétain ; abandonnons nos fusils à l'endroit prescrit°. Puis je vais au téléphone. En 1935, j'ai traversé la France avec d'autres athlètes – mon ami l'extraordinaire Gaston Murray, futur Champion de France – pour participer au Concours National de Sète. Notre groupe était piloté – choyé°, materné même – par un nommé Roux, inconditionnel on ne sait pour quelle raison, des Ch'timis°, et employé aux P.T.T. (Postes Télégraphes Téléphones). C'est comme au cinéma, je l'ai immédiatement au bout du fil°, il trie les appels à la grande Centrale.

invincible

picked up

fate
speed toward, charge at

spur (a horse)

gear
poor
across the shoulder
/ tin, can

Calabrian (Italian)

the target

stipulated

pampered
inhabitants of Northern France

on the line

Au moment de lui exposer le rêve de ma vie : trouver du travail sur la Côte et y vivre toute l'année, et les doigts d'or de couturière de ma femme y seraient prisés, les copains me harponnent, le train part, nous allons à Bordeaux. Adieu lait, poules, vaches et cochons.

Du voyage à Bordeaux, aucun souvenir. J'étais malade. L'heure de liberté à Bordeaux, je l'ai passée dans les toilettes, à vomir douloureusement, pour la première fois de mon existence. Et, allez-y, on repart. Cette fois, pour Tarbes.

Je devais être bien malade car là non plus, je ne me souviens de rien. Si. Qu'un général malgré l'armistice de Pétain, continue la guerre à lui tout seul ; un certain De Gaulle. Quel curieux nom.

La grande caserne° est un camp de réfugiés militaires. Ça afflue°, afflue chaque jour. Les responsables sont débordés malgré leur immense bonne volonté. Heureusement de ma boîte de conserve et de ma cuillère à soupe ! Moi qui n'ai jamais aimé les conditions de la caserne, je suis servi. Aussi, je ne tarde pas à trouver, dans la campagne environnante, des fermiers qui pleurent après des bras solides, pour la moisson°. Les miens le sont, solides, mais je suis malade : pénible dysenterie persistante, d'après mon diagnostic. J'ai beaucoup souffert pendant ce mois de durs travaux des champs. Les copains – toujours eux – viennent me harponner de nouveau : demain nous partons, cette fois pour les Hautes-Pyrénées.

En me rendant de la ferme à la caserne, je croise le colonel-à-la-limousine. J'évite de le saluer. Par chance, il ne me voit pas. M'aurait-il reconnu ? Je me suis payé un rasoir et mes traits° sont terriblement tirés°. Mais ne pas saluer, quel crime de lèse-majesté !

C'est un peu surprenant comme je l'échappe toujours belle.

Les autobus, pleins de soldats, les échelonnent° de loin en loin, sur cette haute route pyrénéenne. Ma batterie est la dernière déposée°, tout près du Tourmalet. Nous serons une quinzaine de jours sans rien faire. Yves, mon bon copain Yves, grand, large, costaud, calme, et moi partions chaque jour en excursion ; mais ma santé ne va décidément pas. Yves rencontre un curiste; ensemble, ils exploreront la montagne ; Yves me raconte les beaux petits lacs pyrénéens. Il a vite assimilé le pas lent, tranquille, inusable du montagnard. Quant à moi je m'isole dès le matin près d'un petit torrent clair et glacé ; j'alterne chauds bains de soleil et froides ablutions. J'emporte du camp ma nourriture ; insuffisante car le ravitaillement° s'évapore anormalement dans tous les camps précédents et, souvenez-vous, nous sommes les plus hauts placés. Mais elle est amoureusement préparée par notre cuistot alsacien trois étoiles dans le civil. Je liquide° mon dernier argent à acheter des fruits, des oeufs et des biscuits.

Cette solitude me convient. Je médite, étendu au soleil, près du torrent ; un jour mon regard s'accroche à une frêle brindille° en équilibre sur un caillou sortant de l'eau ; elle pique du nez, se relève, repique de plus belle et, au moment d'être emportée, se redresse fortement, et le manège° recommence interminablement, pendant des heures. Je m'identifie à cette brindille. Que pourrait-elle comprendre ? «Sans lutte, je vais être emportée vertigineusement.» Mais que sait-elle du torrent, des rivières, fleuves et mers ? Où va cette masse liquide ? Que sait-elle des nuages qui ré-alimentent les nappes montagnardes ? Rien. Comme moi, du mystère de la Vie. Je songe à tout cela sans malaise ni tourment parce que je suis en train de me «rebecqueter»° au physique comme au moral ; ma cure semble bien combinée. Dès le début des terrassements j'ai retrouvé mes capacités physiques ; elles me valorisent auprès de mon chef d'équipe, Abadie, employé des Ponts-et-Chaussées et petit cultivateur, du Chef de chantier, et de M. l'Ingénieur qui supervise l'ensemble des travaux.

L'automne approche. Un dimanche, je m'éloigne du camp vers le Tourmalet. Petit crachin° semblable à celui du Nord. Depuis une semaine, j'éprouve une constante sensation d'étouffement°. Je l'apprendrai beaucoup

Margin glossary:
barracks / floods in
the harvest
features / drawn
spread out
dropped off
the supplies
spend
frail twig
merry-go-round
peck at again
drizzle
suffocation

plus tard : les habitants des grandes plaines finissent toujours par être oppressés après un long séjour en haute altitude. Je m'accoude° au parapet d'un petit pont enjambant un ruisseau (ruisseau dans lequel, plus haut, s'est jeté mon torrent bien-aimé). Et soudain, dans cette complète solitude, j'entends distinctement une voix : «La vie met comme un voile devant la vie, pour en cacher le sens, si elle en a un.» Profondément athée, je conclus à un travail secret de mon inconscient qui, soudainement, envahit tout le champ de ma conscience.

to lean against

Curieux, néanmoins.

Comme déjà précisé, les denrées° alimentaires arrivent au compte-gouttes° ; les nouvelles aussi. Nous apprenons tardivement qu'on démobilise° tous les volontaires, à Tarbes. Des copains nous saluent ironiquement en embarquant joyeux, un matin, dans l'autobus. Le soir, les voilà de retour têtes basses : manque de chance, la démobilisation est désormais liée à un contrat de travail en règle°. Le soir même, je vais voir mon chef d'équipe Abadie, dans sa petite ferme ; il me rédige° un contrat et m'offre un sac de montagnard (les pyrénéens les fabriquent dans de vieilles couvertures). Le Chef de chantier me recommande par lettre à son beau-frère, inspecteur de Police à Tarbes, et, le lendemain matin je suis seul à monter dans l'autobus pour tenter° l'aventure.

goods / droppers
demobilize

valid

draws up

to attempt

«On ne peut plus vous démobiliser comme cela ; un contrat de travail est indispensable ; cette condition a été décidée pour votre bien. Vous le comprenez bien ?» me précise le jeune officier de service.

Tu parles vieux Charles !

«– Mais, mon lieutenant, j'ai... un contrat de travail.»

Je touche un pantalon et une veste de civil. Je garde définitivement ma tenue de soldat°. Je sors de là civil. Mais oui civil, déguisé en guerrier.

military uniform

Ce n'est pas trop tôt ! Faisons le bilan°. Dans mon sac au dos, costume de rechange ; rasoir, blaireau°, savon de Marseille, serviette ; la cuillère à soupe donnée par le cuisinier ; livret militaire en règle.

let's take stock
shaving brush

Quelques francs seulement en poche ; de ceux qu'on appellera centimes, bien plus tard. Avant la débâcle, attendant une permission de détente, j'avais déconseillé à ma famille de m'envoyer de l'argent.

Et je dois traverser toute la France pour rejoindre ma femme dans le Nord – nous nous sommes mariés en Juillet 39 – si elle y est restée ; ou bien a-t-elle évacué chez des amis bretons comme prévu° ? Complication : le Nord est interdit d'accès à quiconque°.

planned
whoever

Je ne doute pas une seconde de retrouver ma jeune épouse où qu'elle soit. Le vent est à l'optimisme.

Ah ! Jeunesse, belle Jeunesse, inconsciente Jeunesse.

Peut-être écrirai-je, un jour, la suite de mes aventures –mésaventures si on veut– de guerre, dans le civil cette fois.

Mais ce serait une autre... une toute autre histoire.

© Raoul Bracq, *Souvenirs de Raoul Bracq*, 1990 Reproduit avec autorisation

A **Synonymes.** Etudiez le vocabulaire ci-dessous et barrez le mot qui n'est pas logique.

1.	**fuite :**	échappée	évasion	fugue	invasion
2.	**bourrée :**	chargée	pleine	remplie	vide
3.	**rescapés :**	échappés	morts	sauvés	survivants
4.	**fuyard :**	captif	déserteur	évadé	fugitif
5.	**sciés :**	atterrés	figés	libérés	muets
6.	**glanés :**	collectés	déposés	ramassés	réunis
7.	**dénuement :**	famine	misère	pauvreté	richesse
8.	**caserne :**	bâtiment militaire	cabaret	campement	fort

| 9. **cuistot :** | chef | cordon-bleu | cuisinier | directeur |
| 10. **bilan :** | bagage | examen | inventaire | liste |

B Vrai ou faux ? Déterminez si les phrases suivantes sont vraies ou fausses.

1. vrai faux   Bracq fuit parce qu'il a peur des Allemands. Les autres militaires l'accompagnent parce qu'ils ont peur aussi.
2. vrai faux   La fuite est précaire mais les hommes que Bracq conduit ont confiance en lui.
3. vrai faux   Au cours du trajet, Bracq et ses camarades rencontrent un passage à niveau fermé. Comme Bracq est militaire, le garde-barrière laisse passer son camion.
4. vrai faux   A Dijon, les Autorités militaires donnent des ordres aux chefs. Il faut aller à N… (vers le Nord).
5. vrai faux   A Autun, il y a un changement de directives et les militaires repartent vers Bordeaux.
6. vrai faux   A Clermont-Ferrand, ils apprennent que les Allemands arrivent. Il faut retourner à Paris.
7. vrai faux   Bracq et ses camarades attrapent le train de «la Dernière chance».
8. vrai faux   Le voyage en train est pénible parce qu'il s'arrête souvent.
9. vrai faux   Bracq se souvient très bien du voyage à Bordeaux bien qu'il ait été malade.
10. vrai faux   A la fin de l'histoire, Bracq est démobilisé parce qu'il a un contrat de travail. Il veut chercher sa femme.

C Trous. Complétez les phrases suivantes avec les mots qui conviennent.

1. L'histoire de *La Fuite* commence en _____.
2. Bracq est _____ et, d'après les règlements en cours, il ne devrait pas conduire.
3. Bracq et ses camarades arrivent _____ sans aucun obstacle mais il faut retourner vers _____.
4. _____, il y a un autre changement de directives et ils repartent _____.
5. A Clermont-Ferrand, ils apprennent qu'il faut attraper le dernier convoi, le train de la _____.
6. A un arrêt, Bracq et ses camarades, trouvent _____ et _____ dans un train abandonné.
7. Des femmes de la _____ offrent de la soupe épaisse et de la boisson à Bracq et à ses camarades.
8. A Sète, ils apprennent _____ de Pétain et ils abandonnent _____ à l'endroit prescrit.
9. A Tarbes, Bracq est très malade mais il apprend que _____ continue la guerre à lui tout seul malgré l'armistice de Pétain.
10. Après avoir passé du temps dans les Hautes-Pyrénées, Bracq retourne _____ parce qu'il espère être démobilisé.

D En général. Répondez aux questions suivantes. Ecrivez deux ou trois phrases.

1. Quand est-ce que l'histoire de la fuite commence ? Qu'est-ce que Bracq et ses camarades font ?
2. Qu'est-ce que Bracq a fait les deux nuits précédentes ?
3. Pourquoi est-ce que Bracq pense que ses copains le considèrent comme une sorte de demi-dieu ?
4. Comment est-ce que Bracq arrive à passer le passage à niveau fermé ?
5. Comment est la ville de Dijon quand Bracq y arrive avec ses camarades ?

6. Pourquoi est-ce que Bracq et ses camarades doivent changer de route plusieurs fois au cours de l'histoire ?
7. Comment est le voyage en train ? Qu'est-ce que les militaires font ?
8. Qu'est-ce que Bracq apprend à Sète ? Qu'est-ce qu'il y fait ?
9. Pourquoi est-ce que Bracq ne se souvient pas du voyage à Bordeaux et à Tarbes ? Qu'est-ce qu'il a ?
10. Qu'est-ce que son ami Yves fait dans les Hautes-Pyrénées ? Est-ce que Bracq l'accompagne ?
11. Qu'est-ce que Bracq fait donc ?
12. Qu'est-ce que Bracq apprend quand les aliments arrivent ? Est-ce qu'il va réussir à être démobilisé ? Pourquoi ?

E Aller plus loin. Ecrivez un paragraphe pour répondre aux questions suivantes.

1. Quels éléments de l'histoire de Bracq correspondent aux éléments du film *Bon Voyage* ?
2. Quels dangers est-ce que Bracq rencontre au cours de sa fuite ? Pourquoi ? Est-ce que les personnages du film rencontrent les mêmes risques ?
3. A la fin de l'histoire, Bracq dit qu'il doit traverser toute la France pour rejoindre sa femme dans le nord. Quels sont les dangers pour Bracq ? Est-ce qu'il sait où sa femme est allée ? Pourquoi pas ?
4. Le récit de Bracq n'est pas littéraire. Citez des exemples qui montrent que Bracq écrit comme on parle.
5. Réfléchissez aux autres textes que vous avez lus. Comment est-ce que le récit de Bracq se distingue de ces autres textes ? Quel est l'effet ? Expliquez.
6. Bien que le récit de Bracq n'ait pas de valeur littéraire, il a une valeur culturelle. Expliquez sa valeur culturelle.

CULTURE

Les médias et la technologie

A noter !

Tout était censuré par les Allemands pendant la guerre et cette censure touchait la presse écrite, la radio, le cinéma et le théâtre. Le film de François Truffaut, *Le Dernier métro (1980),* parle de cette censure. Gérard Depardieu et Catherine Deneuve ont reçu les César du *Meilleur acteur* et de la *Meilleure actrice* pour leur rôle dans ce film.

A Médias. Reliez le mot à droite avec sa définition à gauche.

_____ 1. Une publication qui fait connaître les actualités.	a.	une émission
_____ 2. Une émission de radio ou de télé qui donne des nouvelles.	b.	les informations
_____ 3. Un programme transmis à la radio ou à la télé.	c.	un hebdomadaire
_____ 4. L'ensemble des publications.	d.	un journal

_____ 5. Une publication qui paraît une fois par semaine.
_____ 6. La transmission d'images et de sons.
_____ 7. Une publication périodique avec des illustrations.
_____ 8. Une publication qui paraît une fois par mois.
_____ 9. La radiodiffusion de programmes sonores.
_____ 10. Un journal qui paraît tous les jours.

e. un magazine
f. un mensuel
g. la presse
h. un quotidien
i. la radio
j. la télévision

B **Sondage – Lecture d'un quotidien.** En France, la lecture d'un quotidien varie selon l'âge ainsi que selon le sexe. Étudiez le sondage ci-dessous et puis, réfléchissez à vos propres habitudes en ce qui concerne la lecture d'un quotidien. Comparez vos habitudes avec celles d'un et d'une camarade de classe. Discutez de quand, d'où et de pourquoi vous lisez un quotidien. Quels quotidiens préférez-vous ? Pourquoi ?

Lecture d'un quotidien								
Sur 100 personnes de 15 ans et plus de chaque groupe lisent : un quotidien payant					un quotidien gratuit d'information générale			
	Tours les jours ou presque	Une ou plusieurs fois par semaine	Plus rarement	Jamais ou pratiquement jamais	Tours les jours ou presque	Une ou plusieurs fois par semaine	Plus rarement	Jamais ou pratiquement jamais
Ensemble	29	26	14	31	6	13	13	68
Hommes	32	27	12	25	7	13	14	66
Femmes	26	25	15	34	5	13	12	69
15 à 19 ans	6	27	17	49	9	13	12	65
20 à 24 ans	14	31	24	32	13	17	15	55
25 à 34 ans	16	29	21	34	9	16	16	60
35 à 44 ans	22	30	14	34	6	14	14	66
45 à 54 ans	32	25	13	30	6	15	12	67
55 à 64 ans	41	24	10	26	3	12	14	70
65 ans et plus	50	20	6	24	2	8	10	80

Lecture d'un quotidien									
	Un quotidien payant					Un quotidien gratuit d'information générale			
	Âge	Tours les jours ou presque	Une ou plusieurs fois par semaine	Plus rarement	Jamais ou pratiquement jamais	Tours les jours ou presque	Une ou plusieurs fois par semaine	Plus rarement	Jamais ou pratiquement jamais
Vous									
Un camarade de classe									
Une camarade de classe									

C Sondage – Lecture régulière de magazines. En France, la lecture régulière d'un magazine varie aussi selon l'âge ainsi que selon le sexe. Qui préfère lire des magazines et quels magazines préfère-t-on ? Etudiez le sondage ci-dessous et puis, réfléchissez à vos propres habitudes en ce qui concerne la lecture des magazines. Comparez vos habitudes avec celles d'un et d'une camarade de classe. Discutez de quand, d'où et de pourquoi vous lisez des magazines. Quels magazines préférez-vous ? Pourquoi ?

Liens !

Rappelez-vous qu'Elsa cache le journal du géomètre quand elle voit sa photo à la une. Quel genre de journal est-ce à votre avis ? Pourquoi ?

Lecture régulière de magazines						
2008						
Sur 100 personnes de 15 ans et plus de chaque groupe :			*dont*			
	Lisent régulièrement un magazine	Radio télévision	Féminins, mode et généralistes	Actualités	People	Loisirs, culture
Ensemble	**59**	**20**	**5**	**9**	**4**	**11**
Hommes	56	18	1	10	1	16
Femmes	62	21	8	9	7	6
15 à 19 ans	52	13	2	4	5	14
20 à 24 ans	52	10	4	8	6	12
25 à 34 ans	48	13	4	5	3	12
35 à 44 ans	57	18	5	9	5	13
45 à 54 ans	59	23	4	11	4	11
55 à 64 ans	66	24	7	12	4	11
65 ans et plus	68	27	6	12	4	7

Lecture régulière de magazines							
				dont			
	Age	Lisent régulièrement un magazine	Radio / télévision	Féminins, mode et généralistes	Actualités	People	Loisirs, culture
Vous							
Un camarade de classe							
Une camarade de classe							

D **Kiosque.** Vous développez un site web sur la presse française. Utilisez le vocabulaire ci-dessous pour donner un titre à chaque groupe de publications.

vocabulaire

hebdomadaires et mensuels nationaux d'actualité
hebdomadaires régionaux et départementaux
informatique
maison / jardin

presse féminine
quotidiens gratuits
quotidiens nationaux
quotidiens régionaux et départementaux

radios
sports / loisirs
télévision / cinéma
télévisions

Le Kiosque				
Quotidiens			**Hebdomadaires et mensuels**	
1.	**2.**	**3.**	**4.**	**5.**
La Croix Les Echos L'Equipe Le Figaro France Soir L'Humanité Libération Le Monde La Tribune	Charente Libre Corse matin Le Courrier Picard L'Est Républicain L'Indépendant du Midi Midi Libre Nice Matin Le Parisien Var Matin La Voix du Nord	20 Minutes Métro	Courrier International L'Expansion L'Express Le Journal du Dimanche Marianne Le Monde Diplomatique Notre Temps Le Nouvel Observateur Paris Match Le Point	La Gazette du Midi L'Hebdo de Nantes L'Informateur Le Journal de Vitré Marseille l'Hebdo Le Patriote Beaujolais Le Réveil du Midi Le Tout Lyon Le Var Information Voix du Jura

E **Les médias.** Vous travaillez pour le journal gratuit *Les News.* Vous écrivez un article sur les médias (la presse, la radio, la télé) et l'Internet. Pour mieux parler des habitudes de vos lecteurs, vous faites un sondage dans les rues de Paris. Développez votre sondage selon les critères suivants et écrivez un article intéressant !

▶ Age, métier, sexe, etc. de la personne sondée
▶ Les journaux : les quotidiens préférés, la fréquence de lecture, etc.
▶ Les magazines : les magazines préférés, le type de magazine préféré, la fréquence de lecture, etc.
▶ La radio : les chaînes préférées, le type de chaîne préférée, la fréquence d'écoute, etc.
▶ La télévision : les chaînes préférées, le type de chaîne préférée, la fréquence de visionnement, etc.
▶ L'Internet : les sites web préférés, la fréquence d'utilisation, etc.

F **Gérard Depardieu.** Vous suivez un cours de cinéma à votre université et vous devez faire un exposé sur un acteur étranger. Vous décidez de présenter un acteur connu en Europe et aux Etats-Unis : Gérard Depardieu. Vous préparez votre présentation selon le plan ci-dessous.

▶ Photos
▶ Biographie
　■ Date de naissance
　■ Lieu de naissance
　■ Lieu de résidence
　■ Education
▶ Filmographie
　■ Films français
　■ Films américains
　■ Films italiens
　■ Films allemands
　■ Films anglais
　■ Films russes
▶ Vos recommandations (vos dix films préférés)
▶ Prix (Festival de Cannes, César, etc.)
▶ Autre (Centre d'intérêts, activités culturelles, etc.)

Raymond Lescastreyes a rejoint l'armée française au début de la guerre et a pris sa retraite quarante ans plus tard. Il a écrit ses souvenirs de guerre afin d'aider sa petite-fille, qui étudiait la Seconde Guerre mondiale à l'école, à mieux connaître cette époque et ses aventures. Sa famille a décidé de publier ses souvenirs pour que d'autres puissent en bénéficier. Cet extrait raconte ce qui se passait au début de la guerre (1939 – 1940).

Souvenirs de Guerre d'un jeune Français

Raymond Lescastreyres

Août 39, je vais avoir seize ans. J'ai terminé mes études de sténo-dactylo comptable que j'ai suivies à l'école Pigier à Mont de Marsan, chef-lieu du département des Landes où vit ma mère.

Muni de mes diplômes, en attendant de trouver un emploi à Mont de Marsan, je suis en vacances à Parentis en Born où je suis né et où vit mon père. Quand je dis «vacances», je les passe essentiellement à me faire un peu d'argent de poche en travaillant à Biscarosse, à la base aéronavale des Hourtiquets, située au bord du lac de Parentis-Biscarosse. Je fais chaque jour le chemin aller et retour à vélo. (25 km)

Cette base, déjà connue pour avoir vu s'envoler pour son dernier vol Mermoz avec son Hydravion «Croix du Sud», a vu aussi L'hydravion géant «Lieutenant de Vaisseau Paris» effectuer ses premiers essais en 1935. En ce moment on l'agrandit en grignotant toujours un peu plus la dune à laquelle elle est adossée ; des pelles excavatrices chargent de sable une noria de camions benne et mon travail consiste à enlever, à la pelle, le sable qui tombe des camions et à le remettre dans ces derniers afin que l'emplacement de chargement soit toujours propre. (Comme on le voit mes capacités professionnelles étaient utilisées au mieux !)

Parfois, entre deux coups de pelle, je regarde amerrir ou s'envoler quelques-uns des beaux hydravions des British Imperial Airways qui, à l'époque, assuraient régulièrement la liaison Londres-Melbourne, avec, bien sûr, plusieurs escales dont Biscarosse. Je me souviens encore de certains noms qu'ils portaient, des noms de constellations (Cassiopeia, Andromedia, Centaurus entre autres.) Cela me faisait rêver et me donnait, déjà, l'envie de voyager.

Sur la base, chaque jour plus nombreux, on voit des aviateurs de l'armée de l'air. J'écoute les conversations des autres ouvriers, tous bien plus âgés que moi. Ils s'entretiennent de la situation internationale et je les entends parler d'une éventuelle mobilisation.

Le soir, rentré chez moi, je lis le journal «La Petite Gironde» que mon père reçoit chaque jour. Certes, les nouvelles ne sont pas bonnes. En 1938, donc un an plus tôt, la guerre avait été évitée de justesse, mais le sentiment est de plus en plus général que, cette fois, elle va devenir inévitable. Chez mon père il n'y a pas la radio mais le journal nous en apprend suffisamment et après l'annexion par Hitler des Sudètes puis de la Slovaquie, les bruits de bottes se font très précis, trop précis à la frontière germano-polonaise. En France on est confiant, la ligne Maginot est considérée comme imprenable, notre alliance avec l'Angleterre est très solide et nos gouvernants comptent beaucoup sur le contrepoids que pourrait exercer l'URSS pour freiner les ambitions allemandes et même s'y opposer.

Oui, nous sommes confiants, bien trop confiants. Fin août 1939 c'est un coup de tonnerre ! L'Allemagne et L'URSS viennent de signer un pacte de non-agression et, désormais, plus rien ne fait obstacle aux visées expansionnistes de L'Allemagne. Le 1er septembre, Varsovie est bombardée et les Panzerdivisonen (Divisions blindées allemandes) entrent en Pologne. Le 2 septembre, la guerre est déclarée à l'Allemagne par l'Angleterre et la France où la mobilisation générale est décrétée.

Tous les hommes valides de 20 a 48 ans sont mobilisés mais les moyens de transport existants ne peuvent permettre de les déplacer tous en même temps aussi, à l'issue de leur service militaire (qui a l'époque dure 2 ans) sont-ils tous munis d'une brochure (un fascicule, c'est le terme employé par l'autorité militaire) où sont mentionnés, en cas de mobilisation générale (jour J) le jour où ils doivent se mettre en route et le régiment qu'ils doivent rejoindre. Ces dates varient du jour J pour les plus jeunes qui viennent juste de terminer leur service militaire, jusqu'à J+8 pour les plus âgés.

Les départs s'étalent donc sur plusieurs jours et, à la gare, train après train, je vois partir des parents, des amis, des voisins que leurs mères, épouses, sœurs ou enfants accompagnent. Certes, c'est loin d'être la joie, loin de là, mais l'opinion générale est qu'il faut donner enfin une bonne leçon à Hitler, que cette guerre qui commence ne durera pas longtemps (une affaire de quelques mois pense-t-on généralement) et que les partants seront bien vite de retour. En tous cas, 21 ans après la fin de ce que, en France, on appelle la Grande Guerre, personne n'imagine que celle qui vient d'être déclarée puisse durer, comme elle, plus de quatre ans.

Les camions, autos et chevaux sont aussi réquisitionnés. Des équipes spécialisées examinent l'état matériel des véhicules, l'état sanitaire des chevaux, retiennent ce qui leur convient, restituent ce qui ne leur convient pas.

En quelques jours le village se trouve vidé de ses forces vives. A part quelques affectés spéciaux échappant au sort commun pour assurer la pérennité des services essentiels (transport, énergie, santé, sécurité entre autres), il ne reste plus que les femmes qui prennent le relais des hommes, les enfants qui doivent apprendre à mûrir plus vite, les vieillards qui doivent se remettre, s'ils le peuvent encore, au travail, et les estropiés ou malades, dont il faut bien s'occuper. Pour ce qui concerne ma famille, mon père, qui a près de 59 ans, n'est pas mobilisable. Il continue son métier de résinier (Il récolte la résine des pins pour le compte d'un propriétaire, entre mars et octobre, un travail de forçat particulièrement mal payé, si mal payé que, depuis 40 ans il a totalement disparu de France où personne n'a plus voulu le pratiquer.) De novembre à février, il travaille à l'abattage des pins, travail tout aussi éreintant mais mieux payé.

Avec la guerre, la base aéronavale devient exclusivement militaire, mon travail prend fin. Vers la mi-septembre je reviens chez ma mère à Mont de Marsan où je trouve de suite un emploi de secrétaire dactylo au greffe du tribunal.

De septembre 1939 au 10 mai 1940 - la «drôle de guerre».

Je viens donc d'avoir seize ans. Je vis avec ma mère qui travaille comme ouvrière à l'usine Tamboury, usine de transformation du bois en planches, lambris, et parquets. Cette usine est située à la sortie est de la ville, au bord de la route qui mène à Villeneuve de Marsan. Elle est longée par une voie ferrée qui passe en remblai à cet endroit-là et mène de Mont de Marsan à Roquefort (rien a voir avec le fromage du même nom, il s'agit de Roquefort dans les Landes, alors que l'autre, celui du fromage, se situe en Lozère, au nord-ouest de Montpellier.) Je mentionne

à présent cette précision quant au passage en remblai de cette voie ferrée car on verra, plus tard, son importance.

Septembre 39 donc, les panzers allemands, soutenus par les Stukas (avions d'assaut) et autres bombardiers (Dornier ou Heinkel) écrasent la malheureuse Pologne. La rapidité de l'avance allemande stupéfie le monde entier et l'opinion française, comme je la ressens du haut de mes 16 ans, commence à se poser des questions et à se demander à quel genre de surhommes les Polonais se trouvent confrontés. A vrai dire, ce n'est encore pas l'inquiétude. On se dit simplement que la Pologne est une nation aux possibilités d'action bien moindres que la France et l'Angleterre réunies.

De notre côté, presse et radio nous tiennent au courant de la mise en place le long du Rhin et en avant de la ligne Maginot, entre la frontière du Luxembourg et la Suisse, de nos troupes de couverture. On nous assure même que, en certains endroits, entre la Moselle et le Rhin dans la région de Forbach, des troupes françaises ont pénétré en Allemagne de plusieurs kilomètres dans la forêt de la Wardnt. Tout va donc bien pour l'instant, Français et Allemands s'observent. Quelques patrouilles de part et d'autre, quelques escarmouches quand on ne peut pas l'éviter, rien de bien sérieux encore. Ce que, en France, on va appeler la «drôle de guerre» commence.

Le 14ème Régiment de Tirailleurs Sénégalais, gros régiment d'environ 1.500 hommes, qui tenait garnison à Mont de Marsan a, dès le premier jour de la mobilisation, pris la direction de l'Est de la France. Il ne reste plus à la caserne Bosquet qu'un petit détachement chargé de récupérer et d'acheminer vers le front tous ceux qui n'ont pu partir avec le gros de la troupe, car dans les hôpitaux ou en permission à ce moment-là.

C'est aussi l'époque ou nous voyons arriver les premiers Alsaciens réfugiés. En effet, dès la déclaration de guerre, le gouvernement a décidé d'évacuer tous les habitants des villes et villages d'Alsace et de Lorraine situées entre la ligne Maginot et la frontière allemande. Chaque région de l'intérieur a reçu son lot de réfugiés et, à côté de chez moi, une famille des environs de Mulhouse, les Schoettel, est hébergée dans une grande maison dont une partie est inoccupée. Le père, Emile, qui doit avoir la cinquantaine, était employé des services administratifs ; la mère, apparemment sans profession, s'occupe des ses trois enfants, Marcelle, 14 ans, Jacques, 12 ans et Pierre, 10 ans, qui très rapidement vont devenir mes amis.

Après trois semaines d'une campagne éclair (Blitzkrieg) la Pologne a été vaincue et partagée entre l'Allemagne et l'URSS venue tardivement participer à la curée. En France le parti communiste a été interdit et son chef, Maurice Thorez, bien que mobilisable a préféré déserter en se réfugiant à Moscou. Maintenant que l'URSS est, de fait, l'alliée de l'Allemagne, force est de constater que la propagande communiste n'en continue pas moins de prôner parfois la désertion, souvent le refus de combattre ou la désobéissance et pousse, hélas, aussi au sabotage dans les usines d'armement. Au tribunal, mon travail m'amène à prendre connaissance de dossiers concernant ces faits de défaitisme et d'appel à la désobéissance. Dans ma jeune tête je souhaite que ces individus soient durement sanctionnés car je ne puis admettre que de prétendus Français puissent souhaiter la défaite de leur pays. La radio nous apprend qu'un traître Français, du nom de Ferdonnet, s'exprimant sur les ondes de radio Stuttgart, promet le pire aux soldats Français et les incite à déserter, sans grand effet, il va sans dire.

L'automne est là. Quand je ne travaille pas, avec les Schoettel nous profitons des derniers beaux jours pour nous baigner dans la Midouze à la Sablière et à jouer à Tarzan dans les arbres. La vie continue son cours à peu près normal. A l'aérodrome de Mont de Marsan une école de formation de pilotes de chasse a été créée, les futurs pilotes s'entraînent sur de petits monoplans. De temps à autres, hélas, nous entendons parler d'accidents parfois mortels.

La radio (ma mère possède un petit poste) nous répète à peu près chaque jour la même chose : «rien à signaler sur l'ensemble du front hormis quelques duels d'artillerie, de légers accrochages consécutifs à l'activité de patrouilles et quelques incursions de l'aviation de reconnaissance ennemie prise à partie par notre DCA (Défense Contre Avions). Charles Trénet participe au maintien du moral des Français en continuant de chanter «Y'a d'la joie !», «Boum !», «Je chante», tandis que Tino Rossi, autre idole du moment, nous susurre toujours «Marinella» et «Tchi-Tchi». Une chanson venue d'outre manche commence à faire fureur en France, il s'agit de «Nous irons faire sécher notre linge sur la ligne Siegfried» que les premiers soldats Anglais venant s'installer en France, fredonnent.

Octobre passé, voici novembre et la célébration du 11 novembre 1918. 21 ans après, à nouveau la guerre. Qui l'aurait cru ? Pierre Schoettel, le petit Alsacien, a, pour l'occasion, mis un calot kaki frappé d'une cocarde tricolore que sa mère lui a confectionné et marche d'un pas martial en chantant : «Vous n'aurez pas l'Alsace et la Lorraine, car malgré vous, nous resterons Français. Vous pourrez bien germaniser la plaine, mais notre cœur vous ne l'aurez jamais.» Cette image, plus de soixante ans après, je la revois comme si elle datait d'hier.

Et voici décembre, c'est toujours la «drôle de guerre», activités de patrouilles, coup de mains de «corps francs.» Par la presse nous apprenons que chaque régiment qui se trouve au contact direct de l'ennemi a mis sur pied un «corps franc» constitué de volontaires, de gars qui «en veulent», chargé de pénétrer, de nuit, dans les lignes ennemies, y tendre des embuscades, y faire des prisonniers et les ramener, poser des mines, rapporter des renseignements. La réciproque et vraie car les Allemands ont aussi leurs «corps francs» et dans quelques familles arrivent les premières annonces de «Mort au Champ d'Honneur» d'un de leur proches. Un évènement cependant nous comble d'aise en cette fin d'année : le sabordage dans le Rio de Plata, du cuirassé de poche allemand «Graf von Spee» que les destroyers anglais Exeter et Achilles ont contraint à se réfugier en Uruguay à Montevideo.

L'hiver commence à se faire rude dans le Nord et à l'Est. La ligne Maginot initialement prévue pour interdire toute incursion allemande entre la Suisse et le Luxembourg, n'a pas été construite au-delà, vers la mer du nord. En effet on a, à l'époque, considéré, d'une part que le massif des Ardennes constituait un obstacle suffisant interdisant tout franchissement à un ennemi venant de l'Est, d'autre part, la Belgique étant neutre, on supposait que l'Allemagne, contrairement a ce qui s'était produit en 1914, respecterait enfin sa neutralité. Tout de même, au vu de ce qui vient de se passer en Pologne, bien tardivement, le Haut-Commandement français se met à douter du fair-play allemand et décide (il est bien tard) de prolonger la ligne déjà existante. Aussi, vaille que vaille, on va donc construire à la hâte quelques blockhaus sur les routes qui mènent de France au Luxembourg et en Belgique. Malheureusement ils ne seront pratiquement d'aucune utilité quand le besoin s'en fera sentir.

Le Dictateur, un film de Charlie Chaplin (15/10/1940), parle d'Adolph Hitler, du nazisme et de la situation des Juifs en Europe. C'est le premier film parlant de Chaplin et son premier film à succès. Dans le discours final du film, le barbier parle de la haine, de l'humanité et de l'espoir.

Look Up, Hannah

Discours final du film «Le Dictateur» de Charlie Chaplin

Schulz

Parle, c'est notre seul espoir.

Le barbier

Espoir... Je suis désolé, mais je ne veux pas être empereur, ce n'est pas mon affaire. Je ne veux ni conquérir, ni diriger personne. Je voudrais aider tout le monde dans la mesure du possible, juifs, chrétiens, païens, blancs et noirs. Nous voudrions tous nous aider si nous le pouvions, les êtres humains sont ainsi faits. Nous voulons donner le bonheur à notre prochain, pas lui donner le malheur. Nous ne voulons pas haïr ni humilier personne. Chacun de nous a sa place et notre terre est bien assez riche, elle peut nourrir tous les êtres humains. Nous pouvons tous avoir une vie belle et libre mais nous l'avons oublié.

L'envie a empoisonné l'esprit des hommes, a barricadé le monde avec la haine, nous a fait sombrer dans la misère et les effusions de sang. Nous avons développé la vitesse pour nous enfermer en nous-mêmes. Les machines qui nous apportent l'abondance nous laissent dans l'insatisfaction. Notre savoir nous a fait devenir cyniques. Nous sommes inhumains à force d'intelligence, nous ne ressentons pas assez et nous pensons beaucoup trop. Nous sommes trop mécanisés et nous manquons d'humanité.

Nous sommes trop cultivés et nous manquons de tendresse et de gentillesse. Sans ces qualités humaines, la vie n'est plus que violence et tout est perdu.

Les avions, la radio nous ont rapprochés les uns des autres, ces inventions ne trouveront leur vrai sens que dans la bonté de l'être humain, que dans la fraternité, l'amitié et l'unité de tous les hommes.

En ce moment même, ma voix atteint des millions de gens à travers le monde, des millions d'hommes, de femmes, d'enfants désespérés, victimes d'un système qui torture les faibles et emprisonne des innocents.

Je dis à tous ceux qui m'entendent : Ne désespérez pas ! Le malheur qui est sur nous n'est que le produit éphémère de l'habilité, de l'amertume de ceux qui ont peur des progrès qu'accomplit l'Humanité. Mais la haine finira par disparaître et les dictateurs mourront et le pouvoir qu'ils avaient pris aux peuples va retourner aux peuples. Et tant que des hommes mourront pour elle, la liberté ne pourra pas périr. Soldats, ne vous donnez pas à ces brutes, à une minorité qui vous méprise et qui fait de vous des esclaves, enrégimente toute votre vie et qui vous dit tout ce qu'il faut faire et ce qu'il faut penser, qui vous dirige, vous manœuvre, se sert de vous comme chair à canons et qui vous traite comme du bétail.

Ne donnez pas votre vie à ces êtres inhumains, ces hommes machines avec une machine à la place de la tête et une machine dans le cœur.

Vous n'êtes pas des machines.

Vous n'êtes pas des esclaves.

Vous êtes des hommes, des hommes avec tout l'amour du monde dans le cœur.

Vous n'avez pas de haine, sinon pour ce qui est inhumain, ce qui n'est pas fait d'amour.

Soldats ne vous battez pas pour l'esclavage mais pour la liberté.

Il est écrit dans l'Evangile selon Saint Luc «*Le Royaume de Dieu est dans l'être humain*», pas dans un seul humain ni dans un groupe humain, mais dans tous les humains, mais en vous, en vous le peuple qui avez le pouvoir, le pouvoir de créer les machines, le pouvoir de créer le bonheur. Vous, le peuple, vous avez le pouvoir, le pouvoir de rendre la vie belle et libre, le pouvoir de faire de cette vie une merveilleuse aventure.

Alors au nom même de la Démocratie, utilisons ce pouvoir. Il faut tous nous unir, il faut tous nous battre pour un monde nouveau, un monde humain qui donnera à chacun l'occasion de travailler, qui apportera un avenir à la jeunesse et à la vieillesse la sécurité.

Ces brutes vous ont promis toutes ces choses pour que vous leur donniez le pouvoir : ils mentaient. Ils n'ont pas tenu leurs merveilleuses promesses : jamais ils ne le feront. Les dictateurs s'affranchissent en prenant le pouvoir mais ils font un esclave du peuple.

Alors, il faut nous battre pour accomplir toutes leurs promesses. Il faut nous battre pour libérer le monde, pour renverser les frontières et les barrières raciales, pour en finir avec l'avidité, avec la haine et l'intolérance. Il faut nous battre pour construire un monde de raison, un monde où la science et le progrès mèneront tous les hommes vers le bonheur. Soldats, au nom de la Démocratie, unissons-nous tous !

...

Hannah, est-ce que tu m'entends ? Où que tu sois, lève les yeux ! Lève les yeux, Hannah ! Les nuages se dissipent ! Le soleil perce ! Nous émergeons des ténèbres pour trouver la lumière ! Nous pénétrons dans un monde nouveau, un monde meilleur, où les hommes domineront leur cupidité, leur haine et leur brutalité. Lève les yeux, Hannah ! L'âme de l'homme a reçu des ailes et enfin elle commence à voler. Elle vole vers l'arc-en-ciel, vers la lumière de l'espoir. Lève les yeux, Hannah ! Lève les yeux !

Sophie Roïk, membre d'Art et Lettres de France, est morte en 2003. Elle a écrit une centaine de poèmes et de nouvelles. Cette nouvelle, *Les Américains*, raconte l'arrivée des Américains en France.

Les Américains

de Sophie Roïk

Chaque jour, après la classe, en principe, j'allais chercher de l'herbe, des orties, des panais, pour les bêtes : oies, canards, cochons.

Ce jour-là, le soleil était encore haut dans le ciel. Je flânais, le panier à la main en cueillant des pissenlits dans le champ de luzerne.

De temps à autre, je m'asseyais et m'amusais à regarder les nuages. Les gros tout blancs, boursouflés, effilochés et j'y voyais des animaux, des visages, des paysages, J'inventais des aventures avec des cavaliers fabuleux sur leurs chevaux empanachés. J'imaginais des vaisseaux fantasmagoriques, toutes voiles au vent. Je me laissais griser dans la tiédeur de l'été.

Et les alouettes chantaient.

Brusquement, j'entendis les cloches sonner à toute volée en plein après-midi.

Je courus à travers champs retrouver maman.

Sirènes et cloches tintaient bruyamment. Et tout le monde criait : «La guerre est finie !», «La guerre est finie !». C'était l'explosion de joie. Le délire. Tout le monde courait dans tous les sens, s'embrassait, riait.

J'arrivais à la maison et m'écriais : «Maman, maman, la guerre est finie». «Viens vite, tout le monde est dehors !».

Papa s'élançait déjà vers l'autre bout du village à la Mairie pour avoir plus de nouvelles.

Enfin, alors, c'était terminé, de manquer de tout, de se cacher, de faire la queue dans les magasins, de compter ses tickets, pour le sucre, pour le pain, pour tout ou presque.

D'avoir des prisonniers loin là-bas, enfermés, torturés, brûlés, Et tous ces bombardements sur les maisons, les gens, les enfants, ces colonnes de soldats qui marchent empoussiérés, les Français, et les autres, si arrogants.

Fini, de se cacher dans les cavernes de troglodytes près des marais. Terminé, de marcher avec des galoches et de s'habiller avec des pull-overs dix fois retricotés !

Cette humiliation, cette servitude, la soumission, les restrictions. C'était la paix ! On retrouvait sa dignité.

On n'y croit pas encore. On a peur quelque part de voir surgir les nuages noirs et le bruit des bottes sur les trottoirs.

Tout à coup, papa arrive en agitant les bras, le visage épanoui, triomphant : «Les Américains sont là ! Ils arrivent ! ».

«Où sont-ils ?» crions-nous.

«Près de la Mairie. Ils me suivent ! ».

L'agitation était à son comble.

Et lorsque la première «Jeep» est arrivée, ce fut extraordinaire. Je fus happée à bras le corps par un soldat et hissée sur le véhicule.

J'étais en état de lévitation, d'apesanteur !

Ils riaient, heureux de nous délivrer, de nous sauver, après tant d'années. Enfin !

Le village ressemblait à une fourmilière en ébullition.

Mais il fallut se calmer. Chacun, la nuit venant, dut rentrer chez soi. Et nos soldats, si tant grands, à notre immense joie, installèrent leur campement dans un champ proche du hameau.

Pour nous, là, c'était l'aventure ! Ces grandes tentes kaki. Les feux. Les gamelles. Les conserves.

C'est ainsi que nous découvrîmes le café en poudre, le lait condensé, le chocolat, le chewing-gum, le maïs et le corned-beef !

Les jours suivants, nous nous sommes approchés du camp. Nous devions avoir l'air très affamés car les soldats, bons bougres, nous firent goûter à tous ces mets bizarres et inconnus de nous.

Peu à peu, ils s'insérèrent dans nos vies. Ils firent bientôt du troc et échangèrent leurs conserves et leur savon contre des produits frais.

C'est ainsi qu'un dimanche, Cécilia rencontra Sydney !

Mais Sydney dût partir et à Cécilia, il a juré de revenir la chercher. Avant, dit-il, il fallait qu'il gagne de l'argent, qu'il achète une maison et économise le prix du voyage (du sien et de celui de Cécilia pour le retour à Yama). Promesse ? Paroles en l'air ? Cécilia, une jolie brune aux cheveux bruns et aux yeux bleus, n'avait que 14 ans et lui, Sydney, en avait déjà 27.

Chacun se dit que l'avenir était loin.

Le jazz envahit nos vies et aussi les films de cow-boys, après ceux de Charlie Chaplin !

Ces soldats, c'était pour nous comme des êtres magiques sortis de ces petites bandes transparentes.

L'admiration brillait dans nos yeux lorsque le soir, près du feu de camp où nous étions admis, nous les écoutions gratter de la guitare et souffler dans l'harmonica en chantant à la belle étoile autour d'un café.

Je me souviens de la cour de l'école où nous jouions lors de chaque récréation quelques semaines auparavant.

Et cette fois-là, Mauricette, mince comme une tige de blé, ses cheveux blonds ondulés encadrant son visage frondeur et rieur, chantait alors que l'ennemi fuyait derrière le mur du préau «C'est une fleur de Paris.» Elle entonnait la chanson avec audace et énergie. Ses yeux bleus brillaient et tout son corps nous dominait sur la petite butte.

Denise, sa plus jeune sœur, et aussi ma meilleure amie, était affolées de son intrépidité. Elle la suppliait de se taire et la tirait par l'ourlet de sa robe pour la faire descendre de son parterre. Mais Mauricette, fière et digne, continua de chanter jusqu'au bout !

Forte et fragile à la fois, elle était là comme un flambeau de joie, altière, telle une jeune chevalière du temps passé.

Elle était notre emblème, l'emblème même de la Liberté !

Aujourd'hui, on pouvait chanter «Fleur de Paris» sur tous les tons, sur tous les toits !

Il ne passera plus de soldats furtivement le long des murs.

Il reste des croix dans le cimetière après que cet avion américain ait explosé en plein vol sous mes yeux et soit tombé dans les champs, la forêt.

Telles des torches vives suspendues à leur bulle blanche, ils sont descendus en vrille, calcinés avant d'être happés par la terre.

On les a couchés dans le champ. Les hommes du village ont creusé huit trous dans le cimetière et, à même la glaise, entourés d'un drap blanc, ils ont été ensevelis.

Quelques années après, on est venu les chercher de loin, là-bas et ils sont repartis dans leur patrie.

Hommes de sauvetage, ils n'étaient que de passage.

Seuls sont restés des morceaux d'avion, des carcasses, du plexiglas, dans les champs environnants.

Je les ramasse comme des trésors sans prix.

Non. Le prix de la liberté.

Les verbes

Les verbes réguliers

infinitif	impératif	présent	passé composé	imparfait	futur	conditionnel	subjonctif
-er		je parle	j'ai parlé	je parlais	je parlerai	je parlerais	que je parle
parler *to talk, speak*	parle	tu parles	tu as parlé	tu parlais	tu parleras	tu parlerais	que tu parles
	parlons	il parle	il a parlé	il parlait	il parlera	il parlerait	qu'il parle
	parlez	nous parlons	nous avons parlé	nous parlions	nous parlerons	nous parlerions	que nous parlions
		vous parlez	vous avez parlé	vous parliez	vous parlerez	vous parleriez	que vous parliez
		ils parlent	ils ont parlé	ils parlaient	ils parleront	ils parleraient	qu'ils parlent
-ir		je finis	j'ai fini	je finissais	je finirai	je finirais	que je finisse
finir *to finish*	finis	tu finis	tu as fini	tu finissais	tu finiras	tu finirais	que tu finisses
	finissons	il finit	il a fini	il finissait	il finira	il finirait	qu'il finisse
	finissez	nous finissons	nous avons fini	nous finissions	nous finirons	nous finirions	que nous finissions
		vous finissez	vous avez fini	vous finissiez	vous finirez	vous finiriez	que vous finissiez
		ils finissent	ils ont fini	ils finissaient	ils finiront	ils finiraient	qu'ils finissent
-re		je vends	j'ai vendu	je vendais	je vendrai	je vendrais	que je vende
vendre *to sell*	vends	tu vends	tu as vendu	tu vendais	tu vendras	tu vendrais	que tu vendes
	vendons	il vend	il a vendu	il vendait	il vendra	il vendrait	qu'il vende
	vendez	nous vendons	nous avons vendu	nous vendions	nous vendrons	nous vendrions	que nous vendions
		vous vendez	vous avez vendu	vous vendiez	vous vendrez	vous vendriez	que vous vendiez
		ils vendent	ils ont vendu	ils vendaient	ils vendront	ils vendraient	qu'ils vendent
pronominal		je me lave	je me suis lavé(e)	je me lavais	je me laverai	je me laverais	que je me lave
se laver *to wash oneself*	lave-toi	tu te laves	tu t'es lavé(e)	tu te lavais	tu te laveras	tu te laverais	que tu te laves
	lavons-nous	il se lave	il/elle s'est lavé(e)	il se lavait	il se lavera	il se laverait	qu'il se lave
	lavez-vous	nous nous lavons	nous nous sommes lavé(e)s	nous nous lavions	nous nous laverons	nous nous laverions	que nous nous lavions
		vous vous lavez	vous vous êtes lavé(e)(s)	vous vous laviez	vous vous laverez	vous vous laveriez	que vous vous laviez
		ils se lavent	ils/elles se sont lavé(e)s	ils se lavaient	ils se laveront	ils se laveraient	qu'ils se lavent

pull polaire (m) fleece sweater
punir to punish

Q

qualifié/e qualified
quartier chaud (m) dangerous neighborhood
quartier défavorisé (m) urban zone (ghetto)
quelquefois sometimes
quête (f) quest, search
queue (f) line
quitter le nid to leave the nest (to leave home)

R

raciste (m/f) racist
radio (f) radio
ranger to tidy up, to organize
raté/e failure
rationnement (m) rationing
récemment recently
recherche (f) research, quest
récréation (f) recess
réfléchir (à) to think about, to consider
réfrigérateur (m) refrigerator
refuge (m) refuge, shelter
regarder to watch
rejeter to reject
rejeté/e rejected
relaxe (m/f) easy-going
religion (f) religion
remords (m) remorse
remplir to fill out
rencontrer to meet
rendre visite à qqn. to visit a person
renfermé/e withdrawn
rentrée (f) back-to-school
répéter to rehearse, to repeat
répétition (f) rehearsal
répondre (à) to respond (to)
réservé/e reserved
Résistance (f) Resistance (movement – WWII)
résistant/e member of the Resistance (WWII)
résoudre to solve, resolve
responsabilité (f) responsibility
ressembler à to resemble, to look like
réussir un examen to pass a test
revendeur de drogue (m) drug dealer
revendre de la drogue to sell drugs
rêver à/de to dream of
rire to laugh
risque (m) risk, hazard
risquer sa vie to risk one's life
roman (m) novel
rompre avec to break up with
rompu/e interrupted, broken

rond/e round
rouge (m/f) red
route (f) road
roux/sse red (hair)
rude (m/f) difficult
ruisseau (m) stream

S

sac à dos (m) backpack
sage (m/f) well-behaved, wise
salaire (m) salary
salarié/e salaried employee
sale (m/f) dirty
salle (f) room
salle à manger (f) dining room
salle de bains (f) bathroom
salle de classe (f) classroom
salle de séjour (f) living room
salon (m) living room
salut hello, good-bye
sarcastique (m/f) sarcastic
savoir to know
savon (m) soap
sciences (f/pl) Science
(se) sécher to dry (oneself)
secrétaire (m/f) secretary
sécurité (f) security, safety
séjour (m) stay
sensible (m/f) sensitive
sentir to smell
serveur/euse waiter/waitress
silencieux/euse quiet
snob (m) snob
société (f) company, corporation
soeur (f) sister
soir (m) evening
soldat (m) soldier
solitaire (m/f) lonely, solitary
sombre (m/f) somber, dark
sorcier/ère sorcerer, witch
sortir (pour un livre) to publish, to come out
sortir to go out
(se) soucier de to care, worry about
soucieux/euse worried, concerned
souffrir de to suffer from
sourd/e deaf
sous-entendu implied
soutenir to support
soutien (m) support
spontanément spontaneously
stable (m/f) stable
stage (m) internship, training course
streetwear (familier) (m) clothes (baggy pants, caps, etc.)
studio (m) efficiency, studio apartment
suffisamment sufficiently
suivre to follow

suivre un cours to take a class
superficiel/le superficial
supporter to tolerate
sympathique (m/f) nice, pleasant

T

tâches ménagères (f) household chores
(se) taire to be quiet
taule (familier) **(f)** prison
tee-shirt (m) T-shirt
téléphone (m) telephone
télévision (f) television
temps (m) weather, time
tendu/e tense, uptight
tente (f) tent
terrain de basket (m) basketball court
test de paternité (m) paternity test
théâtre (m) theater
timide (m/f) shy
titres (m) headlines (newspaper)
toilettes (f) restroom, bathroom
tolérant/e tolerant
tomber amoureux/se de to fall in love with
Tour de France (m) Tour de France (bicycle race)
Tour Eiffel (f) Eiffel Tower
traduction (f) translation
train (m) train
trainer to drag, to wander around, to hang out
traité (m) treaty
transporter to transport, to carry
travail (m) job, work
travailler au noir to work on the side
traverser to cross
tricycle (m) tricycle
triplette (f) trio, triplet
triste (m/f) sad
tristesse (f) sadness
tromper to cheat (on someone)
(se) tromper to mistake, to be wrong
trompeur/euse cheater
trou (m) hole
troublé/e troubled
troubles alimentaires (m) eating disorder

trouver to find
(se) trouver to find (oneself), be located

U

une (f) front page (newspaper)
union (f) union
Union européenne (f) European Union

V

vacances (f) vacation
vache (f) cow
vaniteux/se vain
vedette (f) star
vélo (m) bicycle
vendre to sell
venir to come
verlan (m) back slang
vert/e green
veuf/ve widowed, widower, widow
videur (m) bouncer (club)
vieux/vieille old
village (m) small town, village
ville (f) city
violent/e violent
violet/ette purple
virer (familier) to fire
visiter to visit a place
visiteur/euse visitor
vivre to live
voir to see
voiture (f) car
vol aggravé (m) aggravated theft
voler to steal
voleur/euse thief
voyager to travel
voyou (m) hooligan, thug

X

xénophobe (m/f) xenophobic

Index

Photo Credits

This page constitutes an extension of the copyright page. We have made every effort to trace the ownership of all copyrighted material and to secure permission from the copyright holders. In the event of any errors arising as to the use of any material, we will make the necessary corrections in future printings. Thanks are due to the following authors, publishers, and agents for permission to use the material indicated.

Cover   [all images] © iStockphoto / © shutterstock images

Page xvi   © istockphoto.com / Eugene Ilchenko

Page xvii   © istockphoto.com / Aga

Page 1   Sony Pictures Classics / Photofest; © Sony Pictures Classics

Page 2   Courtesy of Société du Tour de France. Used with permission.

Page 3   © Presse Sports / Sports Illustrated

Page 6   [Glenn Gould] Walter Curtin / Library and Archives Canada / PA-137052. Source: Library and Archives Canada. Copyright assigned to Library and Archives Canada by copyright owner Walter Curtin.

               [Django Reinhardt] Photo © William P. Gottlieb, www.jazzphotos.com

               [Josephine Baker] Library of Congress, Prints & Photographs Division, Carl Van Vechten Collection, (LC-USZ62-93000 DLC)

Page 7   © istockphoto.com / Kevin L. Edge

Page 8   [all images] Sony Pictures Classics / Photofest; © Sony Pictures Classics

Page 25   © istockphoto.com / Knud Nielsen

Page 26   © Presse Sports / Sports Illustrated

Page 28   [all images] Sony Pictures Classics / Photofest; © Sony Pictures Classics

Page 32   © istockphoto.com / Springboard, Inc.

Page 39   © istockphoto.com / James Steidl

Page 40   © istockphoto.com / MLenny

Page 43   Canal+ / First Run Features / Photofest; © Canal+ / First Run Features

Page 44   [Paris] Copyright: Niserin

               [Le Vercors] Copyright: Gertjan Hooijer

               [Philippe Muyl] Photo courtesy of Philippe Muyl. Used with permission. All rights reserved.

Page 45   Canal+ / First Run Features / Photofest; © Canal+ / First Run Features

Page 47   Copyright: glinn

Page 49   Imago femelle d'Actias isabellae galliaegloria (Graells 1849) - Cliché H. Guyot - OPIE

Page 50   [all images] Copyright: Gertjan Hooijer

Page 68   [top] Copyright: dubassy

               [bottom] Copyright: Pol Put

Page 69   Canal+ / First Run Features / Photofest; © Canal+ / First Run Features

Page 70   © istockphoto.com / arlindo71

Page 81   Courtesy of New Yorker Films. Used with permission.

Page 82   [top] Photo by Fabien Gandilhon. Used with permission.

               [bottom] Photo by Bruno Navez. Used with permission.

Page 83   Courtesy of New Yorker Films. Used with permission.

Page 87   © Romary. http://commons.wikimedia.org/wiki/Image:Come_pariou.jpg. Used with permission.

Page 90   Copyright: prism_68

Page 91   © istockphoto.com / alohaspirit

Page 106   Copyright: Thomas M. Perkins

Page 109   Courtesy of New Yorker Films. Used with permission.

Page 110   [top] New Yorker Films / Photofest; © New Yorker Films

               [bottom] Le Charlemagne de Albrecht Dürer (Kaiser Karl der Große). Albrecht Dürer, 1512. Germanisches Nationalmuseum, Nürnberg.

Page 111   Courtesy of New Yorker Films. Used with permission.

Page 112   Courtesy of New Yorker Films. Used with permission.

Page 122   © istockphoto.com / James Steidl

Page 127   Copyright: dainis

Page 129   © Jérôme PLON

Page 130   [top] © istockphoto.com / Aga

               [center] Photo by Cédric Puisney. Used with permission.

               [bottom] © Lola DOILLON

Page 131   © Jérôme PLON

Page 134   © istockphoto.com / Margaret Cooper

Page 137   Photo by Jean-noël Lafargue, 2004. Used with permission.

Page 152   Copyright: martin garnham

Page 154   © Jérôme PLON

Page 156   Copyright: A. Maksimenko

Page 157   Copyright: Robert F. Balazik

Page 159   Photo courtesy of NASA World Wind, color-overlay by WLuef.

               [Robert Schuman] © Ministère des Affaires Étrangères - service photographique (French Ministry of Foreign Affairs - photographic service).

Page 160   [La Zone Euro] © istockphoto.com / Aga

               [Siège de la Banque Centrale Européenne à Frankfort] Copyright: Petronilo G. Dangoy Jr.

               [coins and bills] Copyright: Elena Elisseeva

Page 167   Desiderius Erasmus. Hans Holbein the younger, 1523. Louvre, Paris, France.

Page 175   Gaumont / France 3 / Alpilles / Amigo / The Kobal Collection

Page 176   [top] The Art Archive / Bibliothèque Municipale Castres / Dagli Orti

               [bottom] Photo by Mme de Buffevent. Used with permission.

Page 177   Gaumont / Hollywood Pics / The Kobal Collection / Hodes, Charles

Page 180   The Art Archive / Musée de la Tapisserie Bayeux / Dagli Orti

Page 181   La dame à la licorne. Musée de Cluny, Paris

Page 182   Photo courtesy of the Town Hall of Montmirail. Used with permission.

Page 201   The Art Archive / Bodleian Library Oxford (Bodley 264 fol 172v)

Page 202   The Art Archive / Private Collection / Marc Charmet

Page 203   Gaumont / France 3 / Alpilles / Amigo / The Kobal Collection

Page 216   Copyright: N Joy Neish

Page 217   Magnolia / Photofest; © Magnolia. Photographer: Jean-Marie Leroy

Page 218   Wellspring / Photofest; © Wellspring Pictures Photographer: Jean-Claude Lother

Page 219   Ralph Nelson SMPSP - © 2004 Warner Brothers. (Warner Bros. / Photofest; © Warner Bros. Pictures. Photographer: Ralph Nelson)

Page 225   Copyright: Maxim Kalmykov

Page 240   Magnolia / Photofest; © Magnolia. Photographer: Jean-Marie Leroy

Page 241   [all images] Magnolia / Photofest; © Magnolia. Photographer: Jean-Marie Leroy

Page 253   Copyright: "Giulia_"

Page 254   Copyright: "Giulia_"

Page 261   Sony Pictures Classics / Photofest; © Sony Pictures Classics. Photographer: Jean-Paul Dumas-Grillet